教育部人文社会科学研究后期资助项目(编号：12JHQ024)

王荣生 著

语文课程内容的合理性研究

散文为主导文类的困境与突围

推动散文教学方面的研究，
切实地提出并解决一些散文教学方面的问题，是一件极富有价值的工作。
因为在语文课程和教材的主导文类是散文，如果能较好地解决散文
教学中的问题，也就等于解决了语文教学中的部分问题或主要问题。

破解"散文为主导文类"的困境，
在阅读和写作建立合理的格局，甲内的重点难点。
只有正确认知才能合理突破，建构明确的语文课程内容格局。
阅读教学应建立"文学作品、实用文章、论文"三足鼎立的课程内容分布局面；
写作需"实用写作、创意写作、随笔化写作"三线并进；
同时，依据文本体式展开教学是课文教学的关键。

华东师范大学出版社
·上海·

图书在版编目（CIP）数据

语文课程内容的合理性研究：散文为主导文类的困境与突围 / 王荣生著.—上海：华东师范大学出版社，2023

ISBN 978 - 7 - 5760 - 4093 - 7

Ⅰ.①语… Ⅱ.①王… Ⅲ.①语文教学－教学研究 Ⅳ.①H19

中国国家版本馆 CIP 数据核字(2023)第 152379 号

语文课程内容的合理性研究
——散文为主导文类的困境与突围

著　　者　王荣生
责任编辑　师　文
特约审读　时方圆
责任校对　周跃新　时东明
装帧设计　俞　越

出版发行　华东师范大学出版社
社　　址　上海市中山北路 3663 号　邮编 200062
网　　址　www.ecnupress.com.cn
电　　话　021 - 60821666　行政传真 021 - 62572105
客服电话　021 - 62865537　门市（邮购）电话 021 - 62869887
地　　址　上海市中山北路 3663 号华东师范大学校内先锋路口
网　　店　http://hdsdcbs.tmall.com

印 刷 者　南通印刷总厂有限公司
开　　本　787 毫米×1092 毫米　1/16
印　　张　24
字　　数　413 千字
版　　次　2023 年 11 月第 1 版
印　　次　2024 年 1 月第 2 次
书　　号　ISBN 978 - 7 - 5760 - 4093 - 7
定　　价　85.00 元

出版人　王　焰

（如发现本版图书有印订质量问题,请寄回本社客服中心调换或电话 021 - 62865537 联系）

目 录

绪　论　合理性：认知与筹划的双重制约 / 1

上编　困境：语文课程怎么了

第一章　从文类的视角检视我国语文课程 / 25
　　第一节　语文课程内容的构成问题 / 27
　　第二节　文类与语文课程内容 / 42
　　第三节　课程内容建设与课程内容审议 / 57

第二章　散文为主导文类的我国语文课程 / 61
　　第一节　散文为主导文类的历史机缘：脉络梳理 / 63
　　第二节　所奉行的种种"准则"：人为的选择 / 72
　　第三节　散文为主导文类的定局：聚焦 1963 年 / 76
　　第四节　散文为主导文类的现状：教材与试卷样例 / 93

第三章　散文为主导文类造成的阅读教学困境 / 119
　　第一节　"文学性的散文"的尴尬境地 / 121
　　第二节　"文学性的散文"的四对关系 / 129
　　第三节　典型课例评析："走到……之外" / 132
　　第四节　对其他文类教学的"连累" / 138

第四章　"散文化"作文造成的写作教学困境 / 153
　　第一节　为什么我国写作课程目标难以具体 / 155
　　第二节　为什么"虚情假意"几乎是不治之症 / 166
　　第三节　为什么作文教学盛行"俗招" / 175

下编　突围：语文课程可以怎样

第五章　语文课程突破散文格局的努力 / 185
　　第一节　阻截：逼使散文的比例大幅下降 / 187
　　第二节　区隔：凸显不同文类与散文的差异 / 198
　　第三节　分流：对有明确界说的亚文类予以专门对待 / 224

第六章　阅读教学正面应对散文难题的努力 / 261
　　第一节　散文阅读教学的要领 / 263
　　第二节　散文阅读教学研究的关节点与路径 / 269
　　第三节　散文文本解读及教学设计案例 / 273
　　第四节　散文教学课例研究举隅 / 283

第七章　写作教学摆脱"散文化"泥潭的努力 / 295
　　第一节　现代视野下的写作与写作学习 / 298
　　第二节　基于共识学理的写作课程重建 / 305
　　第三节　"微型化写作课程"单元设计 / 325

第八章　合理的语文课程内容框架——文类的视角 / 337
　　第一节　本研究的主要结论 / 339
　　第二节　本研究的意义及局限 / 344

参考文献 / 352

后　记 / 356

绪 论
合理性：认知与筹划的双重制约

一、导言：两种思维方式的僭越与划界

二、筹划：语文课程研制的主导面

三、认知：对语文课程研制有约束力的原理

一、导言：两种思维方式的僭越与划界

在《理论思维与工程思维：两种思维方式的僭越与划界》一书中，徐长福比较深入地研究了认知和筹划这两种思维方式的僭越与划界问题。

认知是为了弄清对象的本来面目，回答"本来怎样"的问题；筹划是为了设计理想性的对象，回答"应该怎样"的问题，并且把对问题的回答落到了实处。①

认知遵循客体性尺度，只以事实判断为依据，可划分为以下两种形态：

(1) 弄清具体对象之本来面目的思维方式，即实证思维。
(2) 揭示客观存在之道理的思维方式，即理论思维。

筹划的高级形态是工程思维，与单凭主体性尺度来衡量的评价思维不同，工程思维受主体性和客体性两个尺度的制约，其物化形态是工程设计②。工程设计具有以下特点③：

(1) 工程设计的出发点是主体的需要，并且要把本原主体的需要和相邻主体的需要统筹考虑。
(2) 工程设计的出发点不具有逻辑上的单纯性，它所包含的具体成分在逻辑上是异质性的，并且这种异质性还是多层次的。
(3) 工程能否成立，并不仅仅取决于主体的需要——主体的需要只是出发点，更重要的是取决于现存客体身上是否存在工程所需属性的潜

---

① 徐长福.理论思维与工程思维：两种思维方式的僭越与划界[M].上海：上海人民出版社，2002：74.
② 徐长福.理论思维与工程思维：两种思维方式的僭越与划界[M].上海：上海人民出版社，2002：75—76.
③ 徐长福.理论思维与工程思维：两种思维方式的僭越与划界[M].上海：上海人民出版社，2002：153—159.

质,以及主体是否有能力将这些潜质发掘出来,即能否找到特定的客体属性组合的可能性。

(4) 工程设计有多种组合的可能性,工程的建构总有成本、有代价、有副作用;工程的价值内涵不可能是应然完美主义与无矛盾(一劳永逸)的。

在自然学科领域,认知与筹划、理论与工程、理论思维与工程思维有显见的划界。然而在人文、社会、教育学科中,常常存在着对划界的漠视以致造成经常性的僭越。所谓僭越,就是不自觉地采用了认知的方式去筹划工程,或者试图用筹划的思维方式来对待事实或理论问题。"一方面是误用逻辑一贯的理论思维去设计工程,另一方面是误用非逻辑复合的工程思维去建构理论,以致于理论原理没有客观的约束效力,工程图纸没有实践的可操作性,二者互相僭越,恶性循环。"①

在语文教育研究领域,认知与筹划、理论思维与工程思维,乃至理论思维与实证思维,都存在着十分严重的僭越现象。

一方面是认知僭越筹划。我国的语文教育理论,本质上是适应社会变革、回应社会思潮,在既定的历史条件和学术背景下,对语文课程与教学"应该如何"所提出的意见和方案构想;然而其所采用的思维方式(研究方法)却是认知的,因而所构想的方案往往简陋粗略,本宜在小范围内实验以充实完善,却急于冲入语文教学实践,沿用的仍然是"病根"—"药方"这种震荡替换式的改革思路。真实的情况,往往是没有方案,因为语文教育的问题被认为"首先是观念的改变",而"观念的改变"意思是大家"统一"在"我主张"的旗帜之下。然后,再慢慢想方案也不迟,或者靠这面旗帜下的人们"在实践中摸索"。

另一方面是筹划僭越认知。这集中表现在所谓的"语文科性质问题"上。针对"'语文科性质是什么'这一难题,在我国语文教育研究的语境中,没有多少求'知'的迹象。人们着眼的是'行',其实是问'语文科的性质应该是什么'。而问的目的,是端出答案,是确立'我主张'的语文课程取向以及'我主张'的语文课程与教学改革方案的'唯一'正确性"②。换言之,是为了主张而"设计"道理——但"道理不能设

---

① 徐长福.理论思维与工程思维:两种思维方式的僭越与划界[M].上海:上海人民出版社,2002:扉页.
② 王荣生.语文科课程论基础(2014版)[M].北京:教育科学出版社,2014:82.

计,只能寻求,即认知"①。

"理论思维和工程思维既是人类认识的两种相互对峙的思维方式,也是理性认识的两个前后相继的阶段。"②认知与筹划有紧密联系——可行的筹划方案必须建立在正确认知的基础上,正确的认知往往能引导出可行的筹划方案。

然而,认知与筹划毕竟是有区别的两桩事情,在弄不清区别的情况下,实际上也就不可能将之适宜地联系起来。这就要求我们自觉地遵守思维方式的划界:用理论思维构造理论;用工程思维设计工程。而划界的前提,是要求我们能够分辨出:何者是工程问题,需要筹划来应对;何者是事实或理论问题,需要认知去解答。

二、筹划:语文课程研制的主导面

语文课程研制是一项牵涉国家、社会、学校、个人等多种复杂因素的系统工程,尽管在标准研制的过程中几乎每时每刻都会遭遇各式各样的认知问题,但筹划依旧是其主导的方面。

以法国高中语文教学大纲为例。

(一) 概述

在继承传统教育理念和教育特色的前提下,在总结1995年大纲实施情况的基础上,结合近年来语文教学的环境、内容和方法变化的特点,法国颁布了修订的高中语文教学大纲。新大纲秉承"培养学生自治"和"学科重铸"的精神,以"论说"这一概念为基点,试图从体裁种类、写作、文学和文化历史以及辩论这些方面来框构高中语文教学大纲③。引领大纲的基本理论导向可以归纳为以下三点④:(1) 对作品的学习注重从其背景性,而非形式的角度出发;(2) 帮助学生把以往的作品放到历史背景中去思考;(3) 对语言的学习注重有效性和方法性。该教学大纲指出⑤:

> 法语教学是高中教育总目标的一个组成部分:获得知识、形成文化

---

① 徐长福.理论思维与工程思维:两种思维方式的僭越与划界[M].上海:上海人民出版社,2002:207.
② 徐长福.理论思维与工程思维:两种思维方式的僭越与划界[M].上海:上海人民出版社,2002:88.
③ 钟启泉.国际普通高中基础学科解析[M].上海:华东师范大学出版社,2003:317.
④ 钟启泉.国际普通高中基础学科解析[M].上海:华东师范大学出版社,2003:320.
⑤ 洪宗礼,柳士镇,倪文锦.母语教材研究(6)[M].南京:江苏教育出版社,2007:205.

观、培养个性、培养公民素质等。其主要目标是掌握语言、了解文学和吸收文化。这三个独立的目标处在同等重要的位置上。

通过阅读各种文本,学习不同的文学作品,使学生构建一种文化。应该重视文学作品,它们是时代的结晶,代表了每个时代的思想,也是思想的最佳表达形式。通过学习文学,学生可以构建一种历史的视角,明确自己所处的文化空间。

为此,大纲明确了四个"学习面"(又译"学习视角")[①]:(1) 文学史与文化史;(2) 体裁和类型;(3) 文本的意义和特色;(4) 论述方式及对受信者的影响。大纲认为,为了培养评判能力和批判精神,学生们应该从以上四个视角来阅读作品。文本、语言、文化是法国语文的"学习对象"(又译"学习目的"),文本是其中的核心要素。学习文本也是法国语文教育的首要目的,对高中生特别要求阅读全集和长篇甚至复杂的文本,以期提高学生对语言的理解和掌握。二年级(相当于我国的高一年级)学年教学大纲规定[②],"要重视阅读作品全文,阅读一组作品,这要求学生具备真实的阅读能力,能够面对篇幅较长和复杂的作品。每个学生每年至少读六部文学作品及一些节选"。同时,还要学习为理解和思考意义服务的"批评步骤","批评步骤"应配备必需的作品分析术语,到了高中,学生将系统地学习文学体裁,包括体裁的演变和相互关系。以下是法国高级中学法语教学大纲二年级教学大纲的相关内容[③]。

一、学习面

首先,要引导学生构建文本和作品的意义,为此,要设立四个学习面:

(1) 接触文学史与文化史;

(2) 学习作品体裁和类型;

(3) 思考产出文本和文本特色;

(4) 学习论述方法及对受信者的影响。

其主要目的是让学生掌握四个学习面,以便阅读与产出文本。然而,

---

① 洪宗礼,柳士镇,倪文锦.母语教材研究(6)[M].南京:江苏教育出版社,2007:205—206.
② 洪宗礼,柳士镇,倪文锦.母语教材研究(6)[M].南京:江苏教育出版社,2007:206.
③ 洪宗礼,柳士镇,倪文锦.母语教材研究(6)[M].南京:江苏教育出版社,2007:207—209.

还需逐步训练学生走上这一路径。因此,大纲要求完成:

(1) 需接触的概念,即二年级必需的学习面,以及需要获得的知识及能力;

(2) 主要面,即组成每个学生必须掌握的内容;

(3) 补充面,即让学生了解所学文本及作品的复杂性。

二、学习内容

1. 文学与文化运动

从文本出发,安排适当的时间,让学生去构建关于文学文化运动的概念(作家、作品、历史背景),学会根据历史背景来学习。——主要面:文学史与文化史。补充面:作品体裁和类型。

2. 叙事作品

长篇小说和中短篇小说。其目的是向学生展示叙述类作品的运行机制和特色。——主要面:作品体裁和类型。补充面:文本的产出和特色,接触文学史。

3. 戏剧

学习作品体裁和类型(戏剧和悲剧),要发现文本的特征(文本的戏剧和舞台上的戏剧)及体裁的演变,找出与其他文本的关联,同时区分体裁和类型。——主要面:学习体裁和类型。补充面:接触文学史,学习对受信者的影响。

4. 写作练习

对信息源、计划、草稿、文本及其变体的分析将向学生展示文本的产出是一个特定的过程,在每一个体裁里都有特定的规则。——主要面:思考作品产出和文本的特色。补充面:学习论述方法及对受信者的影响,学习体裁和类型。

5. 展示、说服、劝说

其主要目的是发现和理解这三者之间的区别,即分清并展示真实与说服、劝说中理性论述和情感因素的差别。——主要面:学习论述方法及对受信者的影响。补充面:学习体裁和类型(尤其是争论),学习文学史。

6. 写作、出版、阅读

审视作者、读者和观众的情况,考察传播方式,将向学生展示这些因素对文本的影响。——主要面:学习文学史与文化史。补充面:思考文本的产出和特色。

7. 颂扬与批评

其目的是让学生感觉并理解褒贬的重要性,即褒贬方法在何种意义上可以说是论述的重要方法。——主要面:学习论述方法及对受信者的影响。补充面:学习体裁和类型(尤其是人物描写)。

在写作方面,则强调论述文:"在高中,将用分析的方式深化论述文基础的学习,二年级时主要学习劝说和说服,一年级(相当于我国的高二年级)时强调评审的形式与实践,这两种练习将以论文的形式来进行学习。"大纲规定:写作的目的是引导学生经常地、定期地练习文本写作,写作类型和篇幅长短不一。要训练学生逐步练习三种作文:(1)论述文,其内容与学过的文本和作品有关;(2)创新文章,与所学的不同体裁和类型有关;(3)功能性文章,以巩固和重建知识结构。要经常将阅读与写作结合起来,在二年级的创新文章中,要特别注意模仿、转换和移植文本。这种作文练习会让学生更好地理解阅读内容,让他们就文章的体裁和类型构建自己的想法。

大纲规定了实施步骤:法语教学将按序列方式来组织,它将阅读、写作、口语和书面语结合在一起。一个内容可以在几个序列中学习,一个序列中可以集中若干个学习内容的成分,时间长度在十五小时左右,教师可以在上述规定的范围内选择作品、文本和学习资料。

(二) 讨论

语文课程目标,基本面是一个筹划的问题,即目标合宜与否、能否有效达成。

目标的合宜与否,首先关乎价值的选择与确认。正如负责法国语文教学大纲研制的文科学科技术小组所认为的:制定教学大纲,就意味着选择,意味着传递给学生的是遗产一样的东西。而选择的做出,要参考时间和空间的条件限制。从空间上来说,不同的国家有不同的文科教育传统,对文学的概念有不同的理解;从时间上来说,如今的法国已经不同于十九世纪的法国了,语文学科本身有了发展变化,而且学校的任务和学生群的性质也有了变化。高中不再是培养精英的场所。随着教育民主化进程从数量向质量的转移,高中应该实实在在地为把学生们培养成现代社会公民而贡献力量。精英教育传统把高中语文等同于文学,但文科学科技术小组认为,语文教学大纲应该是关于法语的教学大纲,文学和语言、表达、文化都应该在其中显现自己的价值[①]。

价值的选择与确认,具有鲜明的民族性、时代性。法国的语文课程目标,未必就是我们的语文课程目标,当然也未必不可以成为我们的语文课程目标;我们昨天的语文课程目标,未必一定就是今天的语文课程目标,当然也未必不应该成为我们今天的语文课程目标。换言之,这里所关涉的主要不是"正确"或"错误"的问题,而是"好"或"坏"、"有利"或"有害",以及对谁"好"、对谁"有利"的问题,而这一切只有在特定的时间和空间里才有意义。

其次,要兼顾多重价值主体。目标的合宜性,应该是一个相对的指标,是对"本原主体的需要和相邻主体的需要统筹考虑"[②]的结果。语文课程目标的价值选择,涉及国家、社会、学校、个人等多个主体。多个主体有多种需要,因而体现为多重价值。多重价值可能共处,也可能会有冲突,所以需要统筹兼顾。考察语文课程标准研制的质量,很重要的一点就是考察它的统筹程度;而考察统筹程度,绝不能像对待理论问题那样仅仅依赖于逻辑的推导,试图用一种逻辑上的单纯性来掩盖多重价值主体的异质性。

长期以来,我国的语文教育研究实际上是以认知的方式来对待目标筹划问题的,追求的是多重价值的逻辑一贯性,因而企图把语文课程归结为一"性"(如人文性、工具性),或者希望异质性的多种成分能够完美地"融合"或"统一"。但是,"工程思维充满了折中、妥协、跳跃和转换"[③]。以认知的方式来对待筹划问题,视获得主观的、常常是虚假的逻辑一贯性为满足,其直接的后果,就是陷于各执一词的"争辩"而逃离现实,或者盯住一点而疏于对多种因素的综合考察,甚至把语文课程目标的研制当成一种言语表述的"修辞"活动。

不但如此,以认知的方式来对待筹划问题,很容易导致对现实"问题"视而不

---

① 钟启泉.国际普通高中基础学科解析[M].上海:华东师范大学出版社,2003:316.
② 徐长福.理论思维与工程思维:两种思维方式的僭越与划界[M].上海:上海人民出版社,2002:153.
③ 徐长福.理论思维与工程思维:两种思维方式的僭越与划界[M].上海:上海人民出版社,2002:19.

见。既因为认知往往受制于既成的概念范畴,也因为我们习惯于在已有的理论框架下(话题、问题领域)去探讨理论问题。一方面,是我国语文教育研究者沉迷于"语文学科性质问题"的争辩长达半个世纪,近来又有人热衷于对"语文性""语文味"的辨析,乃至"语文教学要不要知识"竟然成为一时颇费思辨的"理论问题"。另一方面,语文课程的目标本身是否合宜、是否有利或如何使之更趋有利,却罕见被讨论,甚至没有当作"问题"被提出。

比如,作为语文课程目标核心的"阅读能力""写作能力"的合宜性问题,就几乎没有人提及。我国中小学语文课程所欲培养的"阅读能力",其实是阅读"散文"的能力;所欲培养的"写作能力",实际上是写"小文人语篇"的能力,这里所说的"小文人语篇"就是被高考一类卷的样本所定义的"优秀作文"——用"好词好句"构造的乖巧"散文"①。这样的"阅读能力"和"写作能力",究竟是否合宜? 在我国语文课程研制中,这是必须要面对和解决的最重要的问题之一。

三、认知:对语文课程研制有约束力的原理

认知僭越筹划与筹划僭越认知,乃至理论思维僭越实证思维,往往相伴而生。方案的简陋、无效,甚至失败,固然是筹划不当,而不当的筹划往往基于错误的认知。

下面以"文体"为例。

(一) 评述

关于"文体"问题,通过对我国近年来颁布的下述四个高中语文教学大纲(课程标准)的分析,可以发现一个明显的变化轨迹②。

1990年《全日制中学语文教学大纲(修订本)》,继续沿用1963年正式确立的"文章学体系",高中阶段的"阅读",是阅读"比较复杂的记叙文""比较复杂的说明文""比较复杂的议论文"以及"文学作品"。高中阶段的"写作",是写"一般的记叙文""一般的说明文""一般的议论文"以及"常用的应用文"。其隐含的前提是"记叙文""说明文""议论文"有不同的读法和写法,而不同点则主要在"表现手法"——"记叙方法""说明方法""论证方法"等。

---

① 王荣生,马雅玲.语文教学的主导文类何以是散文?(上)——散文教学内容问题研讨的预备之二[J].语文学习,2006(02):11—16;王荣生.语文教学的主导文类何以是散文?(下)——散文教学内容问题研讨的预备之三[J].语文学习,2006(04):23—27.

② 本研究所涉及的主要时间是1963—2017年,即《普通高中语文课程标准(2017年版)》颁布之前。

以下内容是 1990 年《全日制中学语文教学大纲（修订本）》阅读能力要求[①]（摘录）：

高一

◎ 阅读比较复杂的记叙文，能理清层次，正确理解文章的思想内容，领会和分析语言特点和表现方法。

◎ 阅读比较复杂的说明文，能理清层次，领会内容的科学性和语言的准确性，分析主要的说明方法。

高二

◎ 阅读比较复杂的议论文，能理清层次，把握中心论点，分析论证方法，注意文章的逻辑性。

◎ 阅读文学作品，能理清情节线索，分析人物形象，把握作品主题思想，领会文学语言的优美生动。

高三

◎ 能比较熟练地阅读一般政治、科技读物和文艺读物，具有一定的质疑、释疑和评析的能力。

◎ 初步具有对文学作品的鉴别欣赏能力。

1996 年《全日制普通高级中学语文教学大纲（供试验用）》和 2000 年《全日制普通高级中学语文教学大纲（试验修订版）》，刻意地回避了"文体"这个问题。在"阅读"方面，将之笼统地表述为"课文"；在"作文"方面，则简单地称之为"作文"。其背景是所谓的"淡化知识"，其隐含的前提是不同样式的文章在"基本"的阅读方式和写作方式上没有实质性的差异，尽管该大纲在对"写作"的要求中也提到了"恰当运用叙述、说明、描写、议论、抒情等表达方式"。

以下内容是 2000 年《全日制普通高级中学语文教学大纲（试验修订版）》阅读与作文部分的教学内容和要求（摘录）[②]：

[①] 课程教材研究所. 20 世纪中国中小学课程标准·教学大纲汇编：语文卷[M]. 北京：人民教育出版社，2001：508.
[②] 课程教材研究所. 20 世纪中国中小学课程标准·教学大纲汇编：语文卷[M]. 北京：人民教育出版社，2001：548—549.

阅读

◎ 用普通话流畅地朗读课文,默读注重效率,具有一定的阅读速度(阅读一般的现代文每分钟不少于600字)。

◎ 整体把握课文内容,理清思路,概括要点,理解作者的思想、观点和感情。

◎ 根据语境揣摩语句的含义,体会语言表达效果。

◎ 能对课文进行阐发、评价和质疑。

◎ 感受文学形象,品味文学作品的语言和艺术技巧的表现力,初步鉴赏文学作品。

写作

◎ 作文要观点明确,内容充实,感情真实健康,力求有创意。

◎ 理清思路,确定中心,选取材料,合理安排结构。

◎ 根据需要,展开丰富的联想和想象。

◎ 恰当运用叙述、说明、描写、议论、抒情等表达方式。

◎ 语言要规范、简明、连贯、得体。

◎ 作文一般每学期不少于5次,三年中其他各类练笔不少于3万字。45分钟能写600字左右的文章。

2001年《全日制普通高级中学语文教学大纲》,可以看成是对此前试验修订版大纲的修正尝试。在提倡"独立阅读"的同时,注意到了阅读要"根据不同的阅读目的或阅读材料,灵活运用精读、略读、浏览等阅读方法",并把"文本"划分为"实用类""文学类""理论类",试图对以往的"记叙文""说明文""议论文""应用文",以及"文学作品"进行类属的重新分配。在"写作"方面,提倡"自由作文"和"个性表达",虽然在"有意识地考虑写作的目的和对象"的表述中可能隐含着写作的文章体式,但目标条目所指向的,是写作的材料和内容——可意译为"写真实的话""写自己的话""不说大话与套话",所以要"负责地表达自己的看法",文体显然没有被当作重要的因素去考量。

以下内容是2001年《全日制普通高级中学语文教学大纲》阅读与写作的要求(摘录):

阅读

◎ 能用普通话流畅地朗读。默读注重效率。阅读具有一定的速度（一般现代文的阅读每分钟不少于600字）。

◎ 发展独立阅读能力，能阅读实用类、文学类、理论类等多种文本；能根据不同的阅读目的或阅读材料，灵活运用精读、略读、浏览等阅读方法；对阅读材料能做出自己的分析判断，学习从不同的角度进行阐发、评价和质疑。

◎ 能整体把握阅读材料的内容，理清思路，概括要点，理解作者的思想、观点和感情；能根据语境揣摩语句的含义，体会语言表达效果。

◎ 初步鉴赏文学作品，能感受形象，品味语言，领悟作品的丰富内涵，体会其艺术表现力，有自己的情感体验和思考，受到感染和启迪。

写作

◎ 善于观察生活，对自然、社会和人生有自己的感受和思考。

◎ 能有意识地考虑写作的目的和对象，负责地表达自己的看法。

◎ 提倡自由作文，根据个人特长和兴趣写作，力求有个性、有创意地表达。

◎ 作文要观点明确，内容充实，感情真实健康；思路清晰，能围绕中心选取材料，合理安排结构。

◎ 能根据表达的需要，展开丰富的联想和想象，恰当运用叙述、说明、描写、议论、抒情等表达方式。

◎ 能调动自己的语言积累，推敲、锤炼语言，做到规范、简明、连贯、得体。

◎ 作文一般每学期不少于5次。45分钟能写600字左右的文章。

2003年《普通高中语文课程标准（实验）》是对2001年《全日制普通高级中学语文教学大纲》的完善。在"阅读与鉴赏"方面，进一步强调"独立阅读""个性化阅读"的同时，把"文本"划分为"论述类、实用类、文学类"，并明确提出"灵活运用精读、略读、浏览、速读等阅读方法"的目的是"提高阅读效率"；在文学教学中也补上了"了解诗歌、散文、小说、戏剧等文学体裁的基本特征及主要表现手法"。在"表达与交流"方面，则与2001年大纲基本相同，只是把"恰当运用叙述、说明、描写、议论、抒情等表达方式",变换表述为:"进一步提高记叙、说明、描写、议论、抒情等基本表达能力,并努力学习综合运用多种表达方式。"

以下内容是2003年《普通高中语文课程标准(实验)》必修课程"阅读与鉴赏"目标(摘录):

阅读与鉴赏

◎ 发展独立阅读的能力。从整体上把握文本内容,理清思路,概括要点,理解文本所表达的思想、观点和感情。善于发现问题、提出问题,对文本能做出自己的分析判断,努力从不同的角度和层面进行阐发、评价和质疑。根据语境揣摩语句含义,运用所学的语文知识,帮助理解结构复杂、含义丰富的语句,体会精彩语句的表现力。

◎ 注重个性化的阅读,充分调动自己的生活经验和知识积累,在主动积极的思维和情感活动中,获得独特的感受和体验。学习探究性阅读和创造性阅读,发展想象能力、思辨能力和批判能力。

◎ 能阅读论述类、实用类、文学类等多种文本,根据不同的阅读目的、针对不同的阅读材料,灵活运用精读、略读、浏览、速读等阅读方法,提高阅读效率。

◎ 能用普通话流畅地朗读,恰当地表达文本的思想感情和自己的阅读感受。

◎ 学习鉴赏中外文学作品,具有积极的鉴赏态度,注重审美体验,陶冶性情,涵养心灵。能感受形象,品味语言,领悟作品的丰富内涵,体会其艺术表现力,有自己的情感体验和思考。努力探索作品中蕴涵的民族心理和时代精神,了解人类丰富的社会生活和情感世界。

◎ 在阅读鉴赏中,了解诗歌、散文、小说、戏剧等文学体裁的基本特征及主要表现手法。了解作品所涉及的有关背景材料,用于分析和理解作品。

(二) 讨论

语文课程标准所运用的概念,是一个认知问题,即关乎概念的所指是否正确、准确的问题;不同的表述,隐含着对知识的不同认识,而不仅仅是名称的选用问题。

把历史发展中形成的种种文章体式用逻辑划分并加以抽象归类,企图形成"基本文体",这并不是一个妥当的办法。但在白话文兴起、各种体式的语体文初创的时期,由于语体文的创作尚不甚发达,在理论上探讨各种文体的特征以指导实践就显得合理而必要了,尽管其中可能埋伏着理论思维僭越实证思维的危险。我国现代语文的文章体式研究,在20世纪初就略见规模,并取得了一系列的成果,而成熟于奠定现代"文章学系统"的《国文百八课》[①]。

在《国文百八课》里,夏丏尊、叶圣陶首先把"文章"分为"记叙文""论说文"两个大类,然后将记叙文再分化为"记事物的形状、光景"的"记述文"与"记事物的变化经过"的"叙述文";论说文再分化为"说明文"(后曾改称"解说文")与"议论文"。"记述文""叙述文""说明文""议论文",也许可以看成是四种"基本文体"。但这里的"文"或"文体",指的是言语的表达方式,相对应的是文章中的"成分",也就是由表达方式构成的语段,所以叶圣陶说,一篇实际的文章,往往含有两种以上的"成分",即含有两种以上的"文体"。

按叶圣陶等人的设想,"记述文""叙述文""说明文(解说文)""议论文",均有"平实"与"生动"两条路线。以"记述文"为例,"平实的记述"也就是外观的介绍,比如介绍一座桥、介绍一幅画、介绍自己家乡的一条河、介绍我们的教室等,总之是介绍用眼睛观察可以看到的、静态的、具体的东西;"生动的记述"则是对静态事物、光景的"描写",比如描写一个人的外貌、描写一处风景等,而描写往往隐含着评论,夹杂着抒情。

应该说,按理论思维方式来研究文体的问题,《国文百八课》取得了卓越的成绩,"基本文体"的记述文、叙述文、说明文(解说文)、议论文"四分法",至今看来仍有相当的合理性。

1963年前后,在"汉语""文学"分科陡然停止的背景下,统编语文教材推出了新的"文章学系统"。主要的举措包括以下三个方面:

(1) 删除了"叙述文",把"基本文体"归并为"记叙文""说明文""议论文"三类。

(2) 削弱了表达方式构成的语段这层含义,而把"记叙文""说明文""议论文"中的"文",改造成以"篇"为单位的"文体"(文章体裁)。

(3) 把本来着眼于中小学作文训练的"基本文体"分类,转用到阅读教学,把天

[①] 叶圣陶. 叶圣陶教育文集(第五卷)[M]. 刘国正,主编,北京:人民教育出版社,1994. 下面引自《国文百八课》材料,不再逐一注出。

下"文章"按"三分法"归类,形成了中小学所特有的"记叙文""说明文""议论文"的阅读方式。

删除"叙述文",则导致"基本文体"的一系列漂移。

第一,"记述文"本来包含"平实的记述"和"生动的记述"。现在,"生动的记述"归并到了"记叙文"。由于"生动的记述"加入,静态状况的"描写"则混合进了动态事件的"叙述",模糊了动与静的界限,因而使"叙述文"(记作者所经历或想象的动态事件的语段)的含义发生了变化,形成了以人物、风景等静态事物"描写"为主体的、混合评论、偏向抒情的"记叙文"文体(体裁)。

第二,"平实的记述"归并到了"说明文"。由于"平实的记述"加入,"说明文"的含义也发生了变更,似乎形成了"具体的说明文""抽象的说明文"这样的文体(体裁),而"具体的说明文"则占据了主导的地位——所谓"具体的说明文",大致相当于原来的"记述文",且倾向于"生动"。

第三,由于以上变化,受挤压的"抽象的说明文"就自然地向"议论文"靠拢,因而造成"议论文"的含义也发生了变更,使"议论文"又退回到含混的"论说文"境地,而"论说文"则变成了讲述"观点"(我认为)的且倾向于"生动"的文体(体裁),有人把它叫作"议说型议论文"。

第四,原本意义上的"说明文"与"议论文"几乎丢失了。在《国文百八课》中,夏丏尊、叶圣陶是这样界定"说明文"的:"说明文所表示的是作者的理解;换个说法,就是作者所懂得的一些道理、原因、方法、关系等。""所谓理解,乃是说天地间本来有这些道理,给作者悟出来了,明白地懂得了。"换句话说,"说明"是抽象的分析过程,它含有作者发见的意思。典型的"说明文",在《国文百八课》中列举的是"类型的事物(区别于具体的事物)""抽象的事理""事物的异同""事物间的关系""事物的处理法(诸如立身处世等"抽象处理法")""语义的诠释"等。关于"议论文",在《国文百八课》中是这样定位的:"议论文是把作者所主张的某种判断加以论证,使敌论者信服的文章。""我们写作议论文,情形正和上法庭去诉讼,向敌方和法官讲话一样。""议论文"的要义在于"论证"的力量,正如《国文百八课》所提示的,"议论文"的写作训练,关键是"演绎""归纳""辩证"等推理的方式,关键是要建立足以确立观点的优势证据。

"基本文体"的分类,本来是着眼于中小学作文训练的。删除"叙述文"所造成的"基本文体"的一系列漂移,以及把"文体"由表达方式偷换为"文章体裁",给中小学作文教学带来了严重的后果。

（1）由于"描写"的加入并备受重视，"平实的记叙文"在写作教学中逐渐丧失了地盘，而"生动的记叙文"则演变为用"好词好句"来"描写"与"抒情"，这样学生很大程度上失去了记动态事件的训练。

（2）由于"具体的说明文"加入并占据主导地位，而"具体"又被理解成"形象""生动"，"形象""生动"又在教学中被操作成运用"好词好句"、运用"修辞手法"，这样学生很大程度上失去了记静态状况的训练。

（3）在含混的"论说文"中，"议说型议论文"占据上风，学生所写的文章只求观点的"自圆其说"而很少顾及"说服"的功用，因而也逐渐地失去了论证的训练。

（4）而所谓"议说型议论文"，又崇尚"生动""形象"，实际上是议论性的散文，而关于"类型的事物""抽象的事理""事物的异同""事物间的关系""事物的处理法"等解说，在中小学生的写作教学中几乎从无涉及，这样学生又逐渐地失去了说明（解说）的训练，本来意义上的"说明文"（解说文）在中小学写作教学中几乎销声匿迹。

"记叙文"偏重"描写"而削弱"记叙"，"说明文"偏重"记述"而忽略"说明"，"议论文"偏重"议说"而疏于"论证"；所谓记叙文、所谓说明文、所谓议论文，已经名不副实。进而又把"记叙文""说明文""议论文"中的"文"偷换成"文章体裁"，这样的危害就更大了。

一方面，作文的训练被引向"篇"而严重地忽视了"语段"这个单位。所谓"作文训练"，被简单地理解为就是让学生写出一篇篇的"文章"。这样，选材、构思、谋篇，加上命题作文的审题、提炼主题，乃至想象、联想等，便成为作文教学的主要项目，作文教学很大程度上丢失了"表达"的训练，因而也就失去了划分"基本文体"（表达方式）的初衷。

另一方面，正如许多人所指出的，夏丏尊、叶圣陶也早就明确论述过的，"记叙文"之类，只是"类"的说法，而不是文章的"体"。"这种分类都不过是大概的说法，指明文章有这几种性质而已"，"我们平常所谓'记述文'或'叙述文'，就是记叙成分较多的文章，所谓'说明文'或'议论文'，就是论说成分较多的文章"。

把"类"扭曲为"体"，其结果是造就了一种中小学作文中所特有的"文体"，叫"优秀作文体"，或者叫"考试作文体"，也就是我把它叫作"小文人语篇"的东西①。

---

① 王荣生.语文科课程论基础（2014版）[M].北京：教育科学出版社，2014：168.

从言语表述上看,"小文人语篇"倾向于"好词好句","能比较熟练(综合)地运用记叙、说明、议论各种表达方式"。从文章体式的角度看,"小文人语篇"其实就是"散文"。正如刘锡庆所指出的,我国中小学生的"作文""实际上是'散文'的习作","其特点及写作要求大略与'散文'相同,只是由于它'文学性'不足,一般较难跨入文学文体中'散文'的殿堂"①。

1963 年之后,在我国语文课程的阅读教学中,"散文"成了主导的文类。语文教材中的"课文",主体是"文学性散文",包括"抒情散文",以及"叙事性"的、具有文学意味的通讯、报告文学、人物传记等。所纳入的"说明文""议论文",也主要是着眼于文字的"生动性",指"生动的说明文""生动的议论文",实际是"具有文学意味"的说明文、议论文,比如科普小品、杂文、随笔、演讲词等。

阅读教学的主导文类是散文,加上把本来着眼于中小学作文训练的"基本文体"分类转用到阅读教学中,形成了我国中小学所特有的"记叙文""说明文""议论文"的阅读方式。

这种阅读方式,后来被称为"肢解"。2000 年之后的语文教学大纲(课程标准)在文体问题上的种种尝试,包括"淡化知识""文体不限""培养语感"等主张,直接的目的就是试图破除我国语文教学界沿袭多年的阅读"肢解模式"和写作的僵化"程式"。

然而,种种尝试在我看来并不成功,还引发了一系列新的问题。

我们在上面的分析中,隐含着这样一个结论:1963 年正式确立的三种"基本文体",在知识上是错误的,在研究方法上是不合规的。"基本文体"的"三分法",是筹划僭越认知的后果。"三分法"的出台,初衷是为了"创新"教材体系②,充其量只是语文教材编撰的一种策略,而不是对文体问题的实情考察,迄今为止也没有人对此进行过系统的理论阐述。换言之,对何以是三种"基本文体",何以是"基本文体"的阅读方式,何以是"基本文体"的写作方式,都没有进行过"像样"的研究,而只是把它们当成了"权宜之计"。在"汉语""文学"分科陡然夭折的情况下,这种权宜之计在当时确实起到了重整语文教学的功效;但是由此而产生的知识错误却对语文教学造成了长久的、至今难以愈合的伤害。由于认知的错误,由于筹划所依据的"有约束力的原理"出现了偏差,按三种"基本文体"来组织语文教学,实践证明是失败的,或者说,我们付出了十分沉重的代价。

---

① 刘锡庆.基础写作学[M].北京:中央广播电视大学出版社,1985:156.
② 张鸿苓,等.新中国中学语文教育大典[M].北京:语文出版社,2001:552.

令人遗憾的是，2000年之后的语文教学大纲及语文教材，在对待文体以及相关的问题上，却仍然沿袭筹划的思维方式，而且还埋伏着新的知识错误。我们可以从阅读这一方面来考察。

2000年《全日制普通高级中学语文教学大纲（试验修订版）》，显然是把着力点放在"破除"上，课程目标的设定主要起"导向"的作用，为树立"正确"的导向，甚至不惜矫枉过正。与1990年的《全日制中学语文教学大纲（修订本）》相比，其主要的变化是驱逐了"基本文体"及其相关"知识"，试图用"整体把握""揣摩""体会""感受""品味"来取代"分析"，来改造语文教学中的"课文"的阅读方式。应该说，"破除"是有力也有利的；但"建设"呢，看起来颇成问题，因为其中消除了"文体"这个具有制约力的原理，也蒙混进了许多似是而非的认识。

其一，关于"课文"的预设。2000年的语文教学大纲中所说的"课文"，从语境上看，实质是"文学性的散文"。"揣摩""体会""感受""品味"等显然不适合理论性的文章，如果严格按大纲执行的话，那么只能造成两种结局：一是在语文教学中驱除不适合"揣摩""体会"的文章；二是对所有的文章都采取"揣摩""体会""感受""品味"的阅读方式。前者属于筹划不当，所以此后的大纲补上了"能阅读实用类、文学类、理论类等多种文本"这句话。后者则是知识的混乱，是用一种新扭曲的阅读方式替代被扭曲的旧方式——实际上所谓的"新"的阅读方式，在语文教学中久已有之，并对实用文章的阅读教学造成了极大的伤害。

其二，"揣摩""体会""感受""品味"等表达的是一种全面"去知识化"的情绪，如果完全按大纲要求去做的话，"课文"阅读就会紧缩在"词句"乃至"字词"的单位中。把"课文"阅读局限在"词句"或"字词"而不是"篇章"，这在关于"阅读"的认知上是错误的，在阅读教学实践中则会害大于利。就像张承明所批评的："在课文分析中，字词教学'包打天下'。在当今的语文教学实践中，分析作品中的情感靠词语；分析意境靠词语；讲写景之妙靠词语；理解人物抓词语……似乎学生理解了词语，也就理解了作品。"[1]这种做法不仅造成了语文教学的程式化，而且人为地增加了语文学习的难度和神秘感[2]。

2001年《全日制普通高级中学语文教学大纲》补上的"能阅读实用类、文学类、理论类等多种文本"这句话，看来也是从筹划的角度考虑的。"文本"的含混用

---

[1] 张承明.中外语文教育比较研究[M].昆明：云南教育出版社，2005：149—150.
[2] 张承明.中外语文教育比较研究[M].昆明：云南教育出版社，2005：147.

法——"文本"的单位是书籍、篇章还是语段呢?"等多种"是虚晃一枪——还有哪几"种"呢?"类"这样的表述——阅读教学是读"文类"呢,还是读"文类"里面的"体式"呢? 以及"实用类、文学类、理论类"的排列次序——在阿德勒和范多伦的《如何阅读一本书》①中所用的概念和次序是"理论性著作""实用性书籍""想象性文学作品"。上述种种迹象表明,该大纲在研制过程中没有很好地考虑到文章体式的问题。

"能根据不同的阅读目的或阅读材料,灵活运用精读、略读、浏览等阅读方法。"从大面上说,这话似乎是不错的。但是,该语文教学大纲关于阅读方法(阅读方式)的论述仅此一条,这就使我们有理由推测,在关于"阅读"的认知上可能有些残缺,因而所谓的"灵活运用"很可能只是一种修辞性的表达,缺乏具体的所指。

我们知道,阅读牵涉阅读客体和阅读主体两个方面,二者交互影响,进而形成特定的阅读方式(阅读方法)。"精读、略读、浏览"是从阅读主体角度生成的阅读方式,运用这些方法,当然受阅读材料的制约,但主要取决于阅读的目的。"精读、略读、浏览"其实是抽象程度很高、概括性很强的"阅读方法",在不同体式的文章里(比如,抒情散文和学术文章)、在不同的阅读取向下(比如,理解性阅读和批判性阅读),"精"什么、"略"什么,如何"精"、如何"略",其实是有很大差别的。离开了具体的文本、离开了具体样式的具体阅读,而单从阅读行为上去抽象地讲"精读、略读、浏览",以及如何"精读"、如何"略读",这就是我在一篇文章中所批评的"抽象技法观"②。换句话说,"精读、略读、浏览"不存在"灵活运用"的问题,只存在与具体的阅读目的,尤其是与阅读取向能否相适应的问题,只存在与具体的阅读材料,尤其是与文章体式能否相呼应的问题。大量的研究证明,"阅读和写作是一种文体思维",不同的文体有不同的读法。我们既应该强调阅读的主体性,也应该凸显阅读客体对阅读方式的决定性影响,这样,"精读、略读、浏览"才会有切实的着落。

比如,新闻阅读。据我们观察③,"揣摩语句内涵""学习表达技巧"是我国语文教材和教学中新闻"精读"的主要教学内容。这显然读错了地方;而之所以读错地

---

① [美] 莫蒂默·J. 阿德勒,查尔斯·范多伦. 如何阅读一本书[M]. 蔡咏春,周成刚,译. 上海:上海译文出版社,1991.
② 王荣生. "阅读能力"与"阅读方法"——散文教学内容问题研讨的预备之一[J]. 语文学习,2006(01):12—16.
③ 王荣生. "新闻报道和言论文章阅读"单元样章[J]. 语文学习,2006(09):20—26.

方,是因为把阅读抒情散文的方法误拿来阅读新闻。

在我国的语文教学中,类似于上述阅读方式、方法错位的情形,比比皆是,如说明文教学讲比喻多么生动、抒情诗要求概括段落大意、把演讲当成书面文本来品味。我们认为,应该树立这样一个准则:凡在教学中长时期地、大规模地出现的错误和问题,毛病一定不是出在教师身上,而是出在语文课程的研制上,出在语文课程标准的研制上。

2003年《普通高中语文课程标准(实验)》中的"论述类、实用类、文学类等多种文本",大体是对此前大纲"实用类、文学类、理论类等多种文本"的修辞性调整,包括对"类"之间的次序做了调整,以及用"论述类"说法替代"理论类"。

"论述类、实用类、文学类"显然不在一个层面上,不妨与《国文百八课》相比较:

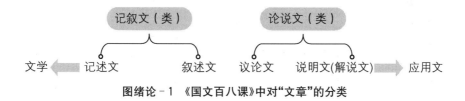

图绪论-1 《国文百八课》中对"文章"的分类

从理论思维的角度看,"论述类"差不多是一个常识性的说法;"论述类"的概念所指,实际上是朦胧一片,好像是要把叶圣陶等已经有效划分出的记叙文(类)、论说文(类)重新模糊掉。我们以为,无论是在类属的细化水平上,还是在逻辑的严密性上,乃至在用词的贴切上,"论述类"的说法以及"论述类、实用类、文学类"的排列法,都不如《国文百八课》。

从筹划思维的角度看,"论述类"的说法主要起树立新理念的"导向"作用,而很难达到实用的目的。比如,有报道指出,语文课程改革后的新高考,"作文"主要考"论述类",而"论述类"则青睐有"论"有"述"的"夹叙夹议"[①]。所谓"夹叙夹议",也就是我们在前面提到的"小文人语篇";如果"论述类"是指这样的东西,似乎还不如用"随笔"(议论性的散文)的概念更便于操作。

我国的语文课程标准(教学大纲)的研制,似乎有两种互为因果的倾向:第一,文章体式似乎是不重要的,只是一个"称呼"而已;第二,文体在阅读和写作中似乎不具有实质性的意义,只是一个"了解"的"知识"项目而已。比如,在2003年《普通

---

① 龙虎网.写作宜夹叙夹议:解读2007年新课标语文高考大纲[EB/OL].(2006-10-22)[2020-04-28]. http://news.sina.com.cn/c/edu/2006-10-22/090910295476s.shtml.

《高中语文课程标准(实验)》中,下面两条似乎不发生关系:

学习鉴赏中外文学作品,具有积极的鉴赏态度,注重审美体验,陶冶性情,涵养心灵。能感受形象,品味语言,领悟作品的丰富内涵,体会其艺术表现力,有自己的情感体验和思考。努力探索作品中蕴涵的民族心理和时代精神,了解人类丰富的社会生活和情感世界。

在阅读鉴赏中,了解诗歌、散文、小说、戏剧等文学体裁的基本特征及主要表现手法。

法国语文教育研究专家的下面这段论述,可能会对我们有很大的教益[①]:

探讨体裁问题,让学生认识到体裁具有社会性和历史性,要对什么人说什么话。不同体裁限制作品的写作和接收情况。通过对作品的阅读和思考,让学生了解体裁的作用,它就像作品内在性质现象(如作品所勾勒世界的类型、情节类型、风格笔调等)的模型建立者,而作品就像对某类相互影响因素的独特操纵。

也正因为如此,法国语文教学大纲把"体裁和类型"作为基本的学习面(学习视角):"一般来说,语言与文学的特征就是能够表达人类共同的态度和基本情感,并且用表达的体裁和类型来实现。我们必须给高中学生教授通向人类共同文化遗产的方法。"[②]

[①] 钟启泉.国际普通高中基础学科解析[M].上海:华东师范大学出版社,2003:322.
[②] 洪宗礼,柳士镇,倪文锦.母语教材研究(6)[M].南京:江苏教育出版社,2007:205.

上编

困境：语文课程怎么了

上编

第一章
从文类的视角检视我国语文课程

第一节 语文课程内容的构成问题
一、语文课程目标与课程内容
二、语文课程内容的构成方式
三、语文课程的特点带来的课程内容问题
四、从语文课程内容到语文教学内容

第二节 文类与语文课程内容
一、阅读和写作是一种文体思维
二、受文类制约的语文课程内容

第三节 课程内容建设与课程内容审议
一、语文课程内容建设
二、语文课程内容审议
三、本书的框架及内容概要

第一节　语文课程内容的构成问题

一、语文课程目标与课程内容

语文是一门国家课程。语文课程标准体现国家的意志和学生发展的需要，规定语文课程所应该培养的语文素养，包括学科育人价值和学科核心素养，其主体是语文课程目标和课程内容。

"语文课程目标" 是语文课程标准层面的概念，它主要面对 **"是什么"** 的问题——为了适应现代社会和学生个体的发展需要，国家期望学生具备的语文素养"是什么"。语文课程目标大致包括人文素养和语文能力两个方面。在理想的情况下，目标应该得到明晰的表述，以使大家对目标的内涵有一致的理解。

"语文课程内容" 是语文课程具体形态层面的概念，它主要面对 **"教什么"** 的问题——为了有效地达成语文课程标准所设定的语文素养目标，语文课程研制者建议 **"一般应该教什么"**。

（一）语文课程目标的类型

我国的语文课程目标，从目标的表述方式看，大体上可归为以下三类[①]。

1. 内容目标

内容目标，又叫"内容标准"，它指明学生需要学习什么，即学习内容。比如：能够区分写实作品和虚构作品，了解诗歌、散文、小说、戏剧等文学样式；写作时考虑不同的目的和对象。

2. 能力目标

能力目标，又叫"表现标准"，它指明学生在什么方面应该达到什么水平。比如：写记叙性文章，做到内容具体充实；写简单的说明性文章，做到明白清楚；写简

---

① 王荣生. 求索与创生：语文教育理论实践的汇流[M]. 济南：山东教育出版社，2013：82—83.

单的议论性文章,做到观点明确,有理有据;根据生活需要,写日常应用文。自信、负责地表达自己的观点,做到清楚、连贯、不偏离话题。

3. 活动目标

活动目标,又叫**"表现性目标"**,它指明学生要进行什么样的听说读写活动,并期望在这些活动中发生哪些相应的语文学习行为。比如:能主动进行探究性学习,在实践中学习、运用语文;根据自己的学习目标,选读经典名著和其他优秀读物,与文本展开对话。

(二) 语文课程内容与课程目标类型的对应关系

语文课程内容与课程目标有三种对应关系。

1. "组成"关系

当课程目标是"内容目标(内容标准)"时,课程内容"组成"课程目标。学习这些内容本身就是目标。

比如:"能够区分写实作品和虚构作品,了解诗歌、散文、小说、戏剧等文学样式。"在这里,课程内容是"区分写实作品和虚构作品",是"了解诗歌、散文、小说、戏剧等文学样式",分别学习这些内容,也就实现了课程目标。

语文课程"阅读""写作""口语交际"学习领域中的程序性知识,即听说读写的态度、规则和策略等,一般与课程目标是"组成"关系。一些与听说读写态度、规则和策略直接相关的语言学、文学、文章学等关于对象的知识,与课程目标往往也是"组成"关系。换言之,它们是在语文课程中必须学习的内容。

2. "达成"关系

当课程目标是"能力目标"时,课程内容是"达成"课程目标的途径。学习这些内容,有助于"达成"课程目标。

比如:"自信、负责地表达自己的观点,做到清楚、连贯、不偏离话题。"要达成这一目标,就可能涉及一些概念,如"观点""话题""连贯"等;但是,在语文教学中,学习这些内容(陈述性知识)本身并不是目标所在——课程目标是合适的话语行为,而不是知道这些概念。

能力目标,往往并不直接、具体地规限课程内容,对期望学生达到结果的描述(即目标**"是什么"**)与为达成目标而选择的课程内容(即**"教什么"**)之间,存在着种种较为复杂的关系。比如:"耐心专注地倾听,能根据对方的话语、表情、手势等,理解对方的观点和意图。"对于达成这条目标该"教什么""学什么",存在着多种选择的可能性和必要性。换言之,不同的学生,为达成某一能力目标所选择的课程内容或有差别;学习同一课程内容,是否能够达成能力目标以及达成的程度,或许也因人而异。

语文课程中所涉及的语言学、文学、文章学等关于对象的知识,一般与课程目标是"达成"关系,学习这些内容是为了较好地"达成"课程目标,具有相应的语文能力。但学习这些内容,未必跟具备这项能力画等号;未学过这些内容,也不意味着不能够具备这项能力。

3. "相符"关系

当课程目标是"活动目标"时,课程内容就是与这一活动指向"相符"的语文活动。

比如,独立撰写一份小课题研究报告,就是与"为解决与学习和生活相关的问题,利用图书馆、网络等信息渠道获取资料,尝试写简单的研究报告"这条目标"相符"的语文活动。阅读指定的课外读物,就是与"根据自己的学习目标,选读经典名著和其他优秀读物,与文本展开对话"这条目标"相符"的语文活动。"诵读优秀诗文,注意在诵读过程中体验情感,展开想象,领悟诗文大意"主要是"活动目标",教师就应该积极引导学生进行与此"相符"的诵读活动,而不仅仅是背诵、默写。

"语文综合性学习"领域的学习内容,与课程目标多数是"相符"关系。在"写字与识字""阅读""写作""口语交际"等领域,也有一些需要学生完成的有特定指向的学习活动,开展这些活动,必须注意与课程目标的相符性。

语文课程目标与语文课程内容的这三种关系,可以用图 1-1 来表示。

图 1-1 语文课程目标与语文课程内容的三种关系

课程目标与课程内容是一对相互关联的概念。"组成"关系、"达成"关系、"相符"关系,分开来讲,不同关系有各自不同的讲究,需要区别对待。而概括起来看,都要求课程内容与课程目标发生良性的交互作用：课程目标要有相应的课程内容支撑，课程内容应该指向课程目标。

课程内容必须与课程目标相一致、相呼应，这可以说是一条定律。由此可以推导出一系列结论，比如：

(1) 缺乏课程内容支撑的课程目标，必定落空。
(2) 不指向课程目标的课程内容，绝不是合适的内容。
(3) 课程目标变化，必然要求课程内容做相应的调整。
(4) 课程内容不变，变化了的课程目标注定不可能实现。

二、语文课程内容的构成方式

语文课程是一门学习语言文字运用的综合性、实践性课程。语文课程内容的构成，可以从不同的角度来分析。较为通行的，是按以下两种互补的框架。

(一) 依据语文课程内容的类别

依据语文课程内容的类别，是由本人提出的[①]，并获得了语文教育界同行的广泛认同。从大的方面看，语文课程内容有三大类别，或者说，有三个主要方面。

(1) 人文素养确切所指的文学文化经典作品及对它们的阐释，我们称之为"定篇"，即学生在语文课程中必须学习的文学文化经典作品。"定篇"通常由语文课程标准指定，也可受国家课程文件的授权，在课程实施中由教材编者或语文教师定夺。

(2) 听说读写和语文综合性学习中要学习的事实、概念、原理、技能、策略、态度等，我们统称为"语文知识"。包括"关于对象的语文知识"（陈述性知识）和"关联主体与对象的语文知识"（程序性知识和策略性知识）两大部分。前者如关于语言的语言学知识、关于文学史和文学作品的文学知识、关于文章的章法知识等，后者指如何阅读、如何写作、如何有效地听说等技能或策略性知识。语文课程内容所涉及的语文知识，主要是后者，即"关联主体与对象的语文知识"。

(3) 在语文课程中所进行的与课程目标相符的听说读写的语文活动，并获得相应的语文经验，我们称之为"语文经历"。比如，中学生必须有的进行公开演讲的

[①] 参见：王荣生.语文科课程论基础（第一版）[M].上海：上海教育出版社，2003；王荣生.语文科课程论基础（第二版）[M].上海：上海教育出版社，2005；王荣生.语文科课程论基础（2014版）[M].北京：教育科学出版社，2014；王荣生.语文课程与教学内容[M].北京：教育科学出版社，2015。

经历和做小课题研究的经历等。具有课程意义的语文经历，主要在语文课内，也包括有组织的语文课外活动。

（二）依据语文课程的学习领域

依据《全日制义务教育语文课程标准（实验稿）》（2001年颁布）和《义务教育语文课程标准（2011年版）》中的相关规定，语文课程有"识字与写字""阅读""写作""口语交际""综合性学习"五个学习领域。《普通高中语文课程标准（实验）》（2003年颁布）中，高中语文课程包括必修和选修两个部分，其中必修课程分"阅读与鉴赏""表达与交流"两个方面。"阅读与鉴赏"，实际上指两种不同的阅读类型；"表达与交流"，包括书面表达和口头表达。普通高中语文课程与义务教育语文课程的五个学习领域，基本相通。

语文课程内容有哪些？语文课程"应该教什么""应该学什么"？2001年以来的语文课程标准，实际上已做出了明确的回答，那就是"识字与写字""阅读""写作""口语交际""综合性学习"这五个学习领域。这个回答是革命性的，尽管对它的革命性意义，在以往的语文课程标准解读中并未得到充分的阐发。

语文课程内容，主要不是关于对象的知识，不是关于语言的语言学知识，不是关于文学的文学理论知识，不是关于文章的文章学知识。上述这些知识的学习，都是为"识字与写字""阅读""写作""口语交际""综合性学习"服务的，只有把它们融会在"识字与写字""阅读""写作""口语交际""综合性学习"中，学习这些知识才有意义和价值。

换言之，语文课程内容，是把主体与对象关联起来的知识。"识字与写字"，关系到识字、写字的人和所识的字、所写的字；"阅读"，关系到阅读的人和所阅读的读物；"写作"，关系到写作的人和写作的具体情境及所写的文章样式；"口语交际"，关系到听话、说话的人和听说的具体情境及话语类型；"综合性学习"，关系到学习的人和语文综合性活动的情境及任务。语文学习，是学习如何识字与写字、如何阅读、如何写作、如何口语交际、如何运用语文进行综合性学习。

这种认识，是语文教育研究者业已形成的共识。语文课程标准就是把这样的共识固定下来，并以标准的形式加以确认。

本研究采用这一角度，主要研究"阅读""写作"这两个学习领域的课程内容，即

"阅读课程内容""写作课程内容",侧重在"语文知识"这一方面①。

三、语文课程的特点带来的课程内容问题

研究"阅读课程内容""写作课程内容",实际上是研究其课程内容的具体构成,也就是对"阅读教什么""写作教什么"的具体回答。

但是,对"阅读教什么""写作教什么"的具体回答,却出人意料地艰难——我国的语文课程的研究和实践,很大程度上就是对"阅读教什么""写作教什么"不断尝试进行回答以及对回答的调整、改进乃至改变、革新。

而之所以艰难,从本研究时段(1963—2017年)的语文课程的特点看,是因为受三大先天性的因素制约:其一,语文课程标准中缺失"课程内容"②;其二,语文课程以"能力目标"为主体目标;其三,语文教材以"文选型"为主要形态。

(一) 语文课程标准中缺失"课程内容"

试比较义务教育阶段不同学科的课程标准的目录(如表1-1所示)。

表1-1 义务教育阶段不同学科课程标准的内容框架对照

数学	历史	体育与健康	语文(2001年版)	语文(2011年版)
第一部分 前言 第二部分 课程目标 第三部分 课程内容 第四部分 实施建议			第一部分 前言 第二部分 课程目标 第三部分 实施建议	第一部分 前言 第二部分 课程目标与内容 第三部分 实施建议

我们可以直观地看出,语文课程标准的目录与其他课程标准有一处显著差别:语文课程标准缺少"课程内容"部分。

也就是说,其他学科的教师直接面对的是学科"课程内容",而语文教师直接面对的则是"课程目标"(图示比较如图1-2所示)。

---

① 语文课程的五个学习领域,在课程实施中,实施的情况并不尽如人意。据相关调查,开展语文综合性学习的学校,不到4%;把口语交际正式纳入教学的,所占比例也不高;正如本书后文中要揭示的,写作教学在中小学也只占很少的课时;语文教学的绝大部分课时,用于阅读教学——其实是"课文"教学。也正因为如此,对于阅读和写作这两个领域的研究,尤其是阅读领域的研究,很大程度上代表着对语文课程的研究。
② 2017年之后颁布的普通高中和义务教育语文课程标准的文本中增列了"课程内容"板块。

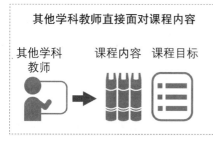

图 1-2　与其他学科教师不同,语文教师直接面对课程目标

与《全日制义务教育语文课程标准(实验稿)》相比较,《义务教育语文课程标准(2011年版)》在"课程目标"之后多加了"与内容"三个字。但这三个字基本上是表态性的;对照两版的具体条目,除了条目上的合并或拆分,并无实质性的大差别(如表1-2所示)。

表 1-2　两版语文课程标准的第四学段(阅读部分)内容对照

2001年版语文课程标准 第四学段·阅读·课程目标	2011年版语文课程标准 第四学段·阅读·课程目标与内容
1. 能用普通话正确、流利、有感情地朗读 2. 养成默读习惯,有一定的速度,阅读一般的现代文每分钟不少于500字 3. 能较熟练地运用略读和浏览的方法,扩大阅读范围,拓展自己的视野 4. 在通读课文的基础上,理清思路,理解主要内容,体味和推敲重要词句在语言环境中的意义和作用 5. 对课文的内容和表达有自己的心得,能提出自己的看法和疑问,并能运用合作的方式,共同探讨疑难问题 6. 在阅读中了解叙述、描写、说明、议论、抒情等表达方式 7. 能够区分写实作品与虚构作品,了解诗歌、散文、小说、戏剧等文学样式 8. 欣赏文学作品,能有自己的情感体验,初步领悟作品的内涵,从中获得对自然、社会、人生的有益启示。对作品的思想感情倾向,能联系文化背景做出自己的评价;对作品中感人的情境和形象,能说出自己的体验;品味作品中富于表现力的语言	1. 能用普通话正确、流利、有感情地朗读 2. 养成默读习惯,有一定的速度,阅读一般的现代文,每分钟不少于500字。能较熟练地运用略读和浏览的方法,扩大阅读范围 3. 在通读课文的基础上,理清思路,理解、分析主要内容,体味和推敲重要词句在语言环境中的意义和作用 4. 对课文的内容和表达有自己的心得,能提出自己的看法,并能运用合作的方式,共同探讨、分析、解决疑难问题 5. 在阅读中了解叙述、描写、说明、议论、抒情等表达方式 6. 能够区分写实作品与虚构作品,了解诗歌、散文、小说、戏剧等文学样式 7. 欣赏文学作品,有自己的情感体验,初步领悟作品的内涵,从中获得对自然、社会、人生的有益启示。对作品中感人的情境和形象,能说出自己的体验;品味作品中富于表现力的语言 8. 阅读简单的议论文,区分观点与材料(道理、事实、数据、图表等),发现观点

2001年版语文课程标准 第四学段·阅读·课程目标	2011年版语文课程标准 第四学段·阅读·课程目标与内容
9. 阅读科技作品,注意领会作品中所体现的科学精神和科学思想方法 10. 阅读简单的议论文,区分观点与材料(道理、事实、数据、图表等),发现观点与材料之间的联系,并通过自己的思考,做出判断 11. 诵读古代诗词,有意识地在积累、感悟和运用中,提高自己的欣赏品位和审美情趣 12. 阅读浅易文言文,能借助注释和工具书理解基本内容。背诵优秀诗文80篇 13. 了解基本的语法知识,用来帮助理解课文中的语言难点;了解常用的修辞方法,体会它们在课文中的表达效果。了解课文涉及的重要作家作品知识和文化常识 14. 能利用图书馆、网络搜集自己需要的信息和资料 15. 学会制订自己的阅读计划,广泛阅读各种类型的读物,课外阅读总量不少于260万字,每学年阅读两三部名著	与材料之间的联系,并通过自己的思考,做出判断。阅读新闻和说明性文章,能把握文章的基本观点,获取主要信息。阅读科技作品,还应注意领会作品中所体现的科学精神和科学思想方法。阅读由多种材料组合、较为复杂的非连续性文本,能领会文本的意思,得出有意义的结论 9. 诵读古代诗词,阅读浅易文言文,能借助注释和工具书理解基本内容。注重积累、感悟和运用,提高自己的欣赏品位 10. 随文学习基本的词汇、语法知识,用来帮助理解课文中的语言难点;了解常用的修辞方法,体会它们在课文中的表达效果。了解课文涉及的重要作家作品知识和文化常识 11. 能利用图书馆、网络搜集自己需要的信息和资料,帮助阅读 12. 学会制订自己的阅读计划,广泛阅读各种类型的读物,课外阅读总量不少于260万字,每学年阅读两三部名著。背诵优秀诗文80篇(段)

我国语文课程标准中缺失"课程内容",与我国语文课程以散文为主导文类的现象存在因果关系,是在我国特定时段语文课程的特殊情形下的一种不得已的选择①。

(二)语文课程以"能力目标"为主体目标

以上述表格中所列的《义务教育语文课程标准(2011年版)》中第四学段的阅读课程目标为例,可以看出语文课程目标的真实状况。

1. 以"能力目标"为主体目标

在其中的12个条目中有7条是"能力目标",且都是阅读领域的核心目标,表

---

① 面向21世纪的我国基础教育课程改革,秉承"学科素养""能力导向",对我国基础教育原本"内容导向"的其他学科来说,改革的方向是从"内容目标"转向"学科素养""能力导向"。而原本(尽管是不得已的)就以"能力目标"为主体的语文学科,则应采取相反的动向,在语文课程中尽可能把"学科素养""能力导向"具体化而使之转化为可操作的语文课程与教学内容。

述为"能"或标明具体的指标(如每分钟不少于500字),意思是"能做到"或"会做"。有的在条目中虽没用"能"字,但结合具体上下文,显然可读出"能"的意思,因而应该补写出"能"字。

《义务教育语文课程标准(2011年版)》第四学段·阅读·能力目标内容如下所示。

◎ 能用普通话正确、流利、有感情地朗读。

◎ 养成默读习惯,有一定的速度,阅读一般的现代文,每分钟不少于500字。能较熟练地运用略读和浏览的方法,扩大阅读范围。

◎ 在通读课文的基础上,(能)理清思路,理解、分析主要内容,体味和推敲重要词句在语言环境中的意义和作用。

◎ 对课文的内容和表达有自己的心得,能提出自己的看法,并能运用合作的方式,共同探讨、分析、解决疑难问题。

◎ 欣赏文学作品,有自己的情感体验,初步领悟作品的内涵,从中获得对自然、社会、人生的有益启示。对作品中感人的情境和形象,能说出自己的体验;品味作品中富于表现力的语言。

◎ 阅读简单的议论文,(能)区分观点与材料(道理、事实、数据、图表等),发现观点与材料之间的联系,并通过自己的思考,做出判断。阅读新闻和说明性文章,能把握文章的基本观点,获取主要信息。阅读科技作品,还应注意领会作品中所体现的科学精神和科学思想方法。阅读由多种材料组合、较为复杂的非连续性文本,能领会文本的意思,得出有意义的结论。

◎ 诵读古代诗词,阅读浅易文言文,能借助注释和工具书理解基本内容。注重积累、感悟和运用,提高自己的欣赏品位。

2. 注重"活动目标"

倾向于"应该做什么、怎么做",用具体的动词表述,如"欣赏""诵读""注重""学会""背诵"等;或用"有"("要有"),有的也用"能"表述,但结合上下文,这里的"能"可以用"要"替代,其主要意思是指"要去做"。

《义务教育语文课程标准(2011年版)》第四学段·阅读·活动目标典型的条目如下所示。

◎ 能利用图书馆、网络搜集自己需要的信息和资料,帮助阅读。

◎ 学会制订自己的阅读计划,广泛阅读各种类型的读物,课外阅读总量不少于260万字,每学年阅读两三部名著。背诵优秀诗文80篇(段)。

上述两个条目中的"能"或"学会",不是通常意义上的"阅读能力"。从上下文语境看,这里的"能"或"学会"是"要"的意思,指引学生"要"去做条目所列的这些事,所以是"活动目标"。

注重"活动目标",是21世纪语文课程改革的亮点和着力点,力图体现"自主、合作、探究"的学习方式变革。但可能求之过切,所以有一些实质上是"能力目标"的条目,在表述上也混合着与"活动目标"类似的表述法,以突出重视"活动目标"的用意。

"能力目标"混合着与"活动目标"类似表述的条目举例如下。

◎ 对课文的内容和表达有自己的心得,能提出自己的看法,并能运用合作的方式,共同探讨、分析、解决疑难问题。

◎ 欣赏文学作品,有自己的情感体验,初步领悟作品的内涵,从中获得对自然、社会、人生的有益启示。对作品中感人的情境和形象,能说出自己的体验;品味作品中富于表现力的语言。

◎ 诵读古代诗词,阅读浅易文言文,能借助注释和工具书理解基本内容。注重积累、感悟和运用,提高自己的欣赏品位。

上述条目,有些"能"字表达的是"要"的意思,如"能提出自己的看法,并能运用合作的方式,共同探讨、分析、解决疑难问题"中的"能"字,改用"要"字也许更贴切。有些没有"能"字的地方,应该加上"能"字,如"品味作品中富于表现力的语言",就是一项核心的阅读能力。

3. 夹杂极少量的"内容目标"

表述为"了解"的条目共三条,而且了解的都是在相当高位的、较为概括的语文知识(术语)。

《义务教育语文课程标准(2011年版)》第四学段·阅读·内容目标内容如下。

◎ 在阅读中了解叙述、描写、说明、议论、抒情等表达方式。

◎ 能够区分写实作品与虚构作品，了解诗歌、散文、小说、戏剧等文学样式。

◎ 随文学习基本的词汇、语法知识，用来帮助理解课文中的语言难点；了解常用的修辞方法，体会它们在课文中的表达效果。了解课文涉及的重要作家作品知识和文化常识。

以"能力目标"为主体目标，这是由语文课程"综合性、实践性"的性质所决定的。学习语文、学习语言文字运用，其核心，无疑是提高听说读写能力。

而"能力目标"，正如上文所说的，"并不直接、具体地规限课程内容，对期望学生达到结果的描述（即目标'**是什么**'），与为达成目标而选择的课程内容（即'**教什么**'）之间，存在着种种较为复杂的关系"。

因此，既需要相应的研究扎实跟进，也必须具备较高的语文课程研制能力和水平。如果相应的研究没有跟进，如果语文课程研制的能力和水平尚不足够，那么就很容易造成课程内容的问题，如宽泛、笼统乃至错位、缺失等。

不幸的是，现实恰恰如此。以上述表格中所列的《义务教育语文课程标准（2011年版）》第四阶段的阅读课程目标为例，可以看到语文课程标准中并存的两种情况。

一方面，语文课程目标规划、指引着语文课程内容。包括：（1）少量的"内容目标"所标示的在相当高位的、较为概括的语文知识（术语）；（2）镶嵌在"能力目标"中的概括性的语文知识（术语）；（3）暗含在"活动目标"中的或可推断出的语文知识（术语）。因此，不能说在我国语文课程标准中没有课程内容；这或许就是《义务教育语文课程标准（2011年版）》在"课程目标"之后加上"与内容"三个字的理由所在。

另一方面，少量的"内容目标"所标示的在相当高位的、较为概括的语文知识（术语），镶嵌在"能力目标"中的概括性的语文知识（术语），暗含在"活动目标"中的或可推断出的语文知识（术语），在语文课程标准中的课程内容——"一般应该教什么"的规划、规定，却相当笼统，乃至若隐若现、似有实无。长此以往，语文课程标准"缺乏可操作性"，语文课程内容"玄虚、笼统"，为广大语文教师所诟病。

于是，语文课程内容的具体构成，对"阅读教什么""写作教什么"的具体回答，重任便落到了语文教材的设计上。

（三）语文教材以"文选型"为主要形态

语文教材以"文选型"为主要形态，即语文教材以选文为主材料，或按文体、或按主题，由几篇选文组成单元。受我国教材编撰水平和语文教师的教学习惯的影响，目前语文教材中的"单元"，实际上只是几篇课文放在一起的由头，中小学语文教学普遍还是按单篇来教学的，即一篇一篇地教学。

这样，课程内容就偏移到教学内容上。"阅读教什么""写作教什么"的问题，便具体化为一篇一篇的"课文教什么"的问题。而"课文教什么"，很大程度上是在语文教材编写中随文开发、因文而生的。

如果相应的研究没有扎实跟进，如果语文教材编撰的能力和水平尚不足够，那么就很容易造成课程内容的问题，宽泛、缺失乃至偏误、荒唐等。

不幸的是，现实又恰如此。语文教材内容难以支撑教学实践，语文教材难以有效地帮助师生进行教与学，这种状况由来已久并依旧存在。语文教材编如未编，据了解，除了选文之外，对于具体承载课程内容、具体呈现教学内容的"思考和练习"，许多语文教师，乃至优秀的语文教师"基本不用"。

于是，语文课程内容具体构成的实际责任，对"阅读教什么""写作教什么"的具体回答，便落到了语文教师身上。语文课程内容的问题，遂演变为语文教学内容的问题，也就是语文教师几乎每天都要面对（冥思苦想）的"教什么"的问题。

四、从语文课程内容到语文教学内容

（一）语文课程内容、语文教材内容、语文教学内容的分别

从理论上讲，语文课程内容、语文教材内容、语文教学内容分属不同层面，有大分别。

"语文课程内容" 是课程具体形态层面的概念，课程内容对应于课程目标，它主要面对**"教什么"**的问题——为了有效地达成语文课程标准所设定的语文素养目标，语文课程研制者建议**"一般应该教什么"**。

"语文教材内容" 是教材具体形态层面的概念，它主要面对**"用什么去教"**的问题——为了使较为广大的学生能较好地掌握既定的课程内容，语文教材编制者提供**"通常可以用什么去教"**的建议。理想情况下，语文教材内容应该做到"课程内容教材化""教材内容教学化"：一方面，课程内容要通过对种种资源的运用使之具体地显现；另一方面，教材要形成可操作的教学设计，便于师生教与学。

"**语文教学内容**"是教学层面的概念,教学内容对应于教学目标——教师就具体的学习项目,根据学生的具体情况,将课程专家提供的"一般应该教什么"转化为"实际上需要教什么",将教材专家建议的"通常可以用什么去教"转化为"实际上最好用什么去教"。语文教学内容既包括在教学中对现成教材内容的沿用,也包括教师对教材内容的"重构"——处理、加工、改编乃至增删、更换;既包括对课程内容的执行,也包括在课程实施中教师对课程内容的创生。

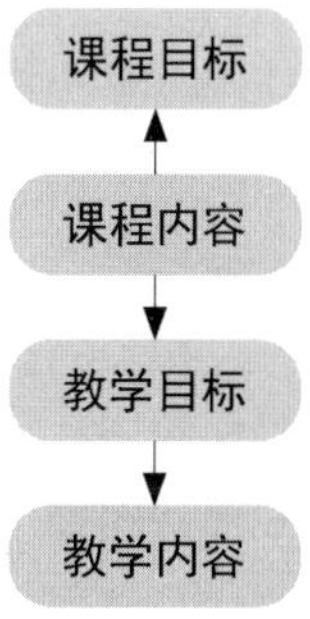

图1-3 从课程目标到教学内容的逻辑关系

课程内容、教材内容、教学内容的区别及其相互联系,在以"内容目标"为主的其他学科中,很容易理解。

在以"内容目标"为主的其他学科中,从课程内容到教学内容,是一个自上而下逐级"分解"的过程,课程内容"分解"为教学目标,教学目标进而再"分解"为教学内容。

在以"内容目标"为主的其他学科中,课程内容由课程标准制定,教材把课程标准制定的课程内容加以具体化地呈现,教师借助于教材,根据学生学习的具体情况,将课程内容加以"分解"。分解,包括内容的拆解、相互联系、重新组合等,把课程内容"分解"为具体的教学目标(内容目标),然后再将教学目标(内容目标)进一步加以分解,落实为具体的教学内容,并按学科知识的逻辑确定教学重点、据学生的学情厘定教学难点①。

(二) 语文课程内容显身为语文教材内容、语文教学内容

与其他学科不同,以"能力目标"为主体目标、以"文选型"为教材主要形态的语文学科,以及"实践性、综合性"的语文课程与教学,情况要复杂得多。

理想的状态,即使是以"能力目标"为主体目标,语文课程标准也应努力改进,尽可能提供较为实在的课程内容。而实际的情况是,在本研究所涉及的时段,语文课程标准与理想的状态相距甚远。在语文课程标准中,课程内容较为笼统乃至似有实无。语文课程内容的具体构成,对"阅读教什么""写作教什么"的具体回答,重任落到了语文教材上。**语文课程内容,显身为语文教材内容。**

理想的状态是,即使以"文选型"为教材主要形态,如在课程标准中有较为实在

---

① 崔允漷.有效教学[M].上海:华东师范大学出版社,2009:111—113.

的课程内容为依据,语文教材编撰又有足够的能力和水平,语文教师能够针对具体的选文"开发"或"创生"合宜的课程内容,并加以教学化呈现。

而实际的情况是,到本研究进行的时段,目前的语文教材与理想的状态相距甚远。语文教材不足以支撑教学乃至有名存实亡的危机①。语文课程内容具体构成的实际责任,对"阅读教什么""写作教什么"的具体回答,落到了语文教师身上。**语文课程内容,显身为语文教学内容。**

由于语文课程标准的现状,由于语文教材的现状,语文课程内容被转嫁到语文教材内容,而语文教材内容则很大程度上混合在语文教学内容之中。这样,在我国特殊的条件下,语文课程内容与语文教材内容、语文教学内容的界限模糊,甚至混沌一体,难以辨识和区别。

本研究所说的"语文课程内容",实际上包括在语文课程标准中规划、指引的课程内容,在语文教材中呈现或"创生"的语文教材内容,在教师的教案和课堂教学实录中所实施或"创生"的语文教学内容。

(三) 从语文教学内容、语文教材内容反观语文课程内容

以"能力目标"为主体目标、以"文选型"为教材主要形态的语文学科,即使语文课程标准有较为实在的课程内容可作依据,即使有能够提供合宜教学内容的语文教材可资凭借,从课程内容到教学内容,本质上还是一个针对具体选文,或具体写作任务等的适应具体学生的"创生"过程。下面以课文阅读教学为例。

教学目标,是教学中教师引导学生要去的目的地;课文阅读的教学目标,当然在课文里,在这篇课文的一些具体语句中。

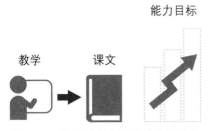

图1-4 阅读教学直接面对的是课文

一篇课文教什么?实际上有两个问题。

(1) 这篇课文有哪些教学点?即教学目标之所在。答案来自课文的教学解读——课文关键点和学生疑难处的重合,就是这篇课文该教的地方,即教学点。

(2) 要学生能到达这些目标、能解决教学点的问题、能理解或感受这些他们

---

① 王荣生.对语文教科书评价的几点建议——兼谈语文教科书的功用[J].中国教育学刊,2007(11):58—61.

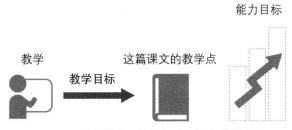

图 1-5 阅读教学目标指向这篇课文的教学点

原本理解不了或感受不到的语句,需要教学哪些语文知识呢?即教学内容的选择。答案来自语文学科知识和教师的学科教学知识,语文教学界以往称之为"知识点"。

表 1-3 课文阅读教学设计的要领

课文阅读教学	
教学点 文本关键点和学生疑难处的重合	知识点 帮助学生解决教学点问题或困难的语文知识
教学环节 教学点的合理分布,教学的先后次序	学习活动 学习和运用相应语文知识以解决教学点问题的学习活动

理想的状态,正如理想的语文教材编撰者一样,语文教师应具备深厚的语文学科知识、学科教学知识,应具备较高的教学内容"创生"的能力,以及较高的教学设计能力、教学活动指导能力。

而实际的情况是,正如语文课程标准和语文教材的实际情况一样,达到上述理想状态的优秀语文教师凤毛麟角。绝大部分语文教师,其语文学科知识、学科教学知识和对教学内容"创生"的能力与理想状态相距甚远。在教师的教案和课堂教学实录中所实施或"创生"的语文教学内容,存在的问题较为严重:我国语文教学的问题,主要是语文教学内容的问题,这是语文教育研究者的共识;"语文教学成效不大",历来是社会各界对中小学语文课的共同评价;语文课多上几节和少上几节乃至上与不上,几乎没有什么大差别,这是绝大部分中小学生的切身感受。

以"能力目标"为主,以"文选型"为教材主要形态,这是各国语文课程的通则,语文教师的素质和能力有待提高,也是各国共同面临的问题。那么,为什么有的国家,能较好地解决语文课程与教学内容的问题,而我们却一直面临相应的研究未能及时跟进,课程标准研制、语文教材编撰、语文教师的教学内容"创生"能力和教学能力长期不能提升的困境呢?

对于我国的语文教学来说,"教什么""学什么"始终是个难题;我国的语文教师长期受着"不知道该教什么"的困扰;对大多数语文教师和广大学生来说,阅读到底在考什么、写作到底在考什么,似乎是一个难以猜透的谜团,因而只能靠全覆盖、大题量"死求"的办法来应试。怎么会这样呢?

从语文教学内容、语文教材内容反观语文课程内容,我的判断是,这与以散文为主导文类的现象有莫大的关系,或许还是因果关系。

第二节 文类与语文课程内容

一、阅读和写作是一种文体思维

阅读和写作是一种文体思维,阅读和写作活动受文类(语篇类型)的制约。下面以阅读为例进行分析。

(一)阅读活动的核心是理解

阅读活动,即阅读的过程,它包含两个方面:(1)阅读的外显过程。从眼睛接触所读语篇的第一个字,到对它的最后一瞥。(2)阅读的心理过程。与外显过程同步发生的心路历程,涉及一系列认知过程,既依赖生活经验,也需要应用语法、修辞、逻辑、语篇等方面的语文经验。

心理学研究把阅读分为"解码"和"解释"两个互为关联的领域[①]。

解码即认字识词,建立符号和语义的链接[②]。比如,在下例中,必须认识"冰箱""葡萄"这些字,必须知道"冰箱""葡萄"所指称的东西。

---

① "从稍微狭窄一点的意义上来说,阅读意味着它是对某一特定文本进行解码和解释的具体而自愿的行为。"[荷]托伊恩·A.梵·迪克.作为话语的新闻[M].曾庆香,译.北京:华夏出版社,2003:145.
② 阅读教学中流行的"贴标签"做法,其实是建立语料与术语(标签符号)的链接,这也应该看成是一种"解码"的行为。比如,"阅读议论文",就是让学生指认事实论据、道理论据、对比论证、举例论证、比喻论证的语料;"阅读说明文",就是让学生在文章中找到列数字、下定义、打比方、举实例、作比较等说明方法的相应部位。

【例1】 亲爱的,你放在冰箱里的两颗葡萄,我把它吃了。

如果不认识或不知道这些字词,就要借助于上下文加以推论:"葡萄"是食物,"冰箱"是放食品的地方。这就进入了解释,即理解语句和语篇的意义①。

阅读活动的核心是理解,"这几乎是所有教育家、心理学家的共识"②。正如阅读研究专家詹森所指出的:"阅读和理解之间的区别仅仅是语义上的区别,因为没有理解,阅读就只是在追随书页上的记号。"③

学习阅读,实质就是学习如何理解语篇,即如何与文本对话。

(二) 阅读与"看"

学习阅读,需从理解的过程入手,实质是学习如何阅读。阅读是眼睛"看"连贯的文字④。如何阅读,从阅读行为的角度,其实是眼睛怎么"看"的问题。眼睛怎么看,涉及以下两个方面的内容。

1. 涉及无意识的眼动技能

阅读过程中的眼动有四种模式:回扫、回视、眼跳、注视。回扫是从上行之尾到下行之首。回视是眼睛又退回到刚才注视过的地方。眼跳是从一些字跳到另外一些字,跳的跨度即眼跳距离;在阅读时眼跳不能获得视觉信息,因而也不发生理解。阅读中主要在注视期间获得信息,注视即较长时间(单位是毫秒)的看,被注视的字词语句叫"注视点"⑤。

阅读中的眼动是无意识的,但也可以通过专门的训练加以调节,形成新的眼动习惯。调节的总方向,是减少眼动中的"浪费"。具体的方法有:加大视觉幅度,尽可能增大眼跳距离,努力减少回视次数,坚持默读(避免发音干扰)等;其目的是快速阅读(速读)。

2. 涉及有意注意的理解能力

阅读中的"看",与其说是眼睛在"看",不如说是大脑在"看",人脑获得语篇的意义。"在阅读过程中始终存在着两条视线,一条是(眼睛)生理性的外部视线,一

---

① 阅读活动中的"理解",涵盖教育目标分类学(修订版)中的"理解"和"分析"等。
② 李维,等.心理学大辞典(第1卷)[M].杭州:浙江教育出版社,1995:518.
③ [英]博比·尼特.阅读——阅读技巧指南[M].贺微,等译.重庆:重庆出版社,2004:8.
④ "阅读:看(文章)。"选自中国社科院语言研究所.现代汉语词典[M].北京:商务印书馆,2007:336.
⑤ 沈德立.学生汉语阅读过程的眼动研究[M].北京:教育科学出版社,2001:44—47.

条是(大脑)心理性的内部视线。"①外部视线的"注视点",其实就是内部视线的"意识点"。

阅读中的"理解"问题,可以看成是"注视点"和"意识点"的关系问题。也就是说,眼睛的"注视点",应该看到语句和语篇的关键点,"注视点"要与"意识点"同步。

"通过视线扫描,筛选关键性语言信息,结合读者头脑中储存的思想材料,引起连锁性思考,这就是阅读过程。"②把这个定义加以简化,就是:找到语句和文本的关键点,并对此做深度的心理加工(精加工)。

因此,如何阅读大致可归结为以下两个要点:

(1) 如何找到语句和文本的关键点?即:看语句和语篇的什么地方?

(2) 对这些关键点,如何做深度加工?即:从这些地方看出什么东西来?

看语句和语篇的什么地方?从这些地方看出什么东西来?这取决于两个因素:一是阅读主体(读者),二是阅读对象(语篇)。只有在阅读主体(谁阅读)和阅读对象(阅读什么)的关联中,我们才能谈论阅读和学习阅读。

图 1-6 "如何阅读"关联阅读主体与阅读对象两方面

(三) 阅读主体决定阅读取向

阅读,意味着有一个特定的阅读者。读者的阅读目的、任务和阅读习惯等,决定其阅读的取向。不同取向,会采取相应的阅读方式、阅读姿态,进而运用与取向相匹配的阅读方法。

阅读取向,是战略层面上的"如何阅读"。比如,针对【例1】,如果阅读任务是默写,那么就会采用与任务相应的记背取向,并运用与此相匹配的方法:记住每一个词,看清每一个字。如果阅读任务是划分出单词,那么就会按照以下方式阅读:

【例 2】 亲爱/的,你/放/在/冰箱/里/的/两颗/葡萄/,我/把/它/吃/了。

---

① 顾晓鸣.阅读的战略[M].上海:上海人民出版社,1987:32.
② 章熊.思索·探索:章熊语文教育论集[M].北京:人民教育出版社,2002:191.

阅读取向是阅读目的、任务的转换,但与目的、任务并不等同,它可以成为一种阅读态度、阅读习惯而相对独立,甚至成为一种阅读的观念。但是,不顾具体的阅读目的和任务,而一概采用单一的阅读取向,这是不良阅读者的标志之一。

阅读取向,有常态、异态和变态之分。

常态,就是在正常的情况下读者通常的阅读取向,或具有较高阅读能力的读者一致采取的阅读取向。比如,把小说当小说读,把诗歌当诗歌读,把散文当散文读。阅读是一种社会性的交往活动,"作者写作是希望读者分享他们所表达的意义,从而成为互相理解的群体中的一分子"[①];"学习阅读就是加入这个群体",取向常态是一种需要学习才能获得的阅读能力。

异态,就是基于合理的目的、任务,而采取的与通常状态不一致的阅读取向。比如,对于小说,编辑校对样稿,是一种读法;语言学家统计某种句法的使用情况,是一种读法;依据小说中的描写,研究那时的服饰样貌,又是另一种读法。中小学生因语文经验不足而采取的与通常状态有差异的阅读取向,也应该看成是异态,需要在阅读能力提升过程中加以改变或改善。

变态,就是扭曲的阅读取向。基于某种错误的观念,而采取一种奇特的阅读取向,有意或习惯性地曲解文本。"为阅读而阅读""为学习阅读而学习阅读",甚至"为语文考试(为答阅读测试题)而学习阅读",往往导致变态的阅读取向。变态的阅读取向,是学习阅读的最大陷阱。以"首尾照应""以小见大"等古文笔法,对付"率性而为"的现代散文;以"论点""论据""论证"的西方逻辑理路,对付《劝学》《师说》乃至《石钟山记》《游褒禅山记》等古文;以事件目击旁观者的身份,指点虚构小说中的人和事而横加评判;以欣赏"好词好句"的心态,面对《论美》《蝉》《奥斯维辛没有新闻》等实用文章,均属阅读取向之变态。

(四) 阅读方法受制于文本体式

阅读方法,是战术层面上的"如何阅读"。方法相对于目的;目的不同,方法就要变换。但方法也受制于对象,在诸多的制约中,文本体式最为重要。

首先是文类、体裁。文学作品和实用文章,阅读方式以及具体的阅读方法,有本质的差异。概言之,实用文章阅读,是"得其意可以忘其言";而文学作品阅读,则是"品其言才能会其意"。若将【例1】改写如下:

---

① [加]佩里·诺德曼,梅维丝·雷默.儿童文学的乐趣[M].陈中美,译.上海:少年儿童出版社,2008:79.

【例3】
亲爱的
你
放在冰箱里的
两颗葡萄
我
把它吃了

试比较：(1) 分别应当看语句和语篇的什么地方？(2) 从这些地方能看出什么东西来？

【例1】是便条，通常采取实用的阅读取向，运用获取资讯的阅读方法。阅读便条，着重点在它说了什么，即所指，而理解的标志，则是读者能将它转换为自己的语言（转述）。

【例3】诗歌的形式，自然要求文学鉴赏的取向：我们必须把"冰箱"和"葡萄"看成意象，或许还有象征意味；"你"与"我"的突出对举，则逼迫我们在突出对举中寻求其诗的意味。诗的意味，只在诗中，存在于诗的言语中，即能指；而意味的获得，需要通过对言语的品味，也存在于对言语的反复咀嚼中。

阅读的过程，"是通过书面语言的感知获得意义的思维加工过程"[①]。而语篇的理解，是一种受文体制约的思维，或曰"文体思维"。把小说当小说读，把诗歌当诗歌读，把散文当散文读，不仅是阅读取向，而且预示着各自不同的阅读方法。"有能力的读者不知不觉地将这些（文本体式）惯例和准则吸收进他们的阅读经验，而对阅读具有制约作用，使得读者解释作品的半自觉活动成为可能。"[②]

古今中外讲述阅读方法，无不把"辨体"放在首位。刘勰的"六观""体位"即是如此。心理学研究证明："阅读和理解说明文的过程完全不同于阅读记叙文的过程，因此，必须经过专门的培训和练习，大多数学生才能在阅读说明文时愉快胜任。"[③]

不但是文体思维十分重要，实用文章的阅读还必须运用学科思维。阿德勒在《如何阅读一本书》中阐述的"分析性阅读"，第一条规则就是："依照书的种类和主

---

① 李维,等.心理学大辞典(第1卷)[M].杭州:浙江教育出版社,1995:515.
② 王先霈,王又平.文学批评术语词典[M].上海:上海文艺出版社,1999:469.
③ [英]博比·尼特.阅读——阅读技巧指南[M].贺微,等,译.重庆:重庆出版社,2004:23.

题做分类。"——"你一定要知道自己在读的是哪一类书,而且越早知道越好。最好早在你开始阅读之前就先知道。"①

不但不同文类、不同体裁之间有所区别,同一文类、同一体裁之不同风格、流派,看语句和语篇的什么地方和从这些地方看出什么东西来,也有实质性的差异。《守财奴》是一部"真实地再现典型环境中的典型人物"的现实主义作品,若把葛朗台的举止看成是滑稽小丑的漫画式表演,那就是看偏了眼。

不但不同风格、不同流派之间有所区别,同一位作家的不同作品,也有文体之别。朱自清的《荷塘月色》《背影》《威尼斯》《飞》,都是散文,但文体差别显著,因而阅读方法各异。正如有学者指出:"鲁迅的《狂人日记》开心态小说的先河;《阿Q正传》是传记体的变格;《药》写了四个场景,分明是戏剧体小说;《社戏》是抒情体小说;《猫和兔》是寓言体小说;《一件小事》是随笔体小说;《示众》是速写式小说……""读《一件小事》《社戏》《故乡》等课文,就不能按规范小说去解释,要注意其中的散文成分,以及杂文笔法,这样就能较好地读出小说中所深藏的意义。"②

综上所述,如何阅读可以分为两个层面:一是特定的阅读取向。表现为特定的阅读姿态、阅读样式。二是具体的阅读方法。落实在阅读行为中,就是看某一特定语篇的紧要地方,并从这些地方看出作者刻意表达的意思或意味来。

阅读总是特定取向的阅读,阅读取向落实在具体的阅读方法上。良好的阅读,阅读方法与阅读取向有一致性。不良的阅读,往往是方法与取向分裂,甚至南辕北辙。比如,以抽象概括的方法"体会"作者的情感,用朗读的方法"获取"新闻的信息,用扫读法、跳读法"品味"散文,以论点、论据的标签法"学习"古文,等等。

阅读取向和阅读方法,受文类及其具体文体的制约。良好的阅读,阅读取向、阅读方法与所读材料的文体相适应;不良的阅读,往往是取向、方法与文本体式相矛盾,甚至相背离。

研究表明,不同体式的文本,其阅读方式和方法有本质性的差异。如果缺乏某类文体的阅读经验,那么就无法学会这类文本的阅读方式和方法。从另一方面看,文本类型也会对阅读行为产生反作用。如果长期沉浸在某一种文类的阅读中,那

---

① [美]莫蒂默·J.阿德勒,查尔斯·范多伦.如何阅读一本书[M].蔡咏春,周成刚,译.上海:上海译文出版社,1991:55—56.
② 蒋成瑀.语文课文读解理论与方法[M].杭州:杭州大学出版社,1996:103—104.

么就会习惯性地运用这种在阅读经验中形成的阅读取向和方法,甚至产生阅读行为的固着。我们可以这样说:会读新闻的人,未必能读小说;会读小说的人,未必能读文件;会读文件的人,未必能读操作手册。

不同体式的文章有不同的读法,也就意味着不同体式的文章要读不同的地方。中小学语文教学,向来有抓住文章要点、理解文章重要语句的说法,但"记叙文""说明文""议论文"的知识框架,导致"要点"和"重要语句"的抽象化,试图用一种方法去抓住所有文章的要点、去识别和理解所有文章的重要语句,其结果是"造就"了无所适用的"阅读方法"。

这个道理,对写作也适用。

写作也是"文体思维"。写作的过程,就是书面语篇的构造过程。写作能力,是写作特定语篇的能力。当作者有写作的意图时,一方面需要确定传递的信息或思想;另一方面则需要选择恰当的体裁,并在一定的体裁框架内表达该内容或思想①。

正如会读新闻的人,未必能读小说;会读小说的人,未必能读文件;会读文件的人,未必能读操作手册。会写书信的人,未必能写散文;会写散文的人,未必能写文件;会写文件的人,未必能写广告。写作能力,恐怕不是"语言训练+篇章格式"这么简单。

二、受文类制约的语文课程内容

(一) 不同国别语文课程中的文类差异

文类,或称"语篇类型"。语文课程中的读写取向与文类(语篇类型)互为因果。放眼世界,不同国别的语文课程(母语课程),因应各自的课程目标,在语文课程中的文类虽有共同、共通之处,也有鲜明的个性,不同国别语文课程中的文类,其差异不可等闲视之。略举例如下。

1. 法国

法语教学按序列方式来组织,它将阅读、写作、口语和书面语结合在一起。一个内容可以在几个序列中学习,一个序列中可以集中若干个学习内容的成分,时间

---

① 冉永平.《体裁、关联与整体连贯——语类语用学》导读[M]//[英] Christoph Unger. 体裁、关联与整体连贯——语类语用学[M]. 冉永平,译. 北京:世界图书出版公司,2008:14—15.

长度在 15 小时左右,教师可以在上述规定的范围内选择作品、文本和学习资料。以下是体现该大纲的语文教材一个"系列"(又译"课")的目录①。

3. 从普鲁斯特到塞利纳:我之尽头的旅行

阿兰-傅尼耶:《大摩尔纳》《那是一场梦》

普鲁斯特:《在斯万家那边》《回忆出现在我脑子里》

展望

普鲁斯特:《驳圣伯夫》《材料中的小小青铜器》《喜爱博物馆中的一间房》

《在妙龄少女们身旁》《她的目光穿透了我》

展望

普鲁斯特:《索多姆和戈摩尔》

《重现的时光》《在盖尔芒特家那边》《您留下了您的黑皮鞋》

《女囚》《像一块不容置疑的珍宝》

《重现的时光》《真正的生活》

纪德:《梵蒂冈的地窖》《正在增长的热情》

《伪币制造者》《一封十七年的情书》

科莱特:《茜朵》《温暖的青蛙雨》

马丁·杜·加尔:《蒂波父子》《今天有了和平》

贝尔纳诺斯:《在撒旦的阳光下》《在撒旦的手心里》

莫里亚克:《黛累丝·台斯盖鲁》《不予起诉》

展望

莫里亚克:《蝮蛇结》

萨特:《境地一》

塞利纳:《长夜行》《热带的可怕瘟热》

展望

塞利纳:《分期死亡》

---

① 洪宗礼,柳士镇,倪文锦.母语教材研究(7)[M].南京:江苏教育出版社,2007:170—171.

方法 44——叙述声音的变化

2. 德国

德国联邦州文教部长联合会于 2003 年 12 月颁布了《德国完全中学课程标准(10 年级)》(以下简称《新课标》)。《新课标》包括四个部分：(1) 语文的教育意义；(2) 语文的能力范围；(3) 语文的能力标准；(4) 学习任务类型。其中，"语文的能力范围"体现了"四位一体"的结构模式①。

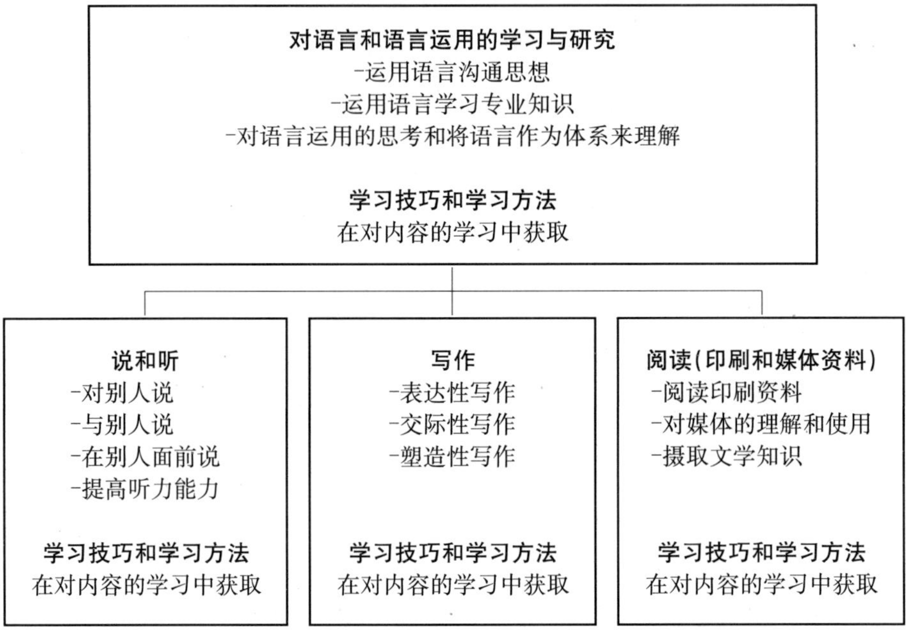

```
           对语言和语言运用的学习与研究
            -运用语言沟通思想
            -运用语言学习专业知识
            -对语言运用的思考和将语言作为体系来理解
               学习技巧和学习方法
               在对内容的学习中获取
   ┌──────────────┼──────────────┐
  说和听           写作          阅读(印刷和媒体资料)
 -对别人说       -表达性写作      -阅读印刷资料
 -与别人说       -交际性写作      -对媒体的理解和使用
 -在别人面前说   -塑造性写作      -摄取文学知识
 -提高听力能力
 学习技巧和学习方法  学习技巧和学习方法  学习技巧和学习方法
 在对内容的学习中获取 在对内容的学习中获取 在对内容的学习中获取
```

图 1-7 《德国完全中学课程标准(10 年级)》"四位一体"结构模式

以下是《德国完全中学课程标准(10 年级)》"语文能力标准"部分条目②。

对文学作品的阅读理解和利用，要做到：

◎ 知道一些重要作家(包括青年文学作家)的作品；

◎ 能区分叙事文学作品、抒情文、戏剧，能区分小型叙事文，如短篇小说、中篇小说、长篇小说、戏剧、诗歌等；

---

① 洪宗礼,柳士镇,倪文锦.母语教材研究(6)[M].南京：江苏教育出版社,2007：222—223.
② 洪宗礼,柳士镇,倪文锦.母语教材研究(6)[M].南京：江苏教育出版社,2007：227—229.

◎ 在阅读和理解作品时,能了解作品的背景,如作品产生的年代、作品与作家、历史和现实等;

◎ 能阐释作品的中心思想;

◎ 能分析和解读作品的基本因素,如人物、情节、空间、时间、冲突;

◎ 学会运用基本术语解读作品,如叙述人称、叙述角度、独白、对话、语言图像、比喻、韵律、文学中的"我"等;

◎ 能认识特定历史环境中的语言表达,如不同特色的词、句和篇,形象语言(比喻);

◎ 能独立解读作品,并能以作品为依据向别人阐释和证明自己对作品的理解;

◎ 能运用分析和阐释方法,如对作品进行研究、比较和评论等;

◎ 能运用创造性阅读方法,如改变叙述角度(用内心独白叙述、用作品中人物写信)、表演作品情节、撰写一篇平行文章、续写、改变作品的语体等;

◎ 能解读和阐释情节、行为、动机等。

对实用类文章的阅读理解和利用,要做到:

◎ 能区分不同的语篇类型和语篇功能,如提供信息类(消息)、呼吁类(评论、演说)、提供规范类(如法律、合同)、指示类(如使用说明)等;

◎ 能读懂较长的和较复杂的文章,并能对之进行分析处理;

◎ 能对文章传递的信息进行有目的地摄取、归纳、比较、审查和补充;

◎ 能看懂非线性文章,如示意图等;

◎ 能读懂文章的意图,能解读作者意图与文章特征、阅读预期和作用之间的关系;

◎ 能得出阅读结论,并能说明结论的由来;

◎ 能区分文章中表达的客观信息和主观评价。

对媒介资料的理解吸收和利用,要做到:

(略)

学习方法和学习技巧:

◎ 学会做读书摘记、引证和注明出处;

◎ 能突出重要内容,展示相互关联;

◎ 学会使用工具书,用于解释术语、外来词和查找信息;

◎ 学会撰写内容提要,要求文章具有名词性语言风格,并能运用短语技巧、符号、彩色勾画和画下划线等学习技巧;

◎ 学会用自己的话表达文章内容,会做阅读边注;

◎ 学会给文章划分段落,找出段落标题;

◎ 学会采用形象手段展现文章内容,如拼图法、流程图等;

◎ 学会使用演示手段,如黑板、投影仪、图画和电脑演示等。

3. 美国

美国2012年《州际共同核心标准》中的《英语语言艺术标准》,是美国首部国家层面的母语课程标准。该标准的一大特色,是将文学类文本与信息类文本分列并置,在《文学作品阅读标准》外,又细分出《信息文本阅读标准》。

美国国家教育进展评估委员会(National Assessment of Educational Progress,简称NAEP)阅读测试,使用的文本分为两大类:文学类、信息类。文学类包含小说、非小说文学作品与诗歌。信息类包含说明类文本(exposition)、议论文(argumentation and persuasive texts)与程序性文本(procedural text and documents)。NAEP明确提出:阅读目的主要与文本类型相关,不同的阅读目的决定了不同的阅读方式。阅读文学类文本,例如,阅读小说、诗歌、寓言等的目的是快乐,获得对事物的新观点,因此需要从头到尾地完整阅读;而阅读信息类文本主要是为了获取信息,因此不必完整阅读。为了进一步描述文本的基本类型,NAEP从文本结构与特征、写作技巧维度对每一种文本做了更加细致的描述,为文本选择、项目编写提供详细的指导。NAEP采用"文本地图法",要求对文本类型、文本结构与写作技巧进行客观的描述。

NAEP写作评定框架,强调"写作即交流"。《2011年NAEP写作说明》,依据"为了劝说"(to persuade)、"为了解释说明"(to explain)、"为了传递(真实的或虚构的)经验"(to convey experience)这三种交流目的和功能,划定了三种写作类型,并在四年级、八年级和十二年级设置各自的比例。美国中小学的阅读和写作,涉及的语篇类型较为广泛。如下列的《马萨诸塞州英语语言艺术课程标准》[①]中的母语课程常用写作形式:

---

① 洪宗礼,柳士镇,倪文锦.母语教材研究(6)[M].南京:江苏教育出版社,2007:120.

表1-4 美国马萨诸塞州母语课程常用写作形式

语篇目的	表现形式或体裁	常用呈现形式
传达信息	分析或评论文章,商业信函,书评或电影评论,人物描写或速写,笔录口授内容,指令说明,实验报告,观察记录,会议记录,指南手册,目标描述,摘要,研究报告,梗概	说明、记叙
劝说	广告,辩论笔记,投诉信,社论,读者来信,布道演讲,演讲	辩论、说明
表达	轶事,自传,传记速写,日记,给朋友的信,内心独白,日志,独白,回忆录,祝酒辞	记叙、描写
文学	传统叙事故事:寓言,民间故事,鬼故事,诙谐故事,传奇,神话,爱情故事,吹牛故事 现代叙事故事:侦探故事,科幻故事,故事场景和景色描写,故事开头和结尾 戏剧形式:对话,对话剧,电影剧本,独幕剧,电台脚本,独白 诗歌形式:民谣,五行诗,自由诗,跳绳歌谣,抒情诗,俳句,流行歌曲,模拟物体形状的诗歌,十四行诗	记叙、描写

(二)不同时期语文课程中的文类差异

中国古代语文教育,先是蒙学,然后是四书五经,后来又是古文时文。

仅新中国成立之后,我国语文课程就经历了8次课程改革。以教育部颁布《普通高中语文课程标准(2017年版)》为标志,掀开了又一轮语文课程改革的新篇章。

语文课程改革的核心,是语文课程目标的调整、变化甚至重新定位,而落脚在语文课程内容的变革。就阅读、写作而言,课程内容变革的直接体现,就是主导文类的调整、变化甚至重新定位。择取几个重要的时期,略述如下。

1. 汉语文学分科时期(1956—1958年)

汉语、文学分科,其出台和终结,始终是在中央和政府的直接领导下进行的。1951—1955年,有一段较长的酝酿、发动、准备、组织的过程。1956年在全国范围正式实施,1958年3月,国务院第二办公室决定,停止汉语、文学分科教学。

1956年的语文教学大纲,是我国唯一的一套语文分科教学大纲。汉语、文学分科,主要在初中,分别颁布了《初级中学汉语教学大纲(草案)》《初级中学文学教学大纲(草案)》。《小学语文教学大纲(草案)》在语文课程内部分设"阅读"和"汉语"两个部分,以"阅读"为主。高中只有《高级中学文学教学大纲(草案)》,据当时的在校生回忆,汉语部分或使用初中的汉语课本。

概而言之,汉语教学的核心任务是学习规范的汉语知识,文学教学的核心任务是学习指定的文学作品。

"小学语文科阅读教学的任务是培养儿童独立地自觉地阅读的能力";初级中学文学阅读教学的任务是"指导学生学习更多的文学作品,领会这些作品的思想内容和艺术形式";高级中学文学阅读教学的任务是"指导学生依据文学史的系统学习中国文学史上的重要作品,指导学生学习外国的某些重要作家的作品"[①]。

在课程内容上,初中文学教学以现当代文学作品为主,高中文学教学主要是按文学史线索阅读古典文学作品。

以下是《初级中学文学教学大纲(草案)》中的文学教学内容:

> **文学作品** 初级中学文学课以学习单篇的文学作品为基本内容,指导学生阅读文学作品,是初级中学文学教学的主要部分。正确地指导学生阅读和领会足够的作品,才能完成文学教学的任务。文学作品在教学大纲规定的教学内容里占最重要的地位。教学大纲规定的文学作品,包括我国民间文学、古典文学、现代文学和以苏联文学为主的外国文学的作品,体裁是多种多样的,包括寓言、童话、诗歌、小说、戏剧、散文等。散文一类包括传记、随笔、杂文、报告、游记、书信以及富有文学风趣的论文。
>
> **文学理论常识** (略)

以下是《高级中学文学教学大纲(草案)》中的文学教学内容:

> **中国文学** 中国文学包括中国文学作品(少数民族文学作品在内)和结合作品讲授的系统的中国文学史基本知识……教学大纲规定,高级中学第一学年和第二学年的四个学期要按中国文学史的系统分期学习各个时代的文学,第一学年第一学期学习秦代以前的文学和两汉魏晋南北朝

---

① 课程教材研究所.20世纪中国中小学课程标准·教学大纲汇编:语文卷[M].北京:人民教育出版社,2001:386.

的文学,第二学期学习唐代和宋代的文学;第二学年第一学期学习从元代到"五四"的文学,第二学期学习"五四"以来的文学。

外国文学的个别作品 高级中学的学生,要在第三学年学习用现代汉语翻译的外国文学作品。第三学年第一学期学习批判的现实主义作品,第二学期学习以苏联文学为主的社会主义现实主义作品。

文学理论基本知识 （略）

根据《初级中学文学教学大纲(草案)》的分类,文学作品的体裁有寓言、童话、诗歌、小说、戏剧、散文(传记、随笔、杂文、报告、游记、书信、富有文学风趣的论文)等。而教材的实际情况则是,文学作品明显以小说(包括短篇小说和长篇小说的节选)[①]为主导文类,兼顾诗歌、散文、戏剧等。以《初级中学文学教学大纲(草案)》第一学年第一学期的课文篇目为例。

表1-5 《初级中学文学教学大纲(草案)》第一学年第一学期的课文篇目

序号	篇 名	序号	篇 名	序号	篇 名
一	民歌四首	十	王冕(长篇小说节选)	二十	小英雄雨来(小说)
二	孟姜女(民间故事)	十一	最后一课(小说)	二一	无线电话机旁(小说)
三	牛郎织女(民间故事)	十二	凡卡(小说)	二二	三千里江山(长篇小说节选)
四	民歌与民间故事(文学常识)	十三	叙述与描写(文学常识)	二三	对话(文学常识)
五	寓言四则	十四	社戏(小说)	二四	一架弹花机(小说)
六	寓言(文学常识)	十五	一件小事(散文)	二五	三里湾(长篇小说节选)
七	唐诗十首	十六	天上的街市(诗歌)	二六	屋里的春天(特写)
八	鲁提辖拳打镇关西(长篇小说节选)	十七	多收了三五斗(小说)	二七	他们和我们(小说)
八		十八	母亲的回忆(散文)	二八	保价邮包(特写)
九	岳飞枪挑小梁王(长篇小说节选)	十九	老山界(散文)	二九	文学作品是写人的(文学常识)

[①] 1956年的文学教学大纲及教材以小说为主。长篇小说节选,有许多是通过节选学习该长篇小说,而不是只学习节选部分。

2. 语文教学大纲时期(1963—2000年)

1963年的语文教学大纲，既是对1956年汉语、文学分科教学大纲的系统反拨，也是对1958年分科教学大纲停止以来中小学语文课程、教材、教学种种混乱举措的纠正，含《全日制小学语文教学大纲(草案)》《全日制中学语文教学大纲(草案)》。1963年的语文教学大纲，在全国范围内也只实施了一年半的时间，到1965年1月"就夭折了"[①]。"文革"之后，语文教育界拨乱反正，而"反正"实际上就是恢复到了1963年的状态。1978年的中小学语文教学大纲明显以1963年为模板。自1978年以来，中小学语文教学大纲屡经修改，但1963年语文教学大纲所体现的一系列理念，其对语文课程、教材、教学的影响，一直延续到20世纪末期甚至21世纪初。

世纪之交，似乎百废待兴。2000年颁布的《九年义务教育全日制小学语文教学大纲(试用修订版)》《九年义务教育全日制初级中学语文教学大纲(试用修订版)》《全日制普通高级中学语文教学大纲(试验修订版)》，显然是过渡性的"急就章"，预告着21世纪语文课程改革的来临。

这一时期，是本研究所重点关注的时期，从文类的角度，语文课程形成了以散文为主导文类的格局并陷入困境。

3. 新课程标准时期(2001—2017年)

以2001年颁布《全日制义务教育语文课程标准(实验稿)》和2003年颁布《普通高中语文课程标准(实验)》为标志，语文课程进入了"课程标准"的课改时代。

语文课程改革高歌猛进，有承继、有变革、有新举措。这一时期，呈现困境与突围的两重性。

以阅读为例，虽然一方面，依然是以散文为主导文类；但另一方面，尝试做种种或主动的或被动的突围的努力。从文类的角度，主要的变化是强化性的"调整"和新文类(语篇类型)的"添加"。

《全日制义务教育语文课程标准(实验稿)》在阅读取向上有转向的动态，这主要表现在非文学作品的阅读目标上。第四学段的学段目标明确提出了"阅读科技作品，注意领会作品中所体现的科学精神和科学思想方法"，"阅读简单的议论文，区别观点与材料(道理、事实、数据、图表等)，发现观点与材料之间的联系，并通过

---

① 顾振彪.人教版1963年初中、高中语文课本介绍[M]//张鸿苓,等.新中国中学语文教育大典.北京：语文出版社,2001：554.

自己的思考,做出判断"这两个极为重要的条款,不但弥补了 2000 年语文教学大纲的缺漏,而且在阅读取向上,与以往大纲相比也发生了质的变化。

以如下所示的议论文阅读的课程目标为例,与以往教学大纲中的议论文阅读的"教学要求"相比较,可以明显看出阅读取向的转向:议论文阅读目标,与过去偏爱思想"高处"、表达"妙处"的"鉴赏者"的阅读姿态和阅读方式有较大的差异,而更接近"解读者"的阅读样式和阅读姿态。

表 1-6 议论文阅读的课程目标对比

1990 年《全日制中学语文教学大纲》	2001 年《全日制义务教育语文课程标准(实验稿)》
阅读议论文,能理解文章的思想内容,把握文章阐述的观点,了解论证方法,领会语言的严密性	阅读简单的议论文,区别观点与材料(道理、事实、数据、图表等),发现观点与材料之间的联系,并通过自己的思考,做出判断

"解读者"的阅读取向,是我们以往语文教学中所缺失的,而又是当前课程改革重头之一的"综合性学习""研究性学习"乃至学生今后的求学所必需的。在初中段以上的文章阅读教学中,倡导"解读者"的阅读取向,也许是这次语文课程改革借鉴国外阅读教学经验的最重要成果之一。

《全日制义务教育语文课程标准(实验稿)》在阅读方面的一个新进展,是借鉴 PISA 阅读测试,增添了"非连续文本":"阅读由多种材料组合、较为复杂的非连续性文本,能领会文本的意思,得出有意义的结论。""非连续文本"的添加,对语文教材的编写似乎没有什么影响,中小学语文教材均未见有"非连续文本"。其影响主要在测试环节,即模仿 PISA 阅读测试,在中考、高考和基础教育(四年级、八年级)的质量监测中,几乎必考"非连续文本"的阅读。在"考什么"就"教什么"的教育环境下,很自然,"非连续文本"的阅读进入了语文课堂。

综上所述,在我国当代语文课程改革与发展的几十年间,不同时期的语文课程在主导文类上有较明显的时代差异。那么,语文课程的主导文类从何而来、因何而定、为何要变、是否合理呢?

第三节 课程内容建设与课程内容审议

课程内容建设与课程内容审议是研究语文课程内容的两种立场、两个角度,二者往往相伴而行。

一、语文课程内容建设

语文课程内容建设，着眼点在语文课程实施。

基于课程标准进行教学，是实施国家课程的基本要求。基于课程标准，其核心是基于课程目标。这就要求正确地把握课程内容，在教学中把课程目标转化为教学目标，并形成与教学目标相应的教学内容。

前已说到，我国的语义课程标准规划、指引着课程内容，但尚嫌笼统；我国的语文教材承载着语文课程内容"创生"的重任，但尚不足以支撑教学。这就需要我们花大力气进行语文课程内容的建设。

前面说到，与以"内容标准"为主体目标的其他学科不同，以"能力目标"为主体目标的语文课程，除少量的"内容目标"可用"分解"的策略之外，语文课程内容的建设在本质上是"创生"。"创生"可以自上而下，开发课程内容应用到教学内容；也可以自下而上，生成教学内容从而归纳出课程内容。

本人以往的研究，主要采用这一角度、这一立场。

本书的下编"突围：语文课程可以怎样"同样也采用了这一角度、这一立场，结合近些年我在阅读和写作这两个学习领域的实践与研究，探寻、建构合理的语文课程内容。

二、语文课程内容审议

语文课程内容审议，着眼于语文课程实践的反思。

本书的上编"困境：语文课程怎么了"就采取这一立场和角度，在认知与筹划的双重制约下，从文类的角度，对我国语文课程内容的合理性进行审议。

所涉及的主要时段，从1963—2017年，即以散文为主导文类的时期。审议的材料包括：

（1）1963—2017年期间的语文教学大纲或语文课程标准。

（2）上述时期的语文教材。

（3）上述时期的语文教学课例，包括教案和教学实录等。

（4）上述时期的大规模考试试卷，如中考、高考试卷等。

（5）其他，如上述时期的语文教育相关文件、研究论文等。

我国语文课程与教学内容的问题，表现在课堂教学中，是长时期地、大面积地出现教学内容的不正确、不合适。认识语文教学的问题，应该树立这样一个原则：语文教师在课堂教学中出现的集中性的问题乃至错误，一定不是教师个体的素质问题，一定是语文课程研制、语文教材编制上的问题乃至错误。也就是说，语文教学内容问题的研究，必须具有语文课程视野；大规模、普遍性、长时期地在教学内容方面出现问题，必须认定就是课程内容的问题。

审议是为了前行；目的是吸取经验和教训，从而探求更为合理的语文课程内容架构及其具体的构成。

三、本书的框架及内容概要

本书主要分绪论、上编、下编三个部分。

绪论"合理性：认知与筹划的双重制约"，分三小节。第一节"导言：两种思维方式的僭越与划界"，介绍理论思维的认知与工程思维的筹划之间的区别与联系，论述本研究的研究立场和方法论。第二节"筹划：语文课程研制的主导面"和第三节"认知：对语文课程研制有约束力的原理"，从文类的视角，讨论语文课程内容的问题，开启语文课程内容的合理性研究。

上编"困境：语文课程怎么了"是对语文课程内容的审议，共四章。

第一章"从文类的视角检视我国语文课程"，从语文课程内容的构成问题、文类与语文课程内容的关系、语文课程内容建设与课程内容等多个侧面，论述语文课程的特点所带来的课程内容问题，以及从文类视角解决语文课程内容问题的考量。

第二章"散文为主导文类的我国语文课程"，对我国现代语文课程以散文为主导文类的历史背景及其演变过程进行考察，重点是对确立以散文为主导文类的1963年语文教学大纲进行解读、评议和讨论。从该章最后一节所展示的语文教材与试卷样例可以清楚地看到，我们的语文课程，至今仍以散文为主导文类。

第三章"散文为主导文类造成的阅读教学困境"，首先分析我国语文课程与教学的现实困境，即：一方面散文的文类特征是"无特征"，另一方面散文解读理论几乎阙如。在论述"文学性的散文"里与外、主体与客体、日常与独特、言与意这四对关系之后，重点分析散文教学的两个典型课例。从这两个典型课例可以清楚地看到，"走到课文之外""走到作者之外""走到语文之外"，这是当前散文阅读教学的严重问题，并连累到其他文类的课文的教学。

第四章"'散文化'作文造成的写作教学困境",主要回答了三个问题:第一,为什么我国的写作课程目标难以具体?第二,为什么中小学作文"虚情假意"的现象屡禁不止?第三,为什么作文教学盛行"俗招"而且热衷于"争议作文"的争鸣?解答这三个问题,也就解释了为什么作文明明是语文考试中分值最大的一道题,而许多老师却不像样地教。概而言之,"散文化"的习作,究其本性是不可教、教不了、教不好的。

下编"突围:语文课程可以怎样"共四章,侧重在语文课程内容建设,结合本人语文教材编撰、语文教学课例研究和共同备课的实践经验,以探求合理的语文课程内容。

第五章"语文课程突破散文格局的努力",篇幅较大,共三节,分别论述破解散文难题的三大策略。首先是"阻截",在课程与教材层面突破散文格局,扩展文学(纯文学)作品和实用文章的天地,实质性地增强写作等"活动教材"的分量,逼使散文作品的比例大幅下降。其次是"区隔",在"文学性"方面,区隔散文跟小说,尤其是其与第一人称的小说;在"写实性"方面,与带有文学笔调的"好文章"相区隔;把现当代散文与古代散文(文言文)区隔开来,防止古今错乱。最后是"分流",以退为进,以读法为纲,细析小类,把已经能明确界说的一些亚文类从"文学性的散文"中分流出去而予以专门对待,这是目前解决散文教学难题最为可行的办法。

第六章"阅读教学正面应对散文难题的努力",通过文本解读和教学设计举例、课例研究和共同备课案例分享,论述"把散文当散文教"的学理和实践经验。散文阅读教学要建立学生与"这一篇"课文的链接,引导学生体味精准的言语表达,分享作者在日常生活中感悟的人生经验。

第七章"写作教学摆脱'散文化'泥潭的努力",先解说现代视野下对"写作与写作学习"的认识及其核心概念,如写作的语境要素、写作活动、写作过程、步骤与策略等。该章的重点是第二节"基于共识学理的写作课程重建",在辩证处理"写的活动"与"写作教学"的前提下,着力推进真实语境中的"真实写作",按"微型化写作课程"形态,架构三线并进、语篇类型多样的写作课程,并为"微型化写作课程"单元设计和写作教学的过程化指导,提供实操的经验。

第八章"合理的语文课程内容框架——文类的视角",列举本研究的主要结论,讲述本研究的现实意义和文类视角研究的效力。本研究的主要结论是:只有正确认知方能合理筹划;要建立均衡的语文课程内容格局;阅读教学应三足鼎立:文学作品、实用文章、散文;写作需三线并进:实用写作、创意写作、随笔化写作;依据文本体式展开教学是课文教学之关键。

第二章
散文为主导文类的我国语文课程

第一节 散文为主导文类的历史机缘：脉络梳理
一、"五四"新文学运动之后
二、20世纪60年代初
三、20世纪90年代中后期

第二节 所奉行的种种"准则"：人为的选择
一、"读写结合"与"普通文"
二、"文质兼美"与"讲读为中心"

第三节 散文为主导文类的定局：聚焦1963年
一、1963年语文教学大纲的制定背景
二、1963年语文教学大纲述要
三、1963年语文教学大纲评议
四、对1963年语文教学大纲的质疑

第四节 散文为主导文类的现状：教材与试卷样例
一、初中语文教材选文篇目概览
二、高中语文教材选文篇目概览
三、中考、高考阅读试卷样例
四、中考、高考写作试卷样例

长期以来,在我国的中小学语文课程中,阅读的主导文类是散文,写作的全副心思几乎完全倾注在散文上。何以如此？为何如此？

第一节　散文为主导文类的历史机缘：脉络梳理

语文课程的主导文类是散文,这既取决于人为的选择,也得之于历史的机缘。

历史的机缘,是从语文教材选文的供给这个角度来讲的。以下三个时段是关节点。

一、"五四"新文学运动之后

对于"五四"新文学运动的"中心思想",胡适曾概括为两个方面:"一个是我们要建立一种'活的文学',一个是我们要建立一种'人的文学'。前一个理论是文字工具的革新,后一个理论是文学内容的革新。中国新文学运动的一切理论都可以包括在这两个中心思想里。"[①]

建立"活的文学"和"人的文学",突破口是提倡白话文。在胡适提倡的"八事"和陈独秀提倡的"三大主义"的基础上,胡适把新文学革命的目标化零为整,凝聚为"文学的国语,国语的文学"。"我们所提倡的文学革命,只是要替中国创造一种国语的文学。有了国语的文学,方才有文学的国语。有了文学的国语,我们的国语才可算得真正的国语。国语没有文学,便没有价值,便不能成立,便不能发达。"[②]

正如鲁迅所说,新文学革命的关键是要拿出货色来。而最先落地的新文学作品,便是议论性的散文,在《新青年》之后,许多报刊都设有"随感录"专栏,议论性的新散文可谓兴盛一时;接着是记事性的散文,如游记等;然后是周作人等倡导的"美

---
① 蔡元培,等.中国新文学大系导论集[M].上海:上海书店,1982:35.
② 蔡元培,等.中国新文学大系导论集[M].上海:上海书店,1982:41.

文"渐成气候。

"五四"时期，散文是文学园地最重要的收获，作品纷呈，大家云集，鲁迅、周作人、李大钊、蔡元培、冰心、林语堂、丰子恺、朱自清、王统照、叶圣陶、许地山、茅盾、徐志摩、刘半农、梁遇春、郁达夫、郭沫若、俞平伯、陈西滢等，个个都是散文的行家里手。朱自清在论及"五四"以后的文学创作时说："最发达的，要算是小品散文。""就散文论散文，这三四年的发展，确是绚烂极了：有种种的样式，种种的流派，表现着、批评着、解释着人生的各面，迁流蔓衍，日新月异。"①

与此同时，可以和小说创作的情况相比照。在《新文学大系(1917—1927)·现代小说一》的"导论"里，茅盾曾列出如下数据：1917 年，《新青年》杂志发表《文学革命论》的时候，还没有新文学的创作小说出现；1918 年，鲁迅的《狂人日记》发表的时候，还没有第二个同样惹人注意的作家，更找不出同样成功的第二篇创作小说；1919 年，小说创作的"尝试者"渐渐多了，然而亦不过汪敬熙等三数人，也还没有说得上成功的作品；1921 年，《小说月报》特设"创作"一栏，常有作品发表的亦不过冰心、叶圣陶、许地山、王统照等五六人②。

新文学革命的十年间，也是"国语教学的确立与发展"期③。1920 年，教育部正式下令将初等小学的"国文"教学改为"国语"教学(即"语体文"教学)。1923 年，新学制《小学国语课程纲要》《初级中学国语课程纲要》《高级中学公共必修的国语课程纲要》刊布，按新学制要求，小学 6 年基本上都是国语教学；初中"与小学国语课程相衔接，由语体文渐进于文体文"，3 年的语体文比例大致是 3/4、1/2、1/4；高中虽是文言文教学，但"语体文已经敲开了长期以来对它封闭的大门"④。总之，中小学的国语教学为之确立，从此一发而不可收。

然而，实施的过程却遭遇到了较大的困难。难题之一，是选文的缺乏。《初级中学国语课程纲要》附有一个"略读书目举例"，分小说、戏剧、散文三项。散文部分，全是创作，又细分为三类："以著作人分类，例如，梁启超散文、章士钊散文、胡适散文之类"；"以文体分类，例如，议论文选本、传记文选本、描写文选本之类"；"以问

---

① 林非. 中国现代散文史稿[M]. 北京：中国社会科学出版社，1981：3.
② 蔡元培，等. 中国新文学大系导论集[M]. 上海：上海书店，1982：83.
③ 郑国民. 从文言文教学到白话文教学：我国近现代语文教育的变革历程[M]. 北京：北京师范大学出版社，2000：51.
④ 郑国民. 从文言文教学到白话文教学：我国近现代语文教育的变革历程[M]. 北京：北京师范大学出版社，2000：61.

题分类,例如,文学革命问题讨论集、社会问题讨论集之类"。小说部分,除《西游记》等古白话小说和《域外小说集》等翻译小说之外,只列了胡适《短篇小说》和鲁迅《小说集》,后者还括号注明"尚未出版"。戏剧部分,则"于元明清词曲内酌选其文词程度为初中学生所能了解者",或"于近译西洋剧本内酌选"①。从上述分布中可以看出当时语体文发展的状况,可供语文教材较富裕选用的,事实上只有散文一类。

据郑国民考证②,初中最早的语体文教材是1920年出版的《白话文范》四册。《白话文范》所选的文章大多是当时报纸杂志发表的白话文(即"散文"),也选了一些古代的白话小说、诗歌和语录等。同一年出版的《国语文类选》,"选集现在最流行的国语文,分文学、思潮、妇女、哲理、伦理、社会、教育、法政、经济、科学十类",为当时的语体文教学提供了较详备的参考资料。从其所举的类目中就可以看出,选文多数属于"散文"。1923—1927年的5年间,共出版8种初中语文教材,其中沈一星编的《初级国语读本》"更能体现这一时期国语教材的特色"③。该教材"内容务求适切于现实人生,文章务求富有艺术的价值","以记叙文、抒情文为主,参用议论文、说明文"。其中,记叙文、抒情文,除了小说和诗歌,大类是散文;而至于议论文、说明文,要符合"富有艺术的价值"这一"选材的要点",自然就会偏向生动的说明文、生动的议论文,其文章往往出自文学杂志或报纸的副刊。其实,在新文学运动以及此后较长的一段时间里,"国语的文学"之"文学",主要是从"语言"这个角度来认识的,正如胡适所说,"表情表得好,达意达得妙,便是文学"。

从上面的史实概述中可以看出,在语体文进入语文教学的初期,把散文当作中学语体文阅读教学的主要文类,尽管如下文所说,有受语文教育工作者人为选择的影响,但主要还是受制于语体文发展的现实状况。存在的似乎就是合理的。选文以散文为主,在语文教学界便约定俗成地定型了。

1936年的初中语文教学大纲,首次列入精选教材适用的百分比,规定"说明文"占20%,"议论文"占10%—15%;1940年的修订本,进一步规定"第二学年以说明文为中心",占60%,"第三学年以说明文、议论文为主",各占30%。但是,这里所说的"说明文""议论文",除了"总裁言论""'党国'先进言论"等"党义文选"外,剩

---

① 课程教材研究所.20世纪中国中小学课程标准·教学大纲汇编:语文卷[M].北京:人民教育出版社,2001:276.
② 郑国民.从文言文教学到白话文教学:我国近现代语文教育的变革历程[M].北京:北京师范大学出版社,2000:120—121.
③ 李杏保,顾黄初.中国现代语文教育史[M].成都:四川教育出版社,1997:102.

下的绝大部分还是散文。

对此朱自清曾做过解说:"课程标准里定的说明文和议论文的数量不算太少,但适当的教材不容易得,教材里所选的白话说明文和议论文多数是凑数的。"①原因主要是两个,一是"白话文的发展还偏在文学一面,应用的白话文进步得很缓";二是得到发展的说明文、议论文也文学化了,"白话讽刺文和日常琐论——小品文的一型——都已有相当的发展,这些原也是议论文、说明文的支派,但是不适合正式应用"。当时编的读本,虽与"国定本"会有差异,但在总体上应该是遵循课程标准的,从1946年出版的《开明新编国文读本·甲种本》不难看出,选文的绝大多数,实实在在还是散文②。

二、20世纪60年代初③

1949年新中国成立,在新中国成立的前5年里,语文教材以解放区《国文课本》(胡乔木主编)为蓝本,突出政治教育。如1952年的语文教材,只有少量的文言作品,语体文除零星的几篇诗歌、小说之外,都是散文。

1956年我国语文教育学习苏联,汉语、文学分科。初级中学《文学》课本,语体文以寓言、童话、诗歌、小说为主;"包括传记、随笔、杂文、报告、游记、书信以及富有文学风趣的论文"在内的"散文",所占的比例有限。第六册总课文23篇,语体散文6篇;第五册总课文26篇,语体散文8篇,含《纪念白求恩》;第四册总课文27篇,语体散文5篇;第三册总课文30篇,语体散文4篇;第二册总课文25篇,语体散文7篇,含教学大纲单独列出的童话3篇;第一册总课文29篇,语体散文8篇,含寓言、民间故事3篇,其中,鲁迅的《一件小事》也被视为散文。

高级中学《文学》只出四册,第一、二册是从先秦到唐宋的作品;第三册是元明清的作品,后附加毛泽东、刘少奇、列宁、高尔基政论文各1篇④;第四册是"五四"以来的文学作品,但显然改变了计划,总17篇,其中,小说5篇,戏剧2篇,毛泽东文

---

① 朱自清.论教本与写作[M]//中央教育科学研究所.朱自清论语文教育.开封:河南教育出版社,1985:16—27.
② 叶圣陶,等.开明新编国文读本[M].北京:经济日报出版社,2000.
③ 以下举例的语文教材,均参考《新中国中学语文教育大典》,不再逐一出注。篇目的统计归类或有失误,但对结论的判断不会产生实质的影响。张鸿苓,等.新中国中学语文教育大典[M].北京:语文出版社,2001.
④ 张毕来,等.高级中学课本·文学(第3册)[M].北京:人民教育出版社,1957.

章 2 篇,应景时文 4 篇,能认作"文学性散文"的,充其量 4 篇;第五、六册未能编出,按计划是学习外国批判现实主义作品和以苏联文学为主的社会主义现实主义作品,可以推测,选文自然当以小说为主。

汉语、文学分科,在全国范围仅实行了三个学期,1957 年下半年,汉语教材在许多学校停止使用,文学教材也被各省市的自编教材所代替,1958 年春正式取消分科,恢复语文课本。1958—1962 年间,风云多变,语文教材的选文,频频增删变换。

1963 年,《全日制中学语文教学大纲(草案)》颁布实施,人民教育出版社编出了"新中国成立之后,继汉语、文学分科教材之后,第二套改革最大的教材"①。从选文的角度来看,有两大变化,或者说,是对 1956 年《文学》教材的两大反拨。

第一,"选文以散文为主,包括故事、寓言、特写、传记、游记、杂文、说明文、议论文、科学小品等。散文可占课文总数的 80% 左右。"诚如上文所说,这里的"说明文""议论文",主要指"生动的说明文""生动的议论文"。

第二,"不进行文学教育"②,也就是说,即使是诗歌、小说、戏剧,教学的内容也是"普通文"的道理——记叙、描写、抒情、议论、说明,这就很大程度上把纯文学作品的教学也"散文化"了,尤其是现实主义小说,几乎被等同于"记叙文"。由此引出另一个值得注意的现象:似乎是刻意回避,现当代作家的主打作品很少入选教材,对于小说家的作品不选或少选小说,对于剧作家的作品不选或少选戏剧,"名家名篇"换以散文代之。比如,在初中前三册中,选入孙犁《白洋淀边》、周而复《截肢和输血》、曹禺《我们的春天》、老舍《养花》、赵树理《给女儿的信》、叶圣陶《记金华的两个岩洞》、茅盾《第比利斯的地下印刷所》等篇目。

提出"选文以散文为主",有内与外、历史与现实等多种复杂原因。本章仅从选文供给这个角度来做点分析。

先看消极的一面,纯文学作品——诗歌、小说、戏剧,日渐寥落。

首先,外国文学作品可选的很少,1956 年之前已经有一次大筛选,只留下西方 19 世纪前的一些批判现实主义作品;中苏关系破裂之后,20 世纪 60 年代之前大规

---

① 顾振彪.人教版 1963 年初中、高中语文课本介绍[M]//张鸿苓,等.新中国中学语文教育大典.北京:语文出版社,2001:554.
② 顾振彪.人教版 1963 年初中、高中语文课本介绍[M]//张鸿苓,等.新中国中学语文教育大典.北京:语文出版社,2001:554.

模译介的苏联文学,许多也成了禁区。

其次,"结构性变化"使"40 年代的一些重要作家迅速'边缘化'",或者"自动消失",或者检讨过去的创作,企望跨上新的台阶而不能,其艺术生命事实上"已经结束"①。新中国成立之前的许多作家、作品,包括他们的散文,由于与新时代格格不入,遭到淘汰。

再次,"继续延安文学传统的作家,进入本时期文学的'中心'位置"②,1956 年文学教学大纲中的作品,尤其是长篇小说节选,多数产生于解放区或新中国成立的最初几年。但是,复杂的国际国内形势,导致了十分频繁的文学界"批判运动"。每一次"批判运动",都会株连到一批作家和作品。

从 1963 年原本准备延续编下去的初中语文第五、六册和高中语文教材的备选目录看,语体文已经很少出现大作家和大作品了:高中第六册出现的作家包括恩格斯、列宁、斯大林、毛泽东、鲁迅、瞿秋白、巴尔扎克;第五册出现的作家包括马克思、毛泽东、刘少奇、鲁迅、瞿秋白、契诃夫;第四册出现的作家包括斯大林、毛泽东、刘少奇、瞿秋白、鲁迅、周扬、峻青(《黎明的河边》)、莫泊桑;第三册出现的作家包括毛泽东、鲁迅、李准(《不能走那条路》);第二册出现的作家包括斯大林、毛泽东、鲁迅、夏衍(《包身工》)、塞万提斯、契诃夫;第一册出现的作家包括毛泽东、刘少奇、瞿秋白、鲁迅、杨朔、马克·吐温。

值得注意的是,在高中语文教材的备选目录中有 20 篇被标注为"待选",其中"议论文"3 篇,"杂文"3 篇,"记叙文"14 篇,而填补"待选"的最大可能,自然是散文——那些与时代气息紧相呼应的"散文"。

散文在当时也的确资源丰富。在《中国新文学大系(1949—1976)·第九集·散文卷》的"序"中,袁鹰"百感交集":"冷静下来回头看一看,这二十多年的散文走过一条时而平坦时而崎岖,时而明亮时而黯淡的道路,也记下了本世纪中叶那迅猛又蹒跚的脚印,留下跋涉者、垦荒者、开拓者们的汗水、泪水和血水。"③持续不断的"批判运动"之间,有短暂的间隙,如 1952—1953 年、1956—1957 年、1961—1962 年,也正是这三个间隙期,使当代散文获得了生机,掀起了三波高潮。

"在 50 年代,对现实生活'反映'的广阔和迅速,是这个时期文学写作'方向性'

---

① 洪子诚. 中国当代文学史[M]. 北京:北京大学出版社,1999:27—29.
② 洪子诚. 中国当代文学史[M]. 北京:北京大学出版社,1999:27—29.
③ 袁鹰. 中国新文学大系(1949—1976)·第九集·散文卷一[M]. 上海:上海文艺出版社,1997:1.

的要求,而包含'个人性'经历和体验的取材,以及与此相关的表达方式,其价值则受到怀疑。在这种情况下,以对生活现象的'报告'为主要特征的叙事倾向的写作,便构成了散文的主体。"①纪实性的通讯、报告、特写,在散文创作中取得了长足的发展,尤其是对表现赴朝志愿军英雄行动的作品产生了很大的影响,这一时期的作者包括巴金、刘白羽、杨朔、菡子、黄刚等,而以魏巍成就最高,《谁是最可爱的人》等散文"为一代代读者传诵,至今堪称典范"②。

接着是20世纪50年代中期,1956年,因学习苏联而曾被取消的"副刊"纷纷恢复,"百花齐放、百家争鸣"的方针,造就了散文的振兴气象,在1956—1957年间,散文创作"出现了一个花团锦簇、五彩缤纷的局面"③,语文教师所熟悉的散文名家和名作,有许多云集于这个时期,如何其芳、方纪、周立波、碧野、徐迟、邓拓、吴晗、何为等。

接着是1961—1962年,文学界进行"调整",迎来了后来被誉为"散文年"的蓬勃发展,像《人民日报》《红旗》那样的重要报刊也纷纷发表散文作品,散文领地一时蔚为大观:杨朔、刘白羽、秦牧、袁鹰、郭风、陈残云、冰心、吴伯箫、曹靖华等作家云集。

总之,说它是"沃土硕果"也行,说它是"饿极取卵"也行,中国的语文教学又一次因历史的机缘,与散文结交共携。尽管由于历史的作弄,散文的短暂"复兴"旋遭严冬,而"选文以散文为主"的语文教材也受政治之累,"只编到初中第四册就半途而废"④。

三、20世纪90年代中后期

时光到了1976年,接着是1978年,接着是1980年,再接着是1982年,这时候人们逐渐在"语文是基础工具"的理念下扎下了营,也一股脑地把"选文以散文为主"承继了下来。

开始好像也是不得已,因为最早"复出"的文学作品碰巧又是散文,新时期的文学无奈又是从散文蹒跚起步。

后来似乎自觉了起来,因为语文教材科学体系的追求,看来要以选文的大致稳定为基础。

---

① 洪子诚.中国当代文学史[M].北京:北京大学出版社,1999:151.
② 袁鹰.中国新文学大系(1949—1976)·第九集·散文卷一[M].上海:上海文艺出版社,1997:4.
③ 袁鹰.中国新文学大系(1949—1976)·第九集·散文卷一[M].上海:上海文艺出版社,1997:6.
④ 顾振彪.人教版1963年初中、高中语文课本介绍[M]//张鸿苓,等.新中国中学语文教育大典.北京:语文出版社,2001:554.

1986年,《全日制中学语文教学大纲》提出"教材基本篇目",经 1990 年修订,后又在 1992 年《九年义务教育全日制初中语文教学大纲(试用)》中进一步调整,"基本篇目"数量有所减少:初中共 67 篇语体文,中外诗歌 10 篇,戏剧 2 篇,中外小说 13 篇——现实主义的中外小说很容易被教成"记叙文",散文 42 篇。编一套中学语文教材,所需的语体文大概在 200 篇,那余下 120 篇左右的非"基本篇目",多数会是散文。

这样,语文教材几乎成为散文的天下了。比如,人教版 1988 年初中语文教材:第一册 7 个语体文单元全是散文;第二册 7 个语体文单元,散文超过 5 个;第三册 7 个语体文单元,散文差不多 5 个;第四册 6 个语体文单元,散文占 5 个;第五册 6 个语体文单元,散文占 4 个;第六册 6 个语体文单元,散文仍占 4 个。

1996—1997 年是个关口。首先是语文科"性质"的再认定,1996 年《全日制普通高级中学语文教学大纲(供试验用)》,在语文科的"工具"属性之外,提出语文"也是最重要的文化载体",选文的"文化"属性受到关注,"基本篇目"的取消也为选文更新留出了较大的空间。接着是关于语文教学的社会大讨论,文化界、文学界对中小学的语文教学展开抨击,其中,教材的选文以及对选文的阐释是个靶子,语文教学界开始意识到选文更新问题的严峻性和紧迫感。再次是语文科的"人文性"被广泛接受,"打好精神的底子"成了语文教学的新时代要求,并规划了教材选文的总基调和朝向。

历史惊人地相似,散文又一次获得独厚的机遇,又一次成功地、大规模地"入室"中学语文教材。

其实也有不得已,因为文学的其他文类似乎出了点麻烦。

诗歌在"新时期"的初始阶段,特别是"朦胧诗"阶段,曾引人注目,但后来进入了"先锋性"的新探索,"诗的前景变得琢磨不定","诗的寂寞和诗人的寂寞,被看成是诗歌的危机"[①]。"朦胧诗"之后的新诗,多数已不能被"读懂",因而也就不太可能被纳入语文教材的视野。

"新时期"的戏剧,发展的着力点是摆脱"戏剧危机",也出现了一系列探索性的新作品。然而这些作品至今还很难想象会与中学语文教材发生关系。

20 世纪 80 年代,小说发展比较充分,成绩也最为显著;然而小说的面容却发生了很大的变化。传统意义上的"典型人物"和"典型细节"在小说中的重要性受到质

---

① 洪子诚. 中国当代文学史[M]. 北京:北京大学出版社,1999:246.

疑、象征、意识流、变形和寓言等方法的运用，丰富了小说的表现力，也改变了小说的总体风貌。从篇幅的角度看，20世纪80年代中篇小说数量猛增，并成为小说创作中成绩最为显著者，20世纪90年代又形成了"长篇小说热"，时有大著推出；而语文教材所需求的"简短"作品，则比较贫瘠。

散文相对于诗歌、小说、戏剧所取得的进展，在20世纪80年代显得平淡。然而，在20世纪90年代以后，"散文在几乎没有任何预言、策划的情况下，突然显现了热烈而繁荣的局面"①。这表现在出版和创作两个方面。

在出版上，受市场经济和文化消费取向的影响，1920—1930年间写日常生活、提倡闲适情调的散文小品被重新发掘，周作人、林语堂、梁实秋、梁遇春以及张爱玲、钱钟书等人的散文集，不仅有极大的销量，而且也引导了散文写作的方向。

在创作上，20世纪90年代的散文可谓绚烂多姿，出现了"闲适散文""文化散文""学者散文""女性散文""絮语散文""传记体散文""哲理散文"等名目，流派纷呈，佳作连传。"在叙述方式上，许多作家已不囿于'借景抒情''托物言志'的模式，而更多采用不规则的自由抒写。在结构上，已完全打破了'三大块'的模式，有意冲破'起承转合''首尾照应'的'规则'，不再以'形散神不散'来组织作品，而随情绪、心灵流动进行各种形态的自由创造。"②突出议论性和抒情性，开拓了散文写作的新路，尤其是学者的介入，提升了散文的知识品位和文化分量，使得"随笔"成为散文的主体。如张中行、金克木、余秋雨、史铁生、张承志、韩少功等人的作品，从个人经验出发，引入关于文化和人生哲理的思考，加强了散文写作在思想哲理和人生体验方面的深度。

总之，说巧合也好，说必然也好，散文的发展与语文教学改革的进程又一次形影相随；散文作为语文教学的主导文类，又一次极为自然地成了现实。因此，语文教材的选文依然以散文为主，并一直到延续到21世纪的语文课程改革。

仍以人民教育出版社的教材为例。

2001年义务教育课程标准初中语文教材。七年级上册语体文精读11篇，3篇是诗歌，8篇是散文；七年级下册语体文精读11篇，9篇是散文；八年级上册语体文精读10篇，至少有8篇是散文；八年级下册语体文共20篇，15篇是散文；九年级上册语体文共20篇，18篇是散文；九年级下册语体文共16篇，4篇是散文。

---

① 洪子诚.中国当代文学史[M].北京：北京大学出版社，1999：371.
② 李晓虹.中国当代散文审美建构[M].深圳：海天出版社，1997：173.

2004年新课程标准高中语文教材的语体文：第一册有1个诗歌单元、2个散文单元；第二册2个都是散文单元；第三册有1个小说单元、1个生动的说明文单元；第四册有1个戏剧单元、1个生动的议论文（杂文、随笔）单元；第五册有1个小说单元、2个生动的说明文单元。其中，生动的说明文、生动的议论文，往往是散文，或者被教成散文。

在上述分析中，我们从选文的供给这个角度，对语文教学的主导文类何以是散文进行了历史的解答，结论是"历史的机缘"。

散文被人们称为"最容易掌握的武器"[①]，触角灵敏，与社会风潮关系密切、直接。历史的机缘，使触角灵敏的散文成为语文教学的主导文类。这对我国语文课程与教学来说，不知是福还是祸？

如果说，在语体文进入语文教学的初期，在20世纪60年代，教材的选文以散文为主多少有些出于无奈的话；那么在21世纪，我们是不是有可能、会不会有必要对此种选择进行学理层面的审议呢？

第二节　所奉行的种种"准则"：人为的选择

语文教学的主导文类是散文，得益于历史的机缘，也取决于语文教育工作者的人为选择。

说"人为选择"，其实是有点牵强的；因为至今为止还没有人对"何以是散文"做过系统的学理论证。之所以会是"散文"，很大程度上是语文教育工作者，尤其是语文教材编撰者所奉行的种种"准则"相互作用而结出的"果子"。

语文教育工作者，尤其是语文教材编撰者奉行的"准则"，有明示的，也有未经言说的，核心是以下两条：（1）教学要"读写结合"，选文以"普通文"为主；（2）选文要"文质兼美"，教学以"讲读为中心"。

一、"读写结合"与"普通文"

"读写结合"，是我国语文教育的传统。对其表现方式，潘新和教授梳理为三种

---

① 林非.中国现代散文史稿[M].北京：中国社会科学出版社，1981：2.

"规范"①。唐宋之前,处于主导地位的是"以读代写"规范;明清之后,处于主导地位的是"为写择读"规范;"五四"至今,处于主导地位的是"以读带写"("以读促写")规范。

"读写结合"观的基本假设,是会"读"也就会"写"。由此延伸出两个主要观点和做法。

第一,写作能力的培养要通过阅读教学来进行。语文课程"取以阅读为本位、以写作为附庸的格局"②。

第二,阅读教学的内容要偏向于"怎样写"。"所谓'读',只是揣摩作者是如何写的";"这种观念,实质上是以写作为中心,阅读不过是写作的附庸"③。

这种"读写结合"观,对语文教学主导文类产生了决定性影响。对"读写结合",及其所导致的上述"双附庸"现象,此处不拟展开讨论④。不管是哪种规范,无论谁附庸谁,"读写结合"观要成立,总得有一个前提,那就是所"读"的与所"写"的必须是同一类东西——读物主要充当写作的范本,乃至一种写作效仿的对象。

在现代语文教育推行以来,被作为"以读带写"前提的"同一类东西",就是叶圣陶所说的"普通文"。在《国文教学的两个基本观念》这篇著名文章中,叶圣陶鲜明地指出:"其实国文所包的范围很宽广,文学只是其中一个较小的范围,文学之外,同样包在国文里还有非文学的文章,就是普通文。"⑤

那么什么是"普通文"呢?对此叶圣陶从来没有正面界说过,正如以排除法来定义"散文"一样,对"普通文"也是以排除法来定义的——文学之外的文章。这里的"文学",叶圣陶主要是从文章体式上来说的,包含两层含义:其一是文言文,指经史古文,如《古文辞类纂》《经史百家杂钞》里的文章。"文学之外",则指当时通行的以"普通文言"(实用文言)所写的记叙、论说的文章及书信、宣言等应用文。其二是语体文,指小说、诗歌及戏剧。在这一层面上,"文学之外",从当时语体文发展的现状来看,主要指"文学性散文",即叶圣陶所定义的"除去小说、诗歌、戏剧之外,都是散文"的"散文"。也正是因为如此,叶圣陶先生的《文章例话》,这部专谈"普通文

---

① 潘新和.中国现代写作教育史[M].福州:福建人民出版社,1997:11—17.
② 潘新和.中国现代写作教育史[M].福州:福建人民出版社,1997:15.
③ 章熊.中国当代写作与阅读测试[M].成都:四川教育出版社,2000:47.
④ 本人同意章熊先生的见解,"新观念将替代旧的观念,'读'和'写'的关系需要重新审查"。详见:章熊.中国当代写作与阅读测试[M].成都:四川教育出版社,2000:47.
⑤ 中央教育科学研究所.叶圣陶语文教育论集(上册)[M].北京:教育科学出版社,1980:60.

章的道理"而"时时不忘指导人们应该如何去写"的名作,被范培松评价为"它事实上是一本有特色的散文批评之作"①。

"普通文"(普通文章)="非文学"≈"散文",这个公式在今天看来可能有些奇怪,但对此,力主"普通文"的叶圣陶在其一生也未必清晰地认识到。因为叶圣陶对"文学"还有另外的看法,"文学性散文",尤其是其中的"狭义散文"(小品文),更多的时候是被他看作"文学"的。作为现实主义的小说家,在"国语的文学,文学的国语"的大背景下,对什么是"文学",叶圣陶多数是从语言这个角度去体认的:"文艺作品不是奇奇怪怪的东西,文艺作品装载的也是人们的意思情感,不过那本质比一般的文章来得精妙,表现的方式恰如其分,刚刚把那本质传出,可以使人家心领神会;这就给它取个名称叫作文艺,以便与一般普通文章有个区别。"②也就是说:第一,"文学"和"普通文"(普通文章),在性质上是一样的,它们都是"意思情感"的表达。第二,"普通文"(普通文章)和"文学"呈阶梯性的连接状,它们的差别,是在语言和表达方式运用上"精妙"程度的差别。

只有兼顾上述两个对"文学"的认识,我们才可以理解叶圣陶下述两个看起来对立的论断。

(1) 将文学(即小说、诗歌、戏剧)作品当作普通文章。"文学作品当然是运用语言的最好范例","写所谓一般的散文跟写文学作品不是性质根本不同的两回事,读了文学作品,就能够学会写一般的散文,而且比仅仅读一些一般的散文学得更好"③。

(2) 从普通文章(即"散文")里也可以学文学鉴赏。"国文精读教材固然不尽是文学作品,但是文学与非文学,界限本不很严,即使是所谓'普通文',它既有被选为精读教材的资格,多少总带点文学的意味;所以,只要指点与诱导得当,凭着精读的教材也就可以培植学生欣赏文学的能力。"④

于是,成立了这样的公式:"普通文"+"读写结合"="散文"的读写教学。

从写的方面来看,普通文="写自己的意思","并且正好写出自己的意思"+

---

① 范培松.中国散文批评史[M].南京:江苏教育出版社,2000:257.
② 叶至善,等.叶圣陶集(第13卷)[M].南京:江苏教育出版社,1992:137.
③ 叶圣陶.关于语言文学分科[M]//张鸿苓,等.新中国中学语文教育大典.北京:语文出版社,2001:156—157.
④ 叶至善,等.叶圣陶集(第14卷)[M].南京:江苏教育出版社,1992:14.

"还得先教说话带着点文学的意味"①。

从读的方面来看,"普通文"=以"文学性散文"为主导文类+把"文学"(小说、诗歌、戏剧)当作普通文章(即"散文化")来教。

1963年的语文教学大纲,将上述几个公式转化为国家意志,该教学大纲在"教学目的"和"教学要求"中所说的语体文的"阅读能力",主要指语体散文的阅读能力;所说的"写作能力",特指语体散文的写作能力,至多再加上掌握一些"常用应用文"的格式。

二、"文质兼美"与"讲读为中心"

所"读"的与所"写"的是同一类东西,是"读写结合"的必要条件;读法和写法的一致,则构成"读写结合"的充分条件。正如叶圣陶所说:"阅读与写作是一贯的,阅读得其法,阅读程度提高了,写作程度没有不提高的。"②

那么什么叫"阅读得其法"呢?在揭露传统语文教育的"读写结合"观时,章熊指出③:"科举制度在历史上对语文教学的影响是十分明显的。""其积极成果,就是使我国篇章学得到了长足的发展,'起转承合''熊腰豹尾''伏笔铺垫'……一系列的概念形象地表述了文章布局的技巧与法则,并且使'文章赏析'成为我国语文教学的传统,'揣摩谋篇'成为教学过程的核心,一直影响至今。""消极影响之一就是把文章模式定型化、形式化以至僵化,僵化的极致就是'八股'的出现。为了应试,又产生了许多写作方面的相应对策,例如,'小题大做''大题小做'之类。这些,就使写作者执笔时处于和现实中的写作实践迥然不同的心理状态。写作样式和写作心理与社会实际相距越来越远,是这种应试作文所带来的第二个消极影响。"

面对一种特定的"写作(文章)样式",进行以"揣摩谋篇"为核心的"文章赏析",这是现代以来的语文课程与古代语文教育一脉相承的地方。有所改造的,则在以下两个方面。

第一,文章样式,从古代的散文转为现代的散文,从与社会实用相距越来越远的"时文"试图转为契合人生日用的"普通文"。

第二,文章赏析,从"揣摩"转为"讲读",从"暗中摸索"试图转为"明里探讨"。

---

① 叶至善,等.叶圣陶集(第14卷)[M].南京:江苏教育出版社,1992:63.
② 中央教育科学研究所.叶圣陶语文教育论集(上册)[M].北京:教育科学出版社,1980:60.
③ 章熊.中国当代写作与阅读测试[M].成都:四川教育出版社,2000:46—47.

"讲读"面对的是教材的选文。而教材的选文,语文教育界历来要求其"文质兼美",也就是说,选文要同时具有积极的思想内容和优美的艺术形式。

积极的思想内容和优美的艺术形式,加上诸如"短小精悍"等"标准"的制约,在社会政治不断动荡的年代,语文教学的主导文类很自然地要选择触角灵敏、与社会风潮关系密切直接的"散文"——抒情散文、杂文、随笔、通讯等。

"讲读"教学实际上是"讲课文"的教学,而"讲课文"的教学,很大程度上就是"讲散文作品"的教学。而"讲散文作品",在实际的教学中往往被操作为凭借散文讲语言知识、文体(实际上是文类)知识、谋篇布局的章法知识,乃至讲"海阔天空"。其流弊,至今仍戕害着语文课程与教学。

第三节　散文为主导文类的定局:聚焦 1963 年

一、1963 年语文教学大纲的制定背景

(一) 语文教育政策的变更

1963 年语文教学大纲,是对 1956 年汉语、文学分科教学大纲的系统反拨,也是对 1958 年分科教学大纲停止以来中小学语文课程、教材、教学种种混乱举措的纠正。

1958 年 3 月,国务院第二办公室决定停止汉语、文学分科教学,并重新规定了语文教学的目的任务。同年 7 月,在没有教学大纲指导的情况下,人民教育出版社编辑出版分科之后的第一套《语文》课本,初、高中共 156 篇课文,大量选用报刊上新发表的文章,古典文学作品只有 13 篇,"五四"至新中国成立前的作品除鲁迅之外基本不收入,大量选用报刊上反映当前社会政治的文章,"课本几乎变成政治性读物和报章杂志的集锦"①。

1958 年,各行各业进入"大跃进"阶段,迅速掀起的"大跃进"高潮对中小学通用教材提出存在"少慢差费"的意见。1958 年 8 月,中共中央、国务院发布《关于教育事业管理权力下放问题的规定》;同年 9 月,教育部发布通知,今后各地可以自编教材;10 月,《人民日报》发表社论《根据党的教育方针来改革教材》。此后,许多地

---

① 顾振彪. 人教版 1958 年—1960 年初中、高中语文课本介绍[M]//张鸿苓,等. 新中国中学语文教育大典. 北京:语文出版社,2001:534.

方教育部门和学校开始开展教材和教学参考书的编写工作。

《人民日报》社论所说的"党的教育方针",其核心是毛泽东提出的"教育必须为无产阶级政治服务,必须同生产劳动相结合"。1958年8月,根据党中央召集的教育工作会议的结论,陆定一在《红旗》杂志上发表了《教育必须与生产劳动相结合》的重要文章。"用总路线精神教育学生"成了语文教学的首要任务,语文教学界开展批判"三脱离"(脱离政治、脱离实际、脱离劳动),提倡"三结合"运动,语文教材以时文为主,在教学形式上倡导走出课堂,走进车间和田野,练习写诗歌、总结、广播稿,在教学方法上多使用讨论法。

1959年1月,中共中央书记处会议,建议教育部编写普通中小学和师范学校的通用教材。2月,中央召开"二月会议",批判了"大跃进"中的浮夸作风,开始重视落实和加强基础知识,强调教师的作用。接着,中共中央转发教育部党组《关于编写普通中小学和师范学校教材的意见》,教育部党组向中央提出《关于提高中小学语文教育质量的请示报告》。报告列举了中学生阅读、写作能力低下的种种表现,提出了改进语文教学的五点意见:(1)明确中小学语文教学的目的和要求,端正对语文教学的认识;(2)提高教材质量;(3)提高语文教师的水平;(4)改进语文教学方法;(5)加强对语文教学的领导。

1960年,中央实行了"调整、巩固、充实、提高"的方针。同年4月,时任国务院副总理陆定一在二届人大二次会议上做了《教学必须改革》的报告,报告指出:"全日制中小学的最主要的课程,是语文(包括中文和外国文)和数学,这是学生所必须掌握的最基本的工具。"[①]根据中宣部的指示,成立了由中宣部副部长和教育部副部长分别担任正副组长的中小学教材编审领导小组。6—7月,在中宣部的领导下,教育部召开了"十年制学校新教材研究会",并在"会议纪要"中对语文教学的目的和任务进行了阐述:"政治思想教育和语文教育是不可分割的统一体,既不应该为语文而语文,把语文课技术化,忽视政治,也不应该对政治的理解狭隘化,把语文课变成政治理论课或时事政策课,而忽视了培养读写能力的任务。"[②]

1961年,人民教育出版社起草了《全日制小学语文教学大纲(草案)》《全日制中学语文教学大纲(草案)》(均未公布),编写出了十年制中小学语文课本试用本,

---

① 陆定一.教学必须改革[M]//袁振国.中国当代教育思潮(1949—1989).上海:生活·读书·新知三联书店上海分店,1991:97.
② 张鸿苓,等.新中国中学语文教育大典[M].北京:语文出版社,2001:15—16.

并在中小学教材编审领导小组的具体领导下,开始编撰新的十二年制中小学教材。这为1963年语文教学大纲的出台做了比较充分的准备。

1963年,中共中央颁发了《全日制小学暂行工作条例(草案)》《全日制中学暂行工作条例(草案)》,明确了"以教学为主"的原则。教育部根据条例,重新制定了《全日制中小学教学计划(草案)》,公布了《全日制小学语文教学大纲(草案)》《全日制中学语文教学大纲(草案)》等各科教学大纲,并于1963年秋季开始实施。

1964年,在党和国家领导人几乎全部出席的"春节座谈会"上,毛泽东专门论述了教育问题,对教育现状表示了严重不满:旧教学制度"摧残人才,摧残青年,我很不赞成"①。随着对阶级斗争形势越来越严重的估计,教育领域的阶级斗争也不断严峻起来,一场教育领域里的"大革命"已经是势在必行了。同年7月,教育部发出《关于调整和精简中小学课程的通知》,强调教育要结合三大革命运动,要精简课程,要修改教材。1964年秋,人民教育出版社修订刚开始使用的初中第一、二册语文课本,删去了文学性课文、读写知识短文和语法教材,精简练习和注释,增加了反映阶级斗争、有关农业生产和进行劳动教育的课文。

1965年1月,教育部发出通知,《地板》《牛郎织女》《落花生》《风景谈》《王冕》《范进中举》《原毁》《鱼,我所欲也》等"选作课文是不够妥当的",都删去不教。"这样,初中前四册课本实际上已经面目大改,很难体现教学大纲的精神。""一场准备了三年、呕心沥血进行的教材改革,其命运比汉语、文学分科教材改革还惨,到初中第四册就夭折了。"②

(二) 语文教育研究的回响

我国的语文教育研究,本质上是特殊历史时期政治运动和社会思潮的回响。新中国成立前17年的语文教育研究,有不少是领导的"指示",有许多则是群众在报章杂志所组织的讨论(运动)中的"表态",往往是既定"道理"的抽象论证,目的是"统一思想"。

1958年,为否定汉语、文学分科,一些报章杂志开展了"古典文学教学的目的、

---

① 毛泽东.在春节座谈会上的讲话[M]//袁振国.中国当代教育思潮(1949—1989).上海:生活·读书·新知三联书店上海分店,1991:139.
② 顾振彪.人教版1963年初中、高中语文课本介绍[M]//张鸿苓,等.新中国中学语文教育大典.北京:语文出版社,2001:554.

任务是什么"的讨论。时任人民教育出版社中学语文编辑室主任、《文学》课本主编之一的张毕来在《人民日报》发表的《中学语文教学中的厚古薄今倾向》,是这次讨论的总结性发言①:讲述古典文学被认为是"厚古薄今"的,而"厚古薄今",显然是"非政治倾向的表现"。

1959年,教育部党组在《关于提高中小学语文教育质量的报告》中提出了"在语文教学中注意从字、词、句、段、篇结构入手分析课文,边讲解语言文字,边分析思想内容,力求在教学中把思想内容和语言形式统一起来,克服单纯分析思想内容的缺点"的教学方法②。在这样的指导思想下,《文汇报》《光明日报》等报刊开展了全国范围的"语文教学目的任务"大讨论。同年6月,《文汇报》刊发了育才中学刘培坤老师的《"文"与"道"——关于语文教学目的和任务之我见》,并加"编者按"如下:"随着党的教育方针的深入贯彻,目前很多学校正在采取措施改进语文教学。但由于教师们对于中、小学语文教学的目的和任务在看法上不尽一致,因而工作上也还存在着一些问题。为了提高语文教学的质量,本报决定就中、小学语文教学的目的和任务问题展开讨论。"刘文认为③,语文教学的任务本来就是"通过语言文学的教养进行政治思想教育","教学生'学会了文'是语文教学的基本任务,'学通了道'是自然的结果","语文教学必须兼取其文,而且以取文为前提"。

1961年,继"关于语文教学目的和任务问题"的讨论后,《文汇报》又展开了"怎样教好语文课"的讨论,并于同年12月发表社论《试论语文教学的目的任务》。社论指出:"两次讨论的问题,都是从语文教学实践中提出来的,反映出语文教师对语文教学的目的任务的认识正在不断深化,反映出语文教学的质量正在不断提高。经过讨论,意见逐步趋于一致。""语文教学的目的任务应当是:使学生正确、熟练地掌握与运用祖国的语言文字,培养与提高学生的阅读和表达能力,并通过教学内容的教育和感染,培养学生正确的观点,健康的思想和高尚的品德。""经过几年来的实践和讨论,大家在亲身经历中,受到了教育,得到了提高。"④

---

① 张毕来.中学语文教学中的厚古薄今倾向[M]//顾黄初,李杏保.二十世纪后期中国语文教育论集.成都:四川教育出版社,2000:193—200.
② 张鸿苓,等.新中国中学语文教育大典[M].北京:语文出版社,2001:15—16.
③ 刘培坤.'文'与'道'——关于语文教学目的和任务之我见[M]//顾黄初,李杏保.二十世纪后期中国语文教育论集.成都:四川教育出版社,2000:208—212.
④《文汇报》社论.试论语文教学的目的任务[M]//顾黄初,李杏保.二十世纪后期中国语文教育论集.成都:四川教育出版社,2000:236—241.

1962年,时任教育部副部长的林砺儒发表文章,陈述"基本知识"和"基本技能"的关系,并表示"每课的教学目的,不能千篇一律"①。在此之前与之后,吕叔湘、张志公等学者也纷纷撰文,重申语文学习的"技能"性质;时任江苏教育厅厅长的吴天石发表了"常州会议讲话",提出"加强语文基础知识教学和基本训练"②;时任上海市教育局副局长的吕型伟以"殷伟"的笔名发表了《切切实实提高中学语文教学的质量》长文;上海市也有教师把语文教学内容概括为"字、词、句、篇、语、修、逻、文",还提出了加强语文教学中"教师的主导作用";时任人民教育出版社副总编的刘松涛以"洛寒"的笔名在《人民教育》上先后发表了《反对把语文教成政治课》《不要把语文教成文学课》两篇具有全国纠偏性导向的文章。

这些,都反映在了1963年的中小学语文教学大纲③里。小学和中学的语文教学大纲第一条都是"语文的重要性和语文教学的目的",内容一致、结构相同。首先,讲述"语文是学好各门知识和从事各种工作的基本工具";接着,分别提出小学或中学的语文教学目的;之后有大段文字,论述三方面意思。

(1)"要选文质兼美的范文,教学生精读(一部分要背诵),要加强识字写字、用词造句、布局谋篇等基本训练。基本训练要通过多读多写来完成。一般不要把语文课讲成政治课,也不要把语文课讲成文学课。"

(2)论证"在语文教学中'道'和'文'不可分割的道理"。

(3)补充论证,由于入选的文章"思想内容和语言文字都应该是学生学习的典范",所以"有计划地讲读这些文章,就可以使学生不断提高觉悟,增长知识,在多读多写反复练习中掌握语文这个工具,并且运用这个工具更好地为革命事业服务。只有这样,语文教学的目的才能达到"。

二、1963年语文教学大纲述要

1963年《全日制小学语文教学大纲(草案)》可分为两大部分:第一大部分是综述,包括:(1)语文的重要性和语文教学的目的;(2)教学要求;(3)教学内容;

---

① 林砺儒.语文教师是经师,也是人师[M]//顾黄初,李杏保.二十世纪后期中国语文教育论集.成都:四川教育出版社,2000:277.

② 吴天石.加强语文基础知识教学和基本技能训练[M]//顾黄初,李杏保.二十世纪后期中国语文教育论集.成都:四川教育出版社,2000:279—280.

③ 本章所引教学大纲均出自:课程教材研究所.20世纪中国中小学课程标准·教学大纲汇编:语文卷[M].北京:人民教育出版社,2001.

(4)选材标准;(5)教学内容的安排;(6)教学中应注意的几点。其中,教学内容分四项:识字,写字,课文,练习,作文。课文和作文的要点如下。

《全日制小学语文教学大纲(草案)》(1963年)"课文"的教学内容要点:

◎ 课文应该是文质兼美的范文。内容应该广泛,要包括文学作品,社会常识和自然常识的文章,表达方式应该多样,要包括记叙、说明、议论、抒情等方面,还要包括便条、书信、报告、记录等应用文,必须做到题材、体裁风格各方面的丰富多彩。

◎ 课文以散文为主,包括童话,故事,寓言,特写,传记,游记,科学小品以及一般记叙和论说的文章。全部课文中散文约占80%,韵文约占20%。

《全日制小学语文教学大纲(草案)》(1963年)"作文"的教学内容要点:

◎ 作文要从写话入手,要注意口头表达能力的培养,要教学生听普通话,说普通话。

◎ 要教学生学写记叙文,逐步学会把耳闻目见的事物记下来。有关记叙文的写作方法,如观察事物,确定中心,选取材料,组织材料等等,要通过课文的讲读和作文的指导讲评,分别年级,陆续教给学生。在高年级还要教学生学写简单的论说文。

◎ 要教学生学写应用文,初步学会常见的应用文的写法。要教学生应用文的格式,用途和习用的词语。

第二大部分分述各年级的教学要求和教学内容。其中,教学要求按年级(学年)提出;教学内容则落实到每一册(学期)中。以《全日制小学语文教学大纲(草案)》小学六年级第一学期阅读和写作的"教学内容"为例:

教学内容·高小第三册(即六年级第一学期)

本册课文共三十六课,组成十一个单元。韵文五课,散文三十一课。散文中记叙文二十二课,论说文六课,应用文三课。论说文中有指导写作的课文《向哪里找材料》。应用文教学生写柬帖、电报、合同。课本用宋体字排印,有的应用文用行书书写制版。

1963年,《全日制中学语文教学大纲(草案)》与小学的相同,也可分为综述、分述各年级的教学要求和教学内容这两大部分。

教学内容分三项:(1)课文;(2)语法、修辞、逻辑等知识;(3)作文。

其"课文"的教学内容如下。

> 选材范围应该广泛,包括古今中外的优秀作品;包括文学、社会科学、自然科学等方面的内容;包括记叙、说明、议论、抒情等表达方式;包括书信、通讯、报告、总结等应用文。题材、体裁风格各方面都要丰富多样。
>
> 课文以散文为主,包括故事、寓言、特写、传记、游记、杂文、说明文、议论文、科学小品等。散文可占课文总数的80%左右。
>
> 议论文,特别是政论文……因此,语文教学中必须培养学生阅读和写作议论文的能力。议论文可占课文总数的20%左右,各年级依次增多。
>
> 文言文,……培养学生初步的阅读能力,并且学习一些写作技巧。文言文可占课文总数的40%以上,各年级依次增多。
>
> 外国作品可占课文总数的10%左右。

其"作文"的教学内容如下。

> 初中阶段,要求能写记叙文、应用文和简单的说明文、议论文。高中阶段,要求能写比较复杂的记叙文、应用文和一般的说明文、议论文。
>
> 根据培养读写能力的要求和步骤,在课本里编入一些有关读写知识的短文,讲记叙、说明、议论和谋篇布局等知识,讲使用字典、词典等工具书的知识,要求教师结合讲读教学进行讲授。

教学要求按年级(学年)提出,教学内容则落实到每一册(学期)中。以初中一年级第一册为例,其教学内容如下。

教学内容·初中一年级第一册

1. 本册编入课文三十篇(初高中各册相同),组成十一个单元。在适当的单元后边,分别编入读写知识短文《字典和词典》《记叙的要素》《观察和记叙》《材料和中心》。还编入讲应用文的短文《便条和单据》《通知和启事》。

课文的分类如下表:

白话文	文言文	散文	韵文	记叙文	说明文	议论文	其他
20	10	27	3	19	2	6	3

2. 全册课文都要反复阅读,并背诵二分之一左右;进行正音正字的训练,复习学过的难字,继续学习生字;了解词的意义和用法;(以上各项初中各册相同)了解六类实词和主语、谓语、宾语三种句子成分,掌握单句的构造;复习逗号和句终标点的用法。在阅读和写作中,着重进行记叙能力的训练。学会便条、单据、通知、启事的写法。开始了解一些常用的文言词的意义和用法。练习查字典和词典。

三、1963年语文教学大纲评议[①]

我国语文教材属于文选型,文选型语文教材的核心是选文。长期以来,语文课程与教学的改革,主要体现在选文的增删变换方面。语文课程与教学的"理念",往往体现在选文问题上;语文教学大纲所"规定学科的内容、体系和范围"[②],主要也是通过选文来落实的;培养阅读能力和写作能力,选文是"凭借"。

选文有思想内容的问题,长期以来,选文的增删变换也主要是缘于其承载的思想内容。

然而,选文也有体式的问题。语文教学中阅读、写作哪一些体式,语文课程中选取哪一种体式作为主导的文类,直接关系到培养学生的哪一种阅读能力、哪一种写作能力。进入语文课程、教材和教学,选文便成为课文。学习课文,不仅仅要着

---

① 对1963年语文教学大纲,只有点评式的评议,如:庄文中.1949年以来中学语文教学大纲的发展轨迹[M]//张鸿苓,等.新中国中学语文教育大典.北京:语文出版社,2001:317—318;顾振彪.人教版1963年初中、高中语文课本介绍[M]//张鸿苓,等.新中国中学语文教育大典.北京:语文出版社,2001:551—554.

② 王策三.教学论稿[M].北京:人民教育出版社,1985:214.

眼于其原生的社会价值,更主要的是着眼于其被赋予的教学价值——凭借课文教学什么?即教师教什么,学生学什么?课文的教学价值,实际上就是语文教材里的选文所发挥的功能。

与1956年文学教学大纲及教材相比较,在1963年语文教学大纲及教材中,语体文选文的主导体式和其所发挥的功能,都发生了巨大的变化,或者说,是对1956年文学教学大纲及教材强有力的系统反拨。

(一) 语体文的选文以散文为主

1956年汉语、文学分科,中学语文课程的语体文以"纯文学"为主,小说、诗歌是主导文类,小学则以"儿童文学作品"为主导文类;"包括传记、随笔、杂文、报告、游记、书信以及富有文学风趣的论文"在内的"散文",所占的比例有限。1963年,随着《全日制小学语文教学大纲(草案)》《全日制中学语文教学大纲(草案)》的颁布实施,人民教育出版社编出了"新中国成立之后,继汉语、文学分科教材之后,第二套改革最大的教材"[①]。从语体文的体式这个角度看,有两大变化,或者说,是对1956年小学语文、中学文学教学大纲及教材的两大反拨。

第一,"选文以散文为主,包括故事、寓言、特写、传记、游记、杂文、说明文、议论文、科学小品等。散文可占课文总数的80%左右"。

第二,"不进行文学教育"。"课本里选入了相当数量的文学作品,却只能当记叙文、说明文、议论文来教。与文学教育有关的文学常识,例如,必要的文学理论和文学史常识,一概被排斥在课文外头。"[②]

1963年语文教学大纲及教材中所说的"散文","包括故事、寓言、特写、传记、游记、杂文、说明文、议论文、科学小品等",显然是个未经定义的含糊概念。对其所指(含义),我们要通过"散文"这个词在该教学大纲里的"用法"从两个方面去验证:第一,相对于"韵文","散文"指一切散体的文章。第二,在"散文"之下,又分为"记叙文""说明文""议论文"。

参照1963年《全日制中学语文教学大纲(草案)》里的每册"课文分类表"和具

[①] 对1963年语文教学大纲及其教材,目前仅有一些概论性的评议。顾振彪.人教版1963年初中、高中语文课本介绍[M]//张鸿苓,等.新中国中学语文教育大典.北京:语文出版社,2001:554.

[②] 顾振彪.人教版1963年初中、高中语文课本介绍[M]//张鸿苓,等.新中国中学语文教育大典.北京:语文出版社,2001:554.

体篇目①,对其中的语体文部分,整理如下。

1. 说明文

根据《全日制中学语文教学大纲(草案)》的各册"课文分类表",初中第五、六册及高中无"说明文"。初中前四册语体文部分的"说明文"全部篇目如下：第一册2篇,《松鼠》《琥珀》;第二册2篇,《织女星和牵牛星》《大气》(法布尔);第三册4篇,《天石》(高士其)、"待选"(即尚未确定具体篇目)、《动物的远游》《天气陛下》(伊林);第四册5篇,其中语体文2篇,均注明"待选"。不难看出,所谓"说明文",主要指科普小品,而科普小品属于"文学性的散文"。高中第三册有《六亿人民的大会堂》《北京车站》2篇文章,因"课文分类表"无"说明文"一项,据比照,确认被归入了"记叙文"。

2. 议论文

"议论文"可分成两类：一类是《全日制中学语文教学大纲(草案)》曾特别提出的"政论文",一类是我们通常所说的"杂文"或"议论性散文"。但对后者,中学各册的归类并不一致。比如,初中第四册,表中"议论文"列有6篇,对照篇目,毛泽东、刘少奇各1篇,《白杨礼赞》(茅盾)、《松树的风格》(陶铸)、《遗嘱》(邹韬奋)、《最后一次的讲演》(闻一多)均被当作"议论文"。高中第一册,表中"记叙文"列有21篇、"议论文"7篇,对照篇目,文言文《师说》《问说》和语体文的"政论文"——毛泽东3篇、刘少奇1篇、社论1篇——明显应归入议论文,而《论雷峰塔的倒掉》(鲁迅)、《聪明人和傻子和奴才》(鲁迅)、《美国的真正悲剧》(瞿秋白)及1篇注明"杂文,待选"的作品,看来被归入"记叙文"了。高中第三册中的《对于左翼作家联盟的意见》(鲁迅)、《文学和出汗》(鲁迅)及1篇注明"杂文,待选"的作品,经比照确认,也被归入了"记叙文"。

3. 记叙文

"记叙文"分为好几类：第一类是"狭义的散文",即属于文学作品的抒情美文,如《落花生》《荔枝蜜》《老山界》《春》《谁是最可爱的人》《雪浪花》《荷塘月色》等。第二类是习惯上称为"时文"的文章,它们虽不一定能被认作是文学作品("狭义的散文"),但也具有一定的"文学性",文学界有人称之为"文学性的散文",比如《挺进

---

① 具体篇目参考：张鸿苓,等.新中国中学语文教育大典[M].北京：语文出版社,2001.

报》《同志的信任》《延安第一课》《南京路上好八连》《饲养室里说新人》《奔向海陆丰》《英雄的史诗》《大渡河畔英雄多》等。第三类是混合统称的,比如,童话、故事、寓言、新闻、特写、传记、游记、笔记、日记等,包括《给女儿的信》《向全国进军的命令》,以及上面提到的《六亿人民的大会堂》《文学和出汗》等科普作品或杂文等。还有一类是短篇小说或中长篇小说的节选,如《梁生宝买稻种》《最后一课》《地板》《斗争韩老六》《故乡》等。1963年《全日制中学语文教学大纲(草案)》所指定的小说,全是现实主义小说,且与"狭义的散文""文学性的散文"混编,长篇小说的节选,也被当作短篇来使用,倾向于选一些近乎"普通文"的记人、叙事、写景片段,比如,《母亲》《在烈日和暴雨下》等,几乎等同于"记叙文"。

综上所述,1963年语文教学大纲中所说的"散文",如果撇除"政论文"的话,主要指"狭义的散文"(抒情美文)、"文学性的散文"(科普小品、杂文或议论性散文、"时文"等),以及被当作"记叙文"而"散文化"了的部分现实主义小说。换句话说,"课文以散文为主",实质是以抒情美文、文学性的"时文"、科普小品、杂文或议论性散文等"杂文学"为主。

1963年语文教学大纲,以国家的名义正式将散文这种"边缘(杂交)文体"确立为语文课程的主导文类。因此,该教学大纲在"教学目的"和"教学要求"中所说的语体文"阅读能力",主要指语体散文的阅读能力;所说的"写作能力",特指语体散文的写作能力,另外加上掌握"应用文"的格式。

(二)"课文讲读教学"要求面面俱到

不但是主导文类发生了变化,与1956年文学教学大纲及教材相比较,在1963年语文教学大纲及教材中,语体文选文所发挥的功能,也发生了巨大的变化。

1. 小学的情况

1956年的《小学语文教学大纲(草案)》,是从行为的角度来规定"教学内容"的,"阅读教学"的重心落在"阅读"上:要"教儿童**阅读**文学作品,尤其是儿童文学作品,前四学年,还要**阅读**有关自然、地理和历史的科学知识的文章"。落实到规定具体教学内容的分年级"教学大纲"上,"阅读"教学的"内容"是:"自觉地、正确地、流利地、有表情地朗读课文。""能挑出课文里自己不懂的词,并逐渐学会自己查字典或词典。""说出课文的基本思想;就结构不复杂的文学作品和科学知识的文章,独立编写简短的段落大意。""详细复述课文,根据独立编写的段落大意复述课文。"等等。

在1956年的《小学语文教学大纲(草案)》中,"课文"并不直接是"教学内容","阅读课文"才是"教学内容"。换句话说,在1956年的《小学语文教学大纲(草案)》及教材中,选文主要发挥"样本"的功能,属于"用什么去教"的"教材内容"。凭借这些"样本",在语文课程中教学上述列举的"详细复述课文,根据独立编写的段落大意复述课文"等"教学内容"(课程内容),目的是培养由上述"教学内容"(课程内容)构成的阅读能力。因此,在1956年《小学语文教学大纲(草案)》中,并没有规定课文的篇目。

在1956年《小学语文教学大纲(草案)》及教材中,"写作"是相对独立的系统,写作教学的"教学内容"是:把观察自然现象所得记在自然历上;在教师指导下,就远足和参观所见作文,把生物角工作和园地工作做成更完整的记录;依据读过的课文(或课外读物)的内容,或者依据其中的某些情节,自己拟定提纲,并按照提纲做书面叙述;把读过的诗歌改写成散文;等等。写作教学与课文的阅读教学有联系,但并不一定要通过课文的"讲读教学"来进行。

而在1963年《全日制小学语文教学大纲(草案)》中,阅读教学实际上是"课文讲读教学",所规定的"课文",直接便是"教学内容"(课程内容),小学阅读教学的目的,虽然定位在"初步的阅读能力"的形成上,但落实到"教学要求",则是"流利地诵读(规定的)课文,并且能够背诵教师指定的一部分课文"。

从上文所列举的六年级"教学要求"中也可以看出,"课文讲读教学"的重心显然在"课文"上:"本学年读**课文**七十二篇。能正确地流利地朗读**课文**,读出一定的轻重缓急。能比较熟练地阅读**课文**。能掌握**课文**的重点,了解**课文**的条理。能背诵全部**课文**的50%左右。"事实上,该《全日制小学语文教学大纲(草案)》在各年级"教学内容"中,除了课文的目录,并无关于"阅读"的实质性教学内容。换句话说,在1963年《全日制小学语文教学大纲(草案)》及教材中,选文主要发挥"定篇"的功能,学习这些课文本身就是"教学内容"(课程内容),而学生形成"初步的阅读能力",则很大程度上被看成是学习这些课文的自然结果。

另一方面,写作教学又依附于课文的阅读教学("讲读教学")。教学大纲规定:"有关记叙文的写作方法,如观察事物,确定中心,选取材料,组织材料,等等,要通过课文的讲读和作文的指导讲评,分别年级,陆续教给学生。"在"教学中应该注意的几点"中更是明确要求:"讲读教学必须同学生的写作实践密切联系。应该结合课文的讲读,对作文中带有普遍性的问题进行讲评,让学生懂得为什么应该这样写而不应该那样写,并且在教师的指导下知道应该怎样改正。说得出错误的原因,想得出改正的办法。"事实上,课文是"范文",这"范文"的意思,很大程度上就是对写作学习来说的。

2. 中学的情况

中学的情况似乎正相反。1956年初中、高中的文学课程,其核心的教学内容(课程内容)就是学习指定的文学作品,并且要按指定的方式(视角、观点、方法)去感受和理解这些作品。具体而言,"初级中学文学课以学习单篇的文学作品为基本内容,指导学生阅读(规定的)文学作品,是初级中学文学教学的主要部分"。高级中学文学课的教育任务,核心是"指导学生依据文学史的系统学习中国文学史上的重要作品,指导学生学习外国的某些重要作家的作品"。文学作品教学的主要环节是"阅读和分析","目的在于使学生全面地、深入地领会作品的思想内容和艺术形式"。由于对选文的这种"定篇"处置,作品的阅读和分析自然就与写作训练脱了钩,1956年中学语文课程的作文教学,单独有一条线,尽管关于作文教学的文件出台得太晚了[①]。

在1963年语文教学大纲中,列入"教学内容"的,由"作品"变成了"课文","课文是培养学生阅读能力和写作能力的主要材料",而且是"综合性材料",其"凭借"的功能十分独特,具体在于以下方面。

第一,"课文""一般应该是素有定评的,脍炙人口的",学生应该通过"讲读教学"进行精读(一部分要背诵)。"教师应该有计划、有重点地把课文讲解清楚,并且引导学生认真积极地听讲和完成作业。"而实现"讲清楚","一定要贯彻'文''道'不可分割的原则。要讲清楚文章的思想内容,必须讲清楚文章的语言文字"。

第二,"课文"是"范文",文质兼美,作为学生学习的典范,讲读教学必须同学生的写作实践密切联系。应该结合课文的讲读,就作文批改进行批评,让学生懂得为什么应该这样写,而不应该那样写,说得出错误的原因,想得出改正的办法。

第三,要以讲读教学为中心,进行种种严格的训练。种种训练包括识字写字、

---

① 顾振彪.人教版1963年初中、高中语文课本介绍[M]//张鸿苓,等.新中国中学语文教育大典.北京:语文出版社,2001:520.

用词造句、布局谋篇等基本训练。

第四,掌握语法、修辞、逻辑等知识,是培养阅读能力和写作能力的辅助手段。要以练习为主,知识力求简明扼要,切合实用。要同讲读教学、作文教学密切结合,避免孤立地讲授。比如,初中第一学期的"进行正音正字的训练,复习学过的难字,继续学习生字;了解词的意义和用法;了解六类实词和主语、谓语、宾语三种句子成分,掌握单句的构造;复习逗号和句终标点的用法"。

第五,根据培养读写能力的要求和步骤,在课本里编入一些有关读写知识的短文,讲记叙、说明、议论和谋篇布局等知识,讲使用字典、词典等工具书的知识,要求教师结合讲读教学进行讲授。比如,初中第一学期的《字典和词典》《记叙的要素》《观察和记叙》《材料和中心》等。

换句话说,教学大纲所提出的"教学要求"几乎全部要通过"课文讲读教学"来达成。落实到一篇课文,则要求"教学内容"面面俱到:从形式到内容;从阅读到写作;从字、词、句、篇到语、修、逻、常;从课文到课后练习;从知识短文到技能训练;等等,几乎无所不包,似乎无所不能。

1963年语文教学大纲正式确立了面面俱到的"课文讲读教学";顾振彪所批评的"每课的教学重点,课文内容、字、词、句、篇知识,以至于写作方法,都可以充当,头绪纷繁,十分杂乱"[1],在语文课程与教学中正式开始被合理化、正当化。

四、 对1963年语文教学大纲的质疑

(一) 以散文为语文教学的主导文类,目标对不对

散文的定义向来是个难题。正如李晓虹所说:"散文的文类概念,与其说是一种理论规范,不如说是在作家创作的基础上,在漫长的文学发展演化的过程中形成的一种约定俗成的、边界并不十分清晰、内涵也不十分确定的东西。"[2]

按照文学界比较通行的看法,散文有"广义的散文""文学性散文"和"狭义的散文"之分。广义的散文,通常泛指韵文和骈文之外的一切散体文章,包括种种非文学的著述。狭义的散文,特指"抒情散文",相近于"五四"时期所说的"美文""小品文"。文学性散文,包括"抒情散文",还包括叙事性的、具有文学意味的通

---

[1] 顾振彪.人教版1963年初中、高中语文课本介绍[M]//张鸿苓,等.新中国中学语文教育大典.北京:语文出版社,2001:554.
[2] 李晓虹.中国当代散文审美建构[M].深圳:海天出版社,1997:45.

讯、报告文学、人物传记等,也包括以议论为主的文艺性短论,如杂文、文艺随笔等。

我国语文教学界所指的"散文",含义似乎比"广义的散文"窄,又比"文学性散文"宽,大致沿用 1963 年语文教学大纲的界定,"包括故事、寓言、特写、传记、游记、杂文、说明文、议论文、科学小品等"。纳入"说明文""议论文",看来主要是从文字的"生动性"着眼的,指"生动的说明文""生动的议论文",比如,科普小品以及有些社论、报告、演讲词等。语文教学界对"散文"的这种用法,与我国古代的"文章"①在概念上更为接近,叶圣陶说得言简意赅:"除去小说、诗歌、戏剧之外,都是散文。"②如果有什么补充的话,那就是"好文章"(好文字)才配得上叫"散文"。

宋元以来的我国古代语文教育,主体是"好文章"的读写教育,读的是"古文",写的是"时文",直接的目的是应付科举考试。自现代以来的我国语体文教学,除 1956—1957 年短暂的一年多之外,阅读教学的主导文类是散文,写作教学就是写作散文,实际上还是"好文章"的读写教学。

关于中小学生所写的"记叙文",刘锡庆曾有一段评议:"记叙文本来是个'类'概念,凡'记叙'性的文章皆属此类,包括'小说'及大部分'散文'在内。但是,由于中小学作文训练的影响,在相当多的一部分人中间,却渐渐把它认作了一种具体'文体'。这本来是不妥当的。因为,不同的'记叙文'特点及写作要求并不相同,只讲些'五要素'或'六要素'的'特征'亦无甚意义。可是,考虑到这个看法已'约定俗成',考虑到中小学生习作阶段不宜将'文体'分得太细,可以把他们写的那些'文章'(实际上是'散文'习作)称为'记叙文',视为一种教学'习作'文体。其特点及写作要求大略与'散文'相同,只是由于它'文学性'不足,一般较难跨入文学文体中'散文'的殿堂。"③

我曾将中小学的"作文",统称为"小文人语篇",包括"闪光点的记叙文""格式化的议论文""生动的说明文"等,"'小文人语篇'总的笔调是辞藻'优美'、笔墨'精彩',如发议论,则具有'哲理散文'的倾向"④。

---

① 王凯符,等.古代文章学概论[M].武汉:武汉大学出版社,1983:1—5.
② 叶圣陶,朱自清,等.关于散文写作[M]//俞元桂,等.中国现代散文理论.南宁:广西人民出版社,1983:156.
③ 刘锡庆.基础写作学[M].北京:中央广播电视大学出版社,1985:156.
④ 王荣生.语文科课程论基础(2014 版)[M].北京:教育科学出版社,2014:168—169.

我国的中小学语文教学,阅读的主导文类是散文,写作的全副心思几乎完全倾注在散文上;所欲培养的"阅读能力",主体是散文阅读能力,所欲培养的"写作能力",实际上就是散文写作能力。这究竟对不对呢?我们以为,这是很需要问一问、查一查、想一想、议一议的。

(二) 面面俱到的"教学内容",能不能达成目标

即便是培养散文的阅读能力,即便是培养散文的写作能力,以课文"讲读教学为中心"而形成的教学内容,能达成这样的目标吗?

1963 年语文教学大纲所说的"中心",其实也是个含混的说法;这个"中心"其实也很难真正成为"中心",因为它受到了多方面的挤压。

首先是"作文"。教学大纲明确指出:"学生语文学习学得怎样,作文可以作为衡量的尺度。"既然是衡量的尺度,那就不仅是"中心",而且是"根本"了。这样,一个"中心",一个"根本",掺和在一起,就造成了后来被人们称作"双附庸"的现象:一方面,写作教学是阅读教学的附庸,在语文课程中写作没有单独的教材,也没有系统的教学内容,而是依附于"课文讲读教学",进行"读写结合"的训练。另一方面,阅读教学又是写作教学的附庸。"读写结合"实际上是把课文当作写作的"范文",当作一种效仿的模本。正如章熊所分析的:"所谓'读',只是揣摩作者是如何'写'的;阅读教学,也就是把教材作为一种写作的模式加以分析,以便对写作有所裨益。**这种观念,实质上是以写作为中心,阅读不过是写作的附庸**。"①

其次是"语文知识"。学生的"读"与作者的"写",是两个不同主体的不同行为,"读写结合"实际上"结合"在静态的文本之中。这样,阅读和写作的教学内容,就会滑向由静态文本提炼出来的章法知识,课文似乎成为章法知识的例证,课文讲读教学就会滑向章法知识的教学。而语法、修辞、逻辑等知识,也要求"同讲读教学、作文教学密切结合",这势必要求课文讲读教学进一步滑向语文、修辞等知识的教学。

再次是"课后练习"。1963 年语文教学大纲主张"严格训练",做"练习"是"训练"的主要途径,"练习"是语文教学的重要内容,甚至是全部内容,比如,小学六年级的"教学内容"就全是"训练":"练习的编排注意巩固识字,防止并纠正错别

---

① 章熊.中国当代写作与阅读测试[M].成都:四川教育出版社,2000:47.

字;编入抄写、听写、默写、查字典的练习;教学生认一些常用字的行书写法。编入实词和虚词(重点为连词)的练习,成语和文言词语的练习,复句的练习,修改病句的练习。还要注意读写能力的培养:编入写人、写事、记叙景物、发表意见的练习,写柬帖、电报、合同等应用文的练习。编入标点符号的练习,着重常用标点符号的综合运用。"通过习题进行练习,如果在教学中不是去关注"练习"的过程而只是去关注做习题的结果的话,"教学内容"就很容易滑向获取习题的标准答案。

上述多方面的挤压,汇合在一起,就形成了后来被人们所诟病的"肢解分析"模式。

1. 篇章教学的大模式

所谓"从形式到内容,又从内容到形式"。前一个从"形式到内容",实际上落实在"内容"的两个方面:一是关于课文内容的一些结论,主要是对"段落大意""中心思想"的同一"概括",往往是老师"讲"学生"记";二是关于课文内容方面相关"练习"的"标准答案",往往也是老师"讲"学生"记"。后一个"从内容到形式",实际上落实在语法、修辞、章法以及关于这篇课文的写作特点、语言特色等概括性"知识"方面。

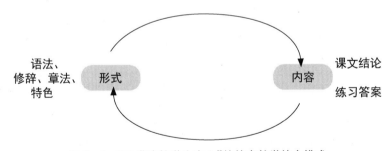

图 2-1 "以讲读教学为中心"的篇章教学的大模式

2. 局部教学的小模式

比如,《荷塘月色》第四自然段,教师会让学生这么读:在通读全文揭示"文眼"的基础上,朗读该段;之后是按描写层次来分析顺序,如先写荷叶、再写荷花,先写静态、再写动态,云云;在这之中,还要分析词语特色,如"曲曲折折"是叠字;还要分析修辞手法,如"又如碧天里的星星"本体在哪、喻体在哪、相似点为何等;最后少不了让学生"背诵",或有或无地做一些读背的指导;接下来的课是检查学生的背诵,常常还是默写,算是做了"积累"的工作。

如此混杂的教学内容,要达成培养"阅读能力"和"写作能力"的目标,大量的实践证明,是很困难的。

语文课程标准的编制,需要对语文课程的目标及目标的具体所指进行审议,需要对课程内容的构成及与所达成目标的一致性进行验证。但在1963年语文教学大纲中,培养散文阅读能力和散文写作能力的课程目标(教学目的和任务),其合理性未经审议;用面面俱到的"课文讲读教学"试图实现培养阅读能力和写作能力的课程目标,其可行性未经验证。对教学大纲的研制来说,这无疑是失败的。

1963年语文教学大纲,对我国1978年以后的语文教学产生了重大而深远的影响。以散文为语文教学的主导文类,实行面面俱到的"课文讲读教学",流弊至今;对其课程目标的合理性进行审议,对其课程与教学内容达成目标的可行性进行查验,目前仍十分必要。

第四节 散文为主导文类的现状:
教材与试卷样例

1963年语文教学大纲,在全国范围的实施也只有一年半时间,到1965年1月"就夭折了"[①]。接着是"文革"。"文革"之后,语文教育界拨乱反正,而"反正"实际上就是回归到了1963年。1978年的中小学语文教学大纲明显以1963年为模板;自1978年以来,中小学语文教学大纲虽屡经修改,但1963年语文教学大纲所体现的一系列"理念",其对语文课程、教材、教学的影响,一直延续到20世纪末期甚至21世纪初。从这个意义上讲,1963年语文教学大纲是我国当代最为重要、发挥作用最为持久的语文教学大纲。

一、初中语文教材选文篇目概览

(一) 人教版初中语文教材(2007年版)

人民教育出版社出版的(以下简称人教版)初中语文教材,依据2001年颁布的

[①] 顾振彪.人教版1963年初中、高中语文课本介绍[M]//张鸿苓,等.新中国中学语文教育大典.北京:语文出版社,2001:554.

《全日制义务教育语文课程标准(实验稿)》编写,在全国各地选用该教材的地区陆续使用。由于在使用过程中不断有所修订或变动,教材的单元次序和选文篇目或有调整,本章依据人教版初中语文教材(2007年版)进行分析。

人教版初中语文教材共六册,每册六个单元,每个单元分两个板块:(1)选文阅读;(2)写作·口语交际·综合性学习。本研究只关注其选文阅读部分。

该教材按主题和文体双线组元,在编排体例上,七年级上下两册选文阅读部分,每单元前四篇是现代文(语体文,含译文),第五篇是古诗文。第八、第九年级的体例有所变化,古诗文独立组元,前四个单元则全部是现代文(语体文,含译文),安排在每册的第五单元和第六单元。本研究只关注其现代文的部分。

人教版初中语文教材(2007年版)现代文部分的篇目列表如下。为方便起见,前四册列出具体篇目(其中古诗文只列序号),后两册合并说明单元选文的体裁分布情况。"单元"一般是四至五课,"课"一般是一篇课文,有时含两篇或以上①。

表2-1 人教版初中语文教材(2007年版)现代文部分的篇目

	第一单元	第二单元	第三单元	第四单元	第五单元	第六单元
七年级上册	1 在山的那边/王家新 2 走一步,再走一步/莫顿·亨特 3 短文两篇 蝉/小思 贝壳/席慕蓉 4 紫藤萝瀑布/宗璞 5 ——	6 理想/流沙河 7 短文两篇 行道树/张晓风 第一次真好/周素珊 8 人生寓言(节选)/周国平 白兔和月亮 落难的王子 9 我的信念/玛丽·居里 10 ——	11 春/朱自清 12 济南的冬天/老舍 13 夏感/梁衡 14 秋天/何其芳 15 ——	16 化石吟/张锋 17 看云识天气/朱泳燚 18 绿色蝈蝈/法布尔 19 月亮上的足迹/朱长超 20 ——	21 风筝/鲁迅 22 羚羊木雕/张之路 23 散步/莫怀戚 24 散文诗两首 25 ——	26 皇帝的新装/安徒生 27 郭沫若诗两首 28 女娲造人/袁珂 29 盲孩子和他的影子/金波 30 寓言四则

① 一课含两篇或以上选文的,均只记作一篇;下同。文言文篇目只标出序号,略去课文题目;下同。其中第30课《寓言两则》含译文两则、文言文两则。

续　表

	第一单元	第二单元	第三单元	第四单元	第五单元	第六单元
七年级下册	1 从百草园到三味书屋/鲁迅 2 爸爸的花儿落了/林海音 3 丑小鸭/安徒生 4 诗两首 5 ——	6 黄河颂/光未然 7 最后一课/都德 8 艰难的国运与雄健的国民/李大钊 9 土地的誓言/端木蕻良 10 ——	11 邓稼先/杨振宁 12 闻一多先生的说和做/臧克家 13 音乐巨人贝多芬/何为 14 福楼拜家的星期天/莫泊桑 15 ——	16 社戏/鲁迅 17 安塞腰鼓/刘成章 18 竹影/丰子恺 19 观舞记/冰心 20 ——	21 伟大的悲剧/茨威格 22 在沙漠中心/圣埃克絮佩里 23 登上地球之巅/郭超人 24 真正的英雄/里根 25 ——	26 猫/郑振铎 27 斑羚飞渡/沈石溪 28 华南虎/牛汉 29 马/布封 30 ——
八年级上册	1 新闻两则 2 芦花荡/孙犁 3 蜡烛/西蒙诺夫 4 就英法联军远征中国给巴特勒上尉的信/雨果 5 亲爱的爸爸妈妈/聂华苓	6 阿长与《山海经》/鲁迅 7 背影/朱自清 8 台阶/李森祥 9 老王/杨绛 10 信客/余秋雨	11 中国石拱桥/茅以升 12 桥之美/吴冠中 13 苏州园林/叶圣陶 14 故宫博物院/黄传惕 15 说"屏"/陈从周	16 大自然的语言/竺可桢 17 奇妙的克隆/谈家桢 18 阿西莫夫短文两篇 19 生物入侵者/梅涛 20 落日的幻觉/黄天祥	古诗文单元	古诗文单元
八年级下册	1 藤野先生/鲁迅 2 我的母亲/胡适 3 我的第一本书/牛汉 4 列夫·托尔斯泰/茨威格 5 再塑生命/海伦·凯勒	6 雪/鲁迅 7 雷电颂/郭沫若 8 短文两篇/巴金 9 海燕/高尔基 10 组歌（节选）/纪伯伦 浪之歌 雨之歌	11 敬畏自然/严春友 12 罗布泊,消逝的仙湖/吴岗 13 旅鼠之谜/位梦华 14 大雁归来/利奥波德 15 喂——出来/星新一	16 云南的歌会/沈从文 17 端午的鸭蛋/汪曾祺 18 吆喝/萧乾 19 春酒/琦君 20 俗世奇人/冯骥才 泥人张 好嘴杨巴	古诗文单元	古诗文单元
九年级上下册	语体文共8个单元,戏剧1个单元,诗歌、小说各2个单元,散文占3个单元。					

表 2-2　人教版初中语文教材(2007 年版)现代文部分的文体分布情况

册	总数(语体文)	诗歌	小说	戏剧	散文	其他
一	25	5	2	0	18	0
二	24	3	3	0	18	0
三	20	0	2	0	17	1
四	20	2	2	0	16	0
合计	89	10	9	0	69(78%)	1(1%)
		19(21%)				

第一册语体文 25 篇,诗歌 5 篇,小说 2 篇,散文 18 篇;第二册语体文 24 篇,诗歌 3 篇,小说 3 篇,散文 18 篇;第三册语体文 20 篇,小说 2 篇,散文 17 篇,新闻报道 1 篇;第四册语体文 20 篇,诗歌 2 篇,小说 2 篇(含戏剧节选 1 课),散文 16 篇。前四册语体文共 89 篇,散文 69 篇,占总篇数的 78%。

第五、第六册,语体文共 8 个单元,戏剧 1 个单元,诗歌、小说各 2 个单元,散文占 3 个单元。

统计未必精确。例如,八年级下册《雷电颂》,归入戏剧(节选)更准确,本统计算作诗歌。七年级上册《寓言四则》或可算作"其他",本统计仍归入散文。七年级下册《斑羚飞渡》,是动物小说,尽管因其第一人称叙述,教学中有不少课例并没有按小说的样式进行教学,仍记为小说;而《爸爸的花儿落了》,是小说,但目前尚未发现将其当小说教的课例,而教材似乎也判断为散文,故记作散文。其他还有种种可斟酌或有争议的地方。

但是,这些都不影响对该教材选文的总体判定:散文占语文教材选文的绝大多数,散文事实上是语文课程与教学的主导文类。

(二) 统编版初中语文教材(2017 年版)

统编版初中语文教材依据《全日制义务教育语文课程标准(2011 年版)》编写,由人民教育出版社出版,2016 年起作为全国统一教材推行使用,行将取代 2001 年以来"一纲多本"所有版本的初中语文教材。在使用过程中或时有修订或变动,本章依据统编版初中语文教材(2017 年版)进行分析。

统编版初中语文教材共六册,每册六个单元。每个单元有两个主要板块:(1)选文阅读;(2)写作;有的单元还编有口语交际、名著选读。本研究只关注其选文阅读部分。

该教材按主题和文体双线组元,在编排体例方面,前两册选文阅读部分,每单元前三篇是现代文(语体文,含译文),第四篇是古代诗文①。后四册,古代诗文独立组元,安排在每册的第三单元和第六单元,其余单元则全部是现代文(语体文,含译文)。本研究只关注其现代文部分。每单元课文分基本篇目和略读篇目,带"﹡"者为略读篇目,本研究不顾这种分别。

统编版初中语文教材(2017年版)现代文部分的篇目列表如下。为方便起见,语体文、文言文混编的单元,古诗文只列序号,文言文单元则省略篇目和序号,九年级上下册合并说明单元选文的体裁分布情况。

表2-3 统编版初中语文教材(2017年版)现代文部分的篇目

	第一单元	第二单元	第三单元	第四单元	第五单元	第六单元
七年级上册	1 春/朱自清 2 济南的冬天/老舍 3﹡雨的四季/刘湛秋 4 ——	5 秋天的怀念/史铁生 6 散步/莫怀戚 7﹡散文诗二首 8 ——	9 从百草园到三味书屋/鲁迅 10﹡再塑生命的人/海伦·凯勒 11﹡窃读记/林海音 12 ——	13 纪念白求恩/毛泽东 14 植树的牧羊人/让·乔诺 15﹡走一步,再走一步/莫顿·亨特 16 ——	17 猫/郑振铎 18 鸟/梁实秋 19﹡动物笑谈/康拉德·劳伦兹 20 ——	21 皇帝的新装/安徒生 22 天上的街市/郭沫若 23﹡女娲造人/袁珂 24 寓言四则
七年级下册	1 邓稼先/杨振宁 2 说和做——记闻一多先生言行片段/臧克家 3﹡回忆鲁迅先生(节选)/萧红 4 ——	5 黄河颂/光未然 6 最后一课/都德 7﹡土地的誓言/端木蕻良 8 ——	9 阿长与《山海经》/鲁迅 10 老王/杨绛 11﹡台阶/李森祥 12 ——	13 叶圣陶先生二三事/张中行 14 驿路梨花/彭荆风 15﹡最苦与最乐/梁启超 16 ——	17 紫藤萝瀑布/宗璞 18﹡一棵小桃树/贾平凹 19﹡外国诗二首 20 ——	21 伟大的悲剧/茨威格 22 太空一日/杨利伟 23﹡带上她的眼睛/刘慈欣 24 ——

---

① 其中七年级上册第六单元第24课《寓言四则》,含译文两则、文言文两则。

续 表

	第一单元	第二单元	第三单元	第四单元	第五单元	第六单元
八年级上册	1 新闻两则 2 外国新闻两则 *3."飞天"凌空/夏浩然、樊云芳 *4. 今天,我们豪迈受阅/李选清、武天敏、胡君华	5 藤野先生/鲁迅 6 我的母亲/胡适 7 美丽的颜色/艾芙·居里 8 列夫·托尔斯泰/茨威格	古诗文单元	14 背影/朱自清 15 昆明的雨/汪曾祺 16 那树/王鼎钧 17 外国散文两篇	18 中国石拱桥/茅以升 19 苏州园林/叶圣陶 20 梦回繁华/毛宁 21 蝉/法布尔	古诗文单元
八年级下册	1 社戏/鲁迅 2 春酒/琦君 3 安塞腰鼓/刘成章 4 庆祝旧历元旦/林语堂	5 大自然的语言/竺可桢 6 阿西莫夫短文两篇 7 大雁归来/利奥波德 8 时间的脚印/陶世龙	古诗文单元	13 最后一次讲演/闻一多 14 应有格物致知精神/丁肇中 15 我一生中的重要抉择/王选 16 庆祝奥林匹克运动复兴25周年/顾拜旦	17 壶口瀑布/梁衡 18 在长江源头各拉丹冬/马丽华 19*登勃朗峰/马克·吐温 20*一滴水经过丽江/阿来	古诗文单元
九年级上下册	语体文共8个单元,戏剧1个单元,诗歌、小说各2个单元,散文占3个单元。					

表2-4 统编版初中语文教材(2017年版)现代文部分的文体分布情况

册	总数（语体文）	诗歌	小说	戏剧	散文	其他
一	19	1	1	0	17	0
二	18	2	1	0	15	0
三	16	0	0	0	14	2
四	16	0	0	0	12	4
合计	69	3	2	0	58(84%)	6(9%)
		5(7%)				

前四册语体文共 69 篇，散文 58 篇，占 84%。与前面说的一样，统计未必精确。但是，不影响对该教材选文的总体判定：散文占该语文教材选文的绝大多数，散文事实上是语文课程与教学的主导文类。

如果仅看教材的选文及其配置方法，统编版初中语文教材与行将被它取代的人教版初中语文教材，非常相似。

但值得注意的是，散文绝对量在减少，上述人教版前四册散文总数 69 篇，统编版前四册散文总数 58 篇，减少了 11 篇，即 16%。散文绝对量的减少是因为被其他课程内容挤压，就该教材而言，主要是以下三个方面的挤压。

第一，因加强了写作部分的容量，并增加了"名著选读"板块，在相对有限的空间内，阅读部分的总容量受挤压因而被动减少，阅读部分的课文总量人教版每单元为 5 篇，统编版每单元为 4 篇，六册共 36 个单元，选文绝对量减少 36 篇左右。

第二，阅读部分提高了古诗文的比例，因而现代文篇目的总量减少。前四册，上述人教版现代文总数为 89 篇，统编版现代文总数为 69 篇，减少了 20 篇，即 23%，散文绝对数势必减少。

第三，在现代文中，增加了可明确判定为"其他"的实用文章，前四册统编版"其他"选文 6 篇，与上述人教版的 1 篇相比，增幅较大（尽管绝对量并不显著）。

意味深长的是，随着现代文总量的减少，纯文学作品诗歌、小说、散文的绝对量也随之大幅度减少，在前四册，人教版纯文学作品 19 篇，而统编版仅剩 5 篇。而在总量减少的同时，统编版中散文的相对比例反而比上述人教版有所提高，从 78% 上升到了 84%。

换言之，随着统编版的推行，至少在初中[①]，散文作为语文课程主导文类的状况将持续下去，甚至进一步强化。

二、高中语文教材选文篇目概览

（一）沪教版高中语文教材（2006 年版）

沪教版高中语文教材，依据 2004 年颁布的《上海市中小学语文课程标准（试行稿）》编写，由华东师范大学出版社出版并在上海市陆续使用，目前（截至

[①] 统编版小学语文教材的状况也类似。但从选文的角度看，小学语文教材目前必须优先解决的，是大量地乃至粗暴地删减、改编原文的问题，是要谋求摆脱"教材体"统治的问题。所以，考虑到本研究的议题，小学语文课程内容（教材），暂未作为重点来分析。

2018年6月)仍在使用中。由于在使用过程中不断有所修订或变动,教材的单元次序和选文篇目或有调整,本文依据沪教版高中语文教材(2006年版)进行分析。

沪教版高中语文教材(2006年版)共六册,每册六个单元。其中前四个单元是现代文(语体文,含译文),第五、第六单元是古诗文。本研究只关注其现代文的部分。每单元课文分基本篇目和略读篇目,带"＊"者为略读篇目,本研究不顾及这种分别。

该教材的古诗文单元,通常都加有一篇辅助学生学习单元课文的文论性质的现代文,本研究不将其视作选文意义上的课文。第五、第六册中的第一单元虽是现代文,也各加有一篇同类性质的文论——分别是《文学意境的特征》和《典型》,我们同样也不将其计入选文数,在下表中只标示序号。

沪教版高中语文教材(2006年版)现代文部分的篇目列表如下。

表2-5　沪教版高中语文教材(2006年版)现代文部分的篇目

	单元一	单元二	单元三	单元四
第一册	1 沁园春·长沙/毛泽东 2 跨越百年的美丽/梁衡 3＊生命本来没有名字/周国平	4 边城/沈从文 5 合欢树/史铁生 6＊我们是怎样过母亲节的——一个家庭成员的自述/里柯克	7 最后的常春藤叶/欧·亨利 8 邂逅霍金/葛剑雄 9 一碗阳春面/栗良平	10 再别康桥/徐志摩 11 雪落在中国的土地上/艾青 12 双桅船/舒婷 13＊地球,我的母亲!/郭沫若
第二册	1 老王/杨绛 2 项链/莫泊桑 3＊当炉女/臧克家	4 回忆鲁迅先生/萧红 5 小溪巴赫/肖复兴 6＊春天的故事/叶旭全、蒋开儒	7 在马克思墓前的讲话/恩格斯 8 为了忘却的记念/鲁迅 9＊我有一个梦想/马丁·路德·金	10 哦,香雪/铁凝 11 变形记(节选)/卡夫卡 12＊微型小说两篇
第三册	1 读书示小妹十八生日书/贾平凹 2 获得教养的途径/赫尔曼·黑塞 3＊幼学纪事/于是之	4 白莽作《孩儿塔》序/鲁迅 5 无韵之《离骚》——太史公笔法小议/资中筠 6＊密室的生活——评安妮·弗兰克著《安妮的日记》/迈耶·莱文	7 爱因斯坦与艺术/赵鑫珊 8 说数/沈致远 9＊自然笔记/杨文丰	10 想北平/老舍 11 我所认识的蔡孑民先生/冯友兰 12＊草莓/伊瓦什凯维奇

	单元一	单元二	单元三	单元四
第四册	1 故都的秋/郁达夫 2 晨昏诺日朗/赵丽宏 3* 瓦尔登湖(节选)/梭罗	4 守财奴/巴尔扎克 5 关汉卿(节选)/田汉 6 别了,哥哥/殷夫 7* 告别权力的瞬间/李辉	8 拿来主义/鲁迅 9 胡同文化/汪曾祺 10* 唐诗过后是宋词/葛兆光 11* 经济全球化和文化多样性/于沛	12 南州六月荔枝丹/贾祖璋 13 走向21世纪的机器人/王磊 14* 关于文学名著阅读的调查/解放日报社会调查中心
第五册	1 雨巷/戴望舒 2 荷塘月色/朱自清 3* 荷花淀/孙犁 4——	5《〈宽容〉序言》/房龙 6《〈激流〉总序》/巴金 7* 新时期诗歌二首 8 人因为思想而伟大/帕斯卡尔	9 世间最美的坟墓/茨威格 10 老人与海/海明威 11* 谈白菜/李锐 12* 悼念一棵枫树/牛汉	13 未有天才之前/鲁迅 14 简笔与繁笔/周先慎 15* 今天我们如何阅读经典/张汝伦 16* 漫谈说理文/朱光潜
第六册	1 阿Q正传(节选)/鲁迅 2 哈姆雷特(节选)/莎士比亚 3* 套中人/契诃夫 4——	5 画说/张大千 6 你为什么会感到愉快——从生理学观点谈美与美感/朱光潜 7* 昆剧的故事/刘厚生 8* 音乐短章/纪伯伦	9 青年在选择职业时的考虑/马克思 10 生命的节日/季栋梁 11*《傅雷家书》两篇/傅雷	12《雷雨》(节选)/曹禺 13 曹操与杨修/陈亚先

表2-6 沪教版高中语文教材(2006年版)现代文部分的文体分布情况

册	总数 (语体文)	诗歌	小说	戏剧	散文	其他
一	13	5	3	0	5	0
二	12	1	4	0	7	0
三	12	0	0	0	12	0
四	14	1	1	1	10	1
五	15	3	2	0	10	0
六	12	0	2	3	7	0
合计	78	10	12	4	51(65.4%)	1(1.3%)
		26(33.3%)				

该教材六册共语体文78篇,散文51篇,占总篇数的65.4%。

与前面说的一样,统计未必精确,可能有种种可斟酌或有争议的地方。比如,《一碗阳春面》当然是小说,虽然课例研究发现不少老师差不多是当真人真事的散文在教——我曾在网上看到一位语文教师说《一碗阳春面》的作者是"骗子",(恶意)编造了这样一个谎言,以骗取人的眼泪(情感)。《合欢树》的作者史铁生自言是创作(虚构)的小说,但通常还是被当作散文看的,所以仍记为散文。

可争议的地方有许多。比如,《在马克思墓前的讲话》(悼词)算不算散文,《我有一个梦想》明明是演讲,为何计入散文等。可引发"是"或"不是"的大争议,甚至可言人人殊而各成道理,这正是"散文"的麻烦处,这正是把散文当作主导文类给中小学读写教学带来的大麻烦,也正是本研究之所以要审议其合理性的缘由。

在上述教材选文中,可明确归入"其他"的实用文章,只有一篇《关于文学名著阅读的调查》(作者为解放日报社会调查中心)。

沪教版高中语文教材(2006年版)现代文部分的篇目表明,在上海的高中语文课程中,散文无疑是主导文类。

(二) 人教版高中语文教材(必修)(2007年版)

人教版高中语文教材,依据2003年颁布的《普通高中语文课程标准(实验)》编写,由人民教育出版社出版,在全国各地选用该教材的地区陆续使用,目前(截至2018年6月)仍在使用中。在使用过程中或有所修订或变动,本文依据人教版高中语文教材(必修)(2007年版)进行分析。

人教版高中语文教材(必修)(2007年版)共五册,必修主要在高中一年级进行,每册的教学时间为0.25个学期。与上述分析一样,本研究只关注该教材的选文阅读部分。

该教材的选文阅读部分,每册四个单元,每单元三篇课文。单元分布如下表。

表2-7 人教版高中语文教材(必修)(2007年版)课文的文类分布情况

	第一册	第二册	第三册	第四册	第五册
一单元	诗歌	散文	小说(1篇古代)	戏剧(1篇古代)	小说(1篇古代)
二单元	古诗文	古诗文	古诗文	古诗文	古诗文

续表

	第一册	第二册	第三册	第四册	第五册
三单元	散文	古诗文	古诗文	散文	散文？
四单元	散文？	散文？	散文？	古诗文	科学普及文章

五册共20个单元①，总计60篇课文。其中古诗文8个单元，加上古今混编单元中的2篇古代小说和1篇古代戏曲，合计27篇。现代文（含译文）共33篇，其中科学普及文章1个单元3篇，纯文学作品9篇，包括诗歌3篇、小说4篇、戏剧2篇，散文或疑似散文有7个单元合计21篇，占现代文的64%。

现代文中的散文或疑似散文②，具体篇目如下。

表2-8 人教版高中语文教材(必修)(2007年版)的散文或疑似散文篇目

	第一册	第二册	第三册	第四册	第五册
散文	◆ 记念刘和珍君/鲁迅 ◆ 小狗包弟/巴金 ◆ 记梁任公先生的一次演讲/梁实秋	◆ 荷塘月色/朱自清 ◆ 故都的秋/郁达夫 ◆ 囚绿记/陆蠡	◆ 动物游戏之谜/周立明 ◆ 宇宙的边疆/卡尔·萨根 ◆ 一名物理学家的教育历程/加来道雄	◆ 拿来主义/鲁迅 ◆ 父母与孩子之间的爱/弗罗姆 ◆ 短文三篇 热爱生命/蒙田 人是一根能思想的苇草/帕斯卡尔 信条/富尔格姆	◆ 咬文嚼字/朱光潜 ◆ 说"木叶"/林庚 ◆ 谈中国诗/钱钟书
疑似散文	◆ 短新闻两篇 别了,"不列颠尼亚"/周婷、杨兴 奥斯维辛没有什么新闻/罗森塔尔 ◆ 包身工/夏衍 ◆ 飞向太空的航程/贾永等	◆ 就任北京大学校长之演说/蔡元培 ◆ 我有一个梦想/马丁·路德·金 ◆ 在马克思墓前的讲话/恩格斯			

---

① 另外，每册中均有两本书的"名著导读"。
② 含1个新闻通讯单元。之所以归入"散文"，是因为在教材和权威教学参考书中，这些课文确实是按"散文"的教法，教学的重点是"体会文章独特的写法""揣摩下面语句的内涵""品味具有深刻含义的语句"等。演讲词也是类似的情况。

与前面说的一样，要确认那个单元或那篇课文"是"或者"不是"散文，可能有种种可斟酌或有争议的地方。但无论怎样判别，人教版高中语文（必修）教材（2007年版）告诉我们：至少在高中第一学年和第二学年初，语文课程中的现代文，与诗歌、小说、戏剧等相比较，散文占绝大多数。以散文为主导文类，这是明摆着的事实。

三、中考、高考阅读试卷样例

正如上文所讲，在全国范围内，至少在高中第一学年和第二学年初，语文课程与教学，以散文为主导文类——现代文中散文占绝大多数，文言文也就是古代散文。那么高中第二、第三学年呢？理论上讲，或按高中语文课程标准的要求，是学生根据自身的需求和兴趣，选修适合的"系列"或学习依需而开设的校本选修课程；而实际的情况是，在"考什么，教什么"的背景下，在完成高中语文必修课之后，教学重心是迎考复习：高二是小复习，高三第一学期大复习，高三第二学期总复习，以及高考前的冲刺。初中乃至小学的情况，也颇为相似，总之是"考什么，教什么"，"考什么，学什么"。

那么，很大程度上决定学生命运的考试，在考什么呢？在相当长一段时间内，答案都是：考散文！考散文的阅读与写作！

下面先说阅读。

（一）中考阅读试卷样例[①]

1. 2010年北京市高级中等学校招生考试·语文试卷

> 五、现代文阅读（共27分）
> （一）阅读《忆冼星海》，完成第13—15题。（共13分）
>
> **忆冼星海**
>
> 茅盾
>
> 　　和冼星海见面的时候，已经是在听过他作品的演奏，读过他那万余言的自传以后。

[①] 近些年，各地语文中考试卷，在考查内容上不断有所扩展。比如，增加语文综合性学习等内容，在试卷的命题形式上也不断有所创新，比如，尝试情境化命题等。但从阅读和写作的考查内容上说，大抵还是以散文为主导文类。

那一次我所听到的《黄河大合唱》，据说是小规模的。那次演奏的指挥是一位青年音乐家，朋友告诉我，要是冼星海自任指挥，演奏当更精彩些。但我得老实说，尽管是"小规模"，可是那一次的演奏还是十分美满的。我应当承认，这开了我的眼界，使我感动，老觉得有什么东西在心里抓，痒痒的又舒服又难受。那伟大的气魄自然而然使人发生崇高的情感，光是这一点，也就叫你听过一次，就像灵魂洗过澡似的。

从那时起，我便在想象：冼星海是怎样一个人呢？我曾经想象他该是木刻家马达那样一位魁梧奇伟、沉默寡言的人物。可是朋友又告诉我：不是，冼星海是中等身材，喜欢说笑，话匣子一开就会滔滔不绝。

我见过马达的一幅木刻：一人伏案，执笔沉思，大的斗篷显得他头部特小，两眼眯紧如一线。这人就是冼星海，这幅木刻就名为《冼星海作曲图》。木刻家的用意不在"写真"，而在表现冼星海作曲时的神韵。它还远不能满足我的"好奇"。而这，直到我读了冼星海的自传，才得到部分的满足。

从冼星海的生活经历，我了解了他的作品为什么有这样大的气魄。他做过饭店堂倌，咖啡馆杂役，做过轮船上锅炉间的火夫，浴堂的打杂，也做过乞丐。什么都做过的一个人，有两种可能：一是被生活所压倒，虽有抱负，只成为一场梦；一是战胜了生活，那他的抱负不但能实现，而且必将放出万丈光芒。"星海就是后一种人！"——我当时这样想，仿佛我和他已经是很熟悉的了。

大约三个月以后，在西安，冼星海突然来访我。

那时我正在候车南下，而他即将经过新疆赴苏联。当他走进我的房间，自己通了姓名的时候，我吃了一惊，"呀，这就是冼星海么！"我觉得很熟识，而也感到生疏。我将这坐在我对面的人和马达木刻中的人作比较，也和我读了他的自传以后在想象中描绘出来的人作比较，我差不多连应有的寒暄也忘记了。然而冼星海却滔滔不绝地说起来。他说起了他到苏联去的计划，讲他的《民族交响乐》的创作。他的话我已记不全了，可是，他那种气魄，却使我兴奋鼓舞。他说，他以后的十年中将以全力完成他的创作计划。我深信他一定能达到，因为他不但有坚强的意志和伟大的魄力，而且又是那样好学深思，勤于收集各地民谣的材料。他说他将在新疆逗留一年半载，尽量收集各民族的歌谣，然后再去苏联。

　　现在我还记得他的《民族交响乐》的一部分计划。他将从海陆空三方面来描写我们祖国山河的美丽、雄伟与博大。他将以"狮子舞""划龙船""放风筝"这三种民间的娱乐，作为这伟大创作的"象征"或"韵调"，来描写祖国人民的生活、理想和要求。"你预备在旅居苏联的时候写你这作品么？""不！"他回答，"我去苏联是学习，吸收他们的好东西。要写，还得回中国来！"

　　那天我们的长谈，是我和他的第一次见面，谁又料得到这就是最后一次啊！"要写，还得回中国来！"这句话，今天还响在我耳边，谁又料得到他不能回来了！

　　这样一个人，怎么就死了！

　　昨晚我忽然这样想，当他在国境被阻，而不得不步行万里，且经受生活的极端的困厄，而回莫斯科去的时候，他大概还觉得，这一段不平凡的生活经历又将使他的创作增加绮丽的色彩和声调。要是他不死，他一定会津津乐道这一番的遭遇。现在我还是这样想，要是我再遇到他，一开头他就会讲述这一段颠沛流离的生活，而且要说："我经过中亚细亚，步行过万里，我看见了不少不少，我得了许多题材，我作成了曲子了！"时间永远不能磨灭我们在西安的一席长谈给我的印象。

　　一个具有伟大气魄、抱有崇高理想的冼星海，永远坐在我对面，直到我眼不能见，耳不能听，只要我神智还没昏迷，他永远活着。

1946年1月5日（有删改）

2. 上海市 2011 年初中毕业生统一学业考试·语文

二、现代文部分(48分)

（一）阅读下文，完成 16—20 题（20分）

向字典鞠躬

薛景文

　　① 据《今晚报》的一篇文章透露，大型电视剧《采桑子》拍摄现场"出现了一道好风景"：剧组中不少人都随身带着字典，一遇到吃不准的问题，就立刻向"老师"请教。主演陈小艺小姐说："《采桑子》是一部历史剧，文化含量是很高

的,自己深感才疏学浅,自然不敢掉以轻心。"这道"好风景"本人虽未能目睹,但还是有眼睛一亮之感。

② 这些年来,总是见到"念白字"的新闻。比如苏轼的"转朱阁,低绮户,照无眠","绮"读音为 qǐ,指有花纹的丝织品,古诗中不是有"遍身罗绮者,不是养蚕人"吗?王菲却唱成了 yǐ。又如小天后蔡依林在唱《怀念》时,将"未完的'龃龉'"一句唱成了"未完的'zǔyǔ'"。龃龉,正确的读音应是 jǔyǔ,本意指上下牙齿不对应,后用来比喻为意见不一致。蔡依林误 jǔ 为 zǔ,想来是受了组、祖等字的影响。最近掀起轩然大波的,是有"才女"之称的伊能静,她在新推出的专辑中唱苏轼的《念奴娇》,把"羽扇纶巾"的"纶"(guān),唱成了"伦理道德"的"伦"。这是一种相当流行的误读。不过,伊能静还是值得称道的,她立即在自己的博客中公开道歉,并特地花了一天时间重新录音。和这些"念白字"的新闻相比,《采桑子》剧组"带着字典拍片",犹如春风拂过田野,给我们带来了清新的空气。

③ 其实,在老一辈艺术家中,这种做法早已成为习惯。电影艺术家孙道临便是一个典型的例子。他的银幕形象风流倜傥,按今天的话说,绝对是个"帅哥";演技更为精湛,一招一式,无不传神。然而他却是"艺高胆不大",哪怕排练一首短诗,也会在包里装着一本《新华字典》备查,唯恐稍有闪失。正是几十年如一日的"严谨",练就了他的台词功夫,在演艺界堪称有口皆碑:不仅嗓音浑厚,吐字清晰,而且发音准确,字正腔圆,没有在演出中念过什么白字。孙道临先生曾经真诚地说:"中国字那么多,念不出来没什么难为情;但如果想当然地乱念,那是对不起观众的。"

④ 由孙道临想到了巴金老人。巴老健在的时候,我们曾多次登门祝贺他的生日。他的书房里有一张简陋的狭小的书桌,《随想录》中的不少文章,便是在这张书桌上完成的,让人见了肃然起敬。我们每次去的时候,见到书桌上除了摊放着纸、笔之外,还有一本《现代汉语词典》。遇到一时想不起来的字,巴老总是会翻开词典,查清楚以后才肯落笔。这就是一代大家的写作态度。《随想录》的手稿本,我至少读过三遍,几乎没发现什么错字,原因大概就在此吧。在我的脑海里,经常会浮现出巴老查阅词典的景象。这是一个寻常的生活镜头,但它象征着一种高尚的文化精神。

⑤字典是知识的海洋,是智慧的宝库,是无声的老师。在校园学习阶段,是字典为我们释疑解惑,不断完善我们的知识结构;在我们工作以后,同样是字典为我们把关纠错,保证文化产品的内容质量和文字质量。一个懂得感恩的人,是不该否认字典在文化生活中的地位的。

⑥向字典鞠躬吧。从一个人对待字典的态度,是不难看出他的敬业精神和文化良知的。你说是吗?

(二)阅读下文,完成21—26题。(28分)

龙眼与伞

迟子建

①大兴安岭的春雪,比冬天的雪要姿容灿烂。雪花仿佛沾染了春意,朵大,疏朗。它们洋洋洒洒地飞舞在天地间,犹如畅饮了琼浆,轻盈,娇媚。

②我是喜欢看春雪的,这种雪下得时间不会长,也就两三个小时。站在窗前,等于是看老天上演的一部宽银幕的黑白电影。山、树、房屋和行走的人,在雪花中闪闪烁烁,气象苍茫而温暖,令人回味。

③去年,我在故乡写作长篇《额尔古纳河右岸》。四月中旬的一个下午,正写得如醉如痴,电话响了。是妈妈打来的,她说,我就在你楼下,下雪了,我来给你送伞,今天早点回家吃饭吧。

④没有比写到亢奋处遭受打扰更让人不快的了。我懊恼地对妈妈说:"雪有什么可怕的,我用不着伞,你回去吧,我再写一会儿。"妈妈说:"我看雪中还夹着雨,怕把你淋湿,你就下来吧!"我终于忍耐不住了,冲妈妈无理地说:"你也是,来之前怎么不打个电话,问问我需不需要伞?我不要伞,你回去吧!"

⑤我挂断了电话。听筒里的声音消逝的一瞬,我马上意识到自己犯了最不可饶恕的错误!我跑到阳台,看见飞雪中的母亲撑着一把天蓝色的伞,微弓着背,缓缓地朝回走。她的腋下夹着一把绿伞,那是为我准备的啊。我想喊住她,但羞愧使我张不开口,只是默默地看着她渐行渐远。

⑥也许是太沉浸在小说中了,我竟然对春雪的降临毫无知觉。从地上的积雪看得出来,它来了有一两个小时了。确如妈妈所言,雪中夹杂着丝丝细雨,好像残冬流下的几行清泪。做母亲的,怕的就是这样的泪痕会淋湿她的女儿

啊！而我却粗暴地践踏了这份慈爱！

⑦从阳台回到书房后,我将电脑关闭,站在南窗前。窗外是连绵的山峦,雪花使远山隐遁了踪迹,近处的山也都模模糊糊,如海市蜃楼。山下没有行人,更看不到鸟儿的踪影。这个现实的世界因为一场春雪的造访,而有了虚构的意味。看来老天也在挥洒笔墨,书写世态人情。我想它今天捕捉到的最辛酸的一笔,就是母亲夹着伞离去的情景。

⑧雪停了。黄昏了。我锁上门,下楼,回妈妈那里。做了错事的孩子最怕回家,我也一样。朝妈妈家走去的时候,我觉得心慌气短。妈妈分明哭过,她的眼睛红肿着。我向她道歉,说我错了,请她不要伤心了,她背过身去,又抹眼泪了。我知道自己深深伤害了她。我虽然四十多岁了,在她面前,却依然是个任性的孩子。

⑨母亲看我真的是一副悔过的表情,便在晚餐桌上,用一句数落原谅了我。她说:"以后你再写东西时,我可不去惹你!"

⑩《额尔古纳河右岸》初稿完成后,我来到了青岛,做长篇的修改。那正是春光融融的五月天。有一天午后,青岛海洋大学文学院的刘世文老师来看我,我们坐在一起聊天。她对我说,她这一生,最大的伤痛就是儿子的离世。刘老师的爱人从事科考工作,常年在南极,而刘老师工作在青岛。他们工作忙,所以孩子自幼就跟着爷爷奶奶,在沈阳生活。十几年前,她的孩子从沈阳的一个游乐园的高空意外坠下身亡。事故发生后,沈阳的亲属给刘老师打电话,说她的孩子生病了,想妈妈,让她回去一趟。刘老师说,她有一种不祥的预感,觉得儿子可能已经不在了,否则,家人不会这么急着让她回去。刘老师说她坐上开往沈阳的火车后,脑子里全都是儿子的影子,他的笑脸,他说话的声音,他喊"妈妈"时的样子。她黯然神伤的样子引起了别人的同情,有个南方籍旅客抓了几颗龙眼给她。刘老师说,那个年代,龙眼在北方是稀罕的水果,她没吃过,她想儿子一定也没吃过。她没舍得吃一颗龙眼,而是一路把它们攥在掌心,想着带给儿子……

⑪那个时刻,我的眼前蓦然闪现出春雪中妈妈为我送伞的情景。母爱就像伞,把阴晦留给自己,而把晴朗留给儿女。母爱也像那一颗颗龙眼,不管表皮多么干涩,内里总是深藏着甘甜的汁液。

(二) 高考阅读试卷样例[①]

1. 2010年普通高等学校招生统一考试(重庆卷)

一、阅读下文,完成14—17题。

在春天里观察两只鸟

陈峻峰

不是一棵,也不是两棵,而是一排水杉。在我居住的城市的东南,向天空高高地一排直立着,高过了那些果树、梧桐、刺槐和雪松。

两只鸟,我们权且可以称它们为山喜鹊吧,在早春里飞来。我以为我认识它们,我以为它们是去年的那一对。它们的巢还在,也就是说它们原来的家还在。经过了去冬的那场大雪,看上去好像依然完好无损。而且,就一只鸟巢而言,它的高度、支点、造型,都大抵可以称得经典。

两只鸟飞来,先在空中盘查了一会,停留在附近的一棵树上,对去年的那只鸟巢进行确认。我不知道上帝赋予它们怎样的心灵提醒和暗示,也不知道它们依循了怎样的信息和气息,能够从浩渺的远方,准确地找到这一排杉树,找到它们的巢穴。我猜它们一定是要检查它们一冬没有居住的房子,然后进行外墙的修补,并且把卧室装饰一新。它们要在那里缠绵相拥、谈论天气和诗歌、生儿育女,当然也要在那里抵御今年的飓风、雷电和大雨。

很快,我发现我错了。那两只鸟并未干这些事情,它们选择了另一棵树,开始建造和修筑一个新的巢。循着我的目光从左到右看过去,如果去年的那个巢是在第三棵水杉上,那么,它们选择的就是第五棵。

现在我似乎知道了,这两只鸟不是去年的那两只鸟,而应该是去年那两只鸟的儿女吧。年轻的一代,风华正茂,奋发有为,热爱生活,富于幻想,它们怎肯居住父母的旧巢呢?它们的家族不遗传依赖和懒惰,这是天然的风范;只有人类才会有不肖子孙,好吃懒做,在父辈的财富中坐享其成坐吃山空。鸟类不会。它们担当不起上帝的指责和同类的嘲笑。

当然,建造一个家是复杂的,艰难的。我无法知道那两只鸟整个春天的辛

[①] 近些年,语文高考试卷,在考查内容上有所扩展。比如,单列传记等实用文阅读等,在试卷的命题形式上也不断有所创新,比如,尝试情境化"任务型"命题等。但从阅读和写作的考查内容上说,大抵还是以散文为主导文类。

勤和劳苦,我只能通过它们飞翔忙碌的身影对它们进行判断和猜想。就这样,有一天,我像是突然发现,它们的家建好了。一只巨大的鸟巢也像是突然从枝头上长出来,和树完美地融成一体。我能感觉到那只巢的坚固和安稳,也能想象到那卧室的簇新和舒适。

那天,让我觉得仿佛整个春天里,我都在向它们仰着脸。年轻人的新巢建在第五棵树上,父母的旧居建在第三棵树上;父母亲不在了,高高树顶的旧居空着,仿佛一个家族的图腾和标志;从我的角度看去,直立的杉树举着那只旧巢,更像是举着的一个祖宗的牌位。那么,这两只鸟选择在第五棵树建造自己的新家,是想虔诚守着父母的遗址和祖宗的牌位。那么,与之间隔一棵树的距离,是不是想和旧时的文化传统既不挨得太远,又不挨得太近。它们在生命的繁衍和承续中,需要有自己年轻独立的思想,需要创造一种完全属于自己的信心、锐气和生活。

而我必须自觉离开了,我要做的不是对两只鸟进行观察和猜测,而是能否进行自身的反省,包括我们对待美妙自然和可爱生灵的态度和行为。旧巢和新巢都建在树的高处,那几乎是树的梢顶了。它们未必不知道这要担当多么大的风险,但它们更知道这世上真正的风险,来自人类。因此它们把巢尽可能地建在高处,建在梢顶,那是对人最明白无误的拒绝、痛斥和对峙。

那个悬在高空的巢穴,高高悬在我们的头顶之上的巢穴,不知是鸟类的天性不安,还是人类的巨大痛苦。

2. 2010年普通高等学校招生全国统一考试(浙江卷)

(二)阅读下面的文字,完成12—16题。(20分)

静 流

弟弟迷恋音乐,不仅迷恋流行歌曲,也迷恋中国古典乐器。他常常在夜里吹奏笛子,声音清越,吹出月光、竹林、沙滩、仙鹤……升入高中以后,弟与另两个男孩一起组成了一个"红蜻蜓"歌唱组合。我喜欢那些在晚霞中飞舞的小精灵,弟也喜欢,我们都记得提放蜻蜓是儿时最喜欢的游戏。红蜻蜓组合在春日夕阳中翻唱着一些小虎队的歌曲,唱得投入而动情,虽然只有我一个观众。弟说,他要考艺术院校。这当然没有成功,父亲认为那是不务正业,严厉禁止。弟在那年高考中落榜了。为了实现愿望,弟又转向别的途径,准备去当文艺兵,这最后也没实现。弟心灰意冷,对音乐的追求就此止步。他常常迷茫地望向远方——人生浩瀚,哪条才是他要走的路?

对于父亲的横加干涉,弟是心怀怨怼的。他整日整日地不回家,在外面游荡,抽烟,喝酒,看录像,甚至赌博。父亲对于弟的不成器是彻底失望的,竟日摆着一副恨铁不成钢的表情,看也不看弟一眼。他们犹如宿敌,冷战,僵持,中间横亘着大片大片的沉默,黑夜般深不可测,没有光亮。

<u>那些坚硬的、暗含敌意的、荒原一般的沉默,是什么时候开始消融,最后随风化为流水的,我不得而知。</u>

我那时已在江南。弟有时写信,有时打电话,内容里渐渐多了关于父亲的信息。初涉尘世的弟弟被浮世的炎风吹刮后,终于体会到了现实巷间烟火的不易。弟才知道,父亲对于他的要求,并非仅仅是为了自己的脸面,那要求,也是生活本身对他的要求。

相应的,在经历过我的一些波折后,父亲对弟也渐渐有了释然。父亲终于明白,子女的人生是无法由他来设计的,我们都不过是千万人中最普通的那一个。

柔软悄悄而来,来自两个血脉相连的男人,如静海深流。

在四处求人碰壁后,父亲拿出积蓄,为弟买了出租车。弟把自己安顿在皖北那个小城,结婚,生子,开始了平淡的人生。

<u>尘埃随之落定。</u>

一年的秋日,我自江南回去探亲,家人聚在一张饭桌上,吃着饭菜,说着闲话,屋外,秋阳融融。饭后父亲递一支烟给弟弟。弟弟点火,两人抽一口,吐出,对望,烟圈上旋,被风吹着,袅袅散去。一切都在不言中,生活似乎在和解与体恤中,平静地向前流去,父亲展望着他含饴弄孙的晚景。

如果,生活仅仅如此按部就班地向前走去,父亲与弟弟都不会看到他们各自的另一面。波澜总在不经意间降临人间。

弟的孩子,我的侄儿,在出生一年后,被诊断为孤独症患者。不能接受现实的是父亲。他,在一夜间,叶落萧萧,只剩下虬枝无言地指向天空。弟第一次发现了父亲的软弱,那貌似强大的外表下,也有不堪一击的所在。他一边安慰父亲,鼓励妻子,一边筹款,四处求医。竭尽人事,要为侄儿打开那扇自闭的门。弟开始不停地讲话,虽然他讲得口干舌燥,侄儿一点反应也没有,弟说,他不会放弃。父亲第一次知道了弟是执着的,像蒲草,看似柔弱,实质有坚韧自持的力量。

在弟的从容面前,父亲到底接受了现实,他什么也没说,拍拍弟弟的肩膀,把退休工资卡交给了弟弟。弟不要,父亲露出怒目的本色,喝令他收下。然后挺直脊背,走出大门。

此后,父亲就是那个随传随到的人,只要弟需要,他总在那里,并一直守在那里。

弟临走时,悄悄叮嘱我:爸老了,有时犯糊涂,在你这里,你精心点。我说,你放心吧。

弟走后,父亲说,看看,你弟变能干了,我说,是,弟一直都很能干。父亲对弟的赞许是在他走后才说出来的。

(改编自李丽娟的作品)

四、中考、高考写作试卷样例

再看写作。与上述北京市、上海市中考阅读考试同卷的作文题目如下。

(一) 中考写作试卷样例

1. 2010 年北京市高级中等学校招生考试·语文试卷

六、作文(60分)

21. 凝聚亲情,才会有幸福的家庭;凝聚友谊,才会有温馨的集体;凝聚爱心,才会有和谐的社会;凝聚智慧和力量,才能够战胜困难,实现理想……请以"凝聚"为题目,写一篇文章。要求:

(1) 将题目抄写在答题卡上。

(2) 不限文体(诗歌除外)。

(3) 字数在600—1 000之间。

(4) 作文中不要出现所在学校的校名或师生姓名。

2. 上海市2011年初中毕业生统一学业考试·语文

三、写作(60分)

27. 题目：悄悄地提醒

要求：(1)写一篇600字左右的文章。(2)不得透露个人相关信息。(3)不得抄袭。

另外，通过浏览从网络上搜索到的"2011年全国高考各地作文题一览"，实实在在告诉大家：散文写作，尤其是用散文笔调抒发感慨性议论的散文(随笔)写作，对高中生几乎"生死攸关"。

(二) 高考写作试卷样例

1. 全国卷一2011年高考语文作文：期待长大

以"期待长大"为题，写一篇不少于800字的作文。

2. 天津卷2011年高考语文作文：我生活的世界

以"我生活的世界"为题，写一篇不少于800字的作文。

材料：世界似画家笔下缤纷的色彩，世界如琴弦上跳动的音符；世界因创新而进步，世界缘和谐而温馨；世界可以存在于神奇虚拟的网络，世界更演绎着平凡真实的人生；世界说起来很大，世界其实又很小……每个人都有自己的世界，每个人又都生活在世界之中，请你结合自己的体会和感悟，以"我生活的世界"为话题，写一篇文章。

3. 重庆卷2011年高考语文作文：情有独钟

阅读下面的材料，根据要求作文。

材料一：香港大学校工袁苏妹没有上过大学，不知道什么是"院士"，也没做什么惊天动地的大事，只是44年如一日用心、用情为学生做饭、扫地，深深地感动了学生。学生说"她就像我们的妈妈一样"。2009年9月，香港大学授予她"荣誉院士"，称她"以自己的生命影响大学堂仔的生命"，是"香港大学之宝"。

材料二：巫溪县乡村教师赵世术，20年独守讲台，13年残体支撑，在大山深处点燃知识的火把，照亮了小村里一代代渴求的眼睛。他在33年间延展自己的爱心，沉淀为精神的沃土，让希望在春天发芽。他因"师魂灿烂"而被评为2010年"感动重庆"十大人物之一。

请结合材料和自己的体验与感悟，以"情有独钟"为话题，写一篇文章。

要求：① 选准角度，明确立意；② 自拟标题，自选文体（诗歌除外）；③ 不少于800字；④ 不得套作，不得抄袭。

4. 江苏卷2011年高考语文作文：拒绝平庸

不避平凡，不可平庸。为人不可平庸，平庸则无创造，无发展，无上进；处事不可平庸，因此要有原则，有鉴识，有坚守。

请以"拒绝平庸"为题，写一篇不少于800字的文章。

要求：① 立意自定；② 角度自选；③ 不必面面俱到；④ 除诗歌外，文体自选。

5. 四川卷2011年高考语文作文：总有一种期待

以"总有一种期待"为题，写一篇不少于800字的作文。

6. 湖南卷2011年高考语文作文：以歌手问候语变化为题

阅读下面的文字，根据要求作文。

某位知名歌唱演员在接受中央电视台采访时谈到自己的变化：过去她出场面对观众说的第一句话是"大家好，我来了！"而现在她说的是"谢谢大家，你们来了！"

也许类似的变化曾经发生在你的身上或身边，也许你对此有自己的感受和思考。请自拟题目，写一篇不少于800字的记叙文或议论文。

7. 湖北卷2011年高考语文作文：旧书

请以"旧书"为题写一篇作文。

要求：① 请先将作文题写在答题卡上，然后作文；② 立意自定；③ 文体自选；④ 字数不少于800字。

8. 广东卷2011年高考语文作文：回到原点

"原点"无所不在。"原点"可以是道路的起点，可以是长河的源头，可以是坐标的中心，可以是事物的根本……请以"回到原点"为标题，联系生活体验与认识，写一篇作文，自定文体，不少于800个字（含标点符号）。

9. 浙江卷2011年高考语文作文：我的时间

阅读下面的文字，根据要求作文。

一代人有一代人的偶像。钱学森、袁隆平、宗庆后、张艺谋、马化腾、刘翔……他们是不同时代不同行业的成功者，有无数崇拜者和模仿者追随其后。他们做过什么，又是怎么做的，被写进了种种励志读本，然而，他们的成功很难复制，因为时间在变，万物在变，一个人成功的赋予也在变。

时间不是一个抽象的概念。春夏秋冬，四时更替。物理时间随着时钟的指针分分秒秒匆匆地流逝，而人生的时间，则由大大小小的悲喜堆叠而成过去，由错错对对的选择建构而成未来。所以，人生的真谛不在复制别人的成功，而是认识自己，在合适的时间里做好该做的事！

根据上述材料的含义，以"我的时间"为标题，写一篇不少于800字的文章。

【要求】① 选择角度，明确立意。② 除诗歌外，文体不限。③ 不得抄袭，不得套作。

10. 安徽卷2011年高考语文作文：时间在流逝

请以"时间在流逝"为题，写一篇不少于800字的文章。

【注意】① 立意自定；② 文体自选，诗歌除外；③ 不得抄袭，不得套作；④ 不得透露个人相关信息；⑤ 书写规范，正确使用标点符号。

11. 河南卷2011年高考语文作文：长大

以"长大"为题，写一篇不少于800字的作文。

12. 上海卷2011年高考语文作文：一切都会过去 PK 一切都不会过去

犹太王大卫在戒指上刻有一句铭文：一切都会过去。

契诃夫小说中的一个人物在戒指上也有一句铭文：一切都不会过去。

这两句寓有深意的铭文，引起了你怎样的思考？自选角度，自拟题目，写一篇文章。

要求：(1) 不少于800字；(2) 不要写成诗歌；(3) 不得透露相关个人信息。

第三章
散文为主导文类造成的阅读教学困境

第一节 "文学性的散文"的尴尬境地

一、从"文章"中被挤出

二、在"文学"中被剩余

三、文类特征是"无特征"

四、散文解读理论几乎阙如

第二节 "文学性的散文"的四对关系

一、里与外

二、主体与客体

三、日常与独特

四、言与意

第三节 典型课例评析:"走到……之外"

一、散文教学的两个典型课例

二、对两个课例的评议

第四节 对其他文类教学的"连累"

一、从学生在一堂课的反应说起

二、先看两堂散文阅读教学课

三、再看两堂小说阅读教学课

四、再联系13堂议论文课来看

第一节 "文学性的散文"的尴尬境地

中小学语文课程与教学中的"散文",特指现当代(语体文,含译文)散文①。现当代"散文"文类,在与"文章"、与"文学"、与"古代散文"的多种复杂关系中,犹如动物中的蝙蝠,处于一种"是兽不像兽、似鸟不是鸟"的尴尬境地。

一、从"文章"中被挤出

"文章"这个词语,从古至今经历了一个"变性"的过程。

(一) 古代语境中的"文章"

"文章"原意是"色彩错杂,花纹斑斓",在先秦,特指有文藻的文字写作。到西汉中后期,"文章"与"儒学""儒雅"对举,含义接近现代所谓的"文学",指经、史、子著述之外的诗赋等文学作品②。

东汉末年至南朝,已明确区分出"有韵之文"与"无韵之笔"。后者约等于中国古代文学史中所讲的"散文",与"诗"对举,包括"古文""时文"以及科举文、官方使用的应用文等。延续到近代,"文章"一词,一直在两层含义上使用,或包含"有韵之文",或只指"无韵之笔"。

中国古代的"文章",其实是中国传统意义上的"文学"。中学语文教材中的文言文,都是历久传诵的经典名篇。它们既是经世济用的实用文章,又是中国文学中的优秀散文作品。就这些文言文而言,"文章"与"文学"是统一的。

1. "文章"是指其功能

"实用"原本就是中国古代文章的传统,正所谓"文以载道""体用不二"。中国

---

① 古代散文,在中小学语文课程与教学中,被称为"文言文"。
② 郭英德.中国古代文体学论稿[M].北京:北京大学出版社,2005:50—51.

古代的文体命名,主要是"功能性命名法",即不同的文体名对应着不同的行为方式及功能,如策、表、序、论、墓志、祭文等①。清代吴乔说,"文为人事之实用","诗为人事之虚用"②。如果把"诗"扩展为"文学作品","虚用"即文学的"无用之大用";那么"文"即"文章",突出其"实用"的功能。

中小学语文教材中的一些经典名篇,有些在当时有明确的实用功能,如《陈情表》《出师表》《答司马谏议书》等。有些是载道,如《劝学》《师说》《病梅馆记》等。有些则是言志,如《兰亭集序》《〈指南录〉后序》《项脊轩志》等。言志与载道,在游记散文、抒情小品中也是主旋律。学习文言文,实质是体认它们所言之志、所载之道。

2. "文学"是指其表现形式

诗歌与散文,是中国古典文学的正宗。而古典散文作品的文学性,主要体现在语言的锤炼和章法的考究这两个方面。学习文言文,研习谋篇布局的章法、体会炼字炼句的艺术,是两个重点,目的是"提高自己的欣赏品位和审美情趣"③。

比如,在语言的锤炼方面,古代散文有暗示性和装饰性的特点。暗示性,是指不把要表现的内容全部在文章表层展示出来,而是尽量克制,要依赖于读者想象的一种性质。这使汉语文章表达往往追求一种言不尽意、书不尽言,富有言外之意的效果④。装饰性,是指文章表达要强烈地追求形式美,特别是音乐美。比如,古代独占文坛六七百年的"四六文"(骈体文)就极具装饰性,对句式、字数、音节乃至用典等方面都有比较严格的要求。"四六文"以外的文章也或多或少有着句式、字数、音节等方面的装饰性追求⑤。用词委婉,采用"拐弯抹角"的方式表达;援用故实,借用古事来证实或说明自己的观点;引经据典,引用前人的"成辞"论证自己的观点古已有之;变文避复,为避免同字重出而刻意更换同义、近义词语;这些都是古代文章的行文习惯⑥。

在现代,西方的文学观念传入,诗歌、小说、戏剧以及与中国传统一脉相承的散

---

① 郭英德.中国古代文体学论稿[M].北京:北京大学出版社,2005:140—141.
② 郭英德.中国古代文体学论稿[M].北京:北京大学出版社,2005:15.
③ 中华人民共和国教育部.全日制义务教育语文课程标准(实验稿)[M].北京:北京师范大学出版社,2001:11.
④ 王水照,吴鸿春.日本学者中国文章学论著选[M].吴鸿春,译.上海:上海古籍出版社,1994:259—273.
⑤ 王水照,吴鸿春.日本学者中国文章学论著选[M].吴鸿春,译.上海:上海古籍出版社,1994:274—294.
⑥ 鲍善淳.怎样阅读古文[M].上海:上海古籍出版社,1982:118—130.

文,都归名到"文学"之下。但直到20世纪前半叶,"文章"一词,仍多与"文学"混用,夏丏尊等人的《文章作法》①不少例子取自《红楼梦》《水浒传》,夏丏尊、叶圣陶合著的《文章讲话》②,也不时出现李白、杜甫等的古典诗词。③

(二) 现代语境中的"文章"

文章"变性"为"非文学",大概与叶圣陶提出的"普通文章"(普通文)概念很有关系。"其实国文所包的范围很宽广,文学只是其中一个较小的范围,文学之外,同样包在国文里的还有非文学的文章,就是普通文。"④但这里的"普通文",却也不包括通知、借条等应用文。从叶圣陶"就普通文章的道理跟读者谈谈"的《文章例话》看,"普通文章"指诗歌、小说、戏剧之外的文章,主体是广义的散文⑤。

1985年,张志公主编的《现代汉语》明确提出"实用性文体"的概念。实用性文体"不是一般常说的那种'应用文'",它与"文艺性文体"对举,"除了文艺性文体之外的,都是实用性文体"。"各行各业都有自己处理各种问题的实用文。"⑥在1996年出版的《汉语辞章学论集》中,张志公进一步将"主要诉之于情"的文学作品与"主要诉之于理"的各种应用性的文章加以区别:"无论是政治的(宣传什么或反对什么)、科学的(介绍什么、说明什么、反驳什么)、社会交际的(公关)以及日常应用的(信、公文等),都属于应用性的体裁。"⑦

到现在,"文章"是与"文学"对举的概念,这大体已成共识。为强调文章的实用功能,也为了避免混淆古今,我们将"实用文章"简称为"文章",即除去小说、诗歌、戏剧和散文之外的书面语篇。

二、 在"文学"中被剩余

(一) 文学文类

文学文类,指文学作品的类型或种类。从中外文学实践看,文类的划分通常有

---

① 夏丏尊,等.文心·文章作法[M].北京:经济日报出版社,2000.(该书原版于1926年)
② 夏丏尊,叶圣陶.文章讲话[M].杭州:浙江文艺出版社,1983.(该书原版于1936年)
③ 早年蔡元培等人曾提出"美术文"和"实用文"的两分法,但对语文教学没有产生影响。蔡元培.论国文的趋势及国文与外国语及科学的关系[M]//蒋成瑀.阅读艺术系统.杭州:浙江教育出版社,1989:60.
④ 叶至善,等.叶圣陶集(第13卷)[M].南京:江苏教育出版社,1992:137.
⑤ 叶圣陶.文章例话[M].北京:生活·读书·新知三联书店,1983:1.(该书原版于1936年)
⑥ 张志公.现代汉语(下)[M].北京:人民教育出版社,1985.
⑦ 张志公.汉语辞章学论集[M].王本华,编.北京:人民教育出版社,1996:230.

二分法、三分法、四分法。

二分法,指中国古代和古希腊分别出现的一种以有无韵律为标准的文类划分。

三分法,指发源于古希腊,按言说方式对作品加以分类:叙事类、抒情类和戏剧类。这种分类发展为在西方通行的小说、诗歌和戏剧三大文类[①]。其中,每类又根据不同的标准划分出许多具体的亚类。以小说为例,根据篇幅的长短可分为微型小说、短篇小说、中篇小说和长篇小说,根据内容又有骑士小说、侦探小说、科幻小说等。

四分法,如弗莱提出的喜剧、传奇、悲剧和讽刺作品四分法[②]。自晚清以来,参照西方的三分法,结合自身的传统,我国形成了独特的四分法:诗歌、小说、戏剧和散文。

将散文视作文学的主要文类,这具有中国特色。"散文并不是一种严格意义上的文体概念,它只是在文学实践过程中约定俗成的文类概念。"[③]

(二) 用排除法来定义的"散文"

在定义"散文"时,向来采用"排除法"。也就是说,凡是在文体上说不清、道不明的,就会被放进"散文"这个筐里。

在中国古代,骈文之外,便是"散文";韵文之外,都是"散文"。在中国现代,小说、诗歌、戏剧等,被称为"纯文学","散文"则被称为"杂文学",文学作品中"除去小说、诗歌、戏剧之外,都是散文"[④]。

图 3-1 散文与其他文类的区分

在当代,"散文"的地盘被进一步挤压。凡是形成了文类规范、能指明文类特征

---

① [美]M. H. 艾布拉姆斯. 文学术语词典(第 7 版)[M]. 吴松江,等,译. 北京:北京大学出版社,2009:219.

② [美]M. H. 艾布拉姆斯. 文学术语词典(第 7 版)[M]. 吴松江,等,译. 北京:北京大学出版社,2009:219.

③ 王景科. 谈散文理论研究之弱势现象[J]. 齐鲁学刊,2004(05):141—143.

④ 叶圣陶. 关于散文写作[M]//俞元桂. 中国现代散文理论. 南宁:广西人民出版社,1983:156.

的,都逐渐从"散文"中分离出去,比如,通讯、特写、报告文学、报刊言论文章、演讲词、学术札记、传记、回忆录、寓言、儿童故事等。

有些亚文类,如回忆录、科普小品、文艺随笔、序言、杂文、杂感等,尽管仍然"赖"在"散文"这个筐子里,但因其文类规范和特征逐渐明朗,往往也被当作散文中的"另类"。

在中小学语文课程与教学中的"散文"(语体文,含译文)概念,主要有三种所指,或三种用法。

1. 宽泛的

除去诗歌、小说、戏剧等"纯文学"和"文字表达不具有文学性"的实用文章之外的那些作品,含"记叙文""说明文""议论文"等,大体沿用1963年语文教学大纲的用法①。

2. 中观的

除去诗歌、小说、戏剧等"纯文学"和实用文章之外的那些作品,并剔除通讯、特写、报告文学、报刊言论文章、演讲词、学术札记、传记、寓言、儿童故事等已经独立门户的亚文类之后,剩余下来的那些作品。

3. 紧缩的

在上述范围之外,进一步圈出回忆录、科普小品、文艺随笔、序言、杂文、杂感以及散文诗等文体特征已比较清晰的亚文类,所剩余下来的那些作品,通常有较强的抒情意味和个人色彩。

图 3-2 散文的三种所指

上述分类并不十分严格,相互之间的界限也是模糊的。其中"中观的"和"紧缩的",可统称为"文学性的散文"。"紧缩的"散文,如过分紧缩,就只局限于"抒情散文"或所谓"纯散文"。

三、文类特征是"无特征"

"文学性的散文"的文类特征,其实是"无特征"②。

---

① 包括故事、寓言、特写、传记、游记、杂文、说明文、议论文、科学小品等。
② 根据南帆的研究,"散文含有反文类倾向""散文的首要特征就是无特征"。南帆.文学的维度[M].上海:上海三联书店,1998:278—279.

即使不断清理门户,"文学性的散文"依然是个庞大的家族,成员样式繁多,文体各异;其共性,就是"散"。"散在骨子里"①,是现代散文的文类特征,也是现代散文区别于古代散文(文言文)的关键点。

(一) 现代散文不拘一格

不拘一格,表现在散文的内容上,是"题材广泛多样"②。散文的内容,纵贯古今,横亘中外,包容大千世界,穿透人生社会,寄寓于人生百态,家长里短,取材十分广泛③。

不拘一格,表现在散文的形式上,是"写法自由和体式不拘"④。"散文是没有一定格式的,是最自由的。"⑤散文无边界,可兼采诗歌、小说、剧本和实用文章的要素。散文可混合多种成分,记叙、描写、说明、议论,交织其中。散文的结构开放而无定态,无须遵循特别的章法和结构模式⑥。

正如有研究者所讲的,散文无规范,一讲"规范",散文就死:"纯、正、高、雅,每个字都能将散文箍死。"⑦"对散文写法作任何规定,不管是老八股也好,洋八股也好,都会戕害散文的生命。"⑧

(二) 现代散文张扬个性

不拘一格,也就是张扬个性。"现代散文之最大特征,是每一个作家的每一篇散文里所表现的个性,比以前的任何散文都来得强……现代的散文,更带有自叙传的色彩。"⑨

散文抒写性灵。散文乃是个体情怀的见证。散文的第一要素,是"表现自我的真情实感"⑩。"散文作家只能服从自己的个性,而无法接受外在的风格样式的规范。"⑪梁实秋深有感触地说:"一个人的人格思想,在散文里绝无掩饰的可能,提起

---

① 忆明珠.散文——散在骨子里[J].作家,1988(05):23—25.
② 童庆炳.文学理论教程[M].北京:高等教育出版社,2008:196.
③ 贵志浩.话语的灵性——现代散文语体风格论[M].杭州:浙江大学出版社,2010:51.
④ 杨文虎.文学:从元素到观念[M].上海:学林出版社,2003:135.
⑤ 梁实秋.论散文[M]//俞元桂,等.中国现代散文理论.南宁:广西人民出版社,1983:35—36.
⑥ 贵志浩.话语的灵性——现代散文语体风格论[M].杭州:浙江大学出版社,2010:5.
⑦ 忆明珠.散文——散在骨子里[J].作家,1988(05):23—25.
⑧ 杨文虎.文学:从元素到观念[M].上海:学林出版社,2003:135.
⑨ 郁达夫.中国新文学大系·散文二集(导言)[M]//周红莉.中国现代散文理论经典.苏州:苏州大学出版社,2008:276—277.
⑩ 杨文虎.文学:从元素到观念[M].上海:学林出版社,2003:134.
⑪ 刘绪源.今文渊源[M].上海:上海文艺出版社,2011:185.

笔便把作者的整个性格纤毫毕露地表现出来。"①

"对于散文来说，文类尺度的撤离几乎使个体特征成为唯一的依据。"②正如谈论散文的时候，人们更多想到的是某人的散文：鲁迅的散文、周作人的散文、郁达夫的散文、沈从文的散文、汪曾祺的散文、蒙田的散文、尼采的散文等。

不同时期的散文，有不同的样式；不同作者的散文，有不同的样式；同一位作者的不同散文，尤其是不同阶段的散文，往往也存在不同的样式。

四、散文解读理论几乎阙如

我国现当代文学理论，建筑在国外传输的基础上，与之大致能合拍的文类，是小说、诗歌、戏剧，散文则不太能与之对上路③。

现当代散文研究，问津者向来较少④。早年多是散文作家的经验谈或作品评论，如周作人、郁达夫等，这种情况一直延续到20世纪60年代，如杨朔、刘白羽等。

以现当代散文研究为学问的，开风气者是林非的《中国现代散文史稿》，后来者也多沿治史的路径，如范培松《中国现代散文史（20世纪）》和《20世纪中国现代散文理论批评史》等。⑤欢章《中国现代散文欣赏》、陈剑晖《现代散文文体论》、丁晓原《"五四"散文的现代性阐释》、傅瑛《昨夜星空——中国现代散文研究》等，侧重于对现当代散文作家作品的理解与评价。

中国散文理论话语的建构，"是从20世纪90年代末到新世纪才逐渐形成的"⑥。李晓虹《中国当代散文审美建构》、王兆胜《真诚与自由——20世纪中国散文精神》、陈剑晖《中国现当代散文的诗学建构》、蔡江珍《中国散文理论的现代性想象》、李林荣《嬗变的文体》等，是近年值得关注的论著。但诚如研究者所言："从整体上看散文研究还处在文学研究滞后的位置，亦步亦趋地跟随小说与诗歌研究艰

---

① 梁实秋.论散文[M]//俞元桂，等.中国现代散文理论.南宁：广西人民出版社，1983：36.
② 南帆.文学的维度[M].上海：上海三联书店，1998：278.
③ 比如，"文学是虚构"这一文学的最根本观念，对散文就不适合。
④ 陈剑晖.断裂中的痛苦与困惑——20世纪散文理论批评评述[J].华南师范大学学报（社会科学版），2004（01）：49—54,158.
⑤ 其他，如傅德岷《中国现代散文发展史》、汪文顶等编纂《中国现代散文史》、沈义贞《中国当代散文艺术演变史》、佘树森和陈旭光《中国当代散文报告文学发展史》、俞元桂《中国现代散文史》，冠名为《中国当代散文史》的有五部，作者分别是张振金、徐治平、邓星雨、卢ознук、王尧。
⑥ 陈剑晖，司马晓雯.星垂平野阔，月涌大江流——新时期散文研究三十年[J].中国社会科学，2009（02）：177—189,208.

难前行。"①

港台地区研究散文的也屈指可数，较有影响的，如不算余光中的话，有卢玮銮《不老的缪思——中国现当代散文理论》，郑明娳《现代散文纵横论》《现代散文现象论》《现代散文构成论》《现代散文类型论》，张瑞芬《台湾当代女性散文史论》等。

"可以说，新时期中国散文的研究处于相当落后的状态。"②中小学散文教学可资参考的，除孙绍振《散文审美规范论》③等少量研究外，主要是孙绍振、钱理群、王富仁等文学专家在解读一些散文文本时所显现的解读方式④。

"对于文学文本解读学的建构，最为艰巨的可能是散文"，孙绍振、孙彦君《文学文本解读学》第四章直接以"以直接概括冲击贫乏的散文理论"为题，断言"当代散文理论的弱智是无可讳言的"。其认为这是由以下三方面原因造成的：第一，小说、诗歌、戏剧在西方文学中均有相对应的体裁，但中国现当代散文作为一种文体（文学文类），在西方文学中并没有相应的形式。第二，西方理解的"散文"，从外延到内涵，都注重智性随笔，往往横跨文学与非文学，与我们所理解的以抒情为主的散文相去甚远，因而西方文学中基本上没有散文理论。第三，因而，中国现当代散文不像其他形式那样可以随西方文学流派而更迭发展。在根本上，中国现当代散文是封闭性发展的。正因为封闭，所以才先天不足，发展迟缓，理论匮乏⑤。

一方面，中小学语文课程与教学，把散文作为主导文类；另一方面，学术研究滞后，散文和散文解读的理论研究缺位，散文解读理论几乎阙如。这就是我国中小学语文课程与教学所面临的困境⑥。

---

① 王雪.论新世纪散文研究发展趋向[J].文艺评论,2009(05):19—22.
② 王兆胜.新时期中国散文的发展及其命运(上)[J].山东文学,2000(01):52—57.
③ 详见孙绍振.文学创作论[M].福州:海峡文艺出版社,2009:370—431.
④ 主要著作有:钱理群.名作重读[M].上海:上海教育出版社,2006;孙绍振.名作细读——微观分析个案研究(修订版)[M].上海:上海教育出版社,2009;孙绍振.孙绍振如是解读作品[M].福州:福建教育出版社,2015;钱理群,孙绍振,王富仁.解读语文[M].福州:福建人民出版社,2010.
⑤ 孙绍振,孙彦君.文学文本解读学[M].北京:北京大学出版社,2015:332—333.
⑥ 在我国，对于语文课程、教材、教学，尤其是考试，几乎人人都能指手画脚，有些官员和跨界的著名学者胆壮如牛地自以为"专家"（往往能影响语文教育政策），这都与以散文为主导文类而散文解读理论又几乎阙如的这种状况有直接的关系。语文教师，包括高校从事语文教学研究者，专业性不强乃至专业知识是一团"浆糊"，很大程度上也是因为以散文为主导文类而散文解读理论又几乎阙如所导致的知识基因的缺失。

第二节 "文学性的散文"的四对关系

"文学性的散文"的着眼点及其解读的复杂性,可以从以下四对关系来看。

一、里与外

"文学性的散文"介乎实用文章与文学之间,它既具有文章的特性,又体现着文学的特性。

散文具有文章的特性,主要指它的写实性。散文有"外在的言说对象":即使没有《荷塘月色》《幽径悲剧》,清华园里的荷塘、北大校园幽径旁的古藤萝,也是真实地存在着或存在过的。

有外在的、可以指认的言说对象,这是散文与诗歌、小说、戏剧等"纯文学"作品的差别。诗歌、戏剧自不必说,看起来是"写实"的小说,其实是"虚构"的产物。有记者问莫言:"(您作品的)外文版翻译者们为什么去访问高密?"莫言答:"大概都被我小说中的描写忽悠了。吉田富夫去高密,想去看我小说中的磨坊、河流、高粱地等场景,但只看到一条干涸的小河沟,根本没有我小说中那样澎湃奔流的大河。他问我大河呢?我说,就是长江黄河啊!森林呢?我说在长白山;沙漠呢?我说在内蒙古。"① 其实,莫言的答语还是托词,小说中的磨坊、河流、高粱地,是小说家用语言所营造的世界。

而散文之所以体现着文学的特性,根由也在于"语言所营造的世界"。散文不尚虚构。散文叙写作者的所见所闻。但散文的写实,也不是"客观的"写实。散文中的言说对象,是个人化的言说对象,它唯有作者的眼所能见、耳所能闻、心所能感。在散文中呈现的,是由"这一位"作者极具个人特性的感官所过滤的人、事、景、物;散文对现象的阐释和问题的谈论,也不是"客观的"言说。

换言之,《荷塘月色》中的荷塘,是朱自清眼中的荷塘,是朱自清心灵中独有的镜像,它是世界上任何人从未见过,也是平日的朱自清未尝见过的荷塘;《幽径悲剧》中对古藤萝的喜爱、对古藤萝被毁的愤慨,是 90 岁高龄的季羡林极具个人化的情怀和思绪。

---

① 舒晋瑜.莫言:文学走出去是一个缓慢的过程[N].中华读书报,2010-08-25(10).

高度个人化的言说对象,这是"文学性的散文"与论文报告、新闻通讯等文章的差别。阅读论文报告、新闻通讯等,最终要指向文章的外面,指向客观的言说对象:它们所论述的道理,是否成立?所报道的事件,是否真如所言?而成立与否、是否如实,有公认的判别依据;之所以写论文、发新闻,目的就在于获得公认或成为公认。

散文则不祈求成为公认;阅读散文,也不是为了获取什么公认。作者之所以写散文,是要表现眼里的景和物、心中的人和事,是要与人分享一己之感、一己之思。我们阅读散文,是体认作者的所见所闻,分享作者的所感所思。阅读散文,自始至终都在"散文里"。外在于散文的客观的言说对象,不在散文阅读的视野里;或者说,与外在的言说对象发生这样或那样的关联,是在阅读之后才发生的事。

二、主体与客体

高度个人化的言说对象,作者眼里的、主观的人、事、景、物,在散文中是记叙、描写的客体。比如,《背影》中的"父亲"、《老王》中的"老王"、《荷塘月色》中的"荷塘"、《幽径悲剧》中的"古藤萝"、《安塞腰鼓》中的"打腰鼓场景"等。

作者记叙、描写"父亲""老王""荷塘""古藤萝",目的不是向读者介绍那些人和事,描摹那些景和物。之所以记叙、描写,是为了抒发作者自身的所思所感,是为了表达作者这一主体对社会、对人生的思量和感悟。

散文的关键点,不在所记叙、描述的客体,而在记叙、描述中所灌注的作者主体的思想、感情。《背影》的关键点,不在"父亲对我的爱",而在体认到"父爱"的那双心眼;《老王》的关键点,不在"老王的善良",而在作者能看出善良的那副心肠;《荷塘月色》的关键点,不在"荷塘的景色";《幽径悲剧》的关键点,不在"古藤萝被毁的惨剧";《安塞腰鼓》的关键点,也不在"打腰鼓场景的威武、雄壮";它们的关键点分别在于:发现景色的心境,痛感惨剧的心灵,为威武、雄壮而奋发、激昂的心怀。

阅读散文,不仅仅是知道作者所写的人、事、景、物,还要通过这些所写的人、事、景、物,触摸写散文的那个人,触摸作者的心眼、心肠、心境、心灵、心怀,触摸作者的情思。

三、日常与独特

散文是日常的,用常态的心境叙写日常生活[①]。散文记人,很少是大红大紫的

---

① 孙绍振.文学创作论[M].福州:海峡文艺出版社,2009:373.

人;散文叙事,很少是大起大落的事;散文描绘的景与物,绝非隔世之景、稀罕之物;散文中的谈资,也很少涉及大是大非。在散文中,人是普通人,事是平常事,景与物是平日里所能见到的景物;谈论的多是大家在饭后茶余或许都会聊到的话题;所抒发的情感、所表露的情思,也多貌似是我们所具有的,或与我们原已具有的情感、情思相似或相通的。

因此,阅读散文,我们会有一种亲近感,往往会很自然地唤起相关的生活经历和人生经验,也很容易用自己的既成经验,去过滤、同化甚至顶替散文中作者的经验,乃至忘记了去体察作者独特的情感认知。

散文叙写日常生活,其实是作者以其独特的情感认知,叙写在日常生活中的独特发现和感悟,以及他独特的人生经验。

散文中叙写的所见所闻,是"这一位"作者以其独特的感觉和知觉,对人、事、景、物及其意蕴的发现。散文中抒发的所思,散文中传达的所感,是"这一位"作者依其独特的境遇所生发的极具个人色彩的情思,正如作家贾平凹所感叹的:"没有在生活中独特的感受和发现,散文一个字也不敢写。"①

正因为经验之独特,正因为作者之经验与我们不同,我们才需要去读作品,才能够通过其散文,感受、体验、分享我们在日常生活中所没有、所不可能有的人生经历和经验,才能够通过阅读,丰富和扩展我们的人生经验。

四、言与意

意,是散文表现的内容。综上所述,它主要表现在以下两个方面。

(1) 高度个人化的言说对象,在作者眼里的、主观的人、事、景、物。

(2) 在散文的记叙、描述中所灌注的作者主体的思想、感情,他对社会、对人生的思量和感悟。

这两方面,归结为一点,就是作者独特的人生经验:"这一位"作者依其独特感觉和知觉的所见所闻,"这一位"作者依其独特境遇所生发的所思所感。

而所见、所闻、所思、所感,落根在"这一篇",则需要通过独抒心机的谋篇布局、个性化的言语表达,以及流露心扉的语句加以呈现。

作者的人生经验,融汇在他的语文经验里。"文学性的散文",尤其是优秀的散

---

① 贾平凹.关于散文[M].北京:生活·读书·新知三联书店,2015:96.

文作品，无不追求精准的言语表达——那些个性化言语所表现的，是丰富甚至复杂、细腻甚至细微的感官所触、心绪所至。

"文字就是思想"①。朱自清曾说过一段至今仍发人深省的话："只注重思想而忽略训练，所获得的思想必是浮光掠影。因为思想也就存在于语汇、字句、篇章、声调里，中学生读书而只取思想，那便是将书中的话用他们自己原有的语汇等重记下来，一定是相去很远的变形。这种变形必失去原来思想的精彩而只存其轮廓，没有什么用处。"②

综合上面的讨论，"文学性的散文"的着眼点，可总结图3-3所示的内容，其中图左右两边是等值的。

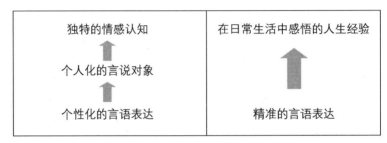

图3-3 "文学性"散文的着眼点

散文阅读，即鉴赏"文学性的散文"，其着眼点可以归结为一句话：**体味精准的言语表达，分享作者在日常生活中感悟的人生经验。**

第三节 典型课例评析："走到……之外"

散文是我国中小学语文课程的主导文类，语文课程与教学长时期地、大规模地、集团性地出现诸多严重问题，这与散文的文类特征难以把握有直接关系。

长期以来，散文教学似乎被深深地困扰而不得要领。由近期两个较有代表性的课例可见一斑。

---

① "文字里的思想是文学的实质。文字之所以佳胜，正在它们所含的思想。但思想非文字不存，所以可以说，文学就是思想。"蔡清富，孙可中，朱金顺.朱自清选集（第三卷）·论语文教育[M].石家庄：河北教育出版社，1989：434—435.
② 朱自清.文心·序[M]//夏丏尊.夏丏尊文集.杭州：浙江文艺出版社，1983：172.

一、散文教学的两个典型课例

(一)《安塞腰鼓》教学流程

(1) 师播放《出西口》歌曲,出示"安塞之旅"课件,发表抒情导入语,展示安塞风光图片。要学生谈论"你看到了什么"。(2分钟)

(2) 生大声自由朗读课文,师出示课件"腰鼓风情"。(6分钟)

(3) 指示学生按"好一个_____安塞腰鼓!"谈论阅读的理解和感受。多名学生谈论,并朗读相应的语句。如"好一个狂野的安塞腰鼓!"指读第8—10自然段、第14自然段、第21自然段中的相关语句。最后归结为安塞人的"精神",4位学生依序分别说"对生命的渴望""把贫穷化为动力""对家乡的热爱""中华民族的精神"。(20分钟)

(4) 师播放打腰鼓场面的录像片段,要学生用"比喻句"记录"新的感受"。7名学生发言,朗读各自的抒情作文片段。但似乎师生都不在乎发言中是否用了"比喻句",新感受还是原有感受也无从辨析。(9分钟)

(5) 出示作者照片,学生分角色表演采访。一生扮刘成章,两生扮打腰鼓的后生,几生扮采访记者。问:"你有没有亲自打腰鼓?"答:"亲自打,还是腰鼓队队长。"问:"能不能展示一下?"答:"能。"并有备而来地表现了几招,听课师生鼓掌。扮刘成章者侃侃而谈。扮打鼓人者也侃侃而谈,问:"你现在暂时到济南,现在还愿意回贫穷的家乡吗?"答:"回,一定回。"听课师生鼓掌。(9分钟)

(6) 教师激情发表结束语:快乐而充实的旅程,希望带着……走好自己的人生旅程。(1分钟)

(二)《心田上的百合花》教学流程

(1) 师展示其所带的一束百合花,发表抒情导入语,出示课件。(2分钟)

(2) 生放声朗读课文,思索"你喜欢百合花吗?为什么?"(4分钟)

(3) 数名学生谈论,有概述课文的,有从某一点生发谈自己认识的,师小结语。(6分钟)

(4) 师布置任务,出示"第一幕,山谷幽崖",根据第 1 自然段,发挥想象,写出百合生长的环境;"第二幕,花开有声",分角色演示文章第 2—3 自然段;"第三幕,芳香满景",以百合的口吻,用第一人称叙述文章第 4—5 自然段内容。准备,推荐展示。(10 分钟)

(5) 6 组同学分别展示,如第一幕,一女生朗读自写的描写语,一男生读文,一女生黑板画图。最后一组在音乐声中演示全文,师倾情加入。(22 分钟)

(6) 生全体起立,齐读"百合"语:"我们要全心全意默默地开花,以花来证明自己的存在。"师激情发表结束语:希望带着……走好自己的人生旅程!(1 分钟)

二、对两个课例的评议

上述两个课例,执教教师都较优秀,备课很用力,课例中也有一些体现课程改革新气象的很好的元素:比如,教学内容聚焦;比如,组织学生"学的活动"。但也正由于这些好的元素,使得中小学散文阅读教学长期存在的问题,更加凸显,更为扎眼。

(一)走到课文之外

从散文里的"个人化的言说对象",跑到"外在的言说对象",这实际上是把课文作为跳板,径直跳到言说对象,试图建立学生与"外在的言说对象"的连接。

所隐含的认识逻辑,构成如下等式:

作者的言语表达(语句)= 所指(作者的所见所闻,即所描述的人、事、景、物)= 外在的言说对象(即客观存在的人、事、景、物)

上述两个课例的教学操作程序,大致是两段。

1. 第一段:由文字径直跳到言说对象

学生初读课文之后,教师或提供支架,或通过提问,让学生找到课文中描述人、事、景、物的相关语句。(如"好一个_____安塞腰鼓!""你喜欢百合花吗?为什么?")

学生们通过这些语句,了解言说对象,即所描述的人、事、景、物。(如"好一个狂野的安塞腰鼓!"指读第 8—10 自然段、第 14 自然段、第 21 自然段的相关语句。)

教学的表现,是学生在课文里随意地找东西。由章法统贯的言语,变成了语句散乱的杂货铺,学生们从中随意截取,并以截取到的语句为跳板,随兴谈论他们的印象、感念、联想、评判,以及由这一跳板所波及到的其他思绪。

2. 第二段:从"个人化的言说对象",向外跑到"外在的言说对象"

在教学中,教师往往借助于其他资源,比如,百合的实物、打腰鼓的影片等,在不知不觉中,把从课文中"个人化的言说对象",即那些作者主观化了的人、事、景、物,向外跑到"外在的言说对象"。

接下来的教学活动,基本上围绕"外在的言说对象"展开,与课文若即若离。学生所面对的"这一篇"课文,变成了一堆谈论"外在的言说对象"的文字。这又可细分为多种情形。较典型的情况是谈论:师生或凭借课文中某些语句,或由某些语句引发,谈论"外在的言说对象"。有时还要延展到其他"外在的言说对象",或许由百合花延展到荷花,或许由打腰鼓延展到奥运会场面,等等。上述第二个课例的主要教学活动,则是组织学生用多种方式演绎课文的内容——实际上是师生共演"深山里的百合花"的故事。

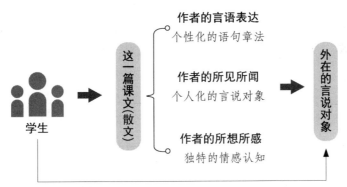

图 3-4 从"个人化的言说对象"向外跑到"外在的言说对象"

(二)走到作者之外

从散文里的"独特的情感认知",跑到概念化、抽象化的"思想""精神"。实际上是把作者的情感认知腾空并黏附到"外在的言说对象"上,企图让学生"具有""外在的言说对象"的"思想""精神"。

其所隐含的认识逻辑,等式大致如下:

作者的言语表达（语句）＝所指（作者的所思所感，即作者的抒情和议论）＝概念化、抽象化的思想、精神 ＝"外在的言说对象"本身所具有的 ＝学生应该具有的

操作理路也是两段。

1. 第一段：把作者"独特的情感认知"，抽象化、概念化并黏附到言说对象上

找到课文中抒情、议论等语句，即作者所明言的情感认知。把作者"独特的情感认知"抽象化、概念化，提纯或上升到可以用来谈论的"思想""精神"上，比如"高洁"的思想、"奋发"的精神。同时，把概念化、抽象化的"思想""精神"，黏附在言说对象上，继而黏附到"外在的言说对象"上，似乎这些"思想""精神"是事物本身所具有的，比如，百合花的"高洁"思想、安塞腰鼓的"奋发"精神。

2. 第二段：不断渲染与强化被腾空的"思想""精神"，并企图让学生"具有"

再进一步挖掘或延伸言说对象的特质，形成一些口号式的标语，比如，安塞人"对生命的渴望""把贫穷化为动力""对家乡的热爱""中华民族的精神"等，并通过教师抒情化的语言和多媒体的呈现等，不断渲染与强化被腾空的"思想""精神"。教学的表现，是教师在课堂里额外地讲东西；或教师抒情化地讲述由此生发的感想、感触、感叹；或指示学生讲，讲一些似乎是老师愿意听的大话。

理所当然地认为学生应该"具有"与作者等同的情感认知——实际上是不断腾

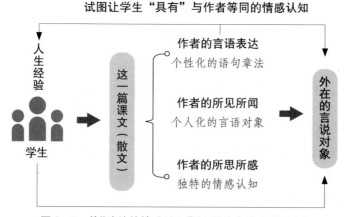

图 3-5 从"独特的情感认知"跑到"外在的言说对象"

空的"思想""精神"。一般体现为教师最后所发表的激情结束语,或表现在课程结束前让学生谈"学习这篇课文的收获"。比如,学了《安塞腰鼓》"希望同学们带着安塞的精神走好自己的人生旅途";学了《走一步,再走一步》让同学们谈"不惧怕任何困难""任何困难都能克服"等"思想收获"。

(三) 走到语文之外

跑到"外在的言说对象",即"走到课文之外";跑到概念化、抽象化的"思想""精神",即"走到作者之外"。两个"走出",实际上是丢弃语文经验,抽空人生经验。

"走到课文之外",也就走到了"语文"之外,所谓"把语文上成了非语文"。因为抛弃了作者的"语文经验"——把作者的言语表达当作跳板,或者仅仅关注其"所指",而漠视其独抒心机的章法、个性化的表达方式,以及流露心扉的语句;或者把章法、表达方式、语句与"个人化的言说对象""独特的认知情感"分割开,而演变为语言表达的所谓的"知识""技巧"①。

而抛弃了作者的"语文经验",实际上也就远离了作者通过独抒心机的章法、个性化的表达方式,以及流露心扉的语句所表现的"人生经验",势必"走到作者之外"。

"走到作者之外",则意味着走到"人文"之外——把作者细腻、复杂的"人生经验",剥离为概念化、抽象化的"思想""精神",往往导致课堂谈论的空洞,往往导致教师及被教师牵引的学生在课堂里说些"不是人话"的话,比如,"不惧怕任何困难""任何困难都能克服"等,因而也是"把人文上成了非人文"。

上述两个典型课例,从反面告诫我们:

(1) 散文阅读教学,始终在"这一篇散文里",要驻足散文里的"个人化的言说对象";严防跑到"外在的言说对象"上,进而将散文教学演变为谈论"外在的言说对象"的活动。

(2) 散文阅读教学,要着眼于写作主体,触摸作者的情思;严防滞留在所记叙、描写的客体中,将散文教学演变为谈论那人、那事、那景、那物的活动。

(3) 散文阅读教学,要关注作者独特的情感认知,引导学生往"作者的独特经

---

① 在教学中往往有一个孤立的"品味语言"环节,实际上是把"个性化的语句章法",仅当作"学生写作时可借用的"表达技巧。

验里"走;严防受既成经验的遮蔽,将散文教学演变为学生各抒所见的活动。

(4)散文阅读教学,要由言及意,往散文中的个性化言语所表达的丰富、复杂、细腻的感情甚至细微处走;严防脱离语句,跑到概念化、抽象化的"思想""精神"中,将散文教学演变为谈论口号的活动。

第四节 对其他文类教学的"连累"

学生在课文中散乱地找东西,教师在课堂里额外地讲东西,"向外跑"或"走到……之外",既跑出了"语文",也跑出了"人文",这种现象在当前的语文教学中,大量地存在着。不但是散文阅读教学,也殃及了小说、诗歌、戏剧教学,并延伸到写作和口语交际等教学中。

以下是我在一次省级教研活动中现场听课后的现场评议,由同场听课的《语文学习》杂志周燕编辑根据录音整理,并以《阅读教学的问题在哪里——广西观课印象及讨论》为题,发表在《语文学习》2012年第3期上。编者按语如下:

2011年10月,广西教育学院召开"中学语文优质课展评暨有效教学专题研讨会",邀请上海师范大学教授王荣生主题发言。王教授的发言分为两个部分:第一部分是结合黄厚江老师《孔乙己》示范课的研习,对当地七堂初中语文展示课进行现场评析,指出了当前语文课堂存在的普遍问题;第二部分是提出解决问题的办法,主要从学科基础知识和阅读教学知识两个方面指出语文教师应该掌握的基本知识和基本能力。鉴于发言第二部分内容"语文学科知识"已于2011年第11期起在本刊"通识"栏目连载,故这里只刊登王教授发言的第一部分。

现转录如下(略有修改,标题是转录时加的)。之所以转录,一方面,评议中所说的现象带有相当的广泛性,从陕西到广东、从吉林到云南、从北京到上海,无论举哪个地方的哪些课例,其实都没有实质性的差别;另一方面,这份材料带有现场感,现场全程观课和听我评议的,有数百位语文教师和数十位语文教研员,这足以担保我对课例的下述描述是符合真实情况的——要不然,我的评议一定会当场就被掀翻。

一、从学生在一堂课的反应说起

和大家一样,在昨天和今天上午的一天半时间里,我学习了黄厚江老师执教的《孔乙己》,也聆听了七位老师的展示课。根据听课时的一些想法,我谈谈个人的观感,联系昨天听的七堂课,简评黄厚江老师执教的《孔乙己》。黄厚江老师的课我是第一次听,当场听课当场消化,不一定说得到位。

先谈一下我对黄厚江老师这堂课的认识。我把黄老师这堂课的环节大致进行了梳理,老师们可以边看听课笔记,边查验这样的梳理是否与黄老师所上的一致。

首先是入课:大概七八分钟,同学们自读课文。之后,黄老师请一位自报刚才已看了三遍的同学回答一个问题:文中你印象最深刻的是什么?同学吞吐,所谈的"印象"与教师所期待的,明显有较大的落差。其他同学看来也不得要领。

第二个环节,是这堂课的主要环节。黄老师试图要教会学生的是:读小说最重要的是对人物形象的把握。黄老师带领学生分两步走。

第一步,让学生回忆孔乙己的形象:"你对孔乙己形象印象最深刻的是什么?"有同学讲:"是他所说的话语。""是些什么话语?"黄老师问。同学们进行了简略讨论。

第二步,黄老师请同学们再回到课文中:去看课文中反复出现的东西。课文中反复出现的东西,可以从不同的角度抓取,比如,孔乙己的语言、服饰等。黄老师抓的是"手"。确实,在这篇小说里,对"手"的描绘非常关键,"手"是刻画、揭示孔乙己这个人物形象的抓手。黄老师要求同学们把课文中写到"手"的地方找出来,对其进行揣摩。所谓揣摩,就是不断地扩展对孔乙己这个人物形象的感受和认识。

在语文课中,很多老师注重"品味语言""揣摩语言"。到底"揣摩"什么?在这堂课里黄老师告诉我们:应该揣摩人物形象及形象的含义。在老师的带领下,学生们讨论了几个词:"排""长指甲""走"和"摸"。尤其是"排"和"摸",黄老师要求学生联系上下文,联系描绘孔乙己的前后片段,通过对"手"的动作的揣摩,去把握或试图把握孔乙己的形象、孔乙己的内心世界。

第三个环节,是加深学生对课文的理解和感受。第一步,黄老师让学生再看课文,在适当的地方加进"手"的动作。通过这样一个写的活动、加的活动,进一步让学生去揣摩、去理解和感受孔乙己的形象；然后进行交流，加深对课文的感受和理解。第二步，关注课文最后一句："大约孔乙己的确死了。"着重在"大约"。为什么是"大约"？让学生在了解"大约"的含义的基础上去想象，想象孔乙己死时的可能场景；而在这种想象当中，又回到对《孔乙己》这篇小说的理解和感受中。

第四个环节，是试图提升学生对主题的认识。主要的活动是让学生写碑文：孔乙己是个什么样的人？用一句碑文给他下个定论。

最后是结束语，回到这堂课的学习重点：怎样读小说。黄老师帮学生总结了两点：记住精彩或经典的细节；然后去想象、揣摩、思考。想象、揣摩是对人物形象的理解，思考则是从作品的形象中看出它的意义。

从上述的梳理中，我们可以看出，**黄老师这堂课有三个要点**。

第一个要点，让学生读课文。整个课堂活动的展开就是学生在教师的指引下读文、理解、感受。阅读教学中的理解、感受，是学生在理解、在感受；课堂的大部分时间是学生"学的活动"。我们看到，黄老师先让学生找"印象最深刻"的地方，接着是找写到"手"的位置，在适当的地方加进写"手"的语句，然后是"孔乙己大约死了"的可能场景，最后是写一句碑文。整个一堂课都是学生在动，或者试图让学生动，而不是学生听老师的理解、记老师所讲。

第二个要点，要把语言文字转化成读小说的感受。这是文学鉴赏的核心标志。一位教师教文学作品，是不是把它"当文学作品在教"呢？读一篇小说、读一首诗歌，是不是在欣赏、鉴赏小说和诗歌呢？核心的标志在于，能不能借助想象把文字转化为形象。好的小说阅读者、文学阅读者，头脑中有非常丰富、生动、具体的想象活动。文学鉴赏能力相对比较低的学生，在阅读的时候，则往往文字是文字，即文字和想象是分离的。读小说的关键，是把文字转化为形象的感受，也就是老师们所说的"揣摩语句""品味语言"。

这里我稍微做一些展开，与昨天听的几堂课联系起来说。文学教学不是让学生简单地在课文里找东西，而是找到东西以后进行情境性的推论、想象。比如，找到"手"之后，尽可能生动、丰富地去想象孔乙己当时"排"的时候是个什么样态，"摸"的时候是个什么样态。找的过程，是学生根据对孔乙己形象的把握，联系上下文、联系前后左右进行推论、想象的这样一个连贯的阅读行为。阅读不是一个线性的行为，而是根据理解，不断地去连贯全文的行为。

第三个要点，要在形象感受中"看到"主题。我特意用了这个词——"看到"。

老师们喜欢用"归纳",但"归纳"这种说法可能会有误导,所以我用了"看到"。主题就在形象中!主题就在孔乙己的"排""摸"的变化中!主题就在孔乙己长衫、短褂的变化、脸色的变化中,直到"大约的确是死了"!

上述三个要点,对文学作品的教学,都是至关重要的。

黄老师这堂课,据我观察,学生有两个反应。

第一个反应:几乎被"打懵"了。学生不知道怎么来读小说,不知道这篇小说要读什么,找"手"的地方不知道怎么找,加语句的地方不知道要加什么,加的东西和教师的要求落差比较大。

第二个反应:对这篇课文几乎不能理解。我们来回顾一下学生最后写的碑文:"一个热爱读书的人""一个嗜酒如命的人""一个贫困的读书人""一个死要面子的人""一个不劳动的人"。这些"碑文",对孔乙己这个人物,有深刻的感受吗?对《孔乙己》这篇小说,有深入的理解吗?学生们的表现,说明他们没有很好地进入这篇小说中。

为什么会出现这种情况呢?我分析**可能有以下两个原因**。

第一个原因,我今天特意问了黄老师:这篇课文,你这样的教学方式,为什么没有让学生预习呢?因为这样的教学显然需要学生预习,需要学生做有针对性的准备。而在这堂课上我们看到,材料是现场发的,学生匆匆地看了几分钟。黄老师告诉我,是会务安排上没有衔接好,本来以为学生是提前拿到课文的,结果到现场才知道学生没有课文。这是一个原因,即学生没有较充分的阅读时间。

第二个原因,我认为是主要原因。虽然这堂课学生没有预习,但从他们课堂上的阅读行为看,我认为却反映了他们平时在语文课中的阅读习惯和阅读样态。简单地说,学生原来会的那套"武功",在黄老师这堂课上全被"废掉"了,他们不知道怎样来应对。

这堂课如果这样上,我想学生们肯定是能"跟上趟":

(1) 请同学们看课文,分分段。

(2) 这篇课文是从哪里开始写孔乙己的?让学生去找。学生看一遍,找到了,是从第4自然段开始写孔乙己的。

(3) 然后再让学生看一遍课文,说说主要写了孔乙己的哪些方面。学生再去找一遍,有语言、有肖像、有动作,学生找到了。

(4) 再让学生找一遍,在动作描写中主要写的是什么动作?有可能学生会找到"手"。

(5) 找到"手"以后,再让学生找,"手"写了几处啊?学生再找,找到了。

(6) 然后再让学生找,前面一处和后面一处相对照的地方是哪里?学生找到了。

如果这样教的话,学生一定跟得很顺趟。但这是阅读教学吗?这是阅读理解吗?按教师的指令,学生找一遍,再找一遍,这是阅读小说吗?

我的意思是,这第二个原因就是学生长期以来在阅读教学中形成的阅读习惯。这种阅读习惯使他们很难进入对文学作品的理解、鉴赏状态,而只能是像考试答题那样,根据外部的指令去寻找相对应的信息点,一遍一遍地、散乱地去找教师要他们找的东西。

也许有人会说,我这话未必对。下面,我带老师们回头**看看昨天那七堂课**,我们到底在教什么,到底是怎么教的,到底想教会学生什么样的"武功"?

这七堂课老师们都听了,可以帮我核实下面的梳理是否符合这些课的原貌:《明天不封阳台》《老王》《窗》《如果人类也有尾巴》《勇气》《祖国啊,我亲爱的祖国》以及一堂写作指导课。

我这里主要讲阅读课,顺便带一下写作课。其中有一堂课,正好有一个紧急电话,前半段没有听到,就是《祖国啊,我亲爱的祖国》,我只听了后半段,我也说简单一点,因为我没有听完整,不敢说。还有一篇《如果人类也有尾巴》,我待会儿也带一下,因为我"吃不准",授课老师是当科学小品来教的,但我觉得它是幻想的作品①。这样我们剩下来的主要是四篇课文:《明天不封阳台》《老王》《窗》《勇气》,前两篇是散文,后两篇是小说,显然是文学作品。

二、先看两堂散文阅读教学课

(一)《明天不封阳台》课例评议

先来看**第一堂课**《明天不封阳台》。

---

① 与两堂课相关的内容,在原实录中已被删除。

首先是照片导入,之后是教师让学生找"线索"。"线索"一词我在这里打了个引号,我在后面会说到"线索"是什么意思。学生很配合,一个同学一下子拎出三句话来:开头处"今天要封阳台",中间部分儿子问"明天还封阳台吗",后来父亲决定"明天暂时不封阳台"。这就是我刚才讲的学生会的"武功":教师发出一个指令,学生明白了要找什么,机灵的同学能一下子找到。这位学生对文学很有感觉,他还看出来"明天要封阳台"表明了坚决的态度。但教师不敏感,因而没能在这里停留住——对文学语言的敏锐感觉,本来应该是教学的重点之一。"你怎么知道他很坚决呢?"教师随意问了一句,学生答:"'明天要封阳台',一句说定,可以感觉到态度的坚决。"

"好。"教师随即转到他认为更重要的点上去,"这是一只怎样的鸽子呢?"——不封阳台,就是因为这只借居阳台孵蛋的鸽子。学生就去课文中找,这是一只什么样的鸽子。教师不厌其烦地反复问,要学生不停地去找。我把这位教师的话跟大家念一下:"还有什么描写?"学生讲了一处,神态描写。教师接着问:"还有什么描写?"学生明白了,哦,还不够。再找,找到了,动作描写。然后教师再问:"还有什么描写?"学生一看还没找够,再找一处。教师再问:"还有什么描写吗?"终于有一位学生怪异地找到了:鸽子的叫声"咕咕",对话描写!这堂课的大部分时间是花在这里。

都找全之后,学生齐读课文。齐读之后,教师问:"假如要你对小鸽子说些话,你要说什么呢?"学生模拟对话。

然后进入下一个环节:"父子俩是持什么态度呢?"答案哪里去找?当然在课文中。于是学生去找:儿子的态度,在这里;父亲的态度,在这里。然后,教师做了些延伸:"父亲仅仅是关爱小动物吗?"不是的,父亲想得更多。哪里想得更多啊?找到了。课文写了,在内蒙古草原,他"趴"在地上……我记得教师在"趴"这里还展开了一下:我们现在的环境是怎样的,让学生看了不少自然生态的图片。从图片的对比中可以看到自然环境破坏很严重,所以作者呼吁……于是让学生去读第7、第8自然段,再找,找了一通之后,教师做结束语:如果我们人人都关爱动物,我们的生活、生活环境会更加美好。最后是学生们齐声朗读老师课件上的一首小诗。

这是我对这堂课环节的梳理。老师们可以对照自己的笔记看,我这样梳理符不符合?是不是这么回事?如果是,我们可以归纳**这堂课的三个特点**。

第一,教学过程基本上是学生按照教师的指示把课文的角角落落找了一遍:

鸽子怎么样？儿子怎么样？父亲怎么样？或者说，是教师领着学生把课文重新"耕"了一回，从这个角度去"耕"一回，从那个角度去"耕"一回。"耕"完了，教师说结论。阅读变成了在课文中"找东西"。但是根据外在的指令在课文中"找现成的东西"，这不是"阅读理解"能力，而是"扫读"能力。或者说，根据外部指令去找文本表面的信息，这是阅读最低级的一个理解状态。

第二，以课文中的某些语句为支点谈论。从课文里找到某一句话，然后学生开始谈论：爱护环境、爱护动物……等会我们可以看到，其他的课也基本呈现这一特点。

第三，结课、结束语是激情语，是号召。我们有几堂课，一开始让学生读目标，很好，但是读目标是为了什么呢？目标应该落实到最后的结课当中。但我们不是，我们是号召：让我们爱护动物，让我们的家园变得更美好。

大家可以看看，这堂课和黄厚江老师的课，在几个地方有区别呢？

第一，黄老师是让学生读课文，让学生去理解；而这堂课是教师发指令，让学生找一遍，再找一遍。

第二，黄老师说，读小说是让形象转化为感受，是让学生去理解、去感受，我们这堂课呢？是学生借助课文中的一句话，去谈论别的东西。

第三，黄老师的结课，是回到这堂课教学的核心内容；而这堂课的结课，是与这篇课文的理解、感受相脱离的"口号"。

（二）《老王》课例评议

我们**再来看《老王》这堂课**。

先是教师发表激情导入语，接着学生齐读目标，然后看作者照片，再然后是"速读"课文，让学生"思考"问题。我在"速读"和"思考"上打了引号，因为这里的"速读"不是速读，"思考"不是思考。教师所谓的"思考"是什么呢？他提了三个问题。第一个问题："作者是怀着怎样的感受写这篇文章的？"这本来是个很好的问题，但教师生怕学生找不到，加了一句："哪个词？"学生明白了，要在课文中找一个词。以前都训练过了，这个词要不在课文头部，要不在课文尾部。所以学生很配合，一下子找到了，在尾部，"愧怍"。第二个要学生思考的问题，其实是拿眼睛看："写了哪三件事？"不用动脑筋的。而思考恰恰是需要动脑筋的。第三个问题："作者印象最深刻的是哪件事？"当然是最后一件事，它写得最长。好了，三个问题，找到了三处。

找到之后,"品读"老王。我在"品读"这里也打了引号。品读,如果按照黄厚江老师《孔乙己》的上法,应该是去揣摩老王的形象。黄老师那堂课是小说,揣摩孔乙己的形象是对的;但这篇是散文,应该是去揣摩老王的形象还是作者的情感?教师所做的,是揣摩、品味老王。先让学生读最后一段,然后找课文中对老王的描写,肖像、动作、语言……一遍遍地找,东一个学生找到一处,西一个学生找到另一处,合起来看,似乎该找到的地方学生都能找到。但是,不同的学生散乱地找到一些语句和学生整体上形成对课文的理解,这中间的差距是很大的。教师似乎以为,张三找一句,李四找一句,王五找一句,合起来就是对整篇课文的理解;但是对学生来说,他找到一句就只知道一句,找到哪一句就只知道那一句。找到描写,其实是给它定名:这是肖像描写,这是动作描写,这是语言描写……教师又问:"最能打动人的描写是在哪里?"学生找到了:"不要钱。"把这么珍贵的鸡蛋、香油送过来,不要钱。为什么不要钱呢?等会儿我们来看,学生到底有没有理解。接着让学生模仿"直僵僵的",一个男生,表演得蛮好的。然后学生分角色朗读最后一段,一男一女,一共两对,读得也很好。

老王这部分找完了,接着问:为什么"愧怍"呢?教师的核心意思是:杨绛认为自己对老王的关怀还不够——我不知道教师觉得怎么才算够。然后,岔开来问:"如果我们碰到不幸的人该怎么办呢?"学生开始发表自己的见解,即学生在完全没有理解文章的情况下,说了一通与文本毫无瓜葛的话,这些话都是套话。我记得一共是三个学生再加上教师的结语。一个学生说:要善良一点;一个学生说:要关心他人、帮助他人;一个学生说:对他人的关心不一定要用钱来衡量;最后教师总结:愿我们每个人都有一颗善良的心。——这些跟杨绛表达的情感有关系吗?

三、再看两堂小说阅读教学课

(一)《窗》课例评议

我们**再看《窗》这堂课**。

《窗》是一篇微型小说,这堂课由一幅窗的**图片导入**,伴有很好听的鸟语。教师问:"同学们看到这个窗想知道什么呢?"学生瞎说了一通,表达了自己想知道什么什么。

不管想知道什么,教师不管,反正进入到**下面这个环节**:复述情节。怎么复述,一遍遍找。时间呢?地点呢?前面是什么呢?后面是什么呢?怎么变化呢?

学生很配合,因为这些都是他们会的,是他们原来就会的"武功"。你让他找一遍,他就找一遍,张三找不到,李四找到了,李四找不到,王五找到了。五十几个人,总有人找得到。最后,教师很满意,都找到了。

然后是**第三个环节**:感受人物。什么叫"感受人物"呢?也就是像黄厚江老师讲的,感受人物形象,就是把文字转化为形象的感受和体验。但这里不是,教师还是让学生去找:描写在哪里呢?找到了。这段描写是什么描写呢?心理描写。两段心理描写是什么关系?心灵的对比。结论来了。也就是找到地方,贴个标签。

标签贴好后,让学生去猜最后那一句:"窗外到底有没有风景呢?到底有没有公园?"学生按照小说的逻辑(学生其实是部分地读懂了小说)猜了:没有公园,没有比赛。好,**最后**回到所谓的对课文主题的认识:心灵之境。

快结束时,教师问:"有疑问吗?"这个环节很有意思,我把学生的提问给念一遍,因为学生所提的问题,既表明了他们对课文的理解,也反映出上面几个环节到底有没有达到我们想要达到的教学目的。一共有四位学生。第一位学生问:"为什么见死不救呢?"学生的问题,表明这节课在前面讲的那些心灵的对比等内容,学生都没有理解。第二个学生问:"为什么靠窗的那个人要讲述美景呢?"学生的问题,表明对这篇小小说的"心灵之境"等的分析,学生也都没有理解。第三个学生问:"这样安排的意义是什么呢?"第四个学生问:"为什么病人过几天才提出来要换那个床位呢?"老师解答了这些问题,其间也有学生的配合,提供一些答案。学生有问题,教师回答说这个问题的答案是这个,这是理解吗?

之后,教师开始讲苏东坡的故事,讲"窗"的含义,讲顾城的诗歌,一路延伸,最后发表了激情结束语:要有一颗善良的心、一双善良的眼睛。——这与《窗》这篇小小说有关系吗?

(二)《勇气》课例评议

再看《勇气》这堂课。

教师先给学生看一个影片片段:"诺曼底登陆",请同学们谈谈感受。我的笔记这里写着:生胡讲。我说"生胡讲",不是指责学生说得不对,而是说学生说的话和对课文的理解没有关系。学生讲了什么呢:"为什么人要打仗呢?国家与国家和平谈判不是很好吗?"我不知道在场的老师是怎么想的,学生的这个观念是很朴素、很珍贵的,但显然不是一种理性的认识,且与课文无关。

但教师不管,也没有说前面放这个影片片段干什么用,总之接下来是**要学生用"最简洁的语言"来概括课文内容**。我这里"最简洁的语言"为什么要打上引号呢?因为学生概括出来的语言,简洁或不简洁,实际上教师是不管的。那位学生的概括,其实很不简洁,非常不简洁,十分不简洁。学生甚至是跳着说的,一会儿说这个,一会儿说那个。有些学生还不是概括,而是一边挑一个细节,一边讲自己的解释。我们知道解释是不包含在概括里的。总而言之,这个环节过了。

然后是提出问题:"勇气在哪里呢?"教师问得很巧妙,但生怕学生找不到,暗示学生:"勇气在哪个地方呢?"学生很配合,找到了:课文中的法国女人的话"哦,当然"。这个其实很好找,但教师在这里玩了个花招,让学生画关键字句、合作学习等。找到以后,开始"分析"。我把这个"分析"也打上了引号。小说中的"分析"到底是怎么回事?小说中的分析,就是理解、感受、揣摩,就是把文字转化成形象去感受和理解。学生找到两句话,教师就讲:"'信仰'是什么呢?"我笔记这里写着:生胡讲。我刚才已经讲了,"生胡讲"并不是说学生说得不对,学生的任何理解和感受都是他们基于自身的认识和生活经验所生发的,但学生讲的显然和小说里面要传达的东西没有关系。我给老师们念一下,学生们讲的"信仰"是什么:一个学生讲:"美军必胜。"一个学生讲:"邪不压正。"一个学生讲:"保护美国士兵就是保护正义。"一个学生讲:"追求和平,渴望为和平事业做贡献,显得十分伟大。"学生说的"信仰"是这个东西。等会老师们看看,这篇课文说的"信仰"到底是什么。

然后教师要学生读美国大兵两次求救的语气。学生非常棒,好几个学生还读出了不同的语气。接着开始"分析"**美国大兵**。所谓"分析"我也打上了引号。总而言之,是要找出课文里写的美国大兵求生的勇气。这里我依然写着:生胡讲。我给大家念一些:一个学生讲:"拼命。"这个是对的,课文里有这个词。第二个学生讲:"是相信正义一定可以打败邪恶。"第三个学生讲:"他厚着脸皮还要去求救,为什么呢? 因为这个美国士兵被抓过了,对敌军阵地有一点了解,回到原来队伍还可以做一些贡献。"大家看看,这个美国兵对德军阵地了解吗?降落伞落错了地方,拼命跑,看到前面有一座屋子,跑到屋子里躲起来,还没躲几分钟就被德国兵抓住了,抓到一个小棚屋,又逃跑,跑回原来的屋子,躲了三天三夜,然后诺曼底战争胜利了。这个美国大兵到底完成侦查任务没有? 还有个学生说:"他的勇气表现在对那个女人的信任。"他对女人信任吗?读过小说的老师知道,他不知道那个房间里的人到底是亲德的还是亲法的。

接下来，教师问："你认同将军说的'幸福'吗？'幸福'何在？"这篇课文老师们可以好好研究一下，其实很多东西光凭眼睛是找不到的。学生找不到，只有一个办法就是胡讲。他们怎么讲呢？我也给大家念一下："女人用自己的行为换来了和平，所以是幸福。""信仰和平，迎来了胜利，所以是幸福。""被别人信任，所以是幸福。""如果美国胜利，就换来了和平，以自己丈夫的生命换来和平，所以是幸福（看过小说的老师知道，她的丈夫和胜利毫无关系）。""知道自己信仰的是什么，所以帮助别人，这是幸福（这个依据课文里是有的）。"有一位学生提出质疑："不幸福，她丈夫死了怎么会幸福呢？"很可惜，教师马上把他摁住。总之，应该幸福。老师说："舍小家为大家，所以是幸福。"

接着开始旁逸出去，教师问学生："今天你对'幸福'怎么理解呢？"学生答："家庭和睦，生活安定，成绩很好，考上重点中学。"——这个和小说里讲的"幸福"有关系吗？最后是教师的激情结束语。我忘记了是哪堂课，最后下课铃已经响了，但我们老师最后那句结束语好像非要讲不可，就像电脑一个键按下去，停不住。

四、再联系13堂议论文课来看

以上是我对几堂课的描述，老师们可以核实我梳理得对不对。当然我在描述的时候是有一定倾向性的。**总而言之，我们的课是什么样的课呢？**

第一，让学生找一遍，再找一遍。老师们以为学生找到那个地方、会说课文中的那个词，就是理解了。

第二，学生找到了那个词，说几句话。不管说什么，就是好的。

第三，最后收尾的总是激情号召语。希望学生们能够占有课文中表达的好的思想：善良的心灵、要有勇气等，不管这个号召有用没用，总之，要号召。

这就可以解释，为什么在黄厚江老师那堂课里学生的"武功"全废掉了。因为在那堂课里，要学生做的，是他们自己进行理解，按照自己理解的思路去看课文、看课文的上下左右，开动自己的大脑去思考。于是学生不会了。虽然在黄老师的努力鼓动下，有几个学生开始配合，但是说的内容和课文阅读并没有关系。

因为学生光凭眼睛是找不到的。《孔乙己》中的那个"排"字，到底蕴含着什么？课文里直接表述的语句是没有的，只是一个"排"字。课文里的那个"摸"字，表现孔乙己的身体和精神状态如何？课文里也没有直接表述的语句可找，只有一个"摸"字。为什么前面写穿长衫，后面写穿短袄呢？作者没有说，只能靠读者自己的"脑袋"去揣摩、去发现。要学生主动阅读、自主阅读,要学生运用自己的感官去想象,要学生结合自己的生活经验去思考,可惜学生们一下子都不会了。

我想,这是在座的老师们需要反思的。阅读真的是我们发一个指令让学生去找到那个地方吗?学生找到这个地方就真的理解了吗?不同的学生散乱地找不同的地方,真的就表示全班同学都对课文理解了吗?文学作品的理解到底是怎么一回事?老师们可能需要做一点思考。

并不是只有我昨天听的那几堂课的老师是采用这样的方式教学的,根据我看课的经验,绝大部分地方、绝大多数老师,差不多都是这样教阅读课的。学生从小学开始直到高中毕业,就是不停地在教师的指令下找东西,然后借助零散的语句开始"胡讲",最后听一通教师的激情结束语。

不仅仅是文学作品的教学,其他课文的教学也是这一套路数。

我前一阶段去听河南某个市的课堂教学大赛,其中有 13 堂议论文的课:七年级 4 堂,八年级 4 堂,九年级 5 堂。

表 3-1 13 堂议论文课的课文题目及其文体[①]

七 年 级	八 年 级	九 年 级
《事物的正确答案不止一个》(励志文) 《我若为王》(杂文) 《论逆境》(哲理散文) 《读书杂谈》(杂谈)	《纪念白求恩》(悼词) 《敬业与乐业》(演讲词) 《多一些宽容》(报刊言论) 《人的高贵在于灵魂》(随笔)	《成功》(杂感) 《创造学思想录》(随想录) 《学问与智慧》(论辩文) 《论美》(哲理散文) 《最苦与最乐》(论辩文)

13 堂课听下来,我看明白了两点:

第一,七年级、八年级、九年级,毫无差别。九年级老师所教的东西,就是七年级老师教过的东西——九年级最后一堂课老师竟然还在教"怎么区分论题和论点"。如果九年级学生竟然连"怎么区分论题和论点"还没搞清楚,那么,七年级、八年级的议论文教学在教什么呢?到底有没有教会点学生什么?

第二,议论文教学"四部曲"的程式。什么叫"议论文教学"呢?先让学生找到论点、论据,不管这篇文章是什么,总而言之,找论点、论据;然后开始命名,这个论据是事实论据,那个论据是道理论据,这个论证是比喻论证,那个论证是对比论证;

---

① 课文出自当地使用的多个版本的初中语文教材。

找完了,开始"瞎"拓展,学生们说一些显然与课文理解不相关的话;拓展完了,教师开始发激情号召语。

有一篇课文,在座的老师应该有教过的——苏教版教材中**培根的《论美》**。

与"议论文教学"的通常程式一样,教师先让学生找论点、论据。其实教学参考书上写得很明白:《论美》这篇文章是一篇"断想式的随笔"。所谓"断想",就是不连贯。而不连贯的意思,就是不能根据论点、论据、论证这个套路来教。教学参考书上还有一处写得更直接:"这篇课文有很大的跳跃性。""跳跃性"就是不能按照严格的思维逻辑去理解。但教师不管,依旧让学生找论点、找论据。

找到以后是命名:事实论据,道理论据,对比论证,等等,贴上标签。

贴完标签以后,依例是"拓展",就是前面讲到的"瞎"拓展。教师开始问:"你觉得哪些人最美啊?"学生很配合,异口同声:"老师最美!"老师最美,当然很好;但是这个"老师最美"和课文里讲的"美德"有关系吗?这篇课文讲的是:所谓"美",不仅仅是形体的美,更是一种精神状态、一种内在的美、一种美德。有学生说:"父母最美!"父母最美,当然很好;但是父母的美,和这里的"美德"有关系吗?学生对课文本身毫无理解,就开始"胡讲"。

拓展以后,就是教师发号召:让我们人人都带着美好的心灵,走好自己的人生路。

那次评课我本想做一件事,请13堂课的老师再把上课的最后那段话(激情结束语)连起来高声念一遍。我猜想,还没有念几个,全场一定哄堂大笑。

我要问的是:老师说的这些话,老师自己相信吗?今天上完一篇课文《安塞腰鼓》,请同学们带着"安塞的精神"走好自己的人生路,学生糊里糊涂带着"精神"回去了。明天换一篇课文《百合花开》,教师又说,请同学们带着"百合的精神"走好自己的人生路,学生又糊里糊涂带着"精神"回去了。第三天,又上一篇课文,又请同学们带着什么"精神"……三天过后,学生脑子该糊掉了。

上面是我对所听这些课的一些评议。我评议的目的不是批评,而是希望老师们来想一想:"阅读教学",到底是怎么回事?阅读教学中的"理解",到底是怎么回事?文学作品的"欣赏"、文学作品的"感受",到底是怎么回事?我们要教给学生的,到底是什么样的"阅读能力"?

教研活动上展示课的教师,都是优秀的教师。如果连优秀的语文教师的课,都是让学生一遍又一遍地找东西,都是让学生在课文中东一点、西一点不停地找东西,都是七年级、八年级、九年级同样地找东西——就像我听的13堂议论文课一样,七年级、八年级、九年级毫无差别,那我们的阅读教学还会有什么指望呢?

阅读教学徘徊于低层次、低水平"扫读"的这种状况,必须改变。阅读教学如何指引学生走向高层次、高水平的"理解",这是我们当前迫切需要研究的课题。

第四章
"散文化"作文造成的写作教学困境

第一节　为什么我国写作课程目标难以具体
　　一、我国的写作课程目标有欠具体
　　二、"文学性的散文"及其不可教性
　　三、写作课程目标无从具体

第二节　为什么"虚情假意"几乎是不治之症
　　一、"不可教性"情势下的"教"与"学"
　　二、由"写自己的真实生活"演变为"胡编乱造"
　　三、被"生动的描写"逼出来的"虚情假意"

第三节　为什么作文教学盛行"俗招"
　　一、看考场"优秀作文"的得优机制
　　二、借"争议作文"透析潜规则

第一节 为什么我国写作课程目标难以具体

这早就不是秘密：在我国中小学的语文课里，几乎没有写作教学。观察大量课例得知，中小学的作文教学，主要在以下两个阶段。

一是在写之前，主要的工作是指导学生审题，或使学生进入写作的情景，或有构思的激发乃至训练。这一阶段主要解决"写什么"的问题，对"怎么写"只有原则性的引导或要求。

二是在写之后，教师对学生的作文进行讲评，或展示好的作文，或做提升作文档次的修缮，有时是教师介绍批卷的感观，或解释本次作文打分的标准。这一阶段主要解决"写得怎么样"的问题，对学生是"怎么写"的，则很少顾及。

中小学有"当堂作文"一说，但所谓"当堂作文"，只是给学生写作的时间罢了，具体的写作过程，教师很少顾及，更缺乏有效的指导。

为何我们的语文课几乎没有写作教学呢？这自然可以罗列很多原因，如教材的原因、教师的原因等。但按我们的判断准则，在语文教学实践中长时期地、大规模地出现的问题，一定与语文课程研制、与语文课程标准研制有直接的关系。

一、我国的写作课程目标有欠具体

下面列举国内外几个语文课程标准中与写作有关的条目，以供比较。

1.《全日制义务教育语文课程标准(实验稿)》(2001年版)第四学段的写作课程目标[①]

  1. 写作时考虑不同的目的和对象。
  2. 写作要感情真挚，力求表达自己对自然、社会、人生的独特感受和

[①]《义务教育语文课程标准(2011年版)》条目略有修改，但主要内容与2001年版基本一样。

真切体验。

3. 多角度地观察生活，发现生活的丰富多彩，捕捉事物的特征，力求有创意的表达。

4. 根据表达的中心，选择恰当的表达方式。合理安排内容的先后和详略，条理清楚地表达自己的意思。运用联想和想象，丰富表达的内容。

5. 写记叙文，做到内容具体；写简单的说明文，做到明白清楚；写简单的议论文，努力做到有理有据；根据生活需要，写日常应用文。

6. 能从文章中提取主要信息，进行缩写；能根据文章的内在联系和自己的合理想象，进行扩写、续写；能变换文章的文体或表达方式等，进行改写。

7. 有独立完成写作的意识，注重写作过程中搜集素材、构思立意、列纲起草、修改加工等环节。

8. 养成修改自己作文的习惯，修改时能借助语感和语法修辞常识，做到文从字顺。能与他人交流写作心得，互相评改作文，以分享感受，沟通见解。

9. 能正确使用常用的标点符号。

10. 作文每学年一般不少于14次，其他练笔不少于1万字。45分钟能完成不少于500字的习作。

2.《普通高中语文课程标准(实验)》(2003年版)"表达与交流"部分的写作课程目标(摘录)

1. 学会多角度地观察生活，丰富生活经历和情感体验，对自然、社会和人生有自己的感受和思考。

2. 能考虑不同的目的要求，以负责的态度陈述自己的看法，表达真情实感，培育科学理性精神。

3. 书面表达要观点明确，内容充实，感情真实健康；思路清晰连贯，能围绕中心选取材料，合理安排结构。在表达实践中发展形象思维和逻辑思维，发展创造性思维。

4. 力求有个性、有创意地表达,根据个人特长和兴趣自主写作。在生活和学习中多方面地积累素材,多想多写,做到有感而发。

5. 进一步提高记叙、说明、描写、议论、抒情等基本表达能力,并努力学习综合运用多种表达方式。能调动自己的语言积累,推敲、锤炼语言,表达力求准确、鲜明、生动。

6. 能独立修改自己的文章,结合所学语文知识,多写多改,养成切磋交流的习惯。乐于相互展示和评价写作成果。45分钟能写600字左右的文章。课外练笔不少于2万字。

3. 美国纽约州《英语语言艺术课程标准》四年级的写作课程目标①

文 化 能 力	能 力 指 标
四年级期间学生必须掌握的符合4个英语语言艺术学习标准的总体写作能力: 拼写 • 在作文中正确拼写以前学过的和/或常用的单词 • 在作文中正确拼写以前学过的符合拼写准则的单词 书写 • 使用能够辨认的印刷字体或草写体 作文 • 用作文形式对文学作品和信息传达文章阅读中的提示作出反应 • 利用不同结构类型,如时间/顺序、原因/结果和比较/对比进行各种风格的写作 • 写作时利用各种印刷和电子媒体 • 运用写作过程(写作前准备、写草稿、内容修改、校改和编辑)写各种作文	四年级学生学习写作时应该掌握的能力指标: **标准1**:学生进行获取信息和理解方面的听说读写活动 • 听教师讲课和独立写作时用笔记形式记录资料、事实和内容 • 描述主要观点并以细节支持 • 在说明文中运用比较/对比、原因/结果和时间/顺序等结构类型 • 运用适合年龄的字典和/或电脑软件等各种资源正确拼写单词 • 写出展示对某主题理解的清楚、有结构、有条理的解释、报告、指令说明等 • 用文章中的细节支持理解和解释 • 建立包括信息传达文章的作文档案,作为和老师及父母/看护者一起检查作文能力是否提高的一种方法 • 比较和对比从两种资料来源获得的观点和信息 • 在他人帮助下为图表写标签和说明,传达信息 **标准2**:学生将进行文学思考和表达方面的听说读写活动 • 写出有创意的文学作品 - 运用对话创作短剧 - 使用生动和幽默语言

---

① 洪宗礼,柳士镇,倪文锦.母语教材研究(6)[M].南京:江苏教育出版社,2007:131.

续表

文化能力	能力指标
• 使用适合本年级的词汇和不同的句子结构 • 写出有逻辑顺序的句子，并将这些句子组织成段落来发展作文观点和内容 • 独立检查作文，使用符合本年级水平的拼写、标点符号、大小写和动词时态 • 根据作文的读者和写作目的使用不同的语调、词汇和句型结构 • 写作时表达个人观点 • 开始使用文学手法，如明喻和形象化语言 • 写报告时至少参考两种资料来源 • 和教师及同学一起检查作文，并能对他们提供的反馈意见作出反应 **写作兴趣** • 主动针对不同读者写作，交流观点和情感 • 主动针对不同目的写作 • 在各种场合展示作文，如教室里、学校或因特网上	• 写作解释和反思作文 - 描写文学要素，如情节、背景和人物 - 描写文学作品主题 - 比较和对比作品的要素 • 针对所读或听的小说写出思路清晰、有条理的思考文章，利用小说中的细节支持对人物和事件的理解 • 创作能体现领悟力、语言发展、作文结构和有效生动地运用语言的虚构小说和个人记叙文 • 运用个人经历和从文章或演出作品中获得的主题等资源激发自己的写作 • 运用电脑创作、思考和理解文学作品 • 建立包括文学创作类作文和理解性作文的作文档案，作为和教师及父母/看护人检查作文是否进步的一种方法 • 在他人帮助下总结情节 • 在他人帮助下描述人物并说明他们的变化 • 在他人帮助下描述背景并认识到背景对小说的重要性 • 在他人帮助下针对作品得出结论 **标准3**：学生将进行批判性分析和评论方面的听说读写活动 • 运用语义网络和维恩图等写作前的准备策略组织观点和信息，列出写作提纲 • 描述中心思想、主题或观点，提供支持细节 • 运用相关例子、理由和解释支持观点 • 表达观点、作出判断，这些观点和判断表明个人看问题的角度 • 运用个人经历和知识分析和评论新观点 • 分析和评论作者在书面和影视作品中对背景、情节、人物、韵脚、节奏和语言的运用 • 在劝说和说明文章中有效运用词汇 • 运用小说或文章中的细节进行预测、解释或说明信息和事件之间的关系 • 运用两种或两种以上资料来源中的观点概括原因、结果或其他关系 • 建立包括书面分析和评论的作文档案作为和教师及父母/看护人检查作文进步与否的一种方法 **标准4**：学生将进行社会交际方面的听说读写活动 • 和同学及成人分享写作过程，如和同伴一起写作文 • 考虑文章接收人的年龄、性别、社会地位和文化传统 • 在文章中表达个人观点，使读者能了解作者观点 • 建立针对社会交际而写的文章的作文档案，作为和教师及父母/看护人检查作文进步与否的一种方法

4. 南非《语文课程标准》10—12 年级的写作课程目标(片段)[①]

◇ 学习结果 3：写作和发表

学生能够运用适合各种语境的写作常规和作文形式，针对各种目的和读者写作和发表作品。

◇ 10 年级 考核标准

学生将能够：

展示针对具体目的、读者和语境而写作的计划能力：

说明写作任务的要求；

了解写作任务针对的读者和具体写作目的，如叙述、娱乐、劝说、辩论、解释、通知、分析、描述和语言操控等；

了解和说明所写语篇的类型，如虚构的、信息性的、创造性的、应用性的、多媒体语篇等；

确定并应用恰当的风格、看问题的角度和文章的格式；

从不同的资料来源中研究主题，并记录研究结果；从不同资料来源查找、选择、组织和综合相关资料；

将所选择资料从一种形式转换成另一种形式，如从图表形式转换成段落描写形式；

连贯地发展思路，并运用脑图、图表、关键词、流程图等技巧组织这些思路；

运用一些视觉和布局要素。

在草稿中运用写作策略和技巧：

在思路整理阶段就运用中心思想和辅助观点的技巧；

为创意写作目的尝试使用不同文章格式和风格；

识别和恰当运用一些风格手法和修辞手法，如比喻语言、选词、形象化描写、个人化语气和风格、语调、象征、色彩、定位和声音；

运用不同句子种类、长度和结构；

运用段落技巧，如运用主题句、开头和结尾、段落的逻辑发展、因果关

---

① 洪宗礼,柳士镇,倪文锦.母语教材研究(6)[M].南京：江苏教育出版社,2007：506—507.

系、比较和对比等,连贯表达内容;

　　运用连接词、代词、副词和介词等逻辑关联词使语言衔接。

思考、分析和评论自己的作品,考虑他人提出的意见,发表完成的作文稿:

　　运用统一标准从整体上评论自己的作文和他人的作文,进一步修改;

　　思考文章整体结构,使文章更加衔接和连贯;

　　思考作文的内容、风格、语体和效果是否符合写作目的、读者和语境;

　　提高敏感度,维持自己的观点及/或论点;

　　修改用词、句子结构和段落结构,删除歧义、冗长、冗余、俚语、冒犯性语言,不必要的行话和误用词语;

　　表现对人权、社会、文化、环境和伦理道德问题的敏感性,如性别、种族、残疾、年龄、地位、贫困、生活方式、种族起源、宗教、艾滋病及其他疾病、全球化;

　　修改文字和内容,完成作文草稿;

　　发表(展示)完成的作文稿,注意恰当的风格,如整洁的版面或醒目的、色彩丰富的海报等。

5. 荷兰《中学语文课程标准》的写作课程目标(片段)[①]

C 方面: 写作技能

　　17. 学生需能够辨认某种文章格式的特定特征,并且在写作时列出这些特征。该文章类型为:

　　－广告;

　　－信件;

　　－表格;

　　－报告;

　　－计划文本。

　　18. 学生需能够为写作作业做好准备。他们需熟悉的准备形式为:

---

① 洪宗礼,柳士镇,倪文锦. 母语教材研究(6)[M]. 南京:江苏教育出版社,2007:298—299.

- 头脑风暴;

- 组织自己的想法和概念;

- 选择、组织和处理信息;

- 整理所涉及的主要观点。

19. 学生需能够组织一篇文章,分为序言、正文、结尾,使用段落和副标题。

20. 利用已给的和自己取得的信息,学生需能够根据下列目标进行写作:

向读者传递信息或从读者获取信息;

使读者相信某事;

说服读者做某事。

这样的文章需适合于下列读者群:

- 朋友和亲戚;

- 同学或其他学校同龄人;

- 陌生的读者或官员。

21. 学生需能够为他们自己的文章提供实际的说明并适当设计文章。

22. 学生需熟悉动词形式拼写的规则,使这些规则得到正确应用,能够辨认一个句子中的主语、动词形式和动词谓语。

23. 在写作时,学生需能够遵守拼写、标点和音域的规则和惯例,如有必要可借助字典。

24. 学生需能够批判性地评价他们自己的和其他的文章,尽可能予以提高。为达到此目的,学生需能够:

- 复阅和评价自己所写和其他人所写的文章;

- 就文章的改进提出建议;

- 重写自己曾写过的文章,符合其他人的反馈和建议;

- 就将来写作作业的完成得出结论。

25. 学生需能够使用字处理软件来写作、编辑和设计文章。

上面列举的中外语文课程标准中与写作有关的片段,有相同、相似的地方,也有明显的差异。直观的印象,是我国的语文课程目标有欠具体。

那么,在语文课程标准研制中我们能不能使写作教学的目标更具体些呢？为什么我们过去数十年间的几代语文教学大纲目标都不具体,甚至到现在,语文课程标准还是有欠具体呢？我们的语文课几乎没有写作教学,这是不是与语文教学大纲、课程标准的目标不具体有因果关系呢？

二、"文学性的散文"及其不可教性

关于"作文""习作""写作""表达"等名目的取舍,在语文教育研究中已有不少讨论乃至争论。之所以关注名目的问题,是因为大家感到中小学作文教学出现了问题,而且是比较严重的问题。与语文教育其他领域的研究一样,大家对作文教学问题的关注点,也是其价值导向问题；近十年语文课程改革在作文教学方面的主要努力,就是倡导新理念、树立新导向。而新理念、新导向的核心,则是提倡写"真情实感"。

这里似乎隐含着这样一种逻辑：如果学生们写了自己的"真情实感",那么作文教学中的种种问题便会迎刃而解。大家是这样提问的：怎么才能使学生写出自己的真情实感？或者反过来问：是什么阻碍了学生表达自己的真情实感？

于是寻找"病根",如"语文知识"、如"命题作文"、如"作文的程式化"；于是开出"药方",如设法"丰富学生的生活"、如推行"情景作文"、如采用"话题作文"、如提倡"个性写作""创意表达""生命作文"。

然而不能写出"真情实感"的问题,好像依旧存在,甚至依旧很普遍地存在着,而且改变的希望还不大。也就是说,我们的种种筹划,并没有获得成功,而且看起来也不大会成功。

而这种不成功,很可能是我们在认知上出了偏差。在我看来,问题本来应该是这样提出的：我们在让学生写什么样的文章？这样的文章,学生们能表达自己的真情实感吗？在我看来,只有上述这两个问题有了答案之后,我们才能够进而讨论"怎么使学生写出自己的真情实感"的问题。

凡写作总有体式。"让学生写什么样的文章",换一种说法,就是"让学生写什么体式的文章"。

大量的证据告诉我们,我们语文课程里学生在学、在写、在考的,是"文学性的散文":小学是"记叙性(描述性)的散文",初中由"记叙性的散文"过渡到"议论性的散文",高中则主要写"议论性的散文",或者叫"夹叙夹议"的"随笔"①。

我们希望学生们能写的"好文章",准确的说法,其实就是"好的文学性散文"②。这有两个标志:其一,内容新鲜;其二,表述生动。"内容新鲜"的含义,就是"独创"。从逻辑上讲,"独创"的内容源于自己(作者)的真情实感。"表述生动"则有两层意思:一是结构巧妙,二是语言"带有文学的意味",即有"好词好句";两者合二为一,也就是形式的"独创"。从逻辑上讲,"独创"的形式是为了表达自己(作者)的真情实感。

内容"独创"、形式"独创",这正是"散文"的特点——准确来说,是"好散文"的特点。

现在的问题是:在我们的语文课程里,教师能教会学生写内容"独创"、形式"独创"的"好散文"吗?

答案是"不能"。其道理如下。

第一,内容"独创"、形式"独创"的好散文,具有"不可教性"。或者可以这样表述:写作"文学性的散文",是作者(学生)自发、自为、自创的,谓之"创作";要内容"独创"、形式"独创",作者(学生)只可自遇而不能外求他人。换句话说,要让学生写出"好散文",语文教师只能起到"催生"的作用——如"丰富学生的生活",提倡"情景作文""个性写作""创意表达""生命作文"等,其实都是"催生"的办法,包括传统语文教学一直强调的"揣摩"。

第二,写作教学的"教学",如果按通常的意思把它理解成"训练"的话,那么就很可能阻碍,乃至扼杀学生的"独创"。"教学"按其本性,只能教已有的东西,比如,教学生散文的知识或如何写散文的知识,比如,教学生如何模仿好的例文,等等。这样,就势必偏向于散文的形式方面,也就是散文写作的规范或技巧。问题是好散文的"文体不拘一格"③,问题是"文学性的散文"没有规范。根据南帆的研究,"散文

---

① 只要翻一翻小学、中学的"优秀作文集",看一看历年中考、高考的作文题,就足以印证。
② 我将之称为"小文人语篇"。正如刘锡庆所指出的,我国中小学生的作文,"实际上是'散文'的习作","其特点及写作要求大略与'散文'相同,只是由于它'文学性'不足,一般较难跨入文学文体中'散文'的殿堂。"(刘锡庆. 基础写作学[M]. 北京:中央广播电视大学出版社,1985:156.)网上曾有一个学习统编版语文教材作文系列的材料,提出可以分为八个系列进行中考作文训练:审对题与立好意;选材不俗套,从容有料;首尾呼应,点题精彩;人物描写神采飞扬;环境描写相得益彰;情节有起伏,构思不随意;掌握多种结构,让人眼前一亮;给文章添上议论抒情的翅膀。
③ 南帆. 文学的维度[M]. 上海:上海三联书店,1998:277.

含有反文类倾向"①,"散文的首要特征就是无特征"②,甚至有作家宣称,"一讲规范,散文就死",也就是走向"程式化"。这样,散文的"不拘一格"与"训练"的"必须一格",就会产生对立。偏向于形式方面而进行规范或技巧的"训练",很难与真情实感的"自然抒发"融合在一起。

综合上述两个方面,似乎可以得出这样的结论:按写作的正途,内容"独创"、形式"独创"的"文学性的散文",不能够"教",也不可以"教";而只能采用种种"催生"的办法,引领学生进入自发的"创作"。

三、写作课程目标无从具体

不能够"教"、不可以"教",也就不会有固定的、必学的知识内容,因而也就不太可能制定像国外那样的写作课程内容标准。内容"独创"、形式"独创",也就不会有人人必须达到的、统一的作文指标,因而也就很难制定出像国外那样的作文技能评价标准。这样,以"文学性的散文"为写作对象的我国语文课程标准,在课程目标的制定上,就不容易具体了,而且似乎也没有东西可以被具体。

我国在制定语文课程标准过程中对写作课程目标的研制,所依循的恐怕就是这样一套逻辑。

以 2001 年颁布的《全日制义务教育语文课程标准(实验稿)》和 2003 年颁布的《普通高中语文课程标准(实验)》为例,小学、初中、高中的写作课程目标,总体上可以归结为两句话:

(1) 写什么都可以:力求表达自己的独特感受和真切体验。

(2) 怎么写都可以:力求有个性、有创意地表达。

显然,需写或要写的,均指向"文学性的散文"。

下面是上述两个标准中关于"写什么"与原则性的"怎么写"的主要条目,以供印证。

1.《全日制义务教育语文课程标准(实验稿)》中与写作课程目标有关的主要条目

第一学段(1—2 年级)

◎ 对写话有兴趣,留心周围事物,写自己想说的话,写想象中的

---

① 南帆.文学的维度[M].上海:上海三联书店,1998:279.
② 南帆.文学的维度[M].上海:上海三联书店,1998:278.

事物。

第二学段(3—4 年级)

◎ 能不拘形式地写下见闻、感受和想象,注意表现自己觉得新奇有趣的或印象最深、最受感动的内容。

第三学段(5—6 年级)

◎ 养成留心观察周围事物的习惯,有意识地丰富自己的见闻,珍视个人的独特感受,积累习作素材。

◎ 能写简单的记实作文和想象作文,内容具体,感情真实。

第四学段(7—9 年级)

◎ 写作要感情真挚,力求表达自己对自然、社会、人生的独特感受和真切体验。

◎ 多角度地观察生活,发现生活的丰富多彩,捕捉事物的特征,力求有创意地表达。

◎ 根据表达的中心,选择恰当的表达方式。合理安排内容的先后和详略,条理清楚地表达自己的意思。运用联想和想象,丰富表达的内容。

◎ 写记叙文,做到内容具体;写简单的说明文,做到明白清楚;写简单的议论文,努力做到有理有据;根据生活需要,写日常应用文。

2.《普通高中语文课程标准(实验)》中与写作课程目标有关的主要条目

◎ 学会多角度地观察生活,丰富生活经历和情感体验,对自然、社会和人生有自己的感受和思考。

◎ 能考虑不同的目的要求,以负责的态度陈述自己的看法,表达真情实感,培育科学理性精神。

◎ 书面表达要观点明确,内容充实,感情真实健康;思路清晰连贯,能围绕中心选取材料,合理安排结构。在表达实践中发展形象思维和逻辑思维,发展创造性思维。

◎ 力求有个性、有创意地表达,根据个人特长和兴趣自主写作。在生活和学习中多方面地积累素材,多想多写,做到有感而发。

没有固定的、必学的知识内容,没有人人必须达到的、统一的作文技能指标,而只能采用"催生"的办法引领学生进入自发"创作",这就使得作文的课堂教学难以操作,似乎作文"教学"(训练)也无大的必要,甚至反而还会起负面的效果:写作好的学生一致认为,自己能写出好文章(文学性的散文),与语文课堂教学没有什么直接的关系;有经验的语文教师一致认为,学生的好文章(文学性的散文)不是"教"出来的。

第二节 为什么"虚情假意"几乎是不治之症

一、"不可教性"情势下的"教"与"学"

问题是,能自行做到"力求表达自己的独特感受和真切体验""力求有个性、有创意地表达"的学生很少。问题是,所谓的"写什么都可以""怎么写都可以",事实上是受制约的,而且受到了强力的制约。

于是,就有"教"与"学"的必须。

凡"教学",必有课程内容,并落实到具体的教学内容上。于是,在"写什么""怎么写"的强力制约下,便衍生出"文学性的散文"的写作课程内容。

"写什么"的强力制约,源于三个方面:一是课程标准,规限了"写什么"的价值导向,作文要"感情真实健康";二是教材及考试,建议或规定了须写什么样或哪些方面的内容;三是学生,学生自身对生活的观察、发现和感受,学生对自然、社会和人生的感受、思考的积累和能力。上述三个方面相互影响,相互之间也会有矛盾冲突。

"怎么写"的强力制约,也源于三个方面:一是课程标准的规限、指引,比如,"根据表达的中心,选择恰当的表达方式"等;二是教材及考试,往往具体地界定着"应该怎么写"或"必须怎么写",比如,"合理地安排内容的先后和详略,条理清楚地表达自己的意思",什么叫"合理安排"呢?即内容的先后,怎么样才算合理安排?内容的详略,该如何?又怎么样才算合理安排呢?这些,通常是由教材来具体解释并由作文的评价指标形成强制性的写作要求;三是教师,教师对"应该怎么写"或"必须怎么写"的理解,并把他或她的理解转化为具体的教学内容。上述三个方面相互影响,相互之间也会有矛盾冲突。

而"写什么"与"怎么写"之间也是相互影响的,两者之间同样会有矛盾冲突。

对于"文学性的散文"来说,在"不可教性"情势下的"教"与"学",以及上述各方面的矛盾冲突,最终都聚焦到教师对"应该怎么写"或"必须怎么写"的理解与学生所具有的"对生活的观察、发现和感受,对自然、社会和人生的感受、思考的积累和能力"之间的矛盾冲突。也就是说,聚焦到教师所实施的写作教学内容(课程内容)与学生所具有的生活经验之间的矛盾冲突。

显然没有教师喜欢学生说假话,显然也没有学生愿意说假话;但学生事实上在说假话,教师事实上在鼓励学生说假话。这是怎么回事呢？我以为,这恐怕不单是个"理念"的问题,其中必有不得不如此、不能不如此的隐情。

而隐情之一,就是形式的"训练"与"真情实感"的自然抒发在本性上有矛盾、相冲突。冲突的结果,是形式"训练"压倒了真情实感的"自然抒发"。也就是说,在语文课程里的写作,学生不得不为了形式的"训练"去选取内容,内容不得不迁就形式的需要,乃至为了某种形式不得不去假造内容。

二、 由"写自己的真实生活"演变为"胡编乱造"

关于"写什么"的强力制约,语文教育界通常是从写作内容的价值导向或写作命题与学生生活经验相脱离这些角度来讨论的。章熊的研究表明：我国的写作学专家绝大多数都将"主旨""主题""思想"等列入"写作要素"(写作能力)的首位,承继着"文以载道"的传统;而语文教学法专家对写作能力的分析,无一例外地都把"审题"放在最突出的位置,"把它提高到几乎决定文章成败的地步"[①]。

这样的讨论是有意义的。确实,"主旨""主题""思想"等,如果对其做狭隘的理解甚至上纲上线的要求,"虚情假意"乃至"胡编乱造"在所难免。比如,下面这篇作文。

发生在我身边的一件事

去年冬天的一个早晨,我坐车去一位同学家。车上人真多,行了几站,我才好不容易挤到一个座位。刚坐下,我便发现车门口上来了一位老大娘。我想让座,但又不大情愿,便索性闭起眼假装没看见。

---

① 章熊.中学生写作能力的目标定位[J].课程·教材·教法,2000(05)：31—35.

汽车继续跑着，突然，我听到后面座位上有人说："老大娘，您坐这个位子吧！"我转头一看，原来是个八九岁的小男孩，指着他的座位对老大娘说……

　　小男孩站在我身边，我仔细地打量了他，却发现他左腿的裤管空荡荡的。噢！他是个残疾人！我顿时感到脸发烧，脑袋嗡嗡直响。多好的孩子啊！自己是残疾人却把座位让给别人，而我又是多么自私啊！……

　　但是，单从"主旨""主题""思想"这样的角度，讨论是不够深入的，甚至是表面的。我认为，中小学的作文之所以"虚情假意"乃至"胡编乱造"，有更深刻的原因。

　　以记叙文为例。写作教学中所写的记叙文，长期以来，是要求学生写自己真实经历的事件(体现散文的写实性)。于是，有一位小学生写了自己这样一段真实的经历：

　　今天我起来太晚了，急急忙忙穿衣洗漱，整理书包，冲出门往学校赶。走出门外，我看到……。走到街的拐角处，我看到……。走过红绿灯，我看到……。走到……，我看到……。终于，我走进了学校大门。

　　那么，这样一篇作文，老师会给学生多少分呢？很少吧，或许60分，很可能还会要求这位学生"重写"。

　　为什么给这么少的分甚至要求"重写"呢？请注意，老师也许会感觉到这样的作文没有价值、没有写出积极的主旨、没有写出"闪光点"；但是，从我接触到的语文教师来看，对这样的作文，语文教师还不至于如此地"讲政治"。语文教师通常是从写作方法的角度来对待的，对这篇作文的评语通常是"平铺直叙，铺流水账"。也就是说，语文教师通常是从形式"训练"的角度来指导学生写作的，目的是教会学生学习"好的记叙"，或叫"生动的记叙"。

　　记叙，即叙述、叙事。记叙是动的，与时间相关，记叙人物、事件的变化和发展历程。写实的文章，记叙主要有顺叙(直叙)和倒叙。顺序或直叙，就是照着自然发生的顺序写，这是最自然的写法，也是基本的写法。那么，什么是"好的记叙"呢？据王鼎钧的研究[①]，直叙要生动，有以下三个条件。

---

① 王鼎钧.作文七巧[M].北京：国际文化出版公司，2007：14.

（1）起落。起落是读者反应的强弱。记叙不宜平铺，事情本身有起落，写出来的记叙文也就有起落；如事情本身的起落感不强，就要采用倒叙等补救办法。

（2）详略。详略指在取材方面，重要的详写，不那么重要的略写，不重要的不写。取材有主从，所以文笔有繁简，不宜平均。

（3）表里。指作文材料的显隐。大家都能看到的，是表层，而偶尔露出事情真相、引起读者想象和推论的，则是里层。

起落、详略、表里，说的都是选材的事。概而言之，好的记叙，要选本身有波澜起伏的事来写。正如王鼎钧所说，某一篇记叙文之所以生动，多半是因为那件事本身生动；之所以平板，多半是因为那件事本身平板。"也就是说，得有婀娜的身材，才有曲线美好的旗袍。"①

那么，要选本身有波澜起伏的事来写，或写出事情的波澜起伏来，这对写作上面那篇作文的小学生来说，是什么意思呢？意思是，在作文里，他是不能顺顺利利地到学校的。

自然，那位被批"铺流水账"的学生也很快就会学乖。于是他又写出一篇作文：

今天我起来太晚了，急急忙忙穿衣洗漱，整理书包，冲出门往学校赶。
走出门外，我看到……。走到街的拐角处，我看到……。走过红绿灯，突然……

看到了吧，来了"突然"。关键是要有"突然"；有了"突然"，事情才波澜起伏，才像"好的记叙"。

问题是，学生的真实生活，哪来那么多的"突然"？谁也不会希望学生的生活总是遇到"突然"吧！

一方面，学生的真实生活，是"平铺直叙"的（更妥当的说法是"安定健康"）；另一方面，"好的记叙"，又要求写"突然"而来的波澜起伏。这就是难以调和的矛盾冲突！散文是真情实感的写实，与记叙的波澜起伏有天然的矛盾。

或者这样说，在日常的"平铺直叙"的生活中，能够发觉其波澜起伏并用文字表

---

① 王鼎钧.作文七巧[M].北京：国际文化出版公司，2007：14.

现出来,这显然需要具有远远高于绝大多数中小学生的才能——事实上是远远高于绝大多数人的才能,包括语文教师。

语文教师中流行一种十分奇怪的说法,说"学生没有生活",或者说"学生不能从生活中发掘(有意思的)写作素材"。那么,在写出日常生活的波澜起伏这个意义上,语文教师能发掘(有意思的)写作素材吗?绝大多数不能从生活中发掘(有意思的)写作素材的语文教师,能够教会绝大多数学生发觉日常生活的波澜起伏并用文字表现出来吗?答案是不能够。

因此,冲突的结果,就是形式的"训练"击败了"写自己真实的生活",是为了"好的记叙"(实际上是好的作文分数)而有意(故意、执意)"虚情假意",乃至"胡编乱造"。

于是,就层出不穷地滋生出"突然"。下面是一篇在某杂志上发表的"优秀作文":

> 今天是开学的典礼。学校要请一名著名的科学家作报告,所以我们好期待这堂报告。这一天早上起来,骑着自行车,交通有点堵,我心里很急,所以就骑得很快,骑到一个交叉路口,黄灯在闪,我没有停下来,一下就冲过去,不巧碰到一个老人。虽然我有一点抱歉,但是我一想这个开学典礼要去,所以我就没有停下来,就直接往学校赶。到了学校开学典礼的现场,一看大家都坐着,作报告的专家还没来。所以我悄悄地进去找了个座位……

接下来这篇作文几乎所有学生都会写了。一定是这样的:过了一会儿有一个老人一瘸一拐地走了进来。我一看,呀,正是我刚才撞的那位老人。那这个老人在开学典礼要讲的是什么题目?凡是做过中小学生、上过语文课的人,连傻想都能猜出来。

我们好多所谓的"优秀作文"都是这个样子。有一年上海市的中考题目叫"挫折",为了博得批卷老师的同情和关照(为了博得好的作文分数),在那一年的作文里,突然发现上海市竟然有那么多的单亲家庭——因为在作文里,为了分数,学生要么不惜让爸爸病故,要么忍痛让妈妈离世——这样才有波澜起伏的"挫折"呀!而为了自己孩子能上名牌高中的爸爸妈妈,也很能体谅在这种情势下孩子的"所作所为"。每年语文高考,总有好事的记者假模假样地问考生:"今年的作文你写了真情实感吗?"考生的脑子清楚得很,反问:"这个时候的这样的作文,能写真情实感(即能写自己平铺直叙的生活)吗?"

责怪广大的中小学生,责怪从现代语文课程成立以来的历代广大的中小学生,说他们(其实是"我们"——所有经历过中小学语文教育的人)的作文"虚情假意"乃至"胡编乱造",而不会、竟不能写出真情实感,这恐怕是看走了眼。进而在语文课程标准里,像插小红旗式地(修辞化地)不断闪现"真情实感",这似乎也没开对药方。

确实,很大一部分中小学生,从现代语文课程成立以来历代的很大一部分中小学生,其作文是"虚情假意"乃至"胡编乱造"。原因何在?情势使然也。什么情势?我们现在知道,主要是作文的体式问题。

所以,在本书的下编,我们建议中小学采用创意写作的方式,来教学生尝试学习具有文学性的"好的记叙",如小说和戏剧。

三、被"生动的描写"逼出来的"虚情假意"

正如普通人(除作家以外的)在写普通人真实的生活时,往往只能也只需写"平铺直叙"的记叙(主要用于实用文章中的记叙①);作为普通人的大部分中小学生,往往只能也只需会写如《国文百八课》所解说的,"记事物的形状、光景"的"平实的记述",而不必(至少不必过于)追求文学性的描写。

"平实的记述",或称之为"描述";"文学的记述",按《国文百八课》的术语,是"描写"。描述或描写是静的,与空间有关,介绍、呈现、刻画眼睛所能看到的,或理论上可能看到(想象)的静态物象,就是描述。描述是写实,报告所看到的人物场景。文学性的描写,则是生动的、栩栩如生的展现,包括在虚构作品中的描写和非虚构文学作品中(如散文)的描写。

描述或描写,都基于观察。观察有以下三种类型。

(1)日常观察。正常情况下用眼睛就能看到的。在正常的情况下,不同的眼睛所看到的,应该是大致相同的景象。

---

① 夏丏尊、叶圣陶《国文百八课》称之为"平实的叙述"。参见本书"绪论"部分。能写清实用文章中的记叙,是很重要的写作能力。但在我们的中小学写作课程与教学中,培养这样的记叙能力,可以说是完全被丢弃了。

(2) 科学观察。或者是受过专业训练的人所能看到的,如 X 光照片;或者是通过专门仪器可以看到的,如望远镜、显微镜等。科学观察建立在客观基础上,也就是说,同样受过专业训练,或使用同样仪器的人,所看出来的东西应该是一样的。

(3) 文学观察。文学观察,与其说是用眼睛看,不如说是用心看。日常观察、科学观察,都是通过调查可以得到证实的,因而是报告[①]。而文学观察则是主观的,是这一位作者在这一境遇中的独特观感,是由作者的想象、联想、情感、趣味等独特体验所酿造出来的主观之镜像[②]。换言之,是其他人的眼睛所看不到也不可能看到的。比如,《荷塘月色》中的:"正如一粒粒的明珠,又如碧天里的星星,又如新出浴的美人。"这荷花,便是寻常人所不得见,朱自清在平日里也未尝所见的荷花。散文中的写景,往往是作者在文学观察中所产生的主观之景,散文中的写人,往往是饱含作者情感的独特的"这一个"。

来看一个课例:教师出示一幅图片,要学生"仔细观察"。图片是一池湖水,湖里有几只鸳鸯,湖边是青草绿树,一直蔓延到远处的山岗。此时,学生所做的"观察",主要是日常观察,也就是说,不同学生看到的画面,应该大致相同,所以他们所描写的片段,也大致雷同。但教师不这么认为,他希望(要求)学生在"仔细观察"之后,写出有个性的"生动的描写",大致对应于语文课程标准中"多角度地观察生活,发现生活的丰富多彩,捕捉事物的特征,力求有创意地表达"。

"仔细观察"是中小学语文教师教"好的描写"的主要办法;但就像这节课一样,结果自然不能如意。道理很简单,学生所做的是日常观察,而语文教师所希望或要求的"好的描写",必须建立在文学观察的基础之上,是由作者的想象、联想、情感、趣味等独特体验所酿造出来的主观之镜像。

然而,说不定有能写出"好的描写"的学生,如果他或她具有一些文学天分的话;每个班也总有几位写作较好的学生,或许也能写出"貌似好的描写"。

什么是"貌似好的描写"? 一言以蔽之,就是用"好词好句"来展开描写。比如,"小草在阳光下露出笑脸",尽管写出这一句的学生或许一辈子都没有"看见"过这样的景象,自己的心目中也从未产生过这样的主观镜像。

---

① 正如"平实的叙述",长期以来,在我国中小学写作教学中,"平实的记述"几乎完全被丢弃了。在"表达方式"上,我们至今还没有在国外语文课程和 PISA 等国际测试框架中明白列出"报告"这一术语。
② 蔡毅.创造之秘——文学创作发生论[M].北京:人民文学出版社,2002:22—23.

曾几何时,"生动的描写"与"好词好句"之间被画上了等号。

【例1】 也许是被浓郁的芬芳陶醉了,也许是被温暖的阳光晒倦了,我们一起躺在了浓毯般的草地上。在绿色的草丛中隐约闪出几个紫色的"小脑袋",仿佛在怯生生地望着我们。这是紫罗兰——春天原野中最常见的小花。几片绿色的嫩叶托出几支细茎,茎上顶着小小的花蕾。蝶翅状的花瓣有几条银色的细纹。蓝紫的色彩,朴质而淡雅。紫罗兰实在不起眼,矮小得只能在杂草丛中露出半个花冠;微风拂过,它还要频频点头,每一朵花儿就是一张谦逊的笑脸。

【例2】 我的文具盒就如同一座二层的小阁楼,顶层由几个并排的笔筒和两个长方体的"小屋"组成。笔筒中装着各式各样的笔,钢笔、圆珠笔、自动笔和涂改笔,都在这块小天地中生活着;"小屋"里住的当然是橡皮擦了,它似乎有些不高兴,大概是因为今天又来了个新成员——圆规,使它那本来就不大的小天地显得更加拥挤了。底层住着"长条将军"——格尺和削笔刀,从"长条将军"那翻来翻去、得意的神态中,就不难看出,这里一点也不拥挤。

描述或描写,具体是关键,只有具体才会生动,才会营造出身临其境之感。与语文教师的直觉相反,具体的描写,主要靠名词和动词,而不是靠带有评价色彩的形容词——概念化的形容词往往导致不具体和虚假感。

类似上文举例的习作,在现代语文教育成立以来就一直盛行不衰。朱自清当年对此类现象十分恼火,在他看来,学生写的"小品文"多数是"委琐叫嚣","像哪儿捡来似的"的"门面话","到处滥用文学的感情和用语","失去了文学真正的意义"①。

"文学真正的意义",在描写这层意思上,指的是用贴切的语句写出作者的眼之所见、心中所想。

白描是常用的技法。其特点是不用或少用色彩浓烈的修饰性形容词,不加渲染烘托,也不用修辞格,只用质朴而有"骨感"的文字,刻画出事物的特征。如《祝

---

① 蔡清富,孙可中,朱金顺.朱自清选集(第三卷)·论语文教育[M].石家庄:河北教育出版社,1989:38—43.

福》中祥林嫂的外貌描写:"头上扎着白头绳,乌裙,蓝夹袄,月白背心,年纪大约二十六七,脸色青黄,但两颊却还是红的。"

与白描相对的,是现代形成的以大量使用比喻、拟人、夸张等修辞格为特征的"彩绘","彩绘"与其说是描写,不如说是通过描写来抒情,因而在诗歌、散文中被较多使用。

确实,好的文学作品,比如,好的"文学性的散文",是用生动、精致的语言向我们展现栩栩如生的镜像,精准地传达出作者在日常生活中感悟的独特的人生经验。那么,如果剥离了作者独特的人生经验,如果不能在想象中还原作者的主观之镜像,而检索(或称积累)并移用这些好的文学作品中的"好的语言",其结果就是使仿效"文学性的散文"的作文,"失去了文学真正的意义",因而丧失"文学性的散文"的生命。

一方面,描述或描写,基本的技能是可教、能教的。描述或描写,实际上是把瞬间发生的事定格、延长,把综合的物体景观加以分解、特写。学生学习描述或描写,实际上是学习如何把观察到的镜像定格、延长、分解并加以特写[①]。

但是,另一方面,文学性的描写,尤其是散文中的文学性的描写,很大程度上是不可教的,是语文教师不大可能教会学生的。广大的语文教师具有较强的文学观察能力与相应的文字表现力吗?或者,具有文学观察及相应文字表现的真切体验吗?不具有较强能力或真切体验的语文教师,能够培养学生较强的文学观察能力与相应的文字表现力吗?答案是不能够。那么,不能够而强行要教、在教,学生所获得的是什么呢?答曰:"貌似'好的描写'"。

而对于"貌似'好的描写'",朱自清早有定论,叫"委琐叫嚣"[②],用当今的话语,也就是"虚情假意"。

表4-1是在中国期刊网以"如何进行景物描写"为关键词进行搜索而获取的典型材料,直观地反映出我国语文教学从小学到高中12年,在反复训练"貌似'好的描写'"的过程中,所采取的主要教学内容。

[①] 但这些基本技能,在我国中小学语文课程与教学中,几乎从来没有被教过。参见表4-1我国语文教学中反复训练的"景物描写的方法"汇集。

[②] 蔡清富,孙可中,朱金顺.朱自清选集(第三卷)·论语文教育[M].石家庄:河北教育出版社,1989:43.

表4-1 我国语文教学中反复训练的"景物描写的方法"汇集①

序号	景物描写的方法
A②	1. 抓住特点,使景物具有个性 2. 安排顺序,让景物富有层次感 3. 调动各种感官,使景物生动逼真 4. 融情于景,情景交融 5. 运用比喻、拟人等修辞手法;动静结合;虚实相生
B③	1. 仔细观察所写景物,善于抓住景物特征,通过不同视角来表现景物 2. 景物描写要有顺序,做到井然有序 3. 可以运用多种修辞手法,使景物生动逼真地展示在读者面前 4. 描写景物的同时要融入自己的感情,做到情景交融、寓情于景 5. 写景时要明确写景的作用,不要为了写景而写景
C④	1. 运用多种感官,描写更精彩 2. 带上人物心情,描写更感人 3. 展开合理想象,描写更传神 4. 动静相互结合,描写更具体 5. 人景相互陪衬,描写更深入
D⑤	1. 白描法 2. 使用修辞法(常用的修辞方法有比喻、拟人、排比等) 3. 感觉组合法 4. 色彩搭配法

第三节 为什么作文教学盛行"俗招"

一、看考场"优秀作文"的得优机制

正如一位老师所说⑥：

> 对付应试作文有些俗招,虽然不是写作的正途,但是有用。比如,写

---

① 王荣生,高晶.阅读教学教什么[M].上海:华东师范大学出版社,2016：48.
② 黄绍文.景之美,情之真——如何描写景物[J].写作,2013(Z4)：24—25.
③ 薛英.如何指导学生进行景物描写[J].语文教学与研究,2014(17)：39.
④ 端木爱玉.追求灵动的表达——指导景物描写的几点尝试[J].小学教学(语文版),2008(04)：37—38.
⑤ 李百兴.景物描写的常用方法[J].新课程学习(中),2014(02)：90—91.
⑥ 王栋生.在理想与生存之间——谈两种写作状态[J].语文学习,2004(02)：19—22.

议论文：最好用一句话开头，要会写一段漂亮的话（要有感情、有高度），分论点要排列整齐，例证要新鲜，要有点雄辩的样子，一般有五六个段就可以了，不要搞得太碎，来几个排比句，或者几个反问，结尾收束时不要说空话，编故事要合情理，记叙文要有点"煽情"……友人认为老师不应该教这些东西，可是我们应该明白这不是理想的写作，而是为了生存的写作。为了学生的生存，这样的做法也没有什么可指责的；况且以现今的阅卷水平和形式，用这种办法去"混分"也是一种必然。

结果是课程标准所倡导的"理想的写作"与语文教学不得不从事的"为了生存的写作"分裂了。结果是为了考试而巧用"俗招"的"文学性的散文"，压倒了本来应该基于"真情实感"的"文学性的散文"。

这样，"我们在让学生写什么样的文章？"的问题就被转变成了另外一个问题："学生不得不写的是什么样的文章？"——正是这个问题的答案，成了语文教学中实际上在通行的"事实的语文课程标准"。

而学生们和语文老师们对这个问题的一致回答是："作文"——也就是巧用"俗招"的"文学性的散文"。

"作文"是中小学特有的事物，它一头连着"写作能力"的培养，一头连着各式各样的考试，尤其是高考和中考。从顺序上看，似乎培养在前，考试在后。因为考试是对学生"写作能力"的检测，也间接地进行着对学校培养状况的评估。但从逻辑上讲，却应该考试在前，培养在后。因为要培养的是什么样的"写作能力"，乃至什么样的东西叫"作文"，定夺于高考、中考这样的权威考试。

这样，动态的"写作能力"就被转化为静态的"试卷得分"，形成性的"写作能力"培养问题就被转化为供批卷打分的作文品质问题。什么是较强的"写作能力"呢？考试得分较高的作文是也。什么是较弱的"写作能力"呢？考试得分较低的作文是也。因此，所谓培养较高的"写作能力"，也就被具体地演化为要学生写出能得到高分的"优秀作文"。

权威考试塑造了"写作能力"，也塑造着中小学的"作文"。在课程标准的目标与教学中实际通行的目标较为一致的情况下，在有相对固定的写作规范与技巧因而较适宜于"训练"的文章体式中，动态的"写作能力"与静态的"试卷得分"一般也会有较为一致的关系。也就是说，课程标准与考试的评价标准能保持较为一致的关系。

然而在课程标准的"理想目标"与教学中流行的"事实目标"分裂的情况下,对"文学性的散文"这种体式来说,尤其是对追求内容"独创"、形式"独创"的"文学性的散文"而言,"作文"的内涵要随试卷的风向而变动,"写作能力"的界定要随"优秀作文"的模样而转移。

换句话说,这一次考试的"写作能力"强,未必下一次考试"能力"也强;这一次考试中的"优秀作文",在下一次考试中未必是"优秀作文";甚至在这个人眼里的"优秀作文",未必是那个人眼里的"优秀作文"。

这就使得"俗招"带有了很强的时效性,即"俗招"必须随考试的风向而不停地变化。这就使得教师和学生要不断地去发现乃至发明"俗招";巧用"俗招"的真实含义,是要用能应对考试新动向的"俗招",是要用能使这一届中考、高考阅卷教师"眼睛一亮"的"俗招"。从这个意义上讲,我国中小学的"作文",在本质上是与应试挂钩的;中小学所培养的"写作能力",很大程度上就是应试的能力。

大量的证据告诉我们:我们语文课程里学生在学、在写、在考的文章,是"文学性的散文"。我们所欲培养的"阅读能力",其实是阅读"文学性的散文"的能力;所欲培养的"写作能力",实际上写的是"小文人语篇",也就是被中高考所定义的"优秀作文"——用"好词好句"构造的"乖巧散文"。学生被教会的,很可能是一种"套用"(抄袭)材料的"宿构"能力,一种言不由衷、"大话"、"套话"连篇的"说话"能力,而不是真实情形中契合人生日用的书面表达能力和口语沟通能力。

二、借"争议作文"透析潜规则

"争议作文"实际上是"优秀作文"的特例,它处在"优秀作文"上下左右的边缘上,打个比方,好像落在划界上的足球,这也就是为什么我国的"作文教学研究"会热衷于"争议作文"的讨论。

与踢球一样,"优秀作文"也有人为(人定)的准则;所不同的是,"优秀作文"的准则大多是潜藏的,并且随试卷的风向而变动。因此,所谓"作文教学研究",很大程度上就是揭示隐藏在"优秀作文"中的潜规则,而"争议作文"为这种揭示提供了很大的便利。"争议作文"之所以引发争议,是因为它在敏感处触到了准则的底线,就像落在划界边缘上的球,把人们的注意力由对球的评价,引到了对规则本身的讨论。

换句话说,与其说"争议作文"是对某一篇作文之争议,毋宁说是对这篇作文所触及的准则之争议,争议导致潜规则显形。研究"争议作文"的现实目的,是揭示"优秀作文"何以优秀或何以不能优秀的种种准则,从而研制出有针对性的"俗招"。

下面所列的12项是近些年"争议作文"的争议点,围绕这12个"争议点"的讨论,几乎是我国当代"作文教学研究"的全貌。

1. 主题立意:积极,消极?
2. 切题,还是离题?
3. "我"共性,个性?
4. 说真话,写真实乎?
5. 真情,还是造假?
6. 文采,抑或浮华?
7. 模仿(化用),或者抄袭?
8. 文体变异:是邪,非邪?
9. 网络语言影响:好事,坏事?
10. 高考作文写诗:赞同,反对?
11. 教师作文评分:审美疲劳?
12. 新概念作文:何去何从?

很多人认为,语文课程与教学的改革,包括作文教学的改革,出路都在考试改革上。这固然是不错的;但在我看来,如果我国语文课程的主导写作样式还是"文学性的散文"的话,那么无论导向怎么改、无论命题形式怎么变,其结果都只会是不断地塑造出新的"俗招"。也就是说,在语文课程里的"文学性的散文",其"创新"都只能是形式上的种种"创新",而不会改变巧用"俗招"的"文学性的散文"这一实质。

局限于"文学性的散文"而求形式上的种种"创新"与局限于"八股文"而求六股或九股等种种变化,在本质上没有什么两样。以下两组问题具有可比性:

1. 巧用"俗招"的"文学性的散文",能表达自己的真情实感吗?
2. "八股文"能表达真知灼见吗?

> 1. 在巧用"俗招"的"文学性的散文"中,怎么才能使学生写出真情实感?
> 2. 在"八股文"中,怎么才能使考生写出真知灼见?

"作文"述写虚情假意,是我国现代语文教育自成立之日起就大规模地存在的现象[①],一百多年来连绵不断,而泛滥至今;一个世纪里,无数仁人志士为此劳心操神、出谋划策[②],却无可奈何。这种状况,使我们有理由推断:我国作文教学的种种难题,很可能是由于文章体式的不当选择而造成的。

我国中小学写作教学中流行的文章体式,是应试性的"小文人语篇"[③]。"小文人语篇"所涉及的"作文能力",与我们意欲培养的适合于社会应用的"写作能力",有着严重的冲突。我们有理由推断:我国作文教学的种种难题,很可能是由于文章体式的选择不当而造成的。要彻底改变学生作文中的"虚情假感"等现象,语文课程中的作文样式很可能需要做根本性的调整。

这就跨进了筹划的领域。然而在筹划之前,我们必须先做好认知的工作。我们应该事先了解,语文课程里的"作文",除了"文学性的散文"之外,还有哪些体式的文章?他山之石,可以攻玉。我们有必要了解在别国写作教学中主导的文章体式。

在上一节里,我们已介绍过一些国外的母语课程标准中与写作有关的条目,这里再补充两个资料,供进一步研究参考。

资料一是德国与中国写作教学结构安排的比较表(片段)。

表4-2 德国与中国写作教学结构安排的比较表(片段)[④]

德　　国	中　　国
八年级: ■ 故事梗概 ■ 书籍广告说明词(与故事梗概的区别) ■ 写信、报道 ■ 简单议论文 ■ 报道、记事 ■ 图表描述和阐释	初中二年级: 上学期: ■ 记事文(写有意义的事) ■ 定读书计划 ■ 日记(观察日记) ■ 记叙文(在记叙中描写和议论) ■ 说明文(含特征描写)

[①] 叶圣陶、朱自清等老一辈语文教育研究者,对此都有论述。
[②] 例如,朱自清主张学生写"报章体"。
[③] 王荣生.语文科课程论基础(第二版)[M].上海:上海教育出版社,2005:182.
[④] 洪宗礼,柳士镇,倪文锦.母语教材研究(5)[M].南京:江苏教育出版社,2007:278—280.

续 表

德 国	中 国
■ 描写；区别描述和抒情 ■ 改编课文（从叙述体到话剧） ■ 日记 ■ 小型报告（约10分钟，写短语提纲） ■ 塑造性写作 ■ 学习技巧：做笔记、做读书文摘、做记录等，用工具书，阅读技巧（快速阅读、信息阅读和消遣阅读等），实用类文章的阅读和理解（4步骤），如何在回答课文问题时正确引证，如何准备发言稿（3步骤），怎样背诵课文（5步骤）	■ 议论文（短小议论文） ■应用文：规则、计划、表扬信、建议书、倡议书 下学期： ■ 联想作文 ■ 记叙文 ■ 自编手抄报 ■ 说明文 ■ 观察笔记 ■ 应用文：通知、布告、启事（如招领启事）、广播稿、（产品）说明书、广告、电报稿
十一年级： ■ 小型论文（独立撰文，正确引证，10页左右） ■ 文论（文学作品和实用类文章） ■ 文学作品阐释和写作 ■ 专题报告（约20分钟） ■ 记录（课堂记录、会议记录、讨论记录等） ■ 其他：读者来信、评论、短评、书评	高中二年级： 上学期： ■ 议论文 ■ 修改文章 ■ 记叙文（夹叙夹议） 下学期： ■ 议论文（评论性、论辩性） ■ 修饰词句 ■ 修改文章

资料二是法国2001年的高中语文"会考前考试"的作文题。①

文科系列

(1) "我是谁?"这个问题能否以一个确切的答案来回答?

(2) 能否说"所有的权力都伴随以暴力"?

(3) 试分析休谟《结伴欲望和孤独》一文的哲学价值。"'结伴'是人类最强烈的愿望,而孤独可能是最使人痛苦的惩罚。"

经济系列

(1) 什么是公众舆论能承受的真理?

(2) "给予的目的在于获得",这是否是一切交流的原则?

(3) 试分析尼采《罪行与犯罪》一文的哲学意义。作者在文中提出问

---

① 转引自雷实.国外高中母语课程标准的基本理念(二)[J].语文建设,2003(07):4—5.

题：舆论在了解了犯罪动机和作案具体情况后,即能遗忘错误。这种现象是否有悖伦理原则?

理科系列

(1) 能否将自由视为一种拒绝的权利?

(2) 我们对现实的认识是否受科学和知识的局限?

(3) 试分析卢梭《人类的幸福、不幸和社会性》一文的哲学含义。卢梭说:"我们对同类的感情,更多产生于他们的不幸而不是他们的快乐。为共同利益联系在一起的基础是利益,因共处逆境团结在一起的基础是感情。"

说明:法国的高中语文"会考前考试",口试时间为二十分钟,内容是分析文学性文章,并进行答辩;笔试时间为四小时,在以下三个考题范围内,考生任选一题:(1) 就一篇议论文进行文本分析;(2) 对一篇文学作品进行评论;(3) 就一文学主题写一篇作文。

下编

突围：语文课程可以怎样

下编

第五章
语文课程突破散文格局的努力

第一节　阻截：逼使散文的比例大幅下降
　　一、小学语文凸显儿童文学作品
　　二、在语文教材中大幅增强实用文类
　　三、实质性地增加"活动教材"分量

第二节　区隔：凸显不同文类与散文的差异
　　一、小说跟散文的区隔
　　二、实用文章跟散文的区隔
　　三、古代散文跟现当代散文的区隔

第三节　分流：对有明确界说的亚文类予以专门对待
　　一、以阐释为基本面的亚文类分流
　　二、以论辩为基本面的亚文类分流
　　三、分流后的局面及讨论

散文为主导文类发端于语体文进入语文教材之际，在我国定型于 1963 年①，这是由历史的机缘造成的，是受制于当时可选文本的现实条件而不得已的选择。随着可选文本的条件大大改观，以及语文教育研究的觉醒，中小学语文教学以散文为主导文类的现状，到了该改变的时候了，事实上也已开始改变。

第一节　阻截：逼使散文的比例大幅下降

首先在课程与教材层面突破由散文所主导的格局，扩展文学（纯文学）作品和实用文章的天地，实质性地增加写作等"活动教材"的分量，在语文课程的有限空间和时间里，逼使语体散文的比例大幅下降。

阻截，是迂回的办法，却是解决我国语文课程与教学困境的根本办法。

小学语文教学的实践走在前列，以绘本、童话小说为主的儿童文学作品的"整本书阅读"，在许多地区和学校蓬勃开展，"整本书阅读"的课程化建设已经起步，以"整本书阅读"为主要形态的小学语文课程新格局已露端倪。这将彻底改变长期以来以单篇课文为基本单位的语文课程形态，势必改变以单篇课文为基本单位的以散文为主导文类的现状。

高中语文课程改革，把课程分为必修课和选修课。必修课只占 2.5 个学期，这势必要大大压缩课文的量，因而客观上限制了散文的体量。人教版《高中语文课程标准实验教材（必修）》(2007 年版)共 5 册，计 20 个单元②，其中古诗文 8 个单元；12 个语体文单元（含混编）中，小说 2 个单元，诗歌、戏剧、论说文各 1 个单元，计 15 课，剔除混编单元中的《林教头风雪山神庙》等 4 课，剩 11 课；传统意义上的"文学

---

① 1963 年中小学语文教学大纲以国家文件的名义，明确规定并落实在统编的语文教材："课文以散文为主""散文可占课文总数的 80％左右"。
② 另外，每册中均有两本书的"名著导读"，这可以看成是高中语文课程纳入整本书阅读的先导。

性的散文"压缩到了 7 个单元 21 课①。"文学性的散文"虽在 32 课语体文中仍占 66%,但绝对量无疑减少了。

选修课程占 3.5 个学期,《中国小说欣赏》《外国小说欣赏》《影视名作欣赏》《中外戏剧名作欣赏》《中外传记作品选读》《新闻阅读与实践》《演讲与辩论》等选修教材,大大扩展了其他文类在语文教学中的比重;在《中国现代诗歌散文欣赏》《外国现代诗歌散文欣赏》中,诗歌占据半壁江山,其散文教学,也与以往不可同日而语,势必要体现"选修"、凸显"欣赏"。

在可能的条件下,十多年来我们陆续开展了三套中小学语文教材的编撰实践,以期为改善语文课程与教学的文类格局,蹚出一些新路。

一、 小学语文凸显儿童文学作品

在教材方面,以儿童文学为主导文类的读本、学本已领风气之先,如朱自强主编的《快乐语文读本》《经典儿童文学读本》《新理念语文读本》,王荣生、方卫平等人编撰的《新课标语文学本·小学卷》(华东师范大学出版社 2005 年 1 月出版)等。

《新课标语文学本·小学卷》以语文学习为本位,按儿童文学、成人文学(现当代文学与外国文学)、实用文(普通文章)、古代诗文 4 个板块组合单元,提供丰富而均衡的语文学习材料,通过与选文黏附的评点导读文字,切实地"示学者以门径",供小学生自学之用。其编撰思想如下。

(一) 儿童文学

小学语文教学的首要任务,就是为小朋友提供精美的儿童文学作品,使他们通过儿童文学作品的阅读学习,丰富当下的生活,充分地享受童年这一段美妙的时光。

学本的儿童文学部分,选文以童话和幻想故事为主,穿插传统儿歌、诗歌、散文、寓言等,注重趣味性和可读性,并设立了托尔斯泰、克雷洛夫、泰戈尔、格林兄弟、任溶溶、伊索、达尔、安徒生、恩德等作家单元,在阅读中引导学生确立名家名著的意识。此外,还精心编撰了韵文形式的导学:"读读想想",从文体意识、语言特

---

① 含 1 个新闻通讯单元。这个单元里的《短新闻两篇》(《别了,"不列颠尼亚"》《奥斯维辛没有新闻》)之所以归入"散文",是因为在教材和权威教学参考书中,这两篇课文确实是按"散文"的读法,教学的重点是"体会文章独特的写法""揣摩下面语句的内涵""品味具有深刻含义的语句"等。

色、叙述技巧、阅读策略等语文知识方面加以引导,多数单元还配以"写写做做",激发学生参与语文活动的兴趣,培养其语文实践能力。

(二) 成人文学

那些虽非专为儿童创作,但中小学生能读且需要读的"成人文学",也是小学语文教材的重要构成。小学语文教学要自觉地承担起这样的职责,为孩子们开启绚丽世界的大门,引领他们走进成人文学的殿堂。

学本的成人文学部分(现当代文学与外国文学),注重诗教,诗歌单元贯穿始终,精选现当代经典诗篇,辅之以评点和导学,帮助理解与鉴赏。为纠正小学语文教材的平庸化,将短篇小说和散文编入"读大人的书"这一综合单元,注重思想内涵和艺术价值,辅之以评点、思考和练习,提升鉴赏的品位;同时首次在小学语文教材中编入了塞万提斯《堂吉诃德》、雨果《悲惨世界》、巴尔扎克《欧也妮·葛朗台》、托尔斯泰《复活》等长篇小说的节选,并用评点的方式"搀扶"着学生走近大师。

(三) 古代诗文

浅显、活泼且有教益的古代诗文,理所当然地要纳入小学语文教材。引导学生感受源远流长的中国古代文学,使学生从小树立珍视传统文化、亲近古典的态度,这是小学语文教学不容忽视的使命。

学本的古代诗文部分,精心选编了浅显、宜读的篇章或名篇中的片段(如《诗经》《离骚》),并配以导学和名家译释,编有"明清小诗""元人放逸""两宋歌吟""宋诗理趣""唐人逸兴""六朝清音""汉魏悲歌""诗骚传统""上古歌谣"等单元,为小学生提供初步但完整、正确的中国文学历史图景;编有"寓言故事""先哲语录""笔记小品""山水游记""书信小札""骈体美文""说理短文"等单元,凸显了古代文章学中十分讲究的文章体式。

(四) 实用文阅读

实用文,大致相当日本在与文学对举时所称的"说明性文章",是一切有关自然、社会、文化、环境、科学等题材的文章的统称。文学阅读与实用文阅读性质不同,因而在阅读方式上也有很大的差别。实用文阅读能力的培养与文学阅读能力的培养同等重要。语文课程与教学必须将实用文阅读的培养放在重要的位置,而且必须从小学做起。

学本的实用文阅读部分,选文多数从"正式"的论著里选出,共 4 个系列。"实用文阅读单元"系列,与中小学生的现有阅读水平和接受能力相适应,共编有"孩子的世界""童年的经历""游戏与幽默""燃起好奇心""健康的心态""获得成功的力量""权利与责任""生活万象"8个单元。"读大人的书"系列则选编了阅读难度稍高的文章,引领学生逐步迈入大人的世界,去主动地接触那些不是专门以学生为对象的读物。"思维开拓与语文实践"系列,选文本身就是听说读写方法的指导,而评点文字更增加了一层指导,别具趣味。"汉字趣谈"和"成语故事"系列,既是语文知识的学习,又是民族文化的熏陶。

以小学卷第6册(五年级下册)为例,其目录如下[①]。

一　请你轻轻,轻轻地念

鸟歌/林良

影子/林焕彰

蒲公英/黎焕颐

鱼儿睡在哪里/托克玛科娃

水城威尼斯/姜尼·罗大里

二　永远在一起

鞋子的故事/格里帕里

帽子和主人/M.冯·鲁梯茨

方脸和圆脸/武玉桂

长腿七和短腿八/木子

明天是猪日/矢玉四郎

三　实用文阅读:获得成功的力量

成功智力的三个关键/R.J.斯滕伯格

重在参与/查尔斯·C.曼兹

有效性是可以学会的/彼德·F.德鲁克

火种/罗兰

四　诗歌:读出生活的真谛

《大地》序诗/秦兆阳

[①] 王荣生,方卫平,等.新课标语文学本·小学卷(6)(五年级下册)[M].上海:华东师范大学出版社,2009.

盼望/艾青

花树/方敬

繁星(十)/冰心

五 达尔童话选读

下气可乐和噼啊扑

第一个奇迹

变形

仙桃里的通道

六 做一只思想猫

大海的尽头在哪里/安德烈·乌萨丘夫

大海那边/冈本良雄

谁大/邱惠瑛

公理/古今 编译

七 思维开拓与语文实践

看待事物的方式/罗杰·梅里尔

理解他人的参照系统/克里斯·科尔

阅读时的标记和批注/蒙蒂默·奥尔德

八 汉字趣谈

木/末、林、焚、森、休、集

子/好、保

刀/刃、分、初、利

九 成语故事

斧正

想当然

杜撰

东道主

借光

十 老师,您好!

难忘的八个字/玛丽·安·伯德

晚安,教员先生/菲尔南坦·玛巧基

我的老师/海伦·凯勒

神奇的老师/朱兵 编译

十一 读大人的书

你的营养观正确吗/吴沫欣 等

购买食物时省钱的方法/戴维·赖依

火光/柯罗连科

云雀/林斤澜

书架/冯骥才

十二 古代诗歌：唐人逸兴

鸟鸣涧/王维

田园乐/王维

秋思/张籍

逢雪宿芙蓉山主人/刘长卿

十三 古代诗歌：山水田园

归园田居（其一）（节选）/陶渊明

归园田居（其三）/陶渊明

登池上楼（节选）/谢灵运

晚登三山还望京邑（节选）/谢朓

十四 文言文选读：书信小札

与李太保乞米帖/颜真卿

与廖傅生/傅汝舟

示儿燕/孙枝蔚

勉励君子应早立志/曾国藩

十五 走近大师：雨果

冉阿让与主教/《悲惨世界》

二、在语文教材中大幅增强实用文类

大幅增强实用文类，这在上述《新课标语文学本（小学卷）》（3—6年级）中，已有鲜明体现。王荣生、倪文尖等人按国家课程标准主编的《高中语文实验课本（试编本)》(上海教育出版社 2007 年版),则更有意在这方面进行实践探索。

试编本依据《普通高中语文课程标准(实验)》设必修模块 5 册,编有文学阅读 7 个单元、实用文阅读 6 个单元、古典诗文阅读 7 个单元、写作与综合性学习各 5 个单元。教材整体内容安排,如表 5-1 所示。

表 5-1 《高中语文实验课本(试编本)》教材内容框架

	单元一	单元二	写作	单元三	综合性学习	单元四
册一	想象与移情 沁园春·长沙 十八岁出门远行 现代诗二首 白天的星星	诗歌 啊,船长,我的船长哟 艾青诗二首 朦胧诗二首 外国诗二首	写实 客观地展现事实	新闻与言论文章阅读 新闻二篇 新闻二篇 西部代课教师调查 报纸言论文章一组	广告语研究	文言文 季氏将伐颛臾 庄暴见孟子 庄子寓言三则 诸子散文三则
册二	认知与情感 想北平 项链 哦,香雪 城市	散文 莱茵河瀑布 荷塘月色 道士塔 记念刘和珍君	虚构 合乎情理的想象	古典诗词 诗经二首 涉江 孔雀东南飞 陶渊明诗二首	文学名著研读	文言文 宫之奇谏假道 荆轲刺秦王 鸿门宴 赤壁之战
册三	理解性阅读 人生的意义 拿来主义 谈中国诗 米洛斯的维纳斯	小说 山峡中 祝福 摘自脾气暴躁的人的札记 变形记	阐释 揭示事物的道理	科学普及文章阅读 活性氧与疾病 热力学第二定律 情境依赖性 黑洞旅行	节日民俗研究	文言文 过秦论 纳谏二篇 指南录后序 种树郭橐驼传
册四	批判性阅读 人本质上是自私的吗 谈谈诗与趣味的培养 事实与雄辩 段落大意的误区	戏剧 雷雨 过客 等待戈多 长亭送别	论证 运用证据得出结论	古典诗词 将进酒 杜甫诗二首 苏轼词二首 婉约词三首	高中生阅读现状调查	文言文 赤壁赋 兰亭集序 秋声赋 西湖七月半

续 表

	单元一	单元二	写作	单元三	综合性学习	单元四
册五	社科文的研究性阅读 人们如何做出决策 差序格局 教学中的形式主义 写作的转换能力	意象与意境 故都的秋 黄鹂——病期琐事 诗二首 边城	抒情 传达情绪与感受	操作性阅读 平地踏步 正确提问引发出色思维 中国文学的鉴赏 学与思	语文教材研究	文言文 陈情表 祭十二郎文 项脊轩志 与元微之书

从上述框架不难看出，在阅读课程内容的架构上，该试编本有意识地突破以散文为主导文类的格局，谋求课文的语篇类型均衡而合理。

文学阅读和实用文阅读注重程序性知识与策略性知识的开发，可从两个方面展开组织架构：一是着眼于阅读的主体，不同的阅读目的和阅读态度有不同的阅读方式。二是着眼于阅读的对象，不同体式的作品需要与之相适应的阅读方法。实用文阅读的6个单元，"理解性阅读""批判性（反思性）阅读"侧重阅读的主体，"新闻与言论文章阅读""科学普及文章阅读"侧重阅读的对象，"操作性阅读"与"社科文的研究性阅读"则试图兼顾主体与对象两个方面。

在《高中语文实验课本（试编本）》中，语体文共52篇，其中文学作品28篇，实用文章24篇；散文8篇仅占语体文的15%。主要语篇类型的比例如表5-2所示。

表5-2 《高中语文实验课本（试编本）》语篇类型的比例

文学作品7个单元28篇				实用文章6个单元24篇				古诗文7个单元28篇	
诗歌	散文	小说	戏剧	新闻类	社科类	科普类	操作类	古典诗词	文言文
8	8	8	4	4	12	4	4	8	20
35%				30%				35%	

三、实质性地增加"活动教材"分量

按《全日制义务教育语文课程标准（2011年版）》规定，语文课程有"识字与写字""阅读""写作(习作)""口语交际""综合性学习"5个学习领域,其中"识字与写字",主要任务在小学低段,融合在阅读中学文识字、随文写字。"阅读",向来是语文课程的主体;在以选文为主体的文选型教材占主导地位的背景下,"写作(习作)""口语交际""综合性学习"等"活动教材"①,虽单列编写,但依附于"阅读"领域,其分量严重不足,所编写的内容单薄,教学所占课时偏少且随意性较强。

《高中语文实验课本(试编本)》为改变这种状况,有所努力,编写了具有较强操作性的写作与综合性学习单元,强化了活动过程的教学化。比如,针对写作,尝试从言语方式角度来构建写作课程,编有"写实""虚构""抒情""阐释""论证"5个单元。

实质性地增加"活动教材"分量的努力,更鲜明地体现在我主编的澳门特区小学《中国语文》教材中。

受澳门教青局委托,广东教育出版社组织编写的小学《中国语文》教材,主编成尚荣、王荣生,已于2019年秋季陆续使用。依据澳门《小学教育中文基本学力要求》,该教材按一至三年级、四至六年级两个学段编写。

一至二年级,课文每册5个单元,每单元4篇,选文多为儿童文学作品,包括儿歌、童话、故事等,在课文语境中识字并开展系统的写字练习,每册另设一个绘本阅读②单元。每册安排3次综合性学习活动,按关联教材(小综合)和关联生活(大综合)两个维度组织内容。

三年级与四年级衔接,由侧重识字教学过渡到阅读和写作能力的培养。从三年级起,每册增设写作教学系列,共6个单元,每单元2—3课时,设计真实情境的任务进行写作,语篇类型多样。

表5-3 澳门特区小学《中国语文》(送审稿)写作部分的文类框架③

	单元一	单元二	单元三	单元四	单元五	单元六
三上	301 描写类	302 自叙类	303 阐释类	304 故事类	305 诗歌类	306 研究报告
三下	307 描写类	308 自叙类	309 阐释类	3010 故事类	3011 劝说类	3012 课本剧

① 活动教材,提供写作(习作)、口语交际、语文综合性学习等活动的建议、方案、要求和资源,供教师选用。
② 三年级起,"绘本单元"改设为"作家单元"。
③ 写作部分的框架设计:王荣生、周子房等。表中的记叙类(描写类、自叙类、故事类),涵盖记叙和描写,包括非虚构和虚构。单元具体编写内容,参见本书第七章"写作教学摆脱'散文化'泥潭的努力"。

续 表

	单元一	单元二	单元三	单元四	单元五	单元六
四上	401 描写类	402 自叙类	403 阐释类	404 故事类	405 诗歌类	406 研究报告
四下	407 描写类	408 自叙类	409 阐释类	4010 故事类	4011 劝说类	4012 课本剧
五上	501 描写类	502 自叙类	503 阐释类	504 故事类	505 新闻类	506 研究报告
五下	507 描写类	508 自叙类	509 阐释类	5010 故事类	5011 劝说类	5012 书评
六上	601 描写类	602 自叙类	603 阐释类	604 故事类	605 诗歌类	606 研究报告
六下	607 描写类	608 自叙类	609 阐释类	6010 故事类	6011 劝说类（演讲稿）	6012 书评

从四年级起，低段糅合在阅读教学、写作教学和综合性学习活动中的口语听说，单列了聚焦特定学习元素的专题单元，每册安排 3 个单元，每单元 2 课时。共系统设计了 18 个口语交际教学专题单元，如表 5-4 所示。

表 5-4 澳门特区小学《中国语文》(送审稿)口语听说部分的内容框架[①]

学期与单元		话 题	活 动 类 型
四上	第一单元	照片里的故事	讲述
	第二单元	鹦鹉学舌	复述
	第三单元	我来露一手	演示、解说
四下	第一单元	最好的礼物	讨论、发言
	第二单元	周末去哪里？	讨论、发言
	第三单元	对不起，我错了！	道歉、回应
五上	第一单元	一人有一个梦想	演讲
	第二单元	我的偶像	演讲
	第三单元	给你点个赞	称赞、致谢

---

① 口语听说部分框架设计：王荣生、于龙等。

续 表

学期与单元		话 题	活 动 类 型
五下	第一单元	我的朋友圈	介绍、推荐
五下	第二单元	社团招募会	介绍、说服
五下	第三单元	"不"字怎么说出口	拒绝、邀请
六上	第一单元	童书排行榜	报告、陈述、讨论
六上	第二单元	再见,马虎先生!	建议、讲述
六上	第三单元	校园新闻发布会	提问、应答
六下	第一单元	餐桌上的礼仪	解释、说明
六下	第二单元	小小调解员	劝说、转述
六下	第三单元	人工智能:福音还是灾难?	辩论

五、六年级,在之前各册古诗文"读读背背"的基础上,每册专设一个古诗文单元。澳门特区小学《中国语文》教材五至六年级的整体内容架构,如表5-5所示。

表5-5 澳门特区小学《中国语文》(送审稿)五至六年级教材内容安排

	单元一	单元二	单元三	单元四	单元五	单元六
五上	文学阅读	实用文阅读	文学阅读	实用文阅读	古诗文	作家专题
五上	写作	写作	写作	写作	写作	写作
五上	综合性学习	口语交际	综合性学习	口语交际	综合性学习	口语交际
五下	文学阅读	实用文阅读	文学阅读	实用文阅读	古诗文	作家专题
五下	写作	写作	写作	写作	写作	写作
五下	综合性学习	口语交际	综合性学习	口语交际	综合性学习	口语交际
六上	文学阅读	实用文阅读	文学阅读	实用文阅读	古诗文	作家专题
六上	写作	写作	写作	写作	写作	写作
六上	综合性学习	口语交际	综合性学习	口语交际	综合性学习	口语交际

	单元一	单元二	单元三	单元四	单元五	单元六
六下	文学阅读	实用文阅读	文学阅读	实用文阅读	古诗文	作家专题
	写作	写作	写作	写作	写作	写作
	综合性学习	口语交际	综合性学习	口语交际	综合性学习	口语交际

五至六年级,每册的语体文阅读共4个单元,每个单元4篇课文及相应学习内容,合计16篇,选教其中10—12篇,每篇2—3课时,合计约30课时。古诗文单元共4篇课文,每篇约2课时,合计8课时。每册1个作家专题单元,3—4篇课文,5课时,建议(校本)开展课外整本书阅读。古代诗歌诵读,每册10首左右,主要是读读背背,合计2课时,一学年共占4课时。针对五至六年级教材的教学时数,建议如表5-6所示。

表5-6 澳门特区小学《中国语文》(送审稿)五至六年级学习内容的教学课时建议[①]

	语体文阅读	作家专题	古诗文	古诗诵读	写作	口语交际	综合性学习	合计
上册	30	5	8	2	20	6	4	75
下册	30	5	8	2	20	6	4	75
学年	60	10	16	4	40	12	8	150
占比	47%		13%		40%			100%

写作、口语交际、综合性学习,其分量和教材的容量,占学年40%的课时量。阅读教学(课文教学)与其他学习领域的教学容量(课时量)之比,达到6∶4。如剔除古诗文单元和古诗诵读的课时量,语体文阅读与写作等其他学习领域的学习内容,分别占比47%与40%,"阅读教材"与"活动教材"接近一半对一半,建立了均衡的语文课程内容新格局。

第二节 区隔:凸显不同文类与散文的差异

突破以散文为主导文类的格局,主要是在课程层面和教材层面,而具体落实在

[①] 按每册15个教学周,每周5课时。每学年两册共需30个教学周,共150个教学课时。

语文课程标准和语文教材上。尽管区域教研部门、学校,有国家课程因地制宜、国家课程和教材校本化以及地方课程、校本课程开发的空间,但对广大语文教师而言,其主要的责任是基于标准进行教学,是专业地使用语文教材,而具体落实在对语文教材的有效利用和妥善处理上。

对现有语文教材的课文进行处理,从文类和文体的角度,我们提出三种策略:区隔、分流和正面应对。

区隔,仍是迂回的办法,把散文与其他文类区隔开来,以凸显不同文类的差异。主要是三个方面的区隔:(1)在"文学性"方面,把散文阅读跟诗歌、小说、戏剧等纯文学作品的阅读区隔开来,重点是小说跟散文的区隔。(2)在"写实性"方面,把实用文章跟散文区隔开来。(3)把现当代散文与古代散文(文言文)区隔开来。上述三个方面的区隔,不但能凸显纯文学作品、实用文章和文言散文的特性,而且在比照中也可凸显现当代散文所固有的特性,因而有利于妥善地把握语体散文阅读和散文阅读教学。

一、小说跟散文的区隔

(一)对文学文类划分的再认识

对传统的文学体裁四分法,我们有必要重新认识。"除去小说、诗歌、戏剧之外,都是散文",长期以来,人们把叶圣陶的这一说法,理解为文学体裁的四分法,即小说/诗歌/戏剧/散文。这种理解现在看来不甚妥当。较为合理的理解似乎应该是:小说、诗歌、戏剧//散文。

如果这样,就构成了一个连续性的谱系:

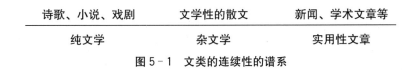

图5-1 文类的连续性的谱系

诗歌、小说、戏剧乃至电影剧本等为一大类,即纯文学;"文学性的散文"权作一大类,即杂文学;新闻、学术文章等则是另一大类,即实用性文章。大致相当于新文学运动时期朱自清"纯文学、杂文学、非文学"的划分。

这种分法,在学理上成立与否,倒在于其次,对语文课程与教学的好处,则显而易见,具体表现在以下方面:

(1)"文学性的散文"与纯文学、实用性文章,三足鼎立,要求我们按三大类作品的发达状况、阅读教学的现实功用和中小学生的学习需要,在语文课程与教材中重新考量,予以合理布局。

(2) 大类的三分法,容易将传统上包笼在"散文"里的有些文类区分出来,而采用相对应的解读方式,如新闻、学术性散文。

(3) "文学性的散文"自成一大类,既不混同于纯文学之中,也不混同于实用性文章之中,这提示我们对"文学性的散文"需要做专门的研究,包括文本的状况、解读的方式方法乃至适合于中小学生的教学方法。

(二)"文学鉴赏"的含义辨析

文学鉴赏,在语文课程中有两个所指:一是阅读领域,一是阅读取向。

作为阅读领域的"文学鉴赏",是在中小学语文课程阅读这一学习领域中,与实用文阅读对举的一大门类,或亚领域。相应的说法,有文学教育、文学课程、文学教学、文学阅读、文学阅读教学等。

作为阅读取向的"文学鉴赏",指一种与实用文阅读有本质差异的阅读方式、阅读姿态以及相应的阅读方法。类似的说法繁多,如文学欣赏、文学解读、文学接受、文学反应、作品赏析、作品欣赏、文本解读、文本阐释、文本分析等。

文学鉴赏,包含两个要素,即"文学"与"鉴赏"。"鉴赏",是主体的活动,标明阅读的取向及阅读方法;"文学",则指"文学作品",是阅读的对象、鉴赏的客体。

"文学鉴赏"的含义随"文学作品"所指的差异而有所不同。在中西古今的交集下,"文学作品"目前至少有四个所指:

(1) 诗歌、小说、戏剧等纯文学作品,包括古典作品、现代作品和译作。

(2) 现当代散文,含散文、随笔的译作。

(3) 中国古代散文,这里主要指中小学语文教材中的文言文。

(4) 现当代在言语表达方面较为出色的实用文章,包括原创作品与译作,简称"好文章"。

"文学鉴赏"的含义,随"文学作品"的不同所指,其具体内涵各有不同。不同含义的"文学鉴赏",其阅读取向及方法,有可能大相径庭。

综合目前的研究,鉴于中小学生学习阅读的需要,对应于"文学作品"的不同所指,对"文学鉴赏"的含义,试做如下界定:

(1) 纯文学作品:以文学的姿态,阅读诗歌、小说、剧本等文学作品。

(2) 现当代散文：体味精准的言语表达，分享作者在日常生活中感悟的人生经验。

(3) 古代散文：理解古人情怀，赏析古文章法，感受文言美感。

(4) 实用文章：评鉴"好文章"的言语表达功力及效果。

正如不是所有看散文的行为，都可称为"散文阅读"或"散文鉴赏"，看诗歌、小说、剧本的行为，也未必一定是"文学鉴赏"。

文学鉴赏，首先是以文学的姿态面对虚构的文学作品。以文学的姿态阅读诗歌、小说、剧本等文学作品，主要指以下两种情形。

1. 浸润式地感知文学作品

类似于自然状态下的文学作品阅读。

(1) 接纳作者虚构的世界并浸润其中，享受阅读的过程和乐趣，这是文学鉴赏的基本样式。

(2) 感知由文字、声音唤起的形象和情感，而不仅仅是了解内容，这是文学鉴赏的主要标志。

(3) 充分地体验和分享文学作品传递的人生经验和语文经验，在具象化的感知中，"看到"作者对社会和生活的"观念"，并与自己的人生价值和生活意义相关联，这是文学鉴赏的较高境界。

2. 借助文学解读的工具或行家的指点，扩展、加深对作品的理解和感受

学习像行家那样阅读文学作品。

(1) 文学研究已发展出文本解读的一系列工具，包括文学观念、文学要素、文本解读理论、文学鉴赏的规则和策略等。市面上标注"文学鉴赏""文学欣赏"的书籍，大部分是指这一层意思上的文学鉴赏。比如，《文学欣赏入门》《小说鉴赏》《外国小说欣赏》《英美小说欣赏导论》《中国现代经典短篇小说文本分析》《外国经典短篇小说文本分析》等。

(2) 借助行家的指点，实际上是借助行家（如优秀语文教师）的眼睛，看到自己原本看不到的地方、看不出的意思和意味。

（三）散文尤其要与第一人称的小说相区隔

对"文学鉴赏"含义的辨析，揭示了小说、诗歌、戏剧等纯文学作品的文学阅读[①]，跟带有真实性的散文的阅读，有实质性的差异。

[①] 从文体语篇类型的角度来看，小说、诗歌、戏剧的阅读，也有本质性的差异。因本研究的论题所限，对此暂不做讨论。

相比较而言,诗歌、戏剧因其行文样式跟散文有明显差别,在语文教学中,它们跟散文阅读和散文阅读教学相混淆的可能性要小一些。容易混淆而导致教学内容问题的,是小说,尤其是第一人称的小说。

以沪教版小学语文四年级下册《看不见的爱》为例。

看不见的爱

赵宇宁

夏季的一个傍晚,天色很好。我出去散步,在一片空地上,看见一个10岁左右的小男孩和一位妇女。那孩子正用一只做得很粗糙的弹弓打一只立在地上、离他有七八米远的玻璃瓶。

那孩子有时能把弹丸打偏一米,而且忽高忽低。我便站在他身后不远,看他打那瓶子,因为我还没有见过打弹弓打得这么差的孩子。那位妇女坐在草地上,从一堆石子中捡起一颗,轻轻递到孩子手中,安详地微笑着。那孩子便把石子放在皮套里,打出去,然后再接过一颗。从那妇女的眼神中可以看出,她是那孩子的母亲。

那孩子很认真,屏住气,瞄很久,才打出一弹。但我站在旁边都可以看出他这一弹一定打不中,可是他还在不停地打。

我走上前去,对那母亲说:

"让我教他怎样打好吗?"

男孩停住了,但还是看着瓶子的方向。

他母亲对我笑了一笑。"谢谢,不用!"她顿了一下,望着那孩子,轻轻地说,"他看不见"。

我怔住了。

半晌,我喃喃地说:"噢……对不起!但为什么?"

"别的孩子都这么玩儿。"

"呃……"我说,"可是他……怎么能打中呢?"

"我告诉他,总会打中的。"母亲平静地说,"关键是他做了没有。"

我沉默了。

过了很久,那男孩的频率逐渐慢了下来,他已经累了。

他母亲并没有说什么,还是很安详地捡着石子儿,微笑着,只是递的节奏也

> 慢了下来。
>
> 　　我慢慢发现,这孩子打得很有规律,他打一弹,向一边移一点,打一弹,再移一点,然后再慢慢移回来。
>
> 　　他只知道大致方向啊!
>
> 　　夜风轻轻袭来,蛐蛐在草丛中轻唱起来,天幕上已有了疏朗的星星。那由皮条发出的"噼啪"声和石子崩在地上的"砰砰"声仍在单调地重复着。对于那孩子来说,黑夜和白天并没有什么区别。
>
> 　　又过了很久,夜色笼罩下来,我已看不清那瓶子的轮廓了。
>
> 　　"看来今天他打不中了。"我想。犹豫了一下,对他们说声"再见",便转身往回走去。
>
> 　　走出不远,身后传来一声清脆的瓶子的碎裂声。

这是一篇小说。从语篇类型的角度来看,它跟散文作品的主要区别有以下三点。

1. 虚构与写实

散文是写实,写作者所见、所闻、所为;小说是虚构,是作者编织的故事。

2. 作品中的"我"

散文中的"我"是作者,阅读散文作品往往需要了解作者的相关背景,并用作者的相关背景资料解读作品中的一些重要语句;小说中的"我",是故事中的一个人物,是作者所设置的故事叙述者。

3. 思想情感表达的直接与间接、显与隐

散文是用精准的语言表达作者独特的人生经验,即对散文中所讲述的人、事、景的感受。对散文中的人、事、景的感受,通常由作品中的"我"(即作者)直接讲诉,或用艺术的手法在作品的文字、语脉中较显豁地传递。

阅读散文,关键要读明白作品中的"我"(即作者)所讲诉或传达的对散文中所讲述的人、事、景的真切感受。然后,才是作为读者的我们对作品中的"我"所传达的人生经验(即作者对散文中人、事、景的真切感受)的感受、体悟与分享。在很大程度上,散文阅读不存在"多元解读"这回事——"对散文中所讲述的人、事、景的真切感受"的误读,就是曲解作品,就是没有读懂这篇散文。换句话说,散文阅读只存

在对作品中的"我"所传达的人生经验（注意：不是对散文中的人、事、景）的不同的体认或评价，而这，通常发生在阅读理解之后的评价阶段。

小说是作者用语言营造的（虚构的）世界。小说中的"我"（人物或叙事者）与写小说的作者，有大分别；小说中"我"的所作所为、所感所思，与作者对社会人生的认识未必相同甚至未必一致。小说是对社会、人生的呈现（或表现），我们阅读小说，是对小说中用语言营造的（虚构的）世界的反应，即对小说中的人、事、景的反应。

从作者这方面说，作者创作这部小说，是有意图的（包括价值观），但作者的意图（即小说的主题）通常是较为隐蔽的，体现在小说所营造的人、事、景中，更体现在小说对叙述角度、叙述者、叙事口吻等小说艺术的运用上。从读者这一方面说，受制于小说的叙述角度、叙述者、叙事口吻等，其对小说中的人、事、景的反应，往往受作者的牵引而能（间接地）发掘作者的意图（即小说的主题）；但是，基于自身人生经验的读者对小说中的人、事、景的反应，却未必受限于作者的意图，有时（或往往）读者能读出自己的理解和感受，因而可能从小说中"看出"很不同于作者意图的主题——换言之，小说阅读是可以有（有理据的、在文本中有系统迹象的）多元理解甚至"误读"的。

散文阅读，要遵循读散文的要领——体味精准的言语表达，分享作者在日常生活中感悟的人生经验。小说阅读，要用读小说的方法——浸润式地感知文学作品（像自然状态下的小说阅读）；或借助文学解读的工具，或经由行家的指点（学习像行家那样读），扩展、加深对作品的理解和感受。

（四）混淆小说与散文的表现及危害

在中小学语文教学中，小说与散文混淆的现象普遍存在，这既伤害了小说阅读和学习小说阅读，也伤害了散文阅读和学习散文阅读。

典型的表现，是不把小说当小说教。

如前举例的《看不见的爱》，学生阅读时需要有多重反应。

（1）对盲童不停地练打弹弓这件事的反应。

【学情分析】学生会有基于自身生活经验的反应——如有毅力、刻苦等，但难以身临其境，去感受盲童练打弹弓时的内心世界——正如小说中只关心是否打中的"我"一样。

（2）对母亲音容举止的反应。

【学情分析】学生会有基于自身生活经验的反应——如慈爱、要求严等，但不容易明白母亲把自己的盲孩真心地看成"常人"的心态——正如小说中只关心是否打中的"我"一样。

（3）对母亲和孩子情感交往的反应。

【学情分析】如果学生只会基于自身生活经验去理解小说，也就是说，如果学生只会把小说中母子的故事，当作自己在真实生活中遇到的事来理解，那么对母子在这件事中所体现的爱意，是较难把握的。

（4）对小说中的人物"我"对于母亲和孩子所作所为反应的反应——"我怔住了""我沉默了"。

【学情分析】学生通常只会概念性地解释"怔住"和"沉默"，但难以连贯到"怔住"之后"我"那几乎语无伦次的反应，进而去感受"怔住""沉默"背后的内心波澜。

（5）对作者写这篇微型小说所欲表达的意图——小说主题——的反应。关联到对小说结尾"走出不远，身后传来一声清脆的瓶子的碎裂声"这一句话的理解，聚焦到对题目"看不见的爱"的理解。

【学情分析】学生对最后这句话，可能会有两种不同的反应：一是终于松了口气——为盲童的"成功"而庆幸；二是由"碎裂声"所联想到的苦涩味。学生对标题或许只能表面化地解读为母亲的爱，而忽略"看不见"这三个字，或者把"看不见"解读为盲童看不见。

小说的叙述者和叙述视角是"我"，表明作者有意牵引我们以小说中"我"的眼光和心态去看待这对母子的所作所为。但作者同时采用了反讽的手法，作者对"我"的眼光和心态并不赞赏，而希望我们去反思小说中"我"的眼光和心态——这体现在刻意引发我们复杂乃至矛盾感受的最后一段，尤其是标题"看不见的爱"。

谁在看呢？看见了吗？当然是小说中的"我"在看；可"我"只关心是否打中，所以似乎看不见母子交往中的那种超乎常人的爱。还有谁在看呢？当然是我们——读这篇小说的人。我们看见爱了吗？能看见这种爱吗？作者是希望我们（读者）与小说中的"我"保持距离而加以反思，从而引导我们再次进入小说，去看见母子交往中的那种超乎常人的爱，以及传递母爱、母子之爱的特殊的行为举止。

按上述文本关键点和学情分析显示的学生疑难处，这篇小说的教学点及相应的教学活动应该如下（大致按教学的顺序排列）：

(1) 从学生会的入手，概述小说中的事件，并谈谈自己的感受。

(2) 联系自身生活经验，结合小说上下文，感受"我怔住了""我沉默了"背后的内心波澜。

(3) 交流对结尾"走出不远，身后传来一声清脆的瓶子的碎裂声"这一句话的理解。

(4) 回到前文，讨论：那反复练习的孩子快乐吗？引导学生从盲童的角度展开体验——其实也是母亲之所以如此行事的角度。母亲呢，是快乐的还是……？

(5) 理解和反思小说中的"我"。"我"体会到了这对母子的快乐吗？能体会到吗？联系结尾之前的两段展开讨论。

(6) 聚焦标题，讨论交流：谁在看？谁看不见？为什么看不见？我们看见了吗？是怎样的爱？再读小说，从传递母爱、母子之爱的特殊的行为举止，去看见母子交往中的那种超乎常人的爱，读出小说的主题（微型小说一般主题较为显豁，尤其是通过标题显示的主题）。

令人遗憾的是，在网上关于该课的大量教案、课件中，未发现有大致按以上教学点教学的。我在现场听课中发现，学生几乎都停留在事件概述及自己感受的谈论层面——也就是学生是在原初水平上进行阅读理解。教学内容和教学流程大致是这样的：

(1) 概述人物和事件（母亲、盲童。几乎没有把"我"当作"人物"的）。

(2) 对盲童的评价：有毅力、刻苦等。

(3) 对母亲的评价：慈爱、要求严等。

(4) 概念性地解释"怔住"和"沉默"（词典义）。

(5) 对结尾句的反应：终于松了口气——为盲童的"成功"而庆幸；或者，由"碎裂声"联想到的苦涩味（老师的评价通常是笼统的"都有道理"）。

(6) 将标题表面化地解读为母爱，而忽略"看不见"这三个字，或者把"看不见"解读为盲童看不见。或许还延伸到类似（残疾人）案例，以此教育学生。

在《看不见的爱》的课例中，很少发现把小说中的"我"当作小说"人物"的。换言之，几乎都把"我"混淆为散文中的"我"了，因而对事件的理解困限于"我"的眼光和心态，还往往误认为"我"的感受就是作者的思想感情。这样，对作者采用了反讽的手法，像盲人一样"看不见"了。

整个一堂课,"看不见""我"是小说中的一个"人物"(叙述者),"看不见"作者所采用的反讽,因而也"看不见"常人(正如小说中的"我")难以理解的那种超乎常人的爱,以及传递母爱、母子之爱的特殊的行为举止。读课文,读如未读;教课文,教如未教;小说阅读,什么也没学到,学生还是停留在谈论事件的原初水平①。

停留在谈论事件的原初水平,就是不把小说当小说教。而不把小说当小说教,实际上是不把文学当文学教——这通常意味着也不能把散文当散文教;停留在谈论事件的原初水平,也绝不是教散文的方法。

二、实用文章跟散文的区隔

(一) 实用文章的文类特征

实用文章的文类特征,主要体现在以下六个方面②。

(1) 社会功用。实用文章对社会产生直接效应,其目的是现实的,往往有明确的实用目的。

(2) 接受主体。实用文章有比较明确的接受主体,往往有特定的阅读人群。

(3) 文体特征。实用文章的文本结构是"言—意"式的两层结构。这种简单的结构方式,给作者的写作和读者(受体)的解读都带来一种直接性,一般无须追求"言外之意"。

(4) 主旨内涵。实用文章的主题是鲜明的、单一的、确定的;读者在解读过程中无须"创造性发挥"。

(5) 思维方式。实用文章是为解决实际问题而作的,以抽象思维为主;一般没有抒情语,没有情感色彩浓烈的评价语。

(6) 语体风格。实用文章以社会化、规范化的书面语言为主,避免使用个性化色彩强烈的语言。

对既定的文章,从不同的角度,可以划分出若干亚文类。如从实用性的角度,可分为普通文章和应用文;从所涉及内容的角度,可分为科普类文章、新闻和报刊言论文章、社科类文章,等等。亚文类中又包含若干体裁,实用文章的体裁繁多。

---

① 其实,不仅是第一人称小说。据北京教育学院一位老师说,她听了二十几位小学教师上《卖火柴的小女孩》,发现几乎没有一位老师把课文当童话教的,而把它教成了对社会事件的谈论。
② 谢延秀.实用文体与文学文体之分野及融合[J].理论导刊,2006(04):75—77.

当一种功能需求形成一定的言说方式,就会约定俗成地确立相应的文章体裁。各种体裁多依实用功能加以命名,"因文立体"。

从读写的角度看,关键不在于实用文章的体裁如何归类,而在于读写中如何把握各种体裁的特质,即"辨体"。

(二) 关于"好文章"的评鉴

实用文章具有现实的功用和目的,阅读时一般采取实用的阅读取向。比如,阅读《怎样读古文》中"熟悉古人的行文习惯"这一节,自然会采用获取资讯的阅读方法。阅读的直接目的,是理解文章所讲述的内容,实际上是理解它所言说的外部世界,即"古人的行文习惯"。

实用文章以逻辑性为先,以说清楚为第一要务。然而在"好文章"的阅读中,或许读者渐渐注意到它"清透"的言语表达,从而生发赞叹的愉悦之情。这样,实用取向的阅读,便渗入评鉴的阅读方式。在阅读过程及之后,在了解所介绍的古人行文习惯的同时,也对其言语表达留下深刻印象,并从文学(文学性)的角度回味其言语;或许还会回看文章,从鉴赏的角度"玩味"其言语表达的功力及效果。

这样看来,对在言语表达方面较为出色的实用文章的"鉴赏",主要有两种表现:

(1) 理解内容的同时,附带性地渗入对其言语表达的留意和赏识。

(2) 在理解内容之后,对其言语表达做体验性的、正向的评鉴。

能让读者发生"鉴赏"行为的"好文章",往往与读者自己所要写的文章在体式上相同或相近,在与自身写作经验的比较中,读者能较自觉地意识到所读文章在言语表达上的功力。因此,对"好文章"的评鉴,往往带有写作"借鉴"的效用。

(三) 散文尤其要与带有文学笔调的"好文章"区隔

在以散文为主导文类的格局内,按"文质兼美"的要求而入选语文教材的实用文章,当然是"好文章",还往往带有文学的笔调。

从写作者这方面看,带有文学的笔调,是锦上添花;但弄得不好,有时也会出现以辞害意的情况。

从阅读者这方面看,读带有文学笔调的实用文章,是双重的收获,既获得新知,也享受到鉴赏的愉悦。长期以来,语文教材多选带有文学笔调的实用文章,目的就是达到一箭双雕的效果；但是，如果处理失当，却也可能出现"两不沾"甚至南辕北辙的情况。

在之前的统计中，我把人教版高中语文教材中的"新闻"单元归入"散文"，这是因为在教材和教学中，"新闻"确实是取类似"散文"的读法。

以《短新闻两篇》为例，教材中的"研讨与练习"及设题意图说明如下：

> 1. 报道重大历史事件，描述现实场景的同时，兼顾历史的回顾，可以增加作品的厚重感。《别了，"不列颠尼亚"》一文在这方面堪称典范，说说课文中两方面是如何有机地融合在一起的。
>
> 设题意图：现实场景和历史事实的交叉是本文的一大特色，本题旨在让学生**体会文章的写作特点，为学生的写作提供借鉴**。
>
> 2. "二战"后关于奥斯维辛集中营的新闻报道很多，罗森塔尔的报道说"奥斯维辛没有什么新闻"，却成了新闻史上的名作，这是为什么？它和你平时看到的新闻报道有什么不一样？请谈谈你的看法。
>
> 设题意图：旨在引导学生联系平时读到的新闻报道，**体会文章独特的写法**。
>
> 3. 联系上下文，**揣摩下面语句的内涵**。
> ① 停泊在港湾中的皇家游轮"不列颠尼亚"号和邻近大厦上悬挂的巨幅紫荆花图案，恰好构成这个"日落仪式"的背景。
>
> （下3题略）设题意图：**品味具有深刻含义的语句。**
>
> 4. 从下面两题中选做一题。
> ① 略。② "这是一个二十多岁的姑娘，长得丰满，可爱，皮肤细白，金发碧眼。她在温和地微笑着，似乎是为着一个美好而又隐秘的梦想而微笑。当时，她在想什么呢？现在她在这堵奥斯维辛集中营遇难者纪念墙上，又在想什么呢？"这不仅是作者的疑问，也是给读者提出的问题。请你写一段文字，**描述一下她的内心活动**。
>
> 设题意图：从读到写，读写结合。

上述"设题意图"的告白很清楚，该教材新闻作品的教学内容是："为学生的写作提供借鉴""体会文章独特的写法""揣摩下面语句的内涵""品味具有深刻含义的语句""描述一下她的内心活动"。这确乎是"散文"的读法,而非"新闻"的读法。

新闻报道向来是语文教材内容之一,但落实到教学内容上,却主要是获取事实信息、学习新闻结构、揣摩语句内涵、学习表达技巧。我们认为,这是需要斟酌的。

1. "获取事实信息",通常是不需要教的

提高可读性是新闻报道自身的追求。在长期的实践中,新闻在结构、语句表达以及排版形式等方面,形成了一系列特有的规范,这些规范为读者获取信息提供了最大的便利。新闻"力求用所有人都能理解的语言和形式表达出来",甚至要求"不带一个让14岁智力的人感到迷惑的句子"。从这个意义上说,获取新闻报道的事实——关于什么人在什么地方发生什么事情的信息——是不需要在中学语文课上特意去教的。

中学语文课需要教的,是把学生提升为理性且具有批判意识的阅读者。也就是说,在新闻阅读教学中,所谓"获取信息",主要不是指报道的事实信息,而是指在报道的叙述中乃至报道的背后所隐藏的信息。因此,新闻阅读教学的要点,是分清新闻事实与新闻背景,辨析客观叙述与主观评价。

2. "为学生的写作提供借鉴",其实是阅读写作"两不沾边"

了解新闻结构是必要的,但了解的目的,不仅仅是知道"引题""导语"等知识,而要把所知道的知识转化为自觉的阅读图式。过去的新闻教学,基本上是走"为学写而读新闻"的路子,即所谓的"读写结合"。而"读写结合"又被狭隘地理解为按所读新闻的结构去模仿新闻写作。把新闻写作当成一个结构模仿的问题,这是十分肤浅的,而且导致了一个很不正确乃至有害的观念:新闻的真实性被简单地理解为表层的真实——"事实"的被建构,新闻记者"努力地通过进取心、机智、精力和智慧"发掘事实的真相,这些都被有意无意地遮蔽了;为公众提供对事件尽可能完整而准确的报道,在模仿新闻写作的过程中,被悄悄地"篡改"成了给报道者个人或集团带来直接或间接利益的"报喜"——自我"报道"好人好事。

我们认为,学习写作从来不是单纯的语言表达问题,学写新闻必须让学生像新闻记者那样去写新闻。阅读与写作是两桩有区别的事情;为理解而读新闻与为学写而读新闻,是两种很不相同的阅读方式。

3. "揣摩语句内涵",在新闻阅读中不是一个通顺的说法

一方面,新闻报道追求"直达读者",崇尚简练质朴,一般情况下没有微言大义,因而也不需要揣摩。另一方面,揣摩语句内涵在新闻阅读中通常不含褒义色彩,新闻阅读是理性的、分析的,而"揣摩"实际上是鉴别、是分拨,以辨析客观叙述与主观评价。

从一些教材揣摩语句内涵的题目看,可能是由于混淆了新闻阅读与散文阅读,误把新闻当散文。这有选文的原因,具体来说,编入教材的新闻作品,往往是打破常规的优秀作品,有的还积淀为经典名篇,阅读这些作品,已超越了日常的报纸阅读,而上升到了名作鉴赏的境界。但新闻毕竟是新闻,鉴赏新闻名作,一般不宜去刻意求索语句的微言大义;有一些看起来有深刻内涵的语句,在新闻作品中应该是可被感觉的,一般也不需要"揣摩";即使需要"揣摩"的,比如《别了,"不列颠尼亚"》《奥斯维辛没有什么新闻》中的一些语句,也要指出它们在新闻报道中的"独特"、它们对文学笔法的"借鉴"。

4. "学习表达技巧",需要摆正位置

学习表达技巧,实际上是"为学写而读新闻"的延伸,而且是把学写扩展为学习表达的技巧。学习表达技巧,是写作教学的一个环节,也是优秀新闻作品鉴赏的一个方面。

但是,第一,技巧不仅仅是写法,它不能被简单地还原为章法、句法。"技巧有它自己的位置,它的正确作用是帮助准确传播。"[1]所谓"好词好句",离开了特定的目的和语境就会变成对辞藻的"玩弄"。第二,所学习的表达技巧要对路。在新闻作品中学习表达技巧,要学习的是其准确而客观的写实技巧,比如,使用具体的名词和生动的行为动词、避免滥用形容词、避免滥用大量副词修辞动词、区分报道语言与评论语言、在直接引语和转述中寻求平衡等。

从一些教材的题目看,学习表达技巧,实际上被理解为学习某种写法,而写法又被理解成学生在其"好作文"("小文人语篇")中可资"应用"的写法,即"应用"在与新闻报道截然有别的抒情性散文或随笔的写作中。为学写新闻和学习"好作文"的表达技巧而读新闻,这是个大误区。

总之,在语文课程中,对新闻作品应该遵照"把新闻当作新闻来阅读"的原则展

---

[1] [美]梅尔文·门彻. 新闻报道与写作[M]. 展江,等译. 北京:华夏出版社,2003:161.

开教学。

(四)《新闻二篇》教材样章

下面是《高中语文实验课本(试编本)》中新闻的样章①,以供比照。

单元导语 DAN YUAN DAO YU

　　本单元所学的,是新闻报道和言论文章的阅读。新闻报道和言论文章形成特有的规范,了解这些规范并据此阅读和理解,是本单元最主要的学习任务。

　　本单元选文篇数较多,有些还篇幅较长,需要快速阅读相适应。所选的新闻作品,有的已成为旧闻,有的还积淀为经典名篇;把旧闻当新闻,鉴赏佳作名篇,这与我们日常的报纸阅读有差异,但也给我们带来了平日所难以体验到的乐趣和启迪。

新闻二篇

准备与预习

1. 了解"诺曼底登陆""奥斯维辛""南京大屠杀"。
2. 浏览一份报纸,评出一篇你认为写得最好的新闻。

课文

《诺曼底登陆现场报道》(乔治·赫克斯,选自《中外记者笔下的第二次世界大战》,东方出版社1987年版)

《奥斯维辛没有什么新闻》(罗森塔尔,选自《西方新闻作品选读》,中国广播电视出版社1984年版)

整合与建构

一、重返现场

1.《诺曼底登陆现场报道》学习活动:

① 想象在硝烟弥漫中,你就是正在军舰塔楼上的乔治·赫克斯。请拿着模拟

---

① 王荣生,倪文尖,等.高中语文实验课本(试编本)必修第一册[M].上海:上海教育出版社,2007:85—87.

的话筒,按原文做现场报道。

② 想象你是备受战争侵害的法国市民,正急切地盼悉战事的进展。请听老师或同学模拟的现场报道。

③ 谈谈你说或听时的感受。

2.《奥斯维辛没有什么新闻》学习活动:

① 想象你是与参观者同行的罗森塔尔。依据课文,说说你看到了什么、感到了什么、想到了什么?你为什么要把看到、感到和想到的报道给世人?

② 想象你是集中营幸存者的后裔,描述你看到这篇报道后的感想。

3. 在上述活动基础上,讨论:

两篇新闻,时隔久远,但至今重读,仍震撼人心。这是因为所报道的事实呢,还是两位记者对事实的出色报道?

二、赏析经典

选择下面1—2个角度,与新闻写作的一般规则相对照,赏析新闻经典名篇。

1. 关于作者:新闻报道是新闻事实的非个人化表达,新闻的作者署名只是显示其作为新闻机构一员的识别特征,而不是用于表明其个人经历。

① 感受《诺曼底登陆现场报道》中"我"的形象,并描述给别人听。

②《奥斯维辛没有什么新闻》被称为"印象性报道",似乎像一篇散文。试从"非个人化"角度,与你学过的游记相比较。

2. 关于客观:新闻恪守客观原则,它报道事实,而避免在报道中做判断和推论。

① 用自己的话解释"报道"的含义,并以《诺曼底登陆现场报道》为例来说明。

② 画出《奥斯维辛没有什么新闻》中判断和推论的语句,结合实例分析"印象性报道"的特点。

3. 关于语句:新闻重视语句的易读性,国外有人甚至提出"不带'一个让14岁智力的人感到迷惑的句子'"。新闻语言,如有可能,每句话应该只传达一个意思。

① 再次朗读《诺曼底登陆现场报道》。然后参阅链接材料,谈谈你对广播(电视)现场报道语言的认识。

②《奥斯维辛没有什么新闻》采用了一些文学手法,写得耐人寻味。朗读课文,至少说出三处有文学意味的语句。

4. 关于_____。自选一个你感兴趣的角度,赏析两篇新闻或其中一篇。

应用与拓展

1. 与同学交流各自评选出的好新闻。

2. 阅读下列材料,举例说明"报道用语"与"评论用语"的不同。

波士顿报人路易斯·莱昂斯从未忘记夜班主编教他的一课:"当我还是一个不懂规矩的年轻记者时,我要写一篇关于波士顿陈旧高架铁路系统的季度报道,有史以来,它一直保持着赤字的记录。"莱昂斯回忆道:"这次它们处于赢利状态。我只知道那是多么地反常。我写道,'波士顿高架铁路系统1月份创造了一个引人注目的记录——它赢利了……'""老夜班主编把我的文章拿回到我的打字机。他知道我是个新手。他和蔼地(这根本就不是他的个性)说出问题的所在。他指出,'引人注目'这个词'不是一个报道用语,那是一个评论用语'。然后他建议我写一篇让读者看了会说'这太引人注目了'的报道。"

3. 收听体育频道的现场报道。

三、古代散文跟现当代散文的区隔

(一) 文言文的一体四面

古代散文在中小学语文教学中被称为"文言文"。文言文是以"文言"这种古代书面语写成的文章,包括先秦时期的作品以及后世历代文人模仿先秦书面语写成的作品。

文言文是中国传统文化的载体。在文言文中,"文言""文章""文学"和"文化",一体四面,相辅相成。

图 5-2 文言文的一体四面

1. 文言文的特点,首先体现在"文言"上

文言,是以先秦汉语为基础形成的一种古代汉语书面语。文言有一套相当严格的词汇、语法系统。学习文言文,前提是学习文言。

2. "文章"与"文学"的统一

中学语文教材中的文言文,都是历久传诵的经典名篇。它们既是经世致用的实用文章,又是中国文学中的优秀散文作品。就这些文言文而言,"文章"与"文学"是统一的。

"文章"是指其功能。语文教材中的文言文,在当时多有具体的写作目的,比如,《师说》《报任安书》《与陈伯之书》《陈情表》等。随着时代的变迁,具体语境中的实用性逐渐脱落。已为陈迹的古文,在后世转而成为学习"义理、考据、辞章"且"终以辞章为主"的范文。在现当代,文言写作逐渐绝迹,文言文或作为学习文言的语料,或作为中国古代文学的杰作而流传。对中小学生而言,古代散文原本具有的文章功能,很大程度上丧失了。

"文学"是指其表现形式。诗歌与散文,是中国古代文学的正宗。而古代散文作品的文学性,主要体现在语言的锤炼和章法的考究这两个方面。学习文言文,研习谋篇布局的章法,体会炼字炼句的艺术,是两个重点,目的是"提高自己的欣赏品位和审美情趣"①。

文言文的章法考究处、炼字炼句处,往往就是作者言志载道的关节点、精髓处,即所谓的"文道统一"。

3. "文化"的多层面体现

文言文多层面地体现着中国传统文化。

(1) 文言本身就是中国传统文化的体现。民族的语言即民族的精神,民族的精神即民族的语言,二者的同一程度超过了人们的任何想象②。

(2) 文言和文言文所体现的传统思维方式。如《劝学》借重比喻论证,《师说》借重类比论证,都体现出偏于感性的民族思维方式。"语言不仅是思维的工具,它同时也影响和制约着思维。"③

(3) 文言文所记载的典章制度、天文地理、民俗风情等具体文化内容。这是显见的文化,对中学生的文言文学习而言,不是主要的方面。

(4) 文言文所传达的中国古代仁人贤士的情意与思想,即所言志、所载道。这是中国传统文化的直接体现,是中国传统文化的精华,因而是中学生文言文学习的主要方面。如《劝学》之"学",是"学做人的道理",并非现在讲的记忆书本知识;《师说》的"学者",是求学以"修身、齐家、治国、平天下"的人,与今天讲的"学生"含义完

---

① 中华人民共和国教育部.全日制义务教育语文课程标准(2001年版)[M].北京:北京师范大学出版社,2001:11.
② [德] 威廉·冯·洪堡特.论人类语言结构的差异及其对人类精神发展的影响[M].姚小平,译.北京:商务印书馆,1999:52.
③ [英] 特伦斯·霍克斯.结构主义和符号学[M].瞿铁鹏,译.上海:上海译文出版社,1987:23.

全不同。文言文中的古人情怀,如《爱莲说》《陋室铭》《兰亭集序》等,在当代或已丢失,因而特别值得追念。

正如朱自清所说:"中等以上的教育里,经典训练应该是一个必要的项目。经典训练的价值不在实用,而在文化。"①学习文言文,最终的落点是文化的传承与反思。语文课程标准指出:"学习中国古代优秀作品,体会其中蕴涵的中华民族精神,为形成一定的传统文化底蕴奠定基础。学习从历史发展的角度理解古代作品的内容价值,从中汲取民族智慧。"②

(二)文言文阅读教学

文言文中,"文言""文章""文学"和"文化"的一体四面,指引着文言文阅读教学的着力点:**了解汉字本义,感受文言美感,赏析古文章法,理会古人情怀**,具体如下:

(1)文言文阅读,无论是借助于在场还是不在场的老师,其实是文言文学习。学习文言文,有一个相对独立的解码阶段。需要先疏通文字,再在理解文意的基础上鉴赏,这是文言文和古代诗歌阅读中独有的状况。

(2)古代散文作品的文学性,主要体现在语言的锤炼和章法的考究上;章法考究处、炼字炼句处,往往就是作者言志载道的关节点、精髓处。文言文鉴赏的理路,是通过赏析章法考究处、炼字炼句处,理会古人的情怀,并在其间贯穿对文言美感的感受。

(3)学习文言文,最终的落点是文化的传承与反思。文化的主要方面,是文言文所传达的中国古代仁人贤士的情意与思想,即所言志、所载道。

图5-3 文言文阅读教学的着力点

文言文阅读教学的着力点,是引导和帮助学生通过对"章法考究处,炼字炼句处"的鉴赏具体地把握作者的"所言志、所载道"。

(三)古代散文的章法

古代讲文章,分为字、句、章、篇四级,"因字而生句,积句而成章,积章而成篇"③。其中,"章"相当于文章的层次,"集数句以显一意者,谓之一章"。"法",即

---

① 朱自清.经典常谈[M].北京:北京出版社,2004:1.
② 中华人民共和国教育部.普通高中语文课程标准(实验)[M].北京:人民教育出版社,2003:8.
③ 夏绍臣.文章章法与阅读写作[M].北京:人民日报出版社,1985:3.

"标准,模范、可以效仿的。"①"章法"是从优秀文章(模范文章,即范文)归纳出来的,可以作为后学者效仿的谋篇布局的方法,即古人所说的"开阖首尾经纬错综之法"②。

章法的归纳具体地体现在对范文的"评点"上,包括"顶批""旁批""圈点""评解"等。"评点"可以切分出以下两个方面。

第一,是将范文所体现的谋篇布局的技巧,归纳为"共通的法则",由此形成一系列带有中国特色的章法知识,如起转承合、熊腰豹尾、伏笔铺垫等。"以笔法为序"的《古文笔法百篇》,就有对偶、就题字生情、一字之骨、波澜纵横、曲折翻波、起笔不平、小中见大等二十卷。

第二,同时借助这些章法知识,具体地理解文章内容和作者的行文思路。如《古文笔法百篇》第一篇《待漏院记》,首句旁批:"天道、圣人对起,立论阔大。"③顶批如下:"法天是待漏源头,勤政是待漏本旨,有思是待漏光景。惟勤政始克法天,惟慎思方能勤政。首尾关照,一线穿成。"④

作者的行文思路称为"脉络",它以人体血流动脉来比喻文章作品结构组织的内部联系。有时也被称为"意脉""义脉""语脉""气脉"等。如上述《待漏院记》,评解中写道:"以脉络用意言,前以'勤'字引出侍漏院,又从'侍'字想出'思'字,从'思'字生出贤、奸两种,末以'慎'字束,意在为相者,当勤慎也。"⑤

由此可见,章法分表里两层。表层,属于文章形式方面的,如文章的标题、开头、结尾、过渡、照应等,或可称之为谋篇布局的"规格""技巧"。里层,即脉络,属于文章内容方面的,指作者的行文思路。好的文章,表里统一,体用一致。

古人学习章法,有"上等读法"和"次等读法"之说⑥。所谓"上等读法",先审题,然后"如我当境作文一般,要如何用意下笔遣词,再四沉思",再将自己所沉思之文与范文加以比照,"得失自知矣"。这相当于范文阅读的还原法,以脉络统领技巧。所谓"次等读法",即"揣摩谋篇"的细读法,依脉络领会技巧。"先考明题目来历","然后逐字逐句而细读之,看其措语遣辞如何锤炼;由逐节逐段而细思

---

① 中国社会科学院语言研究所词典编辑室.现代汉语词典(第5版)[M].北京:商务印书馆,2005:6.
② 夏绍臣.文章章法与阅读写作[M].北京:人民日报出版社,1985:2.
③ [清] 李扶九.古文笔法百篇[M].长沙:岳麓书社,1984:1.
④ [清] 李扶九.古文笔法百篇[M].长沙:岳麓书社,1984:3.
⑤ [清] 李扶九.古文笔法百篇[M].长沙:岳麓书社,1984:3.
⑥ [清] 李扶九.古文笔法百篇[M].长沙:岳麓书社,1984:3.

之,看其承接起落如何转变;又将通篇抑扬唱叹缓缓读之,审其音节;又将通篇一气紧读,审其脉络局势,再看其通篇结构照应章法一一完密与否,则于此首古文自有心得矣"。

章法知识是从范文中归纳的文章知识,在需写的文章与范文一致的情况下,这些章法知识可以转化为写作知识,即如何谋篇布局的知识,甚至成为写作的"套路"。中国古代归纳章法知识的直接目的,是便于后学者效仿,它服务于"学写古文",落点是科举文,尤其是八股文,所谓"取法乎上"。"文章赏析"作为教学的手段,"揣摩谋篇"成为教学的核心,"仿效范文"作为教学的目的,这种独特的"读写结合",是言文脱离、科举制度等特定历史条件下"我国语文教学的特色,独步于世界教坛"[①]。

(四) 尤其要防止古今错乱

文言文阅读教学的基本原则应是"以古对古",在语文教学中,宜用与文章脉络原本一致的章法知识对文言文予以分析。

现当代散文与古代散文,虽有传承关系,但有本质上的差异。现代散文,讲究"散",率性而为,"无法"为冕。现当代散文阅读教学,则重在文脉的把握,不宜发明什么章法的名堂。

从文章形态上来看,文章是一个首尾连贯的有机化的书面语言系统,它的有机系是靠其内含的秩序来实现的。秩序既体现为字、词、句、段、部分之间的层次、结构的组织性;又体现为一种内在思想、情感的逻辑性[②]。

文脉指文章单位之间的衔接关系,是作者行文思路在作品中的体现。日本学者市川孝提出了三种文脉展开的形态[③]:一是前后两个句子意思有直接关系,用"接续短语"把它们连接起来;二是前后两个句子的意思并非一定具有直接关系,多使用"指示代词""同一词语""同义词或近义词"等把它们连接起来;三是前后句一个说明原因、理由,一个暗示内容、结果。在文脉展开的过程中,"重复词语"起着关键作用,它们能指示前后句之间的承接、照应关系,在文章解读中,它有时是重要的线索,是把握语篇及文章思想的关键信息。

不幸的是,古今错乱,在中小学语文教学中时有发生。这一问题既表现在文言

---

① 章熊.中国当代写作与阅读测试[M].成都:四川教育出版社,2000:47.
② 马正平.高等写作学引论[M].北京:中国人民大学出版社,2002:88.
③ 张寿康,王福祥.日本文章学论文集[M].北京:外语教学与研究出版社,1992:166—176.

文教学中①，也遍布在现代文教学里。这里只说现代文，以某版小学五年级上册课文《黄山奇松》为例。

黄山奇松

佚 名

被誉为"天下第一奇山"的黄山，以奇松、怪石、云海、温泉"四绝"闻名于世，而人们对黄山奇松，更是情有独钟。山顶上，陡崖边，处处都有它们潇洒、挺秀的身影。

黄山最妙的观松处，当然是曾被徐霞客称为"黄山绝胜处"的玉屏楼了。楼前悬崖上有"迎客""陪客""送客"三大名松。迎客松姿态优美，枝干遒劲，虽然饱经风霜，却仍然郁郁苍苍，充满生机。它有一丛青翠的枝干斜伸出去，如同好客的主人伸出手臂，热情地欢迎宾客的到来。如今，这棵迎客松已经成为黄山奇松的代表，乃至整个黄山的象征了。陪客松正对玉屏楼，如同一个绿色的巨人站在那儿，在陪同游人观赏美丽的黄山风光。送客松姿态独特，枝干盘曲，游人把它比作"天然盆景"。它向山下伸出长长的"手臂"，好像在跟游客依依不舍地告别。

黄山松千姿百态。它们或屹立，或斜出，或弯曲；或仰，或俯，或卧；有的状如黑虎，有的形似孔雀……它们装点着黄山，使得黄山更加神奇，更加秀美。

以下是对课文的解读。

1. 解题

这是一篇介绍黄山"奇松"的文章。题目应解为"黄山的奇松"或"黄山松"。

(1) 文中奇松、怪石、云海、温泉"四绝"并列，语境中的"奇松"是一个名词。

(2) 奇松，与第二自然段开头"观松处"的"松"，与第三自然段开头的"黄山松"，同义复指。

(3) 第一自然段"处处都有它们潇洒、挺秀的身影"，第三自然段省略号之后的"它们装点着黄山，使得黄山更加神奇，更加秀美"，意思都是黄山的每一棵松树都是"奇松"。

---

① 主要的表现是用一套现代的术语分析文言文。如《劝学》比喻论证、《师说》对比论证、《六国论》事例论证等。

2. 课文的四个教学点

(1) 读明白题目,这是一篇介绍黄山松的文章,而不是描写文(明显不是散文)。

(2) 向谁介绍,即读明白介绍的对象:向不了解黄山松的游客。课文语句:

① 如同好客的主人伸出手臂,热情地欢迎**宾客**的到来。
② 如同一个绿色的巨人站在那儿,在陪同**游人**观赏美丽的黄山风光。
③ 好像在跟**游客**依依不舍地告别。

(3) 是用什么办法介绍的:外形描摹。课文中的比喻是说明性比喻(而不是认知性比喻),形象地说明外观的相似。相当于用导游介绍景点的办法,目的是给人以形象性的感观印象。

(4) 多用四字语,表明是一种书面的正式语体。

这篇课文,我们在不同场合与合计有近千名的小学语文教师研讨或共同备课过,绝大部分教师把《黄山奇松》当作是一篇写景的散文来教,主要的教学内容有:第一,感受黄山松之"奇";第二,学习写作方法;第三,激发对祖国大好河山的热爱之情。

看其中一次备课研讨的案例:学员是由某直辖市选派的优秀教师(以区、校教研组长为主的小学骨干教师)。学员在聆听主题讲座《依据文本体式和学情确定教学内容》之后,分六个小组自主共同备课,备课用时近三个小时。完成教学设计方案之后,进行小组汇报交流。六个小组的教学设计方案如下[①]。

第一组

1. 教学目标

① 抓住重点词句,感受黄山松的"奇"。
② 学习作者的写法,即抓住事物的典型特点写,将具体写与概括写相结合。

2. 教学过程

环节一:抓住重点词句,感受黄山松的"奇"。
① 理解"枝干遒劲",感受黄山松的第一"奇":姿态优美。
② 交流"饱经风霜",理解迎客松的第二"奇":生命顽强。

---

① 该案例的详情和就其他话题展开的讨论,见王荣生,高晶. 阅读教学教什么[M]. 上海:华东师范大学出版社,2016:85—104.

③ 比喻句——"如同好客的主人伸出手臂",感受黄山松的第三"奇":热情好客。

环节二:学习写法。

① 抓住事物的典型特点来写:抓住松树名称里的"迎""陪""送"和松树的"千姿百态"。

② 具体写和概括写相结合。比如,黄山"以奇松、怪石、云海、温泉'四绝'闻名于世,而人们对黄山奇松,更是情有独钟"。

第二组

教学目标: 学习写法。

环节一: 初读课文,初步感受课文的详略。

环节二: 学习排比的表达方式。第三自然段的排比。

环节三: 揣摩详略得当的写法。

第三自然段是一个总分结构,总写"千姿百态"。黄山松的千姿百态就是黄山松的"奇"。反过来关注第二自然段,揣摩详略得当的写法,写出了迎客松、陪客松、送客松的奇妙之处。

通过与第三自然段的对比,知道第二自然段属于课文当中的详写段。通过朗读、背诵第二自然段,让学生发现迎客松是详写,陪客松和送客松是略写。

第三组

教学目标: 学习作者根据事物特点展开合理联想,运用恰当的修辞手法进行描写的方法。

环节一: 聚焦名松,感悟特点。

抓住关键词,体会三棵松不同的"奇"。迎客松"奇"在姿态优美;陪客松"奇"在位置绝妙;送客松"奇"在姿态独特。同时,理解"遒劲""饱经风霜""盘曲"等词语,感受作者用词的精妙。

环节二: 体会作者的写法。

作者描写这三棵奇松采用的是"描述+联想"的形式。

环节三: 读写结合。

根据自己班学生的情况,老师们可以让同学们写一写黄山奇松中其他松的姿态,或者是黄山奇石,以及天上的云,等等,采用"描述+联想"的方法进行描写。

第四组

教学目标：通过理解黄山松的"奇"，学习写作方法。

环节一：从题目入手，**抓住关键词"奇"**，激发学生的阅读期待。

环节二：让学生围绕"奇"来自主学习，**让学生在字里行间中感受"奇"**。

环节三：聚焦第二自然段，**体会作者所采取的合理想象和恰当的修辞**。全班交流。

环节四：回归整体，**揣摩首尾照应、点面结合、总分总的结构**。

环节五：学习迁移，以读促写。播放呈现黄山"四绝"的画面，选择一绝，将这节课所学到的写作方法进行运用。

第五组

教学流程：

① 播放黄山风光的视频。

② 初读课文，整体感知。

③ 学生交流对黄山松的印象，教师进行归纳。

黄山松有两大"奇"，首先是量多，山顶上、绝壁边，处处都有它们潇洒挺拔的身影；其次是"奇"在它的形，姿态各异。

④ 重点聚焦第二自然段，用读文字、想画面的方法，渗透作者通过抓事物的特点展开合理联想的写作方法。

⑤ 背诵，迁移写法。抓住黄山松的一个形态，运用抓住特点展开联想的方法写一写。

第六组

未完成。小组重点讨论两个问题：

① 关于这篇课文的文体特征，我们组争论不休。查了网络资料，也看到一些争议：有人说是说明文，也有人说是散文。究竟是什么文体，我们首先要确定，才能找到合适的教学方法。

② 这是一篇五年级的课文，学生们之前都接触过这样的写景文章。对这样的写景文，应该说有初步的了解。那么，学生还需要再吸收什么，这是我们需要重点思考的问题。

达成了这两点共识之后，说实话，我们后面的讨论推进得很艰难。有不少争论，没能达成一致。

很显然,除了第六组,其他五组老师是毫不犹豫地把这篇介绍文当作散文教的,经三个小时认真研讨所设计的教学方案,既表现了散文教学的糟糕状况,也直观地表现了以散文为主导文类对其他文类教学的连累和伤害,还深刻地揭示了缺乏学理的以散文为主导文类的课程与教学的习俗对语文教师专业知识的侵害是何等的严峻——一篇仅四百字的课文,五十位优秀的语文骨干教师花费了近三个小时,居然辨认不出从"我"的观感所引发的抒情文字与采用文学笔法的说明(描述)文字之间的差别①。

上述教学设计方案,暴露了中小学语文教学方方面面的问题。就拿教学内容来说:抓住片言只语,无中生有地抠挖,呈现出了教学内容"趋同而又迥异"的怪状。上述教学设计方案共有两大内容。

第一,关于"奇":第一组抠挖到"第一奇:姿态优美;第二奇:生命顽强;第三奇:热情好客"。第三组抠挖到"迎客松'奇'在姿势优美;陪客松'奇'在位置绝妙;送客松'奇'在姿态独特"。第五组则抠挖到"第一奇:量多;第二奇:其形姿态各异"。

第二,"学习写法":五个小组共计抠挖到如下十项写法。

表5-7 五组教学设计方案中"学习写法"的教学内容

组 别	教 学 内 容
第一组	① 抓住事物典型特点来写 ② 具体写和概括写相结合
第二组	③ 学习排比(第三自然段) ④ 揣摩详略得当
第三组	⑤ 根据事物特点展开合理联想,运用恰当的修辞手法进行描写的方法,即采用"描述+联想"的形式
第四组	⑥ 体会合理想象和恰当的修辞(第二自然段) ⑦ 揣摩首尾照应 ⑧ 点面结合 ⑨ 总分总的结构(整体)
第五组	⑩ 通过抓事物的特点展开合理联想的写作方法

---

① 其实不仅是语文教师。该版教材在该课文后设有四道题,其中一题是写字练习,一题是抄写词语并加点词造句,剩余两题如下:朗读课文,背诵课文第二自然段。默读课文,说说黄山奇松"奇"在哪里。"奇"在哪里的提问,表明该教材的编写者也没有看懂"黄山奇松"这个题目,也把它误认为是"黄山奇的松"的描写文甚至抒情文。研究表明,我国语文课程与教学的问题,主要是课程内容、教学内容的问题,而问题的根源在于对文本的教学解读不到位乃至错误百出,语文教材对此要负极大责任。

上表所列的十项,都是章法或笔法,诸如详略得当、首尾照应、点面结合、总分总的结构等(其他案例中还提到过"象征手法"等),以及语文老师自创的一些说法①,比如,"描述+联想""先写看到的,再写想到的"(似乎有"虚实相间"的意思)等。

教一篇散文(五组老师都是当作散文教的),用一大堆贴标签式的章法术语(到了课堂教学,这类标签式的章法术语还会蹦出很多来),这就是古今大错乱的表现。

从这一案例可以看出,之所以用标签式的章法术语,目的是"读写结合"②"学习写法"。这提示我们,还有一个大的方面必须区隔,那就是:"指向阅读理解"和"指向写作学习"的区隔。

依赖"古文"(唐宋古文运动的"古文")阅读来模仿其章法、笔法而学写应试的时文(八股文),这是中国古代秦汉之后,尤其是宋元之后言文脱离背景下的无奈选择——试想,文言时文除了模仿古文,还有什么其他学习方法吗?把宋元之后的古代人学习文言写作的办法,胡乱地应用到现代课程与教学,尤其是现当代散文的教学,中国现代百余年以散文为主导文类的语文课程与教学的实践证明,是行不通、行不了的③。

第三节 分流:对有明确界说的亚文类予以专门对待

"分流"的策略,是以读法为纲,细析小类,妥善处理那些跨界的因而仍留在(中观的)"散文"框子里的亚文类,把已经能明确界说的一些亚文类从"文学性的散文"中分流出去,而予以专门对待。

比如,那些带有文学色彩的通讯、特写、报刊言论文章、杂文、杂感、演讲词、科普小品、文艺随笔、学术札记、序言、传记、回忆录等。有些在体裁和文体特征方面有明确界说的,如报告文学、儿童故事、寓言、散文诗、哲理散文、学术散文(学者散

---

① 我国中小学语文教师经常"发明"一些似是而非(类似于行业黑话)的"语文知识",尤其是应付考试(主要是散文阅读和"散文化"的写作)的"语文知识",这与以散文为主导文类而散文解读理论又几乎阙如的状况有因果关系。

② "读写结合"是以章法、笔法为主轴的我国古代语文教育的特色。在1956—1957年汉语、文学分科时期,"读写结合"曾被打断,因为文学所读的主要是诗歌、小说,与写没法结合,以致在分科实施中忽视了写作教学,后来才紧急出台《中学作文教学初步方案(草稿)》意欲补救。由此可反证,"读写结合"实乃以散文为主导文类的产物。

③ 参见本书第三章"散文为主导文类造成的阅读教学困境"、第四章"'散文化'作文造成的写作教学困境"。

文)等,也宜按独立小类而专门对待,至于在大类上如何处理,对语文教学不具有实质性的意义①。

分流是以退为进,但却是目前最为可行的办法。在"文学性的散文"占课文绝大多数的既定条件下,对仍以教课文为主要形态的中小学阅读教学来说,关键是要把文本解读的理论研究已经能够提供的相应解读方法用对、用好,进而把能够教对的或应该教对的,教对头。

"分流"所涉及的亚文类,种类繁多且有交叉,每种亚文类里又有不少"奇花异草"。我们采取的方法,是按亚文类的基本面来处理。

比如,通讯、特写、报告文学,其基本面是报道,主要按新闻类的实用文章对待。通讯、特写、报告文学,通常有较为细微的描写,但描写主要是为了报道鲜为人知的细节。通讯、特写、报告文学,或具有浓烈的抒情意味,但所抒发的不是个人性的情感,而是代表新闻机构表达的价值立场和情感倾向。上述语篇类型的这些特征,显然与"个性化的言语表达、个人化的言说对象、独特的情感认知"之散文,有较显著的差别。

再比如,传记、回忆录,其基本面是历史叙事。只有明显表达作者个人情感或作者在日常生活中感悟的人生经验的作品,其面相才转为需按散文阅读方式进行教学的散文。

在中小学语文教学中,受困扰较大的,是以阐释或论辩为基本面的一些亚文类,如科普小品、学术散文(学者散文)、学术札记、序言、文艺随笔、哲理散文、报刊言论文章、杂文、杂感、演讲词等。

一、以阐释为基本面的亚文类分流

(一)"阐释"解

英文"exposition""expository",原意是暴露、显露、揭示,引申为说明、讲解、阐述等。作为表达方式,通常的翻译有解说、说明、解释等。在《国文百八课》中,夏丏尊、叶圣陶是这样界定"说明文"的:"说明文所表示的是作者的理解;换个说法,就是作者所懂得的一些道理、原因、方法、关系,等等。""所谓理解,乃是说天地间本来

---

① 国外课程标准多以具体的文类体裁进行表述。如德国语文教学大纲 8 年级阅读的"语篇类型":现代短篇小说、名人轶事、民间故事、小说、诗歌、戏剧、电影、广播剧、青年读物等。10 年级"说和写"要求学习批改的阅读文章,如社论、短评、评论、读者来信、通讯报道、书评等。柳士镇,洪宗礼. 中外母语课程标准译编[M]. 南京:江苏教育出版社,2000:444—449.

有这么些道理,给作者悟出来了,明白地懂得了。"①换句话说,"说明"是抽象的分析过程,它含有作者发见的意思。根据英文原义,以及先辈的权威解释,译为"阐释"可能更为准确。

阐释是指解释现象、揭示事理。它或对一类事物的状态、性质、功能等加以解说,或对一个抽象概念、一种道理等加以阐明。在与描述和论辩(论证)的区别中,可以清晰地把握"阐释"的含义。

描述的对象,是用眼睛可以看到的特定事物,比如,所看到的一只鸟。阐释所面对的,则是一类事物,比如,麻雀,要通过科学的研究,才能说明什么样的动物叫"麻雀"——实际上是解释"麻雀"的概念。描述是呈现外观,比如,描述赵州桥的形状;阐释则是解说何以如此,比如,赵州桥为什么如此坚固。

在下面的对话中,小李的第一次回答是论证,第二次回答则是阐释。

小王:小李,你为什么说我发胖了?
小李:看看你的腰带,都要扣不上了。还有你的衣服,比以前有点紧。
小王:还真是的,你说我为什么会发胖?
小李:最近你饮食过量,而且缺乏锻炼,所以你就发胖了。

"为什么"要求给出阐释或论证。在用"为什么"寻问原因时,问题要求回答者解释造成某个事实的原因。例如:狗为什么会叫?光线为什么会弯曲?在用"为什么"寻问根据或理由时,问题要求回答者给出坚持某一主张的论证。例如:你为什么说小华不守纪律?他凭什么要求索赔?换言之,阐释所回答的,是事实性问题(是或不是),即事实之所以如此的道理;论辩(论证)所回答的,则是评价性问题(对或不对;好或不好),即何以如此主张的理由。前者,是研究得出的结论,可证实或证伪;后者,是经过辩护而成立的观点,可说服别人或被辩驳。②

---

① 夏丏尊,叶圣陶.国文百八课[M]//叶圣陶.叶圣陶教育文集(第五卷).刘国正,主编.北京:人民教育出版社,1994:279.
② 阐释,以往被称为"说明""解释""解说"等。根据说明的对象,有人曾把说明分为"介绍实体事物"的介绍性说明和"阐述事物道理"的阐释性说明。根据所回答的问题的类型,有人曾把解释分为"回答为什么"的因果性解释和"回答怎么做"的说明性解释。有人则把被解说的对象细分为类型的事物、抽象的事理、事物的异同、事物之间的关系、事物的处理法、语义的诠释等。上述这些称呼和不同角度的分类,有助于我们正确而全面地把握"阐释"的含义。

阐释的核心是两个方面：一是对"是什么"这样的事实性问题进行妥帖的解答，二是将自己的解答向别人进行系统而明白的阐述。因此，阐释的方法也可以分为两个方面：一是如何获得妥帖的解答，二是如何向别人明白地阐述。上述两个方面是相互联系、相辅相成的。

需要用写作来阐释的问题，一般都是需做进一步探究的，需要通过科学观察、实验、调查、资料的梳理和运用等途径才能解答。而科学观察又不仅仅是"仔细地看"，还往往要对观察的对象加以分类、分解、比较等。运用资料进行思考和写作，是阐释的基本特点。资料的梳理和运用，包括资料的提炼、分析、联系、比照、比较、综合等。

阐释性文章往往涉及一些知识术语，有时整篇文章就是围绕对一个关键术语的阐释展开的。下定义、提供理解这一术语的背景材料、列举被定义术语的各种成分、用否定的方式辨析它不是什么、比较相关术语、引用权威的说法并加以解说等，是常用的方法。

说清楚，包括顺序的合理布局，列举、举例、图表、比喻、比较等方法的运用，以及适合读者对象的语言的采用。

以阐释为基本面的亚文类，与中小学语文教学关系比较密切的，是科普小品和学术散文（学者散文，含学术札记以及一些学术性较强的序言等）。

（二）科普小品

科学普及文章（科普文章），语文教学界称之为"科普说明文"或"科技文"（与社科文相对举）。科普文章，由从事科学技术工作的专家所写，目的是向公众通俗地解释本专业领域的知识，语体平实简练。科普文章的阅读以理解为目的，其阅读姿态、阅读方式方法是解读型的。

科普小品类属于科普文章，但刻意用文学的笔调，又跨到科学文艺的领地。科普小品的阅读，有其自身的特点，也有因其杂交而带来的麻烦[①]。以《大自然的语言》为例，以下是《大自然的语言》课文及阅读要点。

---

① 科普小品主要面向中小学生。语文教材中的科普小品，有些是经教材编写者改编或改写的，带有"教材体"的味道，有时因辞害义，会造成额外的麻烦。

大自然的语言

竺可桢

立春过后,大地渐渐从沉睡中苏醒过来。冰雪融化,草木萌发,各种花次第开放。再过两个月,燕子翩然归来。不久,布谷鸟也来了。于是转入炎热的夏季,这是植物孕育果实的时期。到了秋天,果实成熟,植物的叶子渐渐变黄,在秋风中簌簌地落下来。北雁南飞,活跃在田间草际的昆虫也都销声匿迹。到处呈现一片衰草连天的景象,准备迎接风雪载途的寒冬。在地球上温带和亚热带区域里,年年如是,周而复始。

几千年来,劳动人民注意了草木荣枯、候鸟去来等自然现象同气候的关系,据以安排农事。杏花开了,就好像大自然在传语要赶快耕地;桃花开了,又好像在暗示要赶快种谷子。布谷鸟开始唱歌,劳动人民懂得它在唱什么:"阿公阿婆,割麦插禾。"这样看来,花香鸟语,草长莺飞,都是大自然的语言。

这些自然现象,我国古代劳动人民称它为物候。物候知识在我国起源很早。古代流传下来的许多农谚就包含了丰富的物候知识。到了近代,利用物候知识来研究农业生产,已经发展为一门科学,就是物候学。物候学记录植物的生长荣枯,动物的养育往来,如桃花开、燕子来等自然现象,从而了解随着时节推移的气候变化和这种变化对动植物的影响。

物候观测使用的是"活的仪器",是活生生的生物。它比气象仪器复杂得多,灵敏得多。物候观测的数据反映气温、湿度等气候条件的综合,也反映气候条件对于生物的影响。应用在农事活动里,比较简便,容易掌握。物候对于农业的重要性就在这里。下面是一个例子。

北京的物候记录,1962年的山桃、杏花、苹果、榆叶梅、

阅读要点

此文原为:《一门丰产的科学——物候学》

动植物"年年如是,周而复始"的自然现象,即下文的"物候"。

"都是大自然的语言"。都是:似乎都是大自然在说话。语言、口语,有语音和语义;这里语音指"草木荣枯、候鸟去来等(年年如是、周而复始)自然现象",语义指"同气候的关系"。

物候:动植物(年年如是、周而复始)的自然现象同气候的关系。对这些自然现象同气候的关系的认识,即物候知识。

物候学:记录动植物的自然现象,

西府海棠、丁香、刺槐的花期比1961年迟十天左右,比1960年迟五六天。根据这些物候观测资料,可以判断北京地区1962年农业季节来得较晚。而那年春初种的花生等作物仍然是按照往年日期播种的,结果受到低温的损害。如果能注意到物候延迟,选择适宜的播种日期,这种损失就可能避免。

　　物候现象的来临决定于哪些因素呢?

　　首先是纬度。越往北桃花开得越迟,候鸟也来得越晚。值得指出的是物候现象南北差异的日数因季节的差别而不同。我国大陆性气候显著,冬冷夏热。冬季南北温度悬殊,夏季却相差不大。在春天,早春跟晚春也不相同。如在早春三四月间,南京桃花要比北京早开20天,但是到晚春五月初,南京刺槐开花只比北京早10天。所以在华北常感觉到春季短促,冬天结束,夏天就到了。

　　经度的差异是影响物候的第二个因素。经度之所以发生影响,是离海洋远近的关系。凡是近海的地方,比同纬度的内陆,冬天温和,春天反而寒冷。所以沿海地区的春天的来临比内陆要迟若干天。如大连纬度在北京以南约1°,但是在大连,连翘和榆叶梅的盛开都比北京要迟一个星期。又如济南苹果开花在四月中或谷雨节,烟台要到立夏。两地纬度相差无几,因为烟台靠海,春天便来得迟了。

　　影响物候的第三个因素是高下的差异。植物的抽青、开花等物候现象在春夏两季越往高处越迟,而到秋天乔木的落叶则越往高处越早。不过研究这个因素要考虑到特殊的情况。例如秋冬之交,天气晴朗的空中,在一定高度上气温反比低处高。这叫逆温层。由于冷空气比较重,在无风的夜晚,冷空气便向低处流。这种现象在山地秋冬两季,特别是这两季的早晨,极为显著,常会发现山脚有霜而山腰反无霜。在华南丘陵区把热带作物引种在山腰很成功,在山脚反不适宜,就是这个道理。

从而了解随着时节推移的气候变化及其对动植物的影响。

物候学的研究方法:物候观测——观测并记录动植物的自然现象。

物候观测数据:记录气候条件及其对动植物的影响。同下段中的"物候记录""物候观测资料"。

研究过程和方法:根据物候资料,判断气候变化,据以安排农事。

研究方法:判断物候现象同气候的关系,要综合分析四个方面的因素。

因素:影响物候现象来临的四个要素或原因。即一种物候现象可能同时包含四个方面的原因。

此外,物候现象来临的迟早还有古今的差异。根据英国南部物候的一种长期记录,拿1741到1750年十年平均的春初七种乔木抽青和开花日期同1921到1930年十年的平均值相比较,可以看出后者比前者早九天。就是说,春天提前九天。	
物候学这门科学接近生物学中的生态学和气象学中的农业气象学。物候学的研究首先是为了预报农时,选择播种日期。此外还有多方面的意义。物候资料对于安排农作物区划,确定造林和采集树木种子的日期,很有参考价值,还可以利用来引种植物到物候条件相同的地区,也可以利用来避免或减轻害虫的侵害。我国有很大面积的山区土地可以耕种,而山区的气候、土壤对农作物的适应情况,有很多地方还有待调查。为了便利山区的农业发展,开展山区物候观测是必要的。	物候学的应用价值:据以具体化地安排农事。 要加强物候学研究: 1. 进一步加强物候观测,尤其是山区。 2. 懂得大自然的语言:明白物候同气候的关系。 3. 指导农业生产——争取农业更大的丰收。
物候学是关系到农业丰产的科学,我们要进一步加强物候观测,懂得大自然的语言,争取农业更大的丰收。	

此文原题为:《一门丰产的科学——物候学》,发表于《科学大众:科学教育》1963年第1期[①]。原文共四个小标题:(1)大自然的语言。是目前课文的前五个自然段的内容。(2)四个因素。即课文中"物候现象的来临决定于哪些因素呢?"这部分内容。(3)在各国的发展。概述国外的物候学研究状况,感叹"物候学在我国虽起源很早,但到至今还是个空白点",呼吁"因地制宜、因时制宜地制定各地的物候历"这一当务之急。这部分内容在课文改编时被删掉了。(4)作用很大。基本内容经改编、改写,保留在课文最后两段。

本文是科普小品,属于科普文章,其基本面是阐释,因此应采取解读型的阅读

---

① 竺可桢.竺可桢科普创作选集[M].北京:科学普及出版社,1981:176.

姿态、阅读方式方法。

按我的分析,经改编、改写的《大自然的语言》,可分为以下三个部分。

(1) 课文前三个自然段,从动植物"年年如是,周而复始"的自然现象,引出物候现象,解说"物候""物候知识",概括介绍物候学的研究内容和研究方法——物候学:记录动植物的自然现象,从而了解随着时节推移的气候变化及其对动植物的影响。

(2) 课文第四至第十自然段,结合具体案例解说物候学的研究内容和研究方法:① 物候观测——观测并记录动植物的自然现象。② 依序从四个因素综合考察物候观测的数据同气候的关系。

(3) 课文最后两个自然段,列举物候学的应用价值,并呼吁进一步加强物候学研究。

人教版初中语文教材八年级上册,该课的课后学习内容如下:

研讨与练习

一、阅读课文,分别用一两句话回答下列问题。

1. 什么叫物候和物候学?

2. 物候观测对农业有什么重要意义?

3. 决定物候现象来临的因素有哪些?

4. 研究物候学有什么意义?

二、理解句子的意思,回答括号里的问题。

1. 句略("次第"是什么意思?请用它造一个句子。)

2. 句略(这三个例子说明什么道理?)

三、从下边两题中选做一题。

1. 采集几则农谚,说说它们包含的物候知识。

2. 联系课文中的物候知识,谈谈你对下面这首诗的理解。

《大林寺桃花》(白居易)诗略

其中,第二题是对个别词句的理解,第三题是拓展性的;涉及课文理解的只有第一题。而这第一题,有三个问题是需要商榷的。

第一,基本的阅读姿态、阅读方式方法。

从命题样式看,是采用快速阅读的方式,浏览课文的基本内容。

确实,科技文适用快速阅读,但那是科技工作者搜寻本学科领域科技文献时可采用的阅读方式方法。对中小学生而言,尽管作者(或改写者)刻意追求通俗化和趣味性,但毕竟是在阅读他们较为陌生的、专业知识性较强的文章,因而有相当的难度。阅读有相当难度的文章,不宜,事实上也不太可能快速阅读,除非用扫读的办法去找表层的字面信息——课文的哪些文字写的是哪方面的内容。

第二,课文的理解。

受教材"牵引",网上该课许多教案的第一环节都是"快速筛选信息,初步概括课文内容"。相应的概括(标准答案)如下:

第一部分(1—3自然段),说明什么是物候、物候学(对应"什么叫物候和物候学?")。

第二部分(4—5自然段),说明物候研究对于农业的重要性(对应"物候观测对农业有什么重要意义?")。

第三部分(6—10自然段),说明影响物候现象来临的各个因素(对应"决定物候现象来临的因素有哪些?")。

第四部分(11—12自然段),说明研究物候学的意义(对应"研究物候学有什么意义?")。

其中的"第二部分"概括,尤其怪异。课文是这样写的:

物候观测使用的是"活的仪器",是活生生的生物。它比气象仪器复杂得多,灵敏得多。物候观测的数据反映气温、湿度等气候条件的综合,也反映气候条件对于生物的影响。应用在农事活动里,比较简便,容易掌握。物候对于农业的重要性就在这里。下面是一个例子。

这段讲的是"物候观测"。"物候观测的数据",即物候观测的结果,也就是"物候知识",简称"物候"。这里"应用在农事活动里,比较简便,容易掌握"的主语,是"物候观测的数据",承上文省略。下句"物候对于农业的重要性就在这里"中的"这里",指上句中的"比较简便,容易掌握"。两句连起来,意思就较为显豁:物候对于农业的重要性就在于应用在农事活动里,比较简便,容易掌握。"比较简便,容易掌握"也就是"重要性"之所在。所以下举一例,说明如果应用了"比较简便,容易掌握"的物候观测资料(物候观测数据),就可以判断物候现象同气候的关系(如北京地区1962年农业季节来得较晚),就可能避免因未注意到"物候延迟"而造成的损害。

这两段分明在讲"物候观测"及"物候观测的数据"。"物候观测对农业有什么重要意义?"的答案却在最后两个自然段——这一问,其实与该教材这一题中针对最后两个自然段的第四问"研究物候学有什么意义?"是同一问。也就是说,对第二至三自然段内容的上述问法和概括,与课文第二至三自然段的内容不符。

但该教材针对最后两个自然段的第四问"研究物候学有什么意义?"也有些毛病:课文是:"物候学的研究首先是为了预报农时,选择播种日期。此外还有多方面的意义。"(1)是"物候学的研究",不是"研究物候学";第二,这里的"意义",结合下文语境,是"作用"的意思——未经改编、改写的原文小标题"作用很大"可证之。所以我在上面把这两段概括为"列举物候学的应用价值,并呼吁进一步加强物候学研究"。

问题还不止于此。以下这个关于《大自然的语言》的教学设计来自人民教育出版社官网。

四、教学过程

(一)解题

组织学生初次朗读课文,并思考:什么是"大自然的语言"?它的另一种说法叫什么?

明确:花香鸟语,草长莺飞,都是大自然的语言。这些自然现象,我国古代劳动人民称它为物候。

解题:大自然的物候现象,实际上起着预报农时的作用,从这一点上说,物候现象仿佛就是传递信息的"大自然的语言"。题目把物候现象比成大自然的语言,形象说明了认识它、研究它的重要性。以"大自然的语言"为题,显得新颖别致,引人入胜。

(二)整体感知,理清思路及说明顺序

1. 什么是物候和物候学?作者又是如何进行说明的?

明确:草木荣枯、候鸟去来等自然现象,古代劳动人民称它为物候。

利用物候知识来研究农业生产的科学,就是物候学。

"明确",也就是所谓"标准答案"。"草木荣枯、候鸟去来等自然现象,古代劳动人民称它为物候。"错！草木荣枯、候鸟去来等自然现象,是"物候现象",即"物候"中的"物";"候",指的是物候现象同气候的关系,即我国农历中所说的二十四节气和七十二候的"气"和"候"。"物"和"候"联系在一起,才是"物候",研究这种联系的科学,叫"物候学"。该教学设计的标准答案"利用物候知识来研究农业生产的科学,就是物候学"是对课文"到了近代,利用物候知识来研究农业生产,已经发展为一门科学,就是物候学"的误读。课文中对什么是"物候学"的解释,是在这句话之后的下一句:"物候学记录植物的生长荣枯,动物的养育往来,如桃花开、燕子来等自然现象,从而了解随着时节推移的气候变化和这种变化对动植物的影响。"

同时,题目也没有读对。用朗读的办法读课文还是不对。题目"大自然的语言",与文中第2自然段中"这样看来,花香鸟语,草长莺飞,都是大自然的语言"(原文是:"在农民看来,花香鸟语,秋山红叶,都是大自然的语言"[①])及文末"听懂大自然的语言"中的"大自然的语言",含义不同。"把物候现象比成大自然的语言"是在课文那两句中的含义;而题目,因其是科普小品,采用的是文艺性标题的办法。也就是说,题目是不能按字面意思来直解的——只有读完全文,才能明了作者(改编者)所赋予题目的含义。在这里,题目的意思就是全文的内容概括,应解读为作者的原题"一门丰产的科学——物候学",或者根据全文意思,解译为"物候学简介"。

如果按上述教材的第一题中的四个提问以及网上教案对课文的段落划分和内容概括[②],该课文的几个部分似乎是各说各话,文脉就被阻隔了。如果沿用作者的原题目"一门丰产的科学——物候学",上述教材的第一题中的四个提问以及网上

---

① 原文是:"在农民看来,花香鸟语,秋山红叶,都是大自然的语言。"后面接上"杏花开了,就好像大自然在传语要赶快耕地;桃花开了,又好像在暗示要赶快种谷子。布谷鸟开始唱歌,劳动人民懂得它在唱什么:'阿公阿婆,割麦插禾'。"课文调换了语句次序,给理解造成了麻烦。

② 上述教学设计,有追问四:"这四部分内容之间有没有内在的联系？明确:第一部分描述现象,由表及里引出什么叫'物候'和'物候学'。第二部分做出解释,话题转到农业上,与文章结尾形成了照应。第三部分推究原因,说明决定物候现象来临的因素,是文章的主体部分。第四部分阐明意义,再次突出'大自然的语言',与第一部分照应。全文条理分明,主要按从现象到本质的说明顺序介绍物候学,通俗易懂,给人以深刻的印象。"仔细研判,这种解释是很牵强的。

教案对课文的段落划分和内容概括的不合理,就昭然若揭了——不仅第一部分在说明什么是物候、物候学,全文通篇都是在说明什么是物候、物候学。试比较两种概括。

表 5-8 对《大自然的语言》两种概括的比较

教材和教案的概括	本书作者的概括
第一部分(1—3 自然段),说明什么是物候、物候学(对应"什么叫物候和物候学?")	第一部分(1—3 自然段),从动植物"年年如是,周而复始"的自然现象,引出物候现象,解说"物候""物候知识",概括介绍物候学的研究内容和研究方法——物候学:记录动植物的自然现象,从而了解随着时节推移的气候变化及其对动植物的影响
第二部分(4—5 自然段),说明物候研究对于农业的重要性(对应"物候观测对农业有什么重要意义?")	第二部分(4—10 自然段),结合具体案例解说物候学的研究内容和研究方法: ① 物候观测——观测并记录动植物的自然现象 ② 依序从四个因素综合考察物候观测的数据同气候的关系
第三部分(6—10 自然段),说明影响物候现象来临的各个因素(对应"决定物候现象来临的因素有哪些?")	
第四部分(11—12 自然段),说明研究物候学的意义(对应"研究物候学有什么意义?")	第三部分(11—12 自然段),列举物候学的应用价值,并呼吁进一步加强物候学研究

至于前文提到的"用朗读的办法读课文还是不对",道理则很简单:以阐释为基本面的文章,正常的情况下是不会也不用朗读的。

这就涉及需要商榷的第三个问题——对科普小品的"文学性"这一面的处理。

第三,对科普小品的"文学性"这一面的处理。

上述教材该课涉及课文理解的第一题,虽没有直接提到这篇科普小品与"文学性"相关的方面,但按教学的常规,在教学中,"文学性"(趣味性)是该篇课文的重要教学内容之一。

上述网上的教学设计,第四个教学环节就是"品味并鉴赏说明文的语言"[①]:"有感情地朗读第一段并品味鉴赏,谈谈这一段的语言特点和它的表达作用、表达效果。"

[①] "品味并鉴赏说明文的语言"是一种相当怪异的说法,体现了以类似于读散文的办法来教读说明文的一种样态。

上面引述的第一环节"解题",其实也是从"文学性"这一面着眼的:"以'大自然的语言'为题,显得新颖别致,引人入胜。"

刻意用文学的笔法、笔调,从作者这一方看,是意图把较专业的知识通俗化并增添趣味性;从读者这一方看,就因为通俗化、趣味性,以及与文学性表达相关的内容往往是比较容易理解的,因而也能自然地在阅读理解实用文章的同时,引发评鉴行为。所以,从阅读教学的角度(只教学生不懂的地方),"文学性"(趣味性)这一方面一般并不需要特意关注。

当然也有例外。如果一篇科普小品其基本面移到了"文学性"(趣味性),就可能有必要把"文学性"(趣味性)的评鉴作为这篇科普小品的主要教学内容。比如,钱梦龙老师执教的《死海不死》[1]。

《死海不死》这篇课文,有较浓的为"文"造文的味道,其专业性和知识的含量不高,对学过地理的中学生而言,课文所介绍的知识是他们所熟知的。该文的基本面是"介绍"(描述),其阐释的部分(死海海水的浮力为什么这样大呢?)不构成阅读的难度(因而是不需要教的)。针对这篇科普小品的特性和学生的学情,钱梦龙老师机智地把课文的基本面转向"趣味性",引导学生探究造成"趣味性"的章法和笔法。从课例的最后一个环节可以看出,即使是重心转向"趣味性",还是要特别关注科普小品的"科学性"。

描写或举例子毕竟不是写科学小品文的目的,而只是作为帮助说明科学道理的手段。况且,像《死海不死》这种有较浓为"文"造文味道、以"介绍"(描述)为基本面的科普小品,不是科普小品的主流。大部分科普小品,还是以阐释为基本面,以普及新知为目的。

科普小品的"文学性"(趣味性)这一面,主要表现为较考究的章法和多用修辞等文学笔法、笔调。但是,以阐释为基本面的科普小品,光从章法或笔法、笔调着眼,却常有隔靴搔痒的弊端。如《大自然的语言》,说"文章第一段生动形象地勾勒出一幅充满诗情画意的'四季图'","本段以优美生动的写景笔调描写了一年四季丰富的物候现象",这都没有点到要害——第一自然段的关键句是:"在地球上温带和亚热带区域里,年年如是,周而复始。"

教材该课涉及课文理解的第一题的第三问:"决定物候现象来临的因素有哪

---

[1] 钱梦龙.钱梦龙经典课例品读[M].彭尚炯,编选.上海:华东师范大学出版社,2015:166—184.

些?"在教学中,快速阅读找到相应信息(答案:纬度、经度、高下、古今的差别)之后,通常还要延伸到"决定物候现象来临的四个因素能否调换说明的顺序?"答案当然是:"不能。"而之所以"不能",所见的课例和教学设计都是从章法的角度来分析的。如以下关于《大自然的语言》教学设计的片段。

◇ 追问五:决定物候现象来临的四个因素能否颠倒说明的顺序?

明确:不能。因为四个因素的影响程度大小不等,由大到小,依次排列,有条有理。纬度、经度、高下差异,都是空间因素,古今差异则是时间因素,从空间到时间又是一种条理。对四个因素的解说由一个设问句引出,接下来用"首先""第二""第三""此外"等连接词,使这一部分层次清楚。

◇ 决定物候现象来临的四个因素是什么?这几个因素能否对换,为什么?

明确:四个因素:首先是纬度,第二是经度,第三是高下差异,此外还有古今的差异。

不能对换。这几个因素是按照影响程度、由大到小、由主到次,依次排列的。另外,前三个都是空间因素,后一个是时间因素。[是按照从主要(第7—9自然段)到次要(第10自然段),从空间(第7—9自然段)到时间(第10自然段)的顺序来安排的,并分别用了"首先""第二个因素""第三个因素""此外"等词语,表明四个因素所起的作用在程度上有所不同。]

这同样未得要领。扫读而能找到"纬度、经度、高下、古今的差别"的答案,实际上只读了这四个自然段的第一句(论题句),而真正需要理解的,或者说作者其实想传递的,并不是"纬度、经度、高下、古今的差别"这种简约答案,而在于其所具体解说的"物候学"的研究内容和研究方法。正如作者竺可桢在原文中所说的,物候学具有很强的地方性,研究要"因地而异、因时而异",所以每一段所阐释的侧重点各有讲究,以突出研究各个因素时需要特别注意的地方。关于纬度,作者重点阐释的是"值得指出的是物候现象南北差异的日数因季节的差别而不同";关于经度,作者进一步解释"是离海洋远近的关系";关于高下,作者特意说明"不过研究这个因素要考虑到特殊的情况";关于古今的差异,因物候学"至今还是个空白",只能援用国外的资料,即"英国南部物候的一种长期记录"。只有指导学生读明白这些,教材和教案中所标举的"领悟科学精神和科学方法"①,才有切实的着落。

综上所述,科普小品目前至少有三种读法②:

(1) 搜寻表面信息的快速阅读(扫读)。

(2) 鉴赏章法和笔法的赏析。

(3) 对所阐释知识的准确理解。

我们认为,以阐释为基本面的科普小品,应凸显准确理解的重要性。而上面在讨论中所引述的教材和教学设计(教案),其误读乃至错误比比皆是,表明对所阐述知识的准确理解,是何等不易(因而更需要大力去教)!

科普文章,包括以阐释为基本面的科普小品,有其自身的特点,也有其特有的难度。仍以《大自然的语言》为例,略述以下四个重点③。

1. 作者和文章的出处

阐释,是对专业性知识的解说。知识的可靠性,取决于作者的可信度,某种意义上是作者背书④;文章的出处,也是判断知识是否可靠的重要依据。《大自然的语言》作者竺可桢是我国物候学的著名专家,意味着作者所说知识具有相当的权威性。

2. 论题

作者一般都会或明或暗地交代论题的边界,明确在什么范围内讨论什么问题,以及问题的背景、研究的意义和价值——为什么要研究这个问题。《大自然的语言》的论题是"近代发展为一门科学的物候学"。

3. 解决问题的逻辑

科普文章,一般是按学术论文的撰写方式展开的,理清文章的条理,一般要从问题解决的逻辑着眼:研究的内容、研究的方法与研究过程、研究的结论。参见本

---

① 人教版初中语文教材《大自然的语言》所在单元,名"科技之光",单元学习重点是"把握主要观点,提取主要信息,领悟科学精神和科学方法",单元有四篇课文,分别是《大自然的语言》《阿西莫夫短文两篇:恐龙无处不在、被压扁的沙子》《为什么布丁是软的,石头是硬的?》《大雁归来》。

② 在语文教学中,其实还流行着一种较为"变态"的读法:不管是哪篇课文,只要认定是"说明文",就按把握说明顺序、说明方法,分析准确而生动的语言等已经僵化的教学内容展开。

③ 下述四个重点,也适应于社科文,包括学者散文(学术散文等),而情形更为复杂,如社科文的术语,必须在上下文语境中看作者是怎么界定和使用的。

④ 所以,语文教材中的科普文章,包括科普小品,宜用作者原文,可节选但不宜改编、改写。社科文也一样,其实,所有语篇类型的课文,都不宜改编或改写。

人在上文对《大自然的语言》课文内容的概括。上海教科院原研究员周卫有一次听法布尔《蝉》的公开课后,十分疑惑,不知道语文教师为什么这么解读课文(把课文弄得这么乱),在他看来,《蝉》的行文很清楚,也很简单,就是研究什么问题,是怎么研究的(研究过程与研究方法),研究的结论是什么。他说得很在理。

4. 术语

科普文章包括科普小品,有学科性的特点,所阐述的是专业领域的知识,因此,常使用一系列专业术语。读明白术语的所指,往往是理解的关键。理清《大自然的语言》中"物候现象""物候""物候知识""物候学""物候观测""物候观测数据""物候资料""物候条件"等术语是理解课文、理清课文条理的关键。其他如"观测"(用一定方法的科学观察)、"因素"(事物中抽象出来的要素或原因)等,都是科学术语,如不能把"因素"理解为某一物候现象的综合原因之一,可能就不明白物候研究的复杂性和艰难性。

以阐释为基本面来读科普小品,统编版语文教材似有较清醒的认识,看《大自然的语言》所在单元的导语:"学习本单元,要注意理清文章的说明顺序,筛选主要信息,读懂文章阐述的事理。"[1]

"读懂文章阐述的事理",很对头。可惜在具体落实上,有些走样。

以下是统编版初中语文教材中《大自然的语言》"思考探究"题[2]。

一、本文题为《大自然的语言》,主要是讲物候现象,你能概括一下"物候"是什么吗?

二、阅读相关段落,体会课文说明事理的严密性,回答下列问题。

1. 1—3 自然段是怎样将"物候"这一科学概念一步步引出来的?

2. 7—10 自然段说明物候现象来临的决定因素,采用了怎样的说明顺序?你认为这样的顺序安排是出于什么考虑?

三、说明事理有许多方法,如举例子、作比较、列数字、引用等。试从课文中各找出一个例子,说说其作用。

---

[1] 中华人民共和国教育部.义务教育教科书·语文(八年级下册)[M].北京:人民教育出版社,2017:15.

[2] 中华人民共和国教育部.义务教育教科书·语文(八年级下册)[M].北京:人民教育出版社,2017:29—30.

四、比较下列两段文字的不同特点,体会说明语言的生动性和准确性。(略)

五、你认同文中所说的物候现象来临的决定因素吗?课外查找资料,说说你的看法。

如上第一题,"主要讲物候现象",好像错了。第二题,看来还是从章法着眼的。第三题,类似于贴标签[①]。第四题,主要关注语言表达的生动性和准确性。第五题,需要做以下讨论。

从人教版和统编版这两种教材的课后练习看,科普小品的阅读还混杂着两种阅读方式方法。

第一,所谓的"批判性阅读"。

批判性阅读是一种理性的评估性阅读,评估读物是否在理、是否可信。前已说过,科普文章,包括科普小品,通常是某一学科领域专家所写,对读《大自然的语言》的初中生而言,似乎不宜批判性阅读——"你认同文中所说的物候现象来临的决定因素吗?"即使"课外查阅资料"不是虚晃一枪,"说说你的看法"相信多数是胡说。

第二,所谓的知识"应用"。

人教版该课文之后有两题可选,一是"采集几则农谚,说说它们包含的物候知识",一是"联系课文中的物候知识,谈谈对白居易《大林寺桃花》的理解"。这与阅读《大自然的语言》有关系吗?《大自然的语言》阐述的是"近代发展为一门科学的物候学",要学生去采集农谚未尝不可,但这是读懂这篇课文(阐述"近代发展为一门科学的物候学")的人要做的事吗?是不是混淆了古与今、混淆了科学和经验?

科普文章,归属于实用文章(实用文)。于是,有语文教育研究者推论:实用,就是"应用";而应用,"就是要拿来做事"。不错,要拿来做事的文章,是有的;拿来做事,也确实是有些实用文章的读法。但那是以"指示"(要做什么、要怎么做的指

[①] 正如该单元导语所说,阅读科普文章"要学习分析、推理的基本方法"。因此,阐释的方法(说明的方法)应以"如何获得妥帖的解答"的方法为主,兼顾"如何向别人明白地阐述"的方法。尽管上述两个方面是相互联系、相辅相成的。

示)①为基本面的文章,那是"操作性阅读"(读后去做或者边读边做)②。科普文章,包括科普小品,作用于"知",以理解为要,也以理解为界,离"行"有十万八千里,谈不上应用③。

其实,混杂的读法,正是以散文为主导文类惹的祸:搜寻表面信息,做一点标签式的"分析"(其实是"景物描写""动作描写"等指名),做一点与"表达效果"有关的语言鉴赏(其实是答案),然后跳出课文之外谈论(大致是胡说),这正是当前散文教学的怪状,而连累到几乎所有文本类型的阅读教学④。

一篇小小的课文,课文后面仅仅三五道题,居然混杂着四五种相互冲突的阅读姿态、阅读方式方法。教材如斯,教学何为?

二、以论辩为基本面的亚文类分流

(一)"论辩"解

与"论辩"相关的英文词语有:"arguable",可论证的;可辩驳的。"argue",争论,争吵;辩论,论证;争辩,说服。"argument",争论,争吵;理由,论据,论点;据理而定,说理。"persuade",说服,劝说;使相信,使确信。"persuasion",劝说,说服;说服力;教派,派别。"persuasive",有说服力的;善于游说的。

关于"议论文",《国文百八课》是这样定位的⑤:"议论文是把作者所主张的某种判断加以论证,使敌论者信服的文章。""我们写作议论文,情形正和上法庭去诉讼,向敌方和法官讲话一样。"根据英文原义,以及先辈的权威解释,姑且采用

---

① PISA 阅读测试框架在"文本类型"一栏中,列举"议论、描写、说明、叙述、指示"五类,2009 年起增加了"交流"(电子文本),2018 年又增加了"互动"(动态文本),文本类型共有七大类。
② 操作性阅读的对象,是讲述做事方法和行为方式的文章,其重点在"怎么做",或直接说明操作方法、行为规则,或通过做事原理、行为机制的阐述,指导人们合理地进行实践活动。从阅读主体这方面看,操作性阅读有两种情形:第一种情形,是阅读中有操作。我们边阅读边操作,并努力把自己的阅读理解转化为具体操作,比如,阅读电器使用说明书。第二种情形,是阅读后有行动。我们抱着实践的目的去阅读,并努力把自己的阅读理解落实到实践的行为中,比如,阅读"如何欣赏中国文学"这类文章。要言之,操作性阅读不仅是求"知",而且要去"做";不仅是知道别人说了什么,而且要把别人所说与自己的实践相关联。
③ 过去有一篇课文:华罗庚《统筹方法》,也是这个路数,要学生课后在日常生活中"运用统筹方法",完全不顾作者"统筹方法,是一种为生产建设服务的数学方法"的声明。
④ 参见本书第三章"散文为主导文类造成的阅读教学困境"。
⑤ 夏丏尊,叶圣陶.国文百八课[M]//叶圣陶.叶圣陶教育文集(第五卷).刘国正,主编.北京:人民教育出版社,2003:378—379.

"论辩"。

论辩的核心,是所提出的观点能够成立,能够被原本持不同观点的人所同意。而之所以成立、之所以被同意,关键是证据和对由证据支持观点的论证过程。与"论辩"相关的概念有:

论题:有待解决的问题。

观点:从某一特定角度对问题的看法。

断言:未经过充分论证的看法。

论点:通过论证得出的问题答案,建立在理由基础上的观点。

论证:一项论证由一个结论和支持该结论的理由组成。

理由:对我们为什么要相信某一特定结论的解释。

证据:支撑理由的事实材料的报告。

报告:叙述那些通过调查可以得到证实的信息。

推论:根据真实信息描述眼下尚不知道的事情。

判断:根据一定标准进行评估的结论。

论证的过程,即逻辑推理,包括演绎推理、归纳推理和辩证推理等。推理要符合逻辑的规则。从另一面看,也就是论证要避免思维的陷阱,比如,"草率概括""倒因为果""错误类比""以权威为据""以无知为据""黑白思维""源于愤怒的论证""众所周知""相对主义""以错制错""转移注意力""夸张""含糊其辞""嘲讽",等等①。

理由+结论=论证。首先是理由,然后才是结论,这是论辩的首要规则。不能先选择观点,然后再考虑理由,否则就是"颠倒的逻辑"或"倒逆的逻辑"。

理由包括信念、证据、比喻、类比以及其他用来支持或证明观点的陈述。但信念、比喻和类比,只能作为辅助的理由。理由,归根结底还是要依赖于证据。因此,论辩的关键,是要收集足以确立观点的优势证据。或者说,要收集在质量上明显优于相反、相对观点的证据。

---

① 关于思维的陷阱,多种论述"批判性思维"的著作都有列举,名称因人而异。如[美]M. Neil Browne, Stuart M. Keeley.学会提问——批判性思维指南(第七版)[M].赵玉芳,等译,北京:中国轻工业出版社,2006;[美]布鲁克·摩尔,理查德·帕克.批判的思考[M].余飞,谢友倩,译.北京:东方出版社,2007.

表 5-9 论据的类型及其可靠程度

类　型	可　靠　程　度
直觉（我以为，我知道）	不可靠。除非有其他证据证明直觉建立在广博的个人经验和知识上
自己的经验（据我所知，依我所见）	不可靠
他人的证词	不可靠。需要对提供证词的人有充分了解基础上的可信任度评估
个人观察（我看到）	较可靠。但必须通过其他观察者来验证
事例（案例）	不太可靠。要评估案例是否典型，是否有代表性
权威的意见	需要谨慎评估。权威的意见可能是错的，且权威的意见往往相互矛盾
常识（大多数人的意见）	不太可靠。其中往往隐藏着偏见
类比	只能作为辅助证据。以两个事物已知的相似性为基础，得出关于另一方应该如何的结论，是建议性的。往往导致错误类比
统计数据	较可靠。要评估调查的数量、广度和随机性
科学研究	最可信的来源之一。需要评估研究的质量

以"论辩"为基本面的一些亚文类，与中小学语文教学关系比较密切的，是报刊言论文章、杂文、杂感、哲理散文、文艺随笔和演讲词等。择要而论之。

（二）报刊言论文章

报刊言论文章，按署名方式，大致可以分成三类：社论和评论员文章、个人署名的评论文章、专家署名的言论文章。社论和评论员文章、个人署名的评论文章，属于广义的新闻体裁，为了凸显报纸文章的性质，我们把专家署名的言论文章也纳入新闻体裁。与读新闻一样，阅读报刊言论文章也以获取信息为目的，其阅读方式一般是按文章结构快速阅读。

社论和评论员文章对重要的新闻事实发表评论，往往以描述"新闻事实"开篇。接下来通常是对"现状"的分析，在肯定成绩之后往往用"但是"转折，强调存在的"问题"。社论和评论员文章代表报社的观点，在《人民日报》等报纸上，还代表着党和政府的意志。文章的重点，是具有政策规定性或导向性的"措施"。结尾部分则论述重要性和意义,重申所代表机构的明朗"态度"。

个人署名的评论文章,发表作者的个人观点,通常按新闻事实、感想(联想)、观点、论证、结论或期望的顺序展开。受报纸篇幅等制约,文章对观点的论证往往是最低限度的(即自圆其说);是否认可作者的见解,除了考察论证的质量,很大程度上取决于读者本身对该问题的认识。

专家署名的言论文章,是专家对专业领域的学术问题所发表的个人意见,因此,必须确认作者在该专业领域的专家身份。专家署名的言论文章,主要是向公众宣讲专家的"一家之言",受报纸篇幅等制约,论证往往也只能是最低限度的,由于对所论述的学术问题了解不够,读者一般较难评估作者的见解;是否接受作者的观点,除了考察论证的质量,很大程度上取决于读者本身对其他同行专家所持看法的了解。

就与散文的关系而言,专家署名的言论文章与散文或有交集,尤其是人文科学研究者或作家所发表的言论文章,比如,曾选入上海版高中语文教材的《邂逅霍金》(葛剑雄,1998年8月26日《文汇报》)。

(三) 杂文、杂感

钱理群《杂文的思维与表达——读〈再论雷峰塔的倒掉〉》把杂文和杂文阅读的特点,讲得很清楚,引述如下[①]:

> 这又是一篇范文——它或许可以帮助你理解杂文的思维方式与表达方式的某些特点。
>
> 文章从报纸上偶尔看到的关于"雷峰塔的倒掉"的传闻开始。这就是说,杂文思想的开掘的起点,开发口,必须是具体的、细小的,人们习以为常的生活现象,而不是某个现成的理论原则。杂文思维更重归纳,而非演绎,最平凡的、生气勃勃的日常生活形态,对于杂文具有尤其重要的意义。只是这类日常生活传闻,人们茶后饭余姑妄言之,姑妄言之,并不在心;杂文家则不,他偏要仔细琢磨,品味,认真"勘探"一番。"勘探"也有两种,有的只满足于探个表层,比如"从雷峰塔倒掉看出破除迷信的重要"之类,浅尝即止;真正的杂文家则不,他要"勘探"到最底层、最广阔处,即鲁迅所说:"开掘要深。"

[①] 钱理群. 名作重读[M]. 上海:上海教育出版社,2006:66—70.

且看鲁迅是如何"开掘"。……这里,"十景病"既具有现象形态的生动性与具体性,又具有一种概括性与普遍意义,我们可以称之为"典型现象"。"典型现象"正是杂文思维与表达的一个关键——杂文既要通过"由一至多""由小至大"的联想概括出具有一定普遍性的"典型现象";又要通过不失其形象性的"典型现象"来表达自己对于生活的新开掘、新发现。……

应该说,我们的以上分析都过于冷静,因而是"非杂文"。鲁迅在揭示与表达他的思考与发现时,自始至终渗透着他强烈而深沉的主观情感:(略)——渗透在字里行间的情感具有极强的艺术感染力。我们由此体会到鲁迅所说的他的杂文"就如悲喜时节的歌哭一般","无非借此来释愤抒情"的特点。这里(《再论雷峰塔的倒掉》)对"十景病""奴才的破坏"的批判也进入了审美的层次,而"审美的批判"正是杂文的特质之一,杂文家原应是思想家与诗人的统一。

(四) 哲理散文

哲理散文,或哲理性散文,目前在语文教材中的主要是翻译作品,如培根《论美》《论读书》,人教版高中语文教材中的《短文三篇》[《热爱生命》(蒙田)、《人是一根能思想的苇草》(帕斯卡尔)、《信条(富尔格姆)》]。

哲理散文或许是散文中唯一来自外国的品种,相当于随笔"essay"。"按西方的理解,随笔是一种分析、思索、解释、评论性质的具有一定文学性的作品;较之论文,篇幅短些,不太正式,也不太系统;它往往从一个有限的、经常是个人的角度来讨论一个观点。很显然,它是以议论为主,一方面是与抒情错位的,另一方面又是与理性错位的,大致可以说属于智性。"[①]

作为翻译作品,哲理散文的阅读,当以具体理解文中所表达的哲思为主。因其"不太正式"——段落之间有断裂、跳跃,所以要防止按正式的议论文的套路(论点、论据、论证方法)去做所谓的"分析",而要关注具体的语句和语脉,做具体的、符合文本文意的理解。因其"往往从一个有限的、经常是个人的角度来讨论一个观点",并没有说服别人接受的强烈意愿,有时还接近于个人的自我沉思而倾向于自我表

---

① 孙绍振,孙彦君.文学文本解读学[M].北京:北京大学出版社,2015:333—334.

达,所以,其阅读方式当以理解为主,倾向于采用"散文"阅读分享作者人生经验的阅读方式,而不宜采用所谓的"批判性阅读"。

以下《论美》的课例,是比较妥当的。

论　美

美德好比宝石,它在相互背景的衬托下反而更华丽。同样,一个打扮并不华贵却端庄严肃而有美德的人是令人肃然起敬的。

美貌的人并不都有其他方面的才能。因为造物主是吝啬的,他给了此就不再予以彼。所以许多容颜俊秀的人却一无作为,他们过于追求外形美而放弃了内在美。但这话也不全对,因为奥古斯都、菲斯帕斯、腓力普王、爱德华四世、阿尔西巴底斯、伊斯梅尔等,都既是大丈夫,又是美男子。

仔细考究起来,形体之美要胜于颜色之美,而优雅行为之美又胜于形体之美。最高的美是画家所无法表现的,因为它是难于直观的。这是一种奇妙的美。曾经有两位画家——阿皮雷斯和丢勒滑稽地认为,可以按照几何比例,或者通过摄取不同人身上最美的特点,用画合成一张最完美的人像。其实像这样画出来的美人,恐怕只有画家本人喜欢。美是不能制订规范的,创造它的常常是机遇,而不是公式。有许多脸型,就它的部分看并不优美,但作为整体却非常动人。

有些老人显得很可爱,因为他们的作风优雅而美。拉丁谚语说过:"晚秋的秋色是最美好的。"而尽管有的年轻人具有美貌,却由于缺乏优美的修养而不配得到赞美。

美犹如盛夏的水果,是容易腐烂而难保持的。世上有许多美人,他们有过放荡的青春,却迎受着愧悔的晚年。因此,把美的形貌与美的德行结合起来吧。只有这样,美才会放射出真正的光辉。

《论美》教学设计

一、导入新课。

二、学生质疑,师生共同析疑、解疑。

1. 师:美的分类有自然美、社会美、艺术美等。美无处不在,涉及社会生活的各个领域,培根这篇文章仅533字,明明谈的是"人的美",为何起"论美"这么大的题目呢?

提示：对一篇文章的理解不要忘记其出处，这本书的书名就是《培根论人生》。作者做了说明："系关于人性及人生问题之研讨。"体现了文艺复兴后欧洲人的价值观，在这样的总标题下，"论美"也必然只涉及"人"的领域（注意不是谈自然美、艺术美）。

2. 这篇文章的语言简洁、含义深刻，含金量很高。同学们在预习中一定有不少问题要提出来讨论，现在请一个同学读课文，其他同学思考一下有哪些问题要提出来（估计要展开讨论的问题，有难度的、有共性的主要如下）：

(1) 第二自然段写"美貌的人并不都有其他方面的才能。因为造物主是吝啬的，他给了此就不再给彼"。后面又列举一连串二者兼备的人，这是否自相矛盾？

(2) "形体之美要胜于颜色之美，而优雅行为之美又胜于形体之美"，为什么？

(3) "最高的美是画家所无法表现的，因为它是难于直观的。这是一种奇妙的美。""奇妙"在何处？

(4) "美是不能制订规范的，创造它的常常是机遇，而不是公式。"

(5) "有些老人显得很可爱，因为他们的作风优雅而美。""可爱"一词是否恰当？

(6) 文章的开头结尾似乎自相矛盾，开头：美德只要朴素外表的衬托就行，只要有美德，打扮并不华贵也行。结尾：只有"把美的形貌与美的德行结合起来吧……才会放射出真正的光辉"。究竟要不要外貌美？

三、请同学们选取文中最精彩的句子做一张"美的格言卡"，你准备选哪句？

四、当我们用一个当代中国青年的眼光来重新审视培根的观点时，你认为它过时了吗？

（五）文艺随笔

运用文学笔法笔调、以文艺或文学相关问题为论题的文章，分两类：一类是以阐释为基本面的，如秦牧《艺海拾贝》、汪曾祺的一些文论等，人教版高中语文教材中的《咬文嚼字》（朱光潜）、《说"木叶"》（林庚）、《谈中国诗》（钱钟书），大致归属于这一类，一般称为"学者散文"（"学术散文"），类属于语文教学界所说的"社科文"。

另一类是以论辩为基本面的"文艺随笔",语文教材中比较典型的,如《米洛斯的维纳斯》(清冈卓行)、《唐诗过后是宋词》(葛兆光)等。

文艺随笔与上文所说的哲理随笔有相同、相近之处,也往往从一个有限的、经常是个人的角度来讨论一个观点,有时还可能是个人自我陶醉式的自说自话。其阅读方式也当以理解为主,倾向于"散文"阅读分享作者人生经验的阅读方式,而不宜采用所谓的"批判性阅读"。尤其要防止按正式的议论文的套路(论点、论据、论证方法)去做所谓的"分析",而要关注具体的语句和语脉,做具体的、符合文本文意的理解。

以下是我们做的《米洛斯的维纳斯》教材样章[①],供参考。

米洛斯的维纳斯
清冈卓行

我欣赏着米洛斯的维纳斯,一个奇怪的念头忽地攫住我的心——她为了如此秀丽迷人,必须失去双臂。也就是说,使人不能不感到,这座丧失了双臂的雕像中,人们称为美术作品命运的、同创作者毫无关系的某些东西正出神入化地烘托着作品。

据说,这座用帕罗斯岛产的大理石雕刻而成的维纳斯像,是19世纪初叶米洛斯岛的一个农人在无意中发掘出来的,后被法国人购下,搬进了巴黎的罗浮宫博物馆。那时候,维纳斯就把她那条玉臂巧妙地遗忘在故乡希腊的大海或是陆地的某个角落里,或者可以说是遗忘在俗世人间的某个秘密场所。不,说得更为正确些,她是为了自己的丽姿,无意识地隐藏了那条玉臂,为了漂向更远更远的国度,为了超越更久更久的时代。对此,我既感到这是一次从特殊转向普遍的毫不矫揉造作的飞跃,也认为这是一次借舍弃部分来获取完整的偶然追求。

我并不是想在这里玩弄标新立异之说。我说的是我的实际感受。毋庸赘言,米洛斯的维纳斯显示了高贵典雅同丰满诱人的惊人的调和。可以说,她是一个美的典型。无论是她的秀颜,还是从她那丰腴的前胸延向腹部的曲线,或是她的脊背,不管你欣赏哪儿,无处不洋溢着匀称的魅力,使人百看不厌。而且,和这些部分相比较,人们会突然觉察到,那失去了的双臂正浓浓地散发着一种难以准确描绘的神秘气氛,或者可以说,正深深地孕育着具有多种多样可能性

---

① 王荣生,倪文尖,等.高中语文实验课本(试编本)必修·第三册[M].上海:上海教育出版社,2007:28—34.

的生命之梦。换言之,米洛斯的维纳斯虽然失去了两条由大理石雕刻成的美丽臂膊,却出乎意料地获得了一种不可思议的抽象的艺术效果,向人们暗示着可能存在的无数双秀美的玉臂。尽管这艺术效果一半是由偶然所产生,然而这却是向着无比神妙的整体美的奋然一跃呀!人们只要一度被这神秘气氛所迷,必将暗自畏惧两条一览无遗的胳膊会重新出现在这座雕像上。哪怕那是两条如何令人销魂勾魄的玉臂!

因此,对我来说,关于复原米洛斯的维纳斯那两条已经丢失了的胳膊的方案,我只能认为全是些倒人胃口的方案,全是些奇谈怪论。当然,那些方案对丧失了的原形是做过客观推定的,所以,为复原所做的一切尝试,都是顺理成章的。我只不过是自找烦恼而已。然而,人们对丧失了的东西已经有过一次发自内心的感动之后,恐怕再也不会被以前的、尚未丧失的往昔所打动了吧。因为在这里成为问题的,已不是艺术效果上的数量的变化,而是质量的变化了。当艺术效果的高度本身已经迥然不同之时,那种可以称之为是对欣赏品的爱的感动,怎能再回溯而上,转移到另一个不同对象上去呢?这一方是包孕着不尽梦幻的"无",而那一方却是受到限制的、不充分的"有",哪怕它是何等的精美绝伦。

比如,也许她的左手掌上托着一只苹果,也许是被人柱像支托着,或者是擎着盾牌,抑或是玉笏?不,兴许根本不是那样,而是一座显露着入浴前或入浴后羞羞答答的娇姿的雕像。而且可以进一步驰骋想象——会不会其实她不是一座单身像,而是群像中的一个人物,她的左手搭放在恋人的肩头。人们从考证的角度,从想象的角度,提出形形色色的复原试案。我阅读着这方面的书籍,翻阅着书中的说明图,一种恐惧、空虚的感觉袭上心来。选择出来的任何一种形象,都如我方才所述,根本不能产生超越"丧失"的美感。如果发现了真正的原形,我对此无法再抱一丝怀疑而只能相信时,那我将怀着一腔怒火,否定掉那个真正的原形,而用的正是艺术的名义。

在这里从别的意义上讲,令人饶有兴趣的是,除了两条胳膊之外,其他任何部位都丧失不得。假定丧失的不是两条胳膊,而是其他的肉体部分,恐怕也就不会产生我在这篇文章中谈到的魅力了。譬如说,眼睛被捅坏了,鼻子缺落了,或是乳房被拧掉了,而两条胳膊却完好无损地安然存在着,那么,这座雕像兴许就不可以放射出变幻无穷的生命光彩了。

> 　　为什么丧失的部位必须是两条胳膊呢？这里我无意接受雕刻方面的美学理论。我只是想强调胳膊——说得更确切些，是手——在人的存在中所具有的象征意义。手，最深刻、最根本地意味着的东西是什么呢？当然，它有着实体和象征之间的一定程度的调和，但它是人同世界、同他人或者同自己进行千变万化交涉的手段。换言之，它是这些关系的媒介物，或者是这些千变万化交涉的原则性方式。正因为如此，一个哲学家所使用的"机械是手的延长"的比喻，才会那么动听，文学竭力赞颂初次捏握情人手掌的幸福感受的述怀，才会拥有不可思议的严肃力量。不管是哪种场合，这都是极其自然的，极其富有人性的。而背负着美术作品命运的米洛斯的维纳斯那失去了的双臂，对这些比喻、赞颂来说，却是一种令人难以相信的讥讽。反过来，米洛斯的维纳斯正是丢失了她的双臂，才奏响了追求可能存在的无数双手的梦幻曲。

准备与预习

1. 在生活中，你有"发自内心的感动"这样的经历吗？愿意的话，跟同学们说说。
2. 了解雕像"米洛斯的维纳斯"。
3. 默读一遍文章，在你不理解的地方做出记号。

整合与建构

一、了解文艺随笔的主观色彩

1. 文章开头"我欣赏着米洛斯的维纳斯……"这里的"我"，指的是谁？文章中还有不少以"我"起头的语句，请一一画出，并把这些语句按原文顺序连起来念一遍。念的时候，想象作者面对雕像时的神态。

2. 文章第一段中说"她为了如此秀丽迷人……"这里的"她"，指的是什么？文章中还有一些出现"她"字的语句，也请找出来念一念。

3. 下面是这篇文章的两个内容提纲。你认为哪个更妥当些？

① 文章大致可分为三个部分：第一部分回答"为什么必须失去双臂？"第二部分回答"为什么不应该复原那失去的胳膊？"第三部分回答"为什么丧失的部位必须是两条胳膊？"

② 文章大致可分为三个部分：第一部分提出"我"的"奇怪念头"，并讲述"我的实际感受"；第二部分是"我"对"倒人胃口方案"的否定；第三部分是"我"对"手"的

"意味"的体悟。

4. 这是一篇文艺随笔。试从论题的产生、论据的类型、表述的语体等方面,与一般的议论文作比较。

二、体会清冈卓行的艺术感受

1. 文章第一自然段中说"使人不能不感到……"这里的"人"指的是谁?文章中还有一些出现"人"("人们")的地方,请找出来念一念。你有没有觉得作者是在向你(读者)召唤?

2. 联系上下文,体会你读下列语句时的感受。

① 从特殊转向普遍的毫不矫揉造作的飞跃。

② 借舍弃部分来获取完整的偶然追求。

③ 正浓浓地散发着一种难以准确描绘的神秘气氛。

④ 正深深孕育着具有多种多样可能性的生命之梦。

⑤ 向着无比神妙的整体美的奋然一跃。

⑥ 放射出变幻无穷的生命光彩。

⑦ 奏响了追求可能存在的无数双手的梦幻曲。

3. 下面两幅画,你认为清冈卓行可能会对哪一幅的评价更高些?请说说理由。

虾(齐白石)

蒙娜丽莎(达·芬奇)

三、理解语词表达的抒情意味

1. 文章第二自然段中说:"那时候,维纳斯就把她那条玉臂巧妙地遗忘在故乡希腊的大海或是陆地的某个角落里,或者可以说是遗忘在俗世人间的某个秘密场所。不,说得更为正确些,她是为了自己的丽姿,无意识地隐藏了那条玉臂,为了漂向更远更远的国度,为了超越更久更久的时代。"

① "巧妙地遗忘",是什么意思?

② "无意识地隐藏",与表示特定目的的"为了"有没有矛盾?你觉得作者这样说有什么意味吗?

③ "或者可以说","不,说得更为正确些",这些起到关联作用的表达,你是不是也感觉到其中蕴涵着某种意味呢?

2. 文章最后一个自然段中说:"而背负着美术作品命运的米洛斯的维纳斯那失去了的双臂,对这些比喻、赞颂来说,却是一种令人难以相信的讥讽。"

① 联系上文,说说"比喻、赞颂"分别指什么。

② 联系下文,说说是什么"讥讽"了什么。

③ "背负着美术作品命运"是什么意思?请在文章中找出相应的说法。

④ 说说你对"令人难以相信的讥讽"的理解。

3. 全文朗读。读的时候,注意那些起关联作用的词语,读出它们的味道来。

(六)演讲词

演讲词也称"演讲稿",是演说者在公共场合,就某一问题宣传自己的主张,表达自己的情感或阐明某种事理的讲话文稿。

演讲词既涉及语篇类型,也涉及媒介语言和语体。一方面,演讲是正式或较正式的口语语体,其正常的接受方式是"听读"。印在语文教材上的演讲词,则是书面文本,是阅读的一种语篇类型。另一方面,学写演讲词是写作学习领域的一项学习内容,演讲是口语交际学习领域的一项学习内容。在多个语文学习领域的交集中,演讲词教什么、如何教学,目前还少有研究。

演讲或演讲词,按通行的分法主要有三种:① 告知型演讲;② 说服型演讲;③ 特殊场合的演讲,如介绍性演讲、赠予演讲、授奖演讲、纪念性演讲、开学典礼和毕业典礼的演讲、餐后演讲等。选入语文教材(阅读教材)的演讲词,告知型演讲,虽有但很少,如《谈中国诗》,原是钱钟书于1945年12月在上海面向美国人发表的学术演讲词,然后作者根据自己的英文讲稿翻译、整理而成。但这篇文章的教学,除了我们所编的《高中语文实验课本(试编本)必修》①外,很少有从演讲词的角度切入的。语文教材较多选入的,是说服型演讲,往往还是特殊场合的演讲;在以散文为主导文类的格局下,绝大多数具有较强的抒情色彩。如人教版高中语文教材中的《就任北京大学校长之演说》(蔡元培)、《我有一个梦想》(马丁·路德·金)、《在马克思墓前的讲话》(恩格斯),苏教版高中语文教材中的《不自由,毋宁死》(帕特里克·亨利)等。

从目前的教材看,演讲词课文的教材内容与其他语篇类型,无甚差异,至多从语气、语势方面做点强调。如人教版高中语文教材中的《我有一个梦想》②。

我在网络上搜索到一个《不自由,毋宁死》的教学设计③,我们一起来看看。

一、导入

同学们,一副好口才,会为我们的生活增色不少。好口才是令人羡慕的,也是需要在实践中不断练就的。今天,就让我们借助帕特里克·亨利的《不自由,毋宁死》一起来实践!

二、介绍作者与背景

帕特里克·亨利是弗吉尼亚殖民地上最成功的律师之一。1775年3月23日,在弗吉尼亚州议会上,眼看着妥协势力占了优势,他义无反顾登台发表了这篇著名的演讲。亨利的演讲极大地鼓舞了人们为争取独立而进行战斗的激情,他的演讲结束后,会场群情激愤,"拿起武器!拿起武器!"的呼喊声响彻议会大厅。这篇演说词被后人视作不朽的名篇,特别是结尾的警句"不自由,毋宁死"一直为人们所传颂。

三、检查预习

请学生上台演讲,推想帕特里克·亨利之前演讲者的演讲词的主要观点和内容。

---

① 《谈中国诗》教材样章,第一个环节是"当作学术演讲来听"。王荣生,倪文尖,等.高中语文实验课本(试编本)必修·第三册[M].上海:上海教育出版社,2007:25—27.
② 中华人民共和国教育部.普通高中课程标准实验教科书·语文(必修2)[M].北京:人民教育出版社,2017:45.
③ 苏教版必修四《不自由,毋宁死》教学设计[EB/OL].(2018-02-6)[2021-04-30].https://wenku.baidu.com/view/1891bf00ec630b1c59eef8c75fbfc77da26997f9.html.

明确：主要观点是，不要战争！

主要理由：① 战争的残酷，会给人民带来太多的痛苦。② 我们的力量与对方相比实在太弱小。③ 放弃战争，继续和解计划，将会享受到和平与友谊。

四、针对学生的具体演讲过程，指导学生如何通过语气、语调和手势来增强演讲说服力、感染力

1. 抓住学生演讲中代表妥协势力的观点句：我的观点是，不要战争。

2. 首先请学生在讲台上用自己的方式表达这个观点。然后告诉他现正置身于弗吉尼亚州议会现场，作为妥协势力的代表发言，大胆、自信地把观点再表达一遍，注意语气、语调。最后建议拿起话筒，更有力、坚决地再次表达这一观点，调整语气、语调，使自己的发言既较好表达观点，又能赢得更多的支持力量。其他同学通过其不同的语气、语调感受不同的表达效果。

3. 在语气、语调的训练中加入适当的手势。建议学生在刚才的情境中用另一只手加上一个手势动作，把观点句的语气再强化一下，不断调整手势，反复实践三次，揣摩怎样使手势的表现效果达到最佳。针对手势的不到位，进行指导。

五、演讲文章的第四自然段，准确而流畅地表达出作者的观点及感情

1. 第四自然段比较长，为了使演讲时思路更清晰，也为了防止遗忘，指导学生对其划分层次：批驳妥协派的观点，指出强大并非指日可待；分析我们的有利条件——地利、人和与正义；战争已经无法避免，我们已别无选择。

2. 学生分小组分别进行演练。四人一组，推选一位同学，组织好自由演练活动的地点、秩序和小组交流讨论活动。每位同学都必须脱稿在小组认真演讲，由其他同学进行点评和相互指导。

3. 全班展示。教师针对具体情况进行逐层指导演讲。

① 第一层：关注关键性词句与语气，"他们说……但是……是……还是……难道……"，作者用一系列反问句有力地指出放弃斗争就唯有束手就擒。让听众能客观地认清当时的现实与危急，为下文高潮部分的号召打下基础。要求学生在演讲时尽力表现出作者那份正义而焦急以及不愿受辱、受奴役的强烈感情。

② 第二层:"如果……如果……此外……",三种假设充满了作者对胜利的信心。

③ 重点抓住第三层中末尾的反复句:"囚禁我们的锁链已经铸就,波士顿草原上已经响起镣铐的叮当响声。战争已经不可避免——那么就让它来吧!我再重复一遍,就让它来吧!"感受作者坚决而激烈的言辞中表现出的高昂之情。同时告诉学生演讲术中的一个重要手段即恰当使用反复的修辞,不断强化自己的观点,使听众能听得更明确,使演讲达到最佳效果。

4. 针对本段内容较长,以及学生上台因怯场一时忘词的问题,教师真诚地鼓励学生:遗忘是演讲者经常容易遇到的问题,不必紧张,你所需要的就是把文本内容的大意与思路用自己的话流畅地表达出来;尽量保持表情自然,仪态大方。这样并不会影响演讲的效果,也不会让听众发现。

5. 在以上指导的基础上再请学生演讲这段内容。

六、演讲最后一段

师生共同演讲前请全体学生起立,放下书本,拿出手,表情自然、大方,眼看前方,与老师一起脱稿演讲。学生可以自己根据需要做手势,并重复最后一句——"不自由,毋宁死。"最后一句重复时每个人可以有自己不同的处理,感受不同的处理效果有何差异。这样在课堂上形成"不自由,毋宁死"的共同呼声,形成高潮。

七、结束语

正如马雅可夫斯基所说:"语言是人力量的统帅。"演讲正是以语言点燃人类心灵火花的高超艺术。同学们,努力练习吧,伶牙俐齿力无穷,秀口一张走天下!

八、布置作业

以"什么是幸福"为主题,写一篇演讲稿,准备开展班级演讲比赛。

应该说,撰写该教学设计(相信也实施过)的老师,对演讲的声音和动作技巧颇有心得①;如果要借教这篇课文之际"玩"一把,似也无可厚非。但是,如果当作新课

---

① 在第四环节的第三个教学步骤,该设计列出具体的指导要点如下:第一,动作是语言的延伸和补充,该出手时再伸出手,不能过早。但也不能过晚,否则动作的意义就不大了,甚至会阻碍语言的表达。第二,手势是为加强语言效果而设计的,所以手势要集中。一般是以自己的心脏为中心,以前臂长左右为半径,表示决心或否定性的就向里收,号召性的可以向外扬,手指并拢稍向内曲,也可以握拳。在表达特决或强烈感情时动作幅度可以大一些。第三,动作是为语言服务的,所以不能过多,也不要过于花哨。否则就喧宾夺主,也显得做作,要追求自然、恰当。

程的样板推行,这就大不妥当了。

口语交际是高度场景性的。参考沟通理论和传播理论,结合我国中小学教学的实际,我把口语交际的场景类型分为以下三大类①。

1. 日常生活中的口语交际

其课程内容是反思性的。在母语的环境中,学生浸润在口语交际活动当中。在日常的生活中、在以往的语文学习中,学生形成的口语交际能力,足以应付基本的口语交际活动。然而,他们的口语交际可能有缺憾,或多或少地阻碍了人际间的有效沟通。而造成沟通阻碍的主要因素,往往不是因为他们不知道怎样交际,或不具备口语交际的技能,而是因为他们对自身存在的缺憾没有意识,甚至还误以为缺憾是圆满。学生在日常口语交际中的种种缺憾是自然养成的,某种缺憾也往往不为某人所独有,而带有相当的普遍性。因而,对大多数人来说,缺憾也不太可能在日常中自然地得到改善。换句话说,是需要在语文课程里"教"的。

2. 组织中的口语交际

其课程内容是形成性的。凡是学生新接触的口语交际类型,或者在"质地"上与学生所熟悉的日常生活有较大差异的口语交际活动,都需要形成性的教学内容。一般来说,组织中的口语交际活动,比如,讨论、辩论、采访、演讲等,学生在母语的自然浸润中是学不到的或学不像样的,因而是需要在语文课程中专门"教"的。形成性的教学内容,是教技能,也就是"怎么听说"。所谓"怎么听说",其实也就是在某一种类的口语交际活动中"听、说什么"和"做什么"。形成性的教学内容往往是复杂的,可能由多项技能构成,因而学习需要花费较长的时间,对技能也需要做适当的分解。比如,在《美国加利福尼亚州公立学校英语课程标准》②中,"叙述性发言"从一年级一直延伸到八年级;"劝说性发言"则从六年级持续到八年级,并贯通到高中阶段。我国的语文教材和教学实践,对于诸如讨论、辩论、采访、演讲等复杂的口语交际类型,似乎想只通过一次囫囵吞枣的活动就解决掉,这完全不妥当。

3. 特殊场合的口语交际

其课程内容是技巧性的。一般来说,需要技巧的口语交际活动,往往是一些比

---

① 王荣生.语文课程与教学内容(第二版)[M].北京:教育科学出版社,2015:333—347.
② 美国加利福尼亚州公立学校英语课程标准[M]//联合国儿童基金会,教育部基础教育司.基础教育课程改革资料选编.北京:教育部基础教育司,2000.

较特殊的活动,或者有特殊的场合,或者有特殊的要求,而要达到满意的效果,往往要付出特意去"做"的努力。

"演讲"就其本意来说,是影响公众的一种行为,所以国外叫"公共演讲"。作为中小学语文课程领域之一的口语交际,演讲的教学,其教学内容的主体无疑应该放在形成性上,虽然有时也可能会附带一些技巧性的东西,有时也会带有表演的色彩,为提高满意的程度,为取得某些特殊的效果,有时候也需要"做"一"做"。

但不能过火,更不能假戏真唱。像上述教学设计那样,我国的语文教材和教学实践,把"演讲"几乎归入了"表演类"。但那些被归入"表演类"的"演讲",实际上很可能是只有我国所独有的那种以得奖为目的的"演讲比赛"的"演讲",所提升的并不是真实情形中契合人生日用的沟通表达能力。

提及"演讲技巧",可以听听被誉为"全美演讲学首席导师"的 S. 卢卡斯的教导[①]:

什么东西使一个演讲人说服力强？一个演讲人如何能够促使听众采取行动来支持一项事业、一个运动或一个候选人？答案是听众主要是被下述四个原因之一或四个原因中的多个原因所说服：

◎ 因为他们感觉到演讲人有很高的可信度。
◎ 因为他们被演讲人的证据所说服。
◎ 因为他们相信演讲人的推理。
◎ 因为他们的感情被演讲人的思想和语言打动了。

单以可信度来说,怎么强化可信度呢？办法有如下几个:

① 宣传自己在演讲话题的专业知识(表明全面调查过这个话题)。
② 建立与听众共同的立场——建立共同立场对说服型演讲的开始尤其重要。一开始就要让听众产生认同。你应该表明,大家的价值观、态度和经验都是差不多的。让他们因为赞同而点头,那听众就会更乐意接

---

① [美] S. 卢卡斯. 演讲的艺术[M]. 李斯,译. 海口：海南出版社,2002：378—383.

受你最终的提议。

③ 流畅、痛快和坚定地表达自己……演讲的技巧先放在一边,强化自己的可信度的最重要的方式,往往是以真正的坚定信心表现自己的演讲思想。

怎么样,拿以上三条分析《不自由,毋宁死》这份著名演讲词试试。比如,分析它的第一段:讲了什么呢,为什么要讲这些呢,为什么这么讲呢。如果能这样去教学,那才像把演讲词当演讲词教。

三、分流后的局面及讨论

以报道为基本面的、以阐释为基本面的、以论辩为基本面的,分流过后,人教版高中语文教材传统意义上的"文学性的散文"七个单元二十一篇课文,可分流出去五个单元十五篇课文。

这样,真正需要按"散文"对待而予以正面应对的,只剩下两个单元,一共六篇课文:《记念刘和珍君》《小狗包弟》《记梁任公先生的一次演讲》;《荷塘月色》《故都的秋》《囚绿记》。分流的结果,是分化了难题,也降低了解决散文教学问题的难度。

表 5-10　人教版高中语文教材经分流之后的课文局面

第一册	第二册	第三册	第四册	第五册
散文 ◆ 记念刘和珍君/鲁迅 ◆ 小狗包弟/巴金 ◆ 记梁任公先生的一次演讲/梁实秋	散文 ◆ 荷塘月色/朱自清 ◆ 故都的秋/郁达夫 ◆ 囚绿记/陆蠡	按科普文章教 ◆ 动物游戏之谜/周立明 ◆ 宇宙的边疆/卡尔·萨根 ◆ 一名物理学家的教育历程/加来道雄	按杂文、杂感教 ◆ 拿来主义/鲁迅 ◆ 父母与孩子之间的爱/弗罗姆 ◆ 短文三篇 热爱生命/蒙田 人是一根能思想的苇草/帕斯卡尔 信条/富尔格姆	按实用文章教 ◆ 咬文嚼字/朱光潜 ◆ 说"木叶"/林庚 ◆ 谈中国诗/钱钟书

续 表

第一册	第二册	第三册	第四册	第五册
按新闻通讯教 ◆ 短新闻两篇 别了,"不列颠尼亚"/周婷,杨兴 奥斯维辛没有什么新闻/罗森塔尔 ◆ 包身工/夏衍 ◆ 飞向太空的航程/贾永等	按演讲词教 ◆ 就任北京大学校长之演说/蔡元培 ◆ 我有一个梦想/马丁·路德·金 ◆ 在马克思墓前的讲话/恩格斯			

可以预料,面对分流后的这种课文局面,或许有人要说:教材本来就是这样编的呀,新闻通讯一个单元、演讲词一个单元、杂文与杂感一个单元,等等;散文本来就只设两个单元两篇课文呀!

如果说这种话,在我看来,要么是不清楚文本类型与阅读方式方法的关系(小说也可以被当作研究资料来读);要么是对中小学语文教材课文后的练习(正是这些练习引导着课文的教学点)所存在的严重问题视而不见;要么是对这些课文的教案、教学设计和教学情况(把课文当跳板而走到课文之外的所谓"散文教学",普遍性的"散文化"对其他文类教学的拖累,等等)缺乏认知。——即使是这六篇抒情散文,在教材里,在教学中,也未必能够"把散文当散文教"。

其实,上述人教版课文分流后的局面,只是碰巧如此而已——这也从一个侧面反映了该教材在散文的语篇类型和语体的选择上可能是过于狭窄了,致使其散文都局限在过于紧缩的"抒情散文"(或曰"纯散文""审美散文")这个单一类型中。也就是说,中国高中生在语文课程中所培养的阅读中国现当代散文的能力和文学趣味,可能被"单调化"了。

真实的情况是这样的:以阐释为基本面的,以论辩为基本面的,即使分流过后,总还有剩余的部分留在散文里,如果它们的基本面转向了个人经验或个人感受的话。比如,汪曾祺《胡同文化》、朱自清《说扬州》,还有幽默散文,及孙绍振称之为"审丑"(其中一种是情感接近零度的)、"审智"(如南帆《文明七巧板》)等语篇类型和语体各异的散文。

然而,"教材本来就是这样编的呀"也并非空穴来风。新闻通讯一个单元,演讲词一个单元,杂文与杂感一个单元,科普文章一个单元,社科文(学者散文)一个单元,这或许是教材的"编写意图"或"编写意图"之一,只是在编写实践和教学中走样而趋于"散文化"了。而走样,尤其是大规模、普遍性、长时期的走样,则从另一个侧面提醒我们:必须在纯文学作品、散文、实用文章之间做比较严格的区隔。也就是说,新闻通讯、科普文章、社科文等,最好选用较典型的文本,比如,"通行的"新闻稿、"正式的"科普文章和社科论文等。

这就意味着,需要审议语文教材选文的通行准则,我们对"文质兼美"的"文"可能要做重新定义,而不能够仅仅局限于"文学性"的语言。换言之,在"具体""生动""丰富""出彩"等"文学性"的语言之外,我们可能需要同时关注"准确""严谨""周密""逻辑"等"学术性"的语言表达。

第六章
阅读教学正面应对散文难题的努力

第一节　散文阅读教学的要领
　　一、建立学生与"这一篇"课文的链接
　　二、分享作者在日常生活中感悟的
　　　　人生经验
　　三、体味精准的言语表达
　　四、学生需学会的散文阅读方法

第二节　散文阅读教学研究的关节点与路径
　　一、三个关节点
　　二、三条主要路径

第三节　散文文本解读及教学设计案例
　　一、《生命，生命》
　　二、《昆明的雨》

第四节　散文教学课例研究举隅
　　一、《肥皂泡》
　　二、《风筝》

散文是"触角最灵敏"的一种文类,其文类的特征,依据南帆的结论,是"无特征"[①]。或者这样说,散文的体式千姿百态、不拘一格,而且不断地在变化、不断地有新样式问世。按照文学界的说法,散文"无规范",只要"一讲规范",那么"散文就死"。这样,以散文为主导文类的语文教学就面临一个难题:如果要合适地教学,必须在"无特征""无规范"的散文及散文读写中,找出一些能够揭示散文体性的特征,找出一些可具参考的规范,尽管这样的工作只能在散文的某些具体小类乃至个案的自觉限制中进行。

事实上,受制于文学界以及语文教学界的研究现状,现在我们甚至没有资格问"散文教什么"这样的问题;我们能体面地提问的,只能是"这样的散文教什么?""这一篇散文教什么?"而答案则只能是探索性的,仅供参考。参考的标准,则是其理据。也就是说,之所以选择这样而不是那样的教学内容,应该有一个道理;而这个道理在目前的学术背景下是能够说得通的,在人们的读写经验里是能够行得开的。

第一节 散文阅读教学的要领

一、建立学生与"这一篇"课文的链接

阅读教学的"这一篇"课文,不仅是学习材料,而且是学习对象。建立学生与"这一篇"课文的链接,是阅读教学的通则。

阅读教学所说的"课文",与其他科目中所说的"课文",有一个本质的差别。

在其他科目中,"课文"即教材的一章一节,"课文"仅是学习材料,而不是学习对象。地理课的学习对象,是地理现象及自然规律;历史课的学习对象,是历史事实及阐释;数学课的学习对象,是数学的定理、定律;思想政治课的学习对象,是对人生和社会问题的认识;体育课的学习对象,是对健康的关怀和肢体运动的技能。

---

① 南帆.文学的维度[M].上海:上海三联书店,1998:278.

对这些科目来说,教材中的"课文",即论述学习对象的文字,是学习的一种材料、一种途径、一种媒介,而不是学习对象本身。换言之,教学目标不是记忆、感受、解释、运用这些表述学习对象的文字,而是借助于这些文字去记忆、感受、解释、运用它们所指称的学习对象,如地理现象及自然规律、对人生和社会问题的认识等。学生通过另一种教材、通过论述的另一些文字、通过"课文"以外的另一些媒介、通过"活动"等另一些途径,也能够学到需要他们学的东西,甚至有时还可能学得更好。

但缺了教材中的课文,绝对上不成语文课。对语文课来说,阅读教学的课文,不仅是学习材料,而且是学习对象。《走一步,再走一步》《生命,生命》《心田里的百合花》《安塞腰鼓》……这些课文,都是独特的文本,是任何其他媒介,如电影、图片、实物等,不可替代的;是任何"谈论勇敢""珍爱生命""百合精神""安塞气概"的其他文章,不许置换的。学生对这一文本的阅读、理解、感受——包括对特定文字所传递的人文精神的感悟,对表达独特思想情感的语句中所显现的语文知识的理解——是通过任何其他途径,如戏剧化表演、主题讨论会、各种资料展示等,所不能拥有的。

概言之,学生今天所面对的学习对象,是"这一篇"独特的文本,学生今天所面临的学习任务,是理解、感受"这一篇"所传递的作者的认知情感,并在理解、感受过程中学习和运用语文知识。

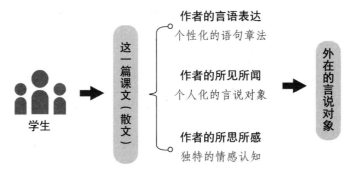

图 6-1 要建立学生与"这一篇"课文的链接

二、分享作者在日常生活中感悟的人生经验

建立学生与"这一篇"散文的链接,实质是建立学生的已有经验与"这一篇"散文所传达的作者独特经验的链接。

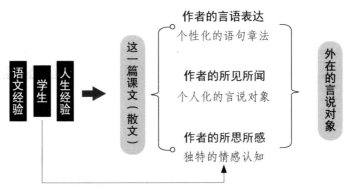

图 6-2 建立学生与"这一篇"散文所传达的作者独特经验的链接

(一) 分享首先要区分人我

学生的已有经验,笼统地讲,包括"语文经验"和"人生经验";作者在"这一篇散文"中所传达的独特经验,也可以分为"语文经验"和"人生经验"这两个方面。

分享,是"和别人分着享受"①。分享的前提,是区分人我。

散文中的所见所闻,是别人的所见所闻;散文中的所思所感,是别人的所思所感。"这一篇"散文所传达的,是作者的独特经验。也正因为经验之独特,正因为作者的经验与我们之不同,我们才需要去读作品,才能够通过其散文,感受、体验、分享我们在日常生活中所没有、所不可能有的人生经历和经验。

然而,正如前文所述,散文是与我们日常生活经验最为接近的文学样式,阅读散文很容易"人我不分",很容易用自己的既成经验,去过滤、同化甚至顶替散文中作者的经验。

以己之心,揣度作者之念。这既是散文阅读所必需的,也是散文阅读的陷阱。同我心者,赞之;异我心者,弃之;逆我心者,愤之。其结果是,读却如未读,终究囿限在自我的既成经验中。

(二) 分享不是"占有""具有"

读者的经验与作者所传达的经验不同。这种不同,不仅表现在阅读的起点上,也表现在阅读的终点上。我们不能够"占有"作者的人生经验。换言之,我们不可能"具有"与作者等同的经验,无论是阅读之前、阅读之中还是阅读之后②。

---

① 中国社会科学院语言研究所词典编辑室.现代汉语词典(第五版)[M].北京:商务印书馆,2007:404.
② 在散文阅读教学中,语文教师似乎存一种念头——希望学生"占有"作者的经验。这突出地表现在结课的"激情号召语"上。比如,"让我们带着安塞的精神走好自己的人生道路(《安塞腰鼓》)","让我们带着百合的精神走好自己的人生道路(《心田上的百合花开》)","让我们以一颗善良的心对待天下所有不幸的人们(《老王》)",等等。

所谓"分享",是体察,是认识和理解:世界上还有这样一种人,有这样一双眼睛,他们能看到这样的人、事、景、物;世界上还有一种人,有这样一腔情怀、一种情调,他们能有这样的感受,有这样的思量。在阅读中,我们突破自身直接生活经验的囿限;通过阅读,我们扩展、丰富对世界和他人的认识、理解;通过认识和理解,我们观照自我,触发或启迪对自己的生活和人生的思考。

三、体味精准的言语表达

作者的人生经验,通过精准的言语得以表达,也存活于这些言语之中。唯有通过对言语的体味,我们才能把握作者的独特经验,才能感受、体认、分享散文所传达的丰富而细腻的人生经验。

(一)体味必须细读

散文阅读,最忌浮皮潦草。浮皮潦草的结果是不成熟的读者以自己的语文经验"篡改"作者的言语,把自己的经验"幻觉化"为作者的经验。

汪曾祺的《胡同文化》,不少人以为"抒发了对胡同和胡同文化的复杂情感",尽管他们在这篇散文的大部分文字中找不到"情感"。我曾与一些语文教师共同备课,他们就拎出这一段,并揪出其中的"怀旧情绪"和"怅望低徊":

> 看看这些胡同的照片,不禁<u>使人</u>产生怀旧情绪,甚至有些伤感。但是这是无可奈何的事。在商品经济大潮的席卷之下,胡同和胡同文化总有一天会消失的。也许像西安的虾蟆陵,南京的乌衣巷,还会保留一两个名目,<u>使人怅望低徊</u>。

于是,我们一起细读。"不禁"就是不由自主,"使人"中的"人",是看胡同照片的人,包括作者汪曾祺,也包括任何看过或可能看到这些照片的人。看这些照片的人都会不由自主地产生怀旧情绪,显然,这是客观的描述,而不是主观的抒情。接下来的"使人怅望低徊",也是如此。看到北京胡同遗迹的人都会不由自主地怅望低徊,这也是客观的描述,与试图感染别人的抒情无关。在被认为"最明显抒情"的段落和语句中,找不到"抒情",这样,所谓"抒发复杂情感"的谬解,便轰然倒塌。

（二）体味是仔细领会①

仔细领会，包括相辅相成的两个方面。

1. 作者言语表达的功力

优秀的散文作家，能够用言语精准地捕捉精微的感觉和知觉，能够用言语贴切地传达丰富而细腻的人生经验，尽管有时初看起来似乎是些很普通的语句。比如，《散步》开篇第一句："我们在田野散步：我，我的母亲，我的妻子和儿子。"比如，《藤野先生》开篇的第一句："东京也无非是这样。"

对以言逮意的追求，对以言逮意的功力的敬重，可以说是语文学习的根本。阅读散文，不顾作者的言语表达，不能见识作者言语表达的功力，这无异于买椟还珠。

2. 精准的言语表达所蕴含的意味

作者精准的言语，精准在对细腻的人生经验的贴切表达上；读者体会优秀散文精准的言语，落实在对作者感悟到的人生经验的领会中。

"文字之所以佳胜，正在它们所含的思想。"②品味言语，实质是发掘文学作品字里行间所蕴含的意思、意味。

（三）体味是体会、寻味③

散文阅读中的体会、寻味，也包括相辅相成的两个方面。

1. 语言的滋味

比如，《古都的秋》，体会下列划线词语的表达效果：

秋天，**无论**在什么地方的秋天，**总是**好**的**；**可是啊**，北国的秋，**却特别地来得**清，**来得**静，**来得**悲凉。我**的**不远千里，**要**从杭州赶上青岛，**更要**从青岛赶上北平来的理由，**也不过**想饱尝一尝**这**"秋"，**这**故都的秋味。

2. 作者的情调

"对于散文作家来说，趣味是最重要的方面，但这一向为人所忽略。"④尤其是

---

① 中国社会科学院语言研究所词典编辑室.现代汉语词典(第五版)[M].北京：商务印书馆，2007：1342.
② 蔡清富，孙可中，朱金顺.朱自清选集(第三卷)·论语文教育[M].石家庄：河北教育出版社，1989：435.
③ 辞海编辑委员会.辞海[M].上海：上海辞书出版社，2007：274.
④ 刘绪源.今文渊源[M].上海：上海文艺出版社，2011：222.

所谓"闲话体"的散文,如周作人、林语堂、俞平伯、梁实秋等作家的散文,体会作者"闲适"的情调,有时比了解他们所谈论的话题还要重要。

"文字的解读与鉴赏活动是同步进行的。"[①]以文学的姿态阅读文学作品,以散文鉴赏的方式阅读散文作品,其理解过程,本身就是文学鉴赏。在文学鉴赏中,"品味语言"不是一个独立的阅读过程,它与理解、感受同步进行。换句话说,理解、感受的过程,就是语言品味的过程。品味作品的语言,就是感受语言传递的意思和意味。

四、学生需学会的散文阅读方法

根据本人近十年研究的结论,学生需学会的散文阅读方法如下[②]:

(1) 如果是散文,首先要注意散文中的"我"(作者)字,并在阅读时把"我"理解为"他"。要明白散文是"他"(作品中的"我")在讲述"他"所感受的人、事、景,是在讲述"他"对人、事、景的感受和认识。散文中作者的独特感受,通常是你(读者)以前在日常生活中感受不到的。

(2) 如果是散文,重心一定是作者对人、事、景的独特感受,找到作者表述他独特感受的语句。

(3) 如果是散文,作者表述他独特感受的词语或同类词语,一定会在上下文中反复出现,要联系上下文反复出现的这些词语,把握散文的情感线索。

(4) 如果是散文,课文中写景等描写语句一定透露着作者的独有发现,要联系作者表述他独特感受的语句,发掘写景语段中作者所选用的词语和句式是如何表达作者情感的。

(5) 如果是散文,读完全文后要返回第一段并朗读,读出你阅读全文所感受的情感,并体会词语、句式、节奏的情感意义。

(6) 如果是散文,则要在读完全文后回到标题,理解标题的含义,并根据作者的情感探测作者取这个标题的用意。

---

① 傅道彬,于茀.文学是什么[M].北京:北京大学出版社,2002:279.
② "如果……那么",就是程序性知识和元认知策略的典型表达式。"如果"是情境性知识和条件性知识,"那么"是该情境和条件下相应的操作。区别在于:程序性知识的"如果",意思是"如果条件不变";元认知知识的"如果",意思是"如果条件变化"。

第二节 散文阅读教学研究的关节点与路径

一、三个关节点

散文阅读教学,要遵循从散文的文类特征、"文学性的散文"的四对关系、散文阅读教学的要领等引申出来的一系列原则。

正面应对散文难题,目前的努力是从文类和文体两个方面着手,有如下三个关节点。

(一)散文的基本阅读取向

关注散文的文类特征,形成与"散文"文类相匹配的解读方式,即散文的基本阅读取向。

为了有效应对当前中小学散文教学的主要问题,我们提出"把散文当散文教"的基本阅读取向:散文教学要从"外"回到"里",要建立学生与"这一篇"课文的链接,实质是建立学生的已有经验与"这一篇"散文所传达的作者独特经验的链接。

从"外"回到"里",也就是从"外在的言说对象"回到"散文里";从被抽象化的"精神、思想"回到"作者的独特经验"里。

从"教"的这方面看,散文教学需牢牢把握住以下几点。

(1)散文阅读教学,始终在"这一篇"散文里,要驻足于散文里的"个人化的言说对象";严防跑到"外在的言说对象"上,进而演变为谈论"外在的言说对象"的活动。

(2)散文阅读教学,要着眼于主体,触摸作者的情思;严防滞留在所记叙、描写的客体上,进而演变为谈论那人、那事、那景、那物的活动。

(3)散文阅读教学,要关注作者独特的情感认知,引导学生往"作者的独特经验里"走;严防受既成经验的遮蔽,进而演变为学生各抒所见的活动。

(4)散文阅读教学,要由言及意,往散文中的个性化言语所表达的丰富甚至复杂、细腻甚至细微处走;严防脱离语句,跑到概念化、抽象化的"思想"和"精神",进而演变为谈论口号的活动。

从"学"的这方面看,以下几点是关键。

(1)散文阅读教学,要引导学生学会区分人我,引导学生体察在散文中表露的、对自己来说很可能是陌生的经验。

(2) 散文阅读教学,要引导学生学会分享,在认识和理解别人的所见所闻、所思所感的过程中观照自我。

(3) 散文阅读教学,要引导学生细读,体味作者言语表达的功力,体味精准的言语表达所蕴含的意味,体味语言的滋味和作者的情调。

(4) 散文阅读教学,要培养学生对以言逮意的追求,要唤起学生对以言逮意的功力的敬重。

(二) 根据文体特征分野小类

强化文体意识,根据文体特征分野小类,形成可依循的相应的解读理路。

正如有专家指出的:"散文文体研究的缺乏导致了 20 世纪 90 年代以来散文理论研究的弱势状态。散文并不是一种严格意义上的文体概念,它只是在文学实践过程中约定俗成的文类概念。失去了文体特征规范的散文,对其文类特征及其内部各亚文学样式的研究,应成为眼下散文理论研究的当务之急。"①

关于散文的分野,如孙绍振关于"审美散文""审智散文""审丑散文"的分别及其解读范例②,钱理群关于"说理的散文""描写的散文""纪实的散文""抒情的散文"的分别及其解读范例③,贵志浩关于"闲话体""独语体""倾诉体"的分别及其解读范例④,以及在散文史研究和散文作家作品评论中所提炼的作家流派、风格等,均为分野小类提供了理论的资源。但总体而言,这方面的研究还需要跟进,离形成可操作的具体解读方法尚有很大距离⑤。

(三) 关注每一篇散文的特性

细化文体研究,关注每一篇散文的特性,揭示文本的要紧处,形成具体的解读方法。

"不拘一格""张扬个性",是现当代优秀散文家刻意追求的散文写作境界。散文"无规范",但教学必须以明了规范为前提;对"无规范"的散文,也必须找到对应"无规范"的办法。

(1) 现代散文不拘一格,这就意味着在散文阅读教学中,绝不能用一种固定的

---

① 王景科. 谈散文理论研究之弱势现象[J]. 齐鲁学刊, 2004(05): 141—143.
② 孙绍振. 文学创作论[M]. 福州: 海峡文艺出版社, 2007: 394—419.
③ 钱理群. 说什么"理"? 如何"说理"? [M]//钱理群, 孙绍振, 王富仁. 解读语文. 福州: 福建人民出版社, 2010: 241.
④ 贵志浩. 话语的灵性——现代散文语体风格论[M]. 杭州: 浙江大学出版社, 2010: 50—88.
⑤ 参见本书第三章第一节"'文学性的散文'的尴尬境地"中"四、散文解读理论几乎阙如"。

套路去对付所有散文。

（2）现代散文不拘一格，这就意味着绝不可以拿古代散文刻意考究的章法和技法，比如，"以小见大""伏笔照应""一字之骨"等，去描摹、套用现代散文。

（3）现代散文张扬个性，这就意味着在散文阅读教学中，必须找准"这一位"作者散文的特质，必须找到"这一篇"散文的特质，包括所谈论的话题、所抒发的情思、所运用的言语。

关于散文文体的细化研究，目前只有一些个案，包括孙绍振、刘绪源等散文研究专家的文本解读范例、优秀语文教师的散文教学成功课例、"共同备课"等教研活动中出现的散文教学设计典型案例等。可操作的具体解读方法，目前只能从这些个案中寻觅、探测。

二、三条主要路径

正面应对散文难题的教学研究活动，主要从以下三条路径展开。

（一）散文文本解读和教学设计

在各种教研场合，我们对一些散文的教学解读和教学设计有较深入的探讨，有一些深刻的收获。比如：

从回忆性散文、鲁迅的散文、《朝花夕拾》系列散文这三个角度，解读《藤野先生》（鲁迅）；

从回忆性散文、鲁迅的散文、《野草》散文诗集中的散文这三个角度，解读《风筝》（鲁迅）；

从叙事散文、回忆性散文、励志散文这三个角度，解读《走一步，再走一步》（莫顿·亨特）；

从"作者的独特人生经验"角度，解读《生命，生命》（杏林子）、《散步》（莫怀戚）；

从"散得一塌糊涂中的严整语脉"角度，解读《昆明的雨》（汪曾祺）；

从"情感脉络的词语印记"角度，解读《土地的誓言》（端木蕻良）等。

（二）散文教学课例研究

散文教学课例研究，尤其是对中小学语文教学名师的散文教学课例研究，让我

们获得许多教益。我们所进行的课例研究,已发表的主要有①:

(1) 教学内容与教学方法的理据——黄玉峰老师《世间最美的坟墓》研习

(2) 行云流水般的家常味——郑桂华老师《安塞腰鼓》研习

(3) 指导学生学习和运用语文知识——包建新老师《长江三峡》课例研究

(4) 解决学生阅读时的疑难——步根海老师《合欢树》课例研究

(5) 品味特别的语言,体会特别的情味——蒋军晶《祖父的园子》课堂教学研讨

(6) 确定散文教学内容的路径——李海林《幽径悲剧》课堂教学研讨

(7) 散文教学如何"品味语言"——黄厚江《葡萄月令》课堂教学研讨

(三) 散文的共同备课

2010年起,上海师范大学语文课程研究基地承担"国培计划"中小学语文教研员和骨干教师培训,培训课程由"主题学习工作坊""课例研究工作坊"和"共同备课工作坊"这三个工作坊构成,交相呼应、相辅相成。其中"共同备课工作坊",是这一培训模式运行的关键。

在共同备课过程中,对散文《外婆的手纹》《清塘荷韵》《藤野先生》《回忆鲁迅先生》《端午的鸭蛋》和《胡同文化》等,有较深入的探讨。

散文共同备课的案例,已发表的主要有②:

(1) 小学散文教学内容如何确定——《祖父的园子》共同备课的启示

(2) 回忆性散文"应该教什么"——《藤野先生》共同备课的启示

(3) 如何进行有效的散文教学设计——《胡同文化》共同备课的启示

(4) 体式:文本内容和形式交涉处——《花脸》共同备课的启示

---

① 分别见于:王荣生.听王荣生教授评课(2021版)[M].北京:中国轻工业出版社,2021;王荣生.语文课程与教学内容[M].北京:教育科学出版社,2015;王荣生,高晶.阅读教学教什么[M].上海:华东师范大学出版社,2016;王荣生,步进.散文教学教什么[M].上海:华东师范大学出版社,2014.

② 分别见于:王荣生,高晶.阅读教学教什么[M].上海:华东师范大学出版社,2016;王荣生,步进.散文教学教什么[M].上海:华东师范大学出版社,2014;王荣生.语文课程与教学内容[M].北京:教育科学出版社,2015.

(5) 教语言：从特点的概括转向对情感的体验——《端午的鸭蛋》共同备课的启示

(6) 在阅读中学习写作是怎么回事？——《回忆鲁迅先生》共同备课的启示

(7) 经历文学阅读的探险过程——《清塘荷韵》共同备课活动反思

第三节　散文文本解读及教学设计案例

一、《生命，生命》

《生命，生命》，入选多个版本的语文教材，本案例选用某版语文教材，课文比较接近作者的原文。作者是我国台湾散文作家杏林子，她早年罹患类风湿导致残疾，发病时十分痛苦。

生命，生命

杏林子

夜晚，我在灯下写稿，一只飞蛾不停地在我头顶上方飞来旋去，骚扰着我。趁它停在眼前小憩时，我一伸手捉住了它，我原想弄死它，但它鼓动双翅，极力挣扎，我感到一股生命的力量在我手中跃动，那样强烈！那样鲜明！这样一只小小的飞蛾，只要我的手指稍一用力，它就不能再动了，可是那双翅膀在我手中挣扎，那种生之欲望令我震惊，使我忍不住放了它！

我常常想，生命是什么呢？墙角的砖缝中掉进一粒香瓜子，隔了几天，竟然冒出了一截小瓜苗。那小小的种子里，包含了一种怎样的力量，竟使它可以冲破坚硬的外壳，在没有阳光、没有泥土的砖缝中，不屈地向上，茁壮生长，昂然挺立。它仅仅活了几天，但是，那一股足以擎天撼地的生命力，令我肃然起敬！

许多年前，有一次，我借来医生的听诊器，静听自己的心跳，那一声声沉稳而有规律的跳动，给我极大的震撼，这就是我的生命，单单属于我的。我可以好好地使用它，也可以白白糟蹋它；我可以使它度过一个有意义的人生，也可以任它荒废，庸碌一生。一切全在我一念之间，我必须对自己负责。

虽然肉体的生命短暂，生老病死也往往令人无法捉摸，但是，让有限的生命

> 发挥出无限的价值，使我们活得更为光彩有力，却在于我们自己掌握。
>
> 　　从那一刻起，我应许自己，绝不辜负生命，绝不让它从我手中白白流失。不论未来的命运如何，遇福遇祸，或喜或忧，我都愿意为它奋斗，勇敢地活下去。

（一）文本的关键点

首先吸引我们注意的，是全文二十三个"我"，以及明显指向自我的两处"我们"。很显然，本文讲述的是作者"我"对独特的人生经历的感悟。

本篇课文有五个关键点。

1. 标题"生命，生命"

标题有两种：一种是普通文章的标题，或提示主题，或标明论题，可以按字面理解；在教学中通常可先解题，再按标题的预示对课文进行阅读理解。另一种是"文学性的标题"，我们不能仅按字面来理解作家赋予它独特的内涵，只有在深入理解课文之后，我们才能把握作者所赋予的含义；在教学中通常要求读完全文之后再回到标题，进而理解标题在课文语境中的独特含义。

2. 作者杏林子

正如有研究者所指出的那样："散文研究的核心工作，应该是人的研究，即散文家的研究。""'顾及作者的全人'，这在研究小说与戏剧时，也是需要的；但对于散文研究来说，则应该是'必须'的了。"[①]诗歌、小说、戏剧以及大多数实用文章，作者的信息只作为我们阅读理解的背景，了解作者有助于更好地理解课文，但作者的信息是不直接介入阅读理解环节的。而在散文教学中，作者的信息往往要直接介入我们的阅读理解环节；离开了对作者的了解，散文中的一些语句，或者无法理解，或者只能停留在字面的理解而与作者所意欲表达的有较大隔膜，甚至相距甚远。如果不了解杏林子的身世，这篇课文中的有些语句，是很难理解到位的。比如，"虽然肉体的生命短暂，生老病死也往往令人无法捉摸，但是……"，这一句或许会被当作泛泛的议论之辞，但当我们了解作者的身世之后，我们就能明白，它讲述的是作者的人生遭遇——活得好好的，突然患上了在当时的医疗条件下不能治愈的类风湿，只能眼睁睁地看着它越来越严重，以致浑身上下的关节都不能动了，"生老病死也往往令人无法捉摸"。再比如，全文最后一句，也是全文最重要的震撼人心的一句："……我都愿

---

① 刘绪源.今文渊源[M].上海：上海文艺出版社，2011：221.

意为它奋斗,勇敢地活下去。"离开了作者的信息,"勇敢地活下去"很可能就不知其所云。事实上,如果不能从文字中去分享作者的人生经验,《生命,生命》这篇散文,通篇都难以理解,或者只能做类似把英文语句译成中文那样的解码水平的字面理解。

3. 课文前三个自然段中直接表达作者主观感受的语句

"那种生之欲望令我震惊","那一股足以擎天撼地的生命力,令我肃然起敬","那一声声沉稳而有规律的跳动,给我极大的震撼"。散文记人、叙事、写景,但散文的要点不在所写的人、事、景,而在于作者对人、事、景的内心反应。在我们常人眼里的那些"小事"——手心中的飞蛾的挣扎,冒出的一截小瓜苗,自己的心跳声,怎么在"我"(杏林子)内心引起这么大的反应呢?这正是这篇散文理解的关键点,也是学生乃至许多语文老师理解这篇散文时的大难点。"分享首先要区分人我",这种散文阅读所必备的能力,实际上是许多学生和语文老师所不具备的——我听过很多堂《生命,生命》的课,更在不同场合与近千名老师共同备课过,几乎所有的老师都是从章法、技法的角度,把这篇散文讲成"以小见大"。那么,散文讲述的是作者眼里的事,还是我们读者经验中的事?许多学生和语文老师不会分辨,因而习惯地用自己的既成经验,去过滤、同化乃至顶替散文中作者的经验。杏林子所遭遇的,哪里是"小事"?飞蛾的挣扎,她感到的是"生之欲望";冒出的一截小瓜苗,她看到的是"生命力";自己的心跳声,她听到"这就是我的生命"。作者所遭遇的,分明是"足以擎天撼地"天大的事,是"活着"的可贵,是生命的力量,是"自己掌握"并"愿意为它奋斗"的"我的生命"。所以"震惊",所以"肃然起敬",所以"极大的震撼"。至此,"生命,生命"这个咏叹式的标题,便有了着落——这篇散文不是对"珍惜生命"的泛泛谈论,它讲述的是作者"勇敢地活下去"的信念和勇气,因此标题应理解为"生命的力量"或"活着的价值"。

4. 倒数第二自然段"虽然……但是……却"

落点在"却"——"却在于我们自己掌握"。这段是承上启下,引出下段的"应许"。

5. 最后一个自然段的两句话

第一句是从反面说的"不应该怎样",第二句是正面说的"应该怎样",全段的重心应该落在正面说的第二句上。第二句是全文最要紧的一句,关键点可细析为两点:第一,"不论……都",在这里是很厉害的一个句式——"不论未来的命运如何,遇福遇祸,或喜或忧,我都……",相信世界上很少有人敢用这样的句式来负责任地期许自己未来的人生。第二,"我都愿意为它奋斗"与"勇敢地活下去",是同位语;

"我都愿意为它奋斗",也就是"我都愿意勇敢地活下去"。这是全文的主旨,从作者杏林子的角度,或许标题应该理解为"活着,活着"。

(二) 学生的疑难处

从解码水平来看,这篇散文的字面意思学生不难理解。但上述分析中的课文的五个关键点,几乎每一个都是学生在自读时会出现困难或问题的疑难处。这篇课文对初中学生乃至许多语文老师而言,是一篇难度很高的课文——几乎课文的所有关键点,学生都理解不了、感受不到;几乎所有的关键点,在我所听的许多堂《生命,生命》的课里,老师都没讲到或者讲错了。

就像在本书上编对散文教学两个课例的评议①那样,散文教学习惯于"走到课文之外""走到作者之外""走到语文之外"。这篇课文的教学,通常有两个方面内容:一是抱着"读写结合"的意念试图教学生模仿章法(古今错乱),如"以小见大",有的还"发明"了诸如"从动物、植物和人三个方面"取材的艺术或写作技法。二是在字面意思的解码水平上,师生说一通"鬼话"——由课文中割裂文脉而随意挑取的语句引发,比如,"让有限的生命发挥出无限的价值""绝不辜负生命",说一通连自己也并不相信的空洞大话。结果是,这篇课文读如未读、教如未教、学如未学,甚至读还不如不读、教还不如不教、学还不如不学——不读、不教、不学,虽无缘感受、分享杏林子的人生经验,但尚可保有师生对自己思想言行哪怕是底线的自我尊重和体面。

(三) 课文的教学点和教学内容

课文的教学点,即教学目标所在。教学点源于两个方面:一是文本的关键点,一是学生的疑难处。研究表明:学生的疑难处往往恰在课文的关键点。关键点和疑难处的重合处,就是这篇课文的教学点,可由此确定教学目标。围绕教学点选择教学内容,即帮助学生解决教学点问题的语文知识。

1. 教学目标(课文的教学点)

理解三个事例给"我"带来的关于生命的震撼与感悟。

(1) 了解作者,联系作者经历理解课文。

(2) 从三个事例,作者的"令我震惊""擎天撼地""给我极大震撼"中感受作者的人生经验。

---

① 参见本书第三章"散文为主导文类造成的阅读教学困境"第三节"典型课例评析:'走到……之外'"。

(3) 从两段议论中体认作者对生命(活着)的理解。

(4) 体会标题"生命,生命"的意味。

2. 教学内容

体味散文精准的语言表达,分享作者感悟的独特人生经验。

(1) 散文阅读,必须联系作者的背景。

(2) 从反复出现的同类语句中,感受作者的人生经验。

(3) 分析议论语句的重心,在语境中理解这些语句的具体含义。

(4) 文艺性标题(尤其是用了修辞格的标题)往往有特殊意味,需理解全文后再回到标题予以分析。

(四) 教学活动设计

对我国优秀语文教师的课例研究表明:一篇课文或一堂课的教学环节,通常是三个,并呈阶梯状。阶梯状教案[①]的上方,是教学点;下方,是蕴含语文知识、运用相关资源的学习活动,按教学步骤排列。

1. 课前学习活动

(1) 画出全文中所有的"我"字。

(2) 网上查阅,了解作者杏林子。

(3) 查阅词典:震惊,肃然起敬,震撼。

2. 课堂学习活动

第一课时:

"它"
1. 理解画出全文中的"它"
2. 理解"生之欲望""生命力""生命"
3. 理解"这就是我的生命"
4. 理解"我必须对自己负责"

"震撼"
1. 讲散文阅读:"令我震惊"
2. 体验"震惊"的感觉
3. 小组交流:"肃然起敬""震撼"
4. 讨论:小事还是大事?"擎天撼地"

"我"
1. 自由朗读全文
2. 自主完成填空
3. 交流画出的"我"
4. 交流查阅的作者信息

---

① 关于阶梯状教案,参见:王荣生,宋冬生.语文学科知识与教学能力[M].北京:高等教育出版社,2011.(模块一第一章"教学设计及教案样式")

完成课文内容概述的课件：

请你根据课文内容填空

> 作者从一只（　　）的飞蛾，一粒（　　）的香瓜子，一颗心脏（　　）的跳动，感悟到（　　）。

介绍作者身世的课件：

杏林子

> 杏林子(1942年4月12日—2003年2月8日)，原名刘侠，笔名为杏林子。生前曾任台湾登工组组长、台北市南机场社区发展实验中心辅导、伊甸残障福利基金会创办人、残障联盟创会理事长。
>
> 12岁时罹患罕见的类风湿性关节炎，发病时手脚肿痛行动不便，只有手指可以动。自此身心饱受病痛煎熬。杏林子是一个不向命运屈服的作家，虽然她已逝去二十多年，但她依然活在读者的心中。

第二课时：

理解"应许"
1. "却在于我们自己掌握"
2. "我应许自己"
3. 否定句——肯定句
4. 全文结尾句

理解"为它奋斗"
1. 不论……都
2. 为它奋斗——活下去
3. 作者信息介入
4. 回应上文
5. 讨论：题目

小结
一、朗读全文
二、学生交流
1. 关于课文
2. 关于散文
3. 关于散文阅读
4. 其他

3. 课后学习活动

参考以下评论，阅读杏林子的散文。

（1）她的散文《杏林小记》《生之歌》《生之颂》几十年来都是台湾地区中学生假期指定读物，更以《另一种爱情》获文艺大奖，在当代的华人作家中,没有人比得上杏林子励志,除了她,没有人可以顶着一个毁坏的身体以文字见证生命的强韧、热情和美丽,历经二三十年而不辍。

(2)《朋友和其他》带给我的震撼,不仅是作者杏林子的人格魅力,更重要的是,它引起了我对人生,尤其是人生旅途中不可或缺的伴侣——"朋友"的再一次审思。

二、《昆明的雨》

昆 明 的 雨

汪曾祺

宁坤要我给他画一张画,要有昆明的特点。我想了一些时候,画了一幅:右上角画了一片倒挂着的浓绿的仙人掌,末端开出一朵金黄色的花;左下画了几朵青头菌和牛肝菌。题了这样几行字:

昆明人家常于门头挂仙人掌一片以辟邪,仙人掌悬空倒挂,尚能存活开花。于此可见仙人掌生命之顽强,亦可见昆明雨季空气之湿润。雨季则有青头菌、牛肝菌,味极鲜腴。

我想念昆明的雨。

我以前不知道有所谓雨季。"雨季",是到昆明以后才有了具体感受的。

我不记得昆明的雨季有多长,从几月到几月,好像是相当长的。但是并不使人厌烦。因为是下下停停、停停下下,不是连绵不断,下起来没完。而且并不使人气闷。我觉得昆明雨季气压不低,人很舒服。

昆明的雨季是明亮的、丰满的,使人动情的。城春草木深,孟夏草木长。昆明的雨季,是浓绿的。草木的枝叶里的水分都到了饱和状态,显示出过分的、近于夸张的旺盛。

我的那张画是写实的。我确实亲眼看见过倒挂着还能开花的仙人掌。旧日昆明人家门头上用以辟邪的多是这样一些东西:一面小镜子,周围画着八卦,下面便是一片仙人掌,——在仙人掌上扎一个洞,用麻线穿了,挂在钉子上。昆明仙人掌多,且极肥大。有些人家在菜园的周围种了一圈仙人掌以代替篱笆。——种了仙人掌,猪羊便不敢进园吃菜了。仙人掌有刺,猪和羊怕扎。

昆明菌子极多。雨季逛菜市场，随时可以看到各种菌子。最多，也最便宜的是牛肝菌。牛肝菌下来的时候，家家饭馆卖炒牛肝菌，连西南联大食堂的桌子上都可以有一碗。牛肝菌色如牛肝，滑，嫩，鲜，香，很好吃。炒牛肝菌须多放蒜，否则容易使人晕倒。青头菌比牛肝菌略贵。这种菌子炒熟了也还是浅绿色的，格调比牛肝菌高。菌中之王是鸡㙡，味道鲜浓，无可方比。鸡㙡是名贵的山珍，但并不真的贵得惊人。一盘红烧鸡㙡的价钱和一碗黄焖鸡不相上下，因为这东西在云南并不难得。有一个笑话：有人从昆明坐火车到呈贡，在车上看到地上有一棵鸡㙡，他跳下去把鸡㙡捡了，紧赶两步，还能爬上火车。这笑话用意在说明昆明到呈贡的火车之慢，但也说明鸡㙡随处可见。有一种菌子，中吃不中看，叫作干巴菌。乍一看那样子，真叫人怀疑：这种东西也能吃？！颜色深褐带绿，有点像一堆半干的牛粪或一个被踩破了的马蜂窝。里头还有许多草茎、松毛、乱七八糟！可是下点功夫，把草茎松毛择净，撕成蟹腿肉粗细的丝，和青辣椒同炒，入口便会使你张目结舌：这东西这么好吃？！还有一种菌子，中看不中吃，叫鸡油菌。都是一般大小，有一块银圆那样大的溜圆，颜色浅黄，恰似鸡油一样。这种菌子只能做菜时配色用，没甚味道。

雨季的果子，是杨梅。卖杨梅的都是苗族女孩子，戴一顶小花帽子，穿着扳尖的绣了满帮花的鞋，坐在人家阶石的一角，不时吆唤一声："卖杨梅——"，声音娇娇的。她们的声音使得昆明雨季的空气更加柔和了。昆明的杨梅很大，有一个乒乓球那样大，颜色黑红黑红的，叫作"火炭梅"。这个名字起得真好，真是像一球烧得炽红的火炭！一点都不酸！我吃过苏州洞庭山的杨梅、井冈山的杨梅，好像都比不上昆明的火炭梅。

雨季的花是缅桂花。缅桂花即白兰花，北京叫作"把儿兰"（这个名字真不好听）。云南把这种花叫作缅桂花，可能最初这种花是从缅甸传入的，而花的香味又有点像桂花，其实这跟桂花实在没有什么关系。——不过话又说回来，别处叫它白兰、把儿兰，它和兰花也挨不上呀，也不过是因为它很香，香得像兰花。我在家乡看到的白兰多是一人高，昆明的缅桂是大树！我在若园巷二号住过，院里有一棵大缅桂，密密的叶子，把四周房间都映绿了。缅桂盛开的时候，房东（是一个五十多岁的寡妇）就和她的一个养女，搭了梯子上去摘，每天要摘下来好些，拿到花市上去卖。她大概是怕房客们乱摘她的花，时常给各家送去一些。

有时送来一个七寸盘子,里面摆得满满的缅桂花!带着雨珠的缅桂花使我的心软软的,不是怀人,不是思乡。

雨,有时是会引起人一点淡淡的乡愁的。李商隐的《夜雨寄北》是为许多久客的游子而写的。我有一天在积雨少住的早晨和德熙从联大新校舍到莲花池去。看了池里的满池清水,看了作比丘尼装的陈圆圆的石像(传说陈圆圆随吴三桂到云南后出家,暮年投莲花池而死),雨又下起来了。莲花池边有一条小街,有一个小酒店,我们走进去,要了一碟猪头肉,半市斤酒(装在上了绿釉的土瓷杯里),坐了下来。雨下大了。酒店有几只鸡,都把脑袋反插在翅膀下面,一只脚着地,一动也不动地在檐下站着。酒店院子里有一架大木香花。昆明木香花很多。有的小河沿岸都是木香。但是这样大的木香却不多见。一棵木香,爬在架上,把院子遮得严严的。密匝匝的细碎的绿叶,数不清的半开的白花和饱涨的花骨朵,都被雨水淋得湿透了。我们走不了,就这样一直坐到午后。四十年后,我还忘不了那天的情味,写了一首诗:

莲花池外少行人,野店苔痕一寸深。

浊酒一杯天过午,木香花湿雨沉沉。

我想念昆明的雨。

1984年5月19日

(一)课文的教学解读

《昆明的雨》是一篇散得"一塌糊涂"的散文,与学生以往所读的散文有天壤之别,阅读理解这篇散文对学生和老师都有相当的挑战。课文的关键点,简述如下。

1. 作者的情调

开篇劈空而来的一句"宁坤要我给他画一张画",一下子拉近了与我们读者的距离,我们似乎一下子成了与作者相识的熟人,来听一位具有丰富生活阅历的老人絮絮叨叨地讲述他四十多年前的见闻观感。首尾两处独段的"我想念昆明的雨",是全文最关键的语句。开端独段一句"我想念昆明的雨",摆开了兴味盎然、东拉西扯的聊天架势。全文最后独段一句"我想念昆明的雨",使聊天戛然而止,就像作者对我们说:"今天就讲到吧,有兴趣的话我们明天接着聊。""想念",是全文的情感基调,结合全文语境,这个词应理解为"念想",也就是"时常惦记着"

的意思。

听了《昆明的雨》的几堂课,师生朗读这篇课文的味,都不对。应该用聊天讲话的口吻和语气像老人同年轻人闲聊往事那样。

2. **散得"一塌糊涂"的内容**

这篇散文的大结构,貌似是有条理的:从画了一幅画说起,以独段一句"我想念昆明的雨"统领下文,由话题展开,先说昆明的雨季,聊到仙人掌,进而聊到"昆明菌子极多",再聊到"雨季的果子,是杨梅",以及"雨季的花是缅桂花",又想起了莲花池边喝的酒以及酒店院子里的一棵大木香树,最后突兀而来的独段一句"我想念昆明的雨"拢括上文,首尾两处独段的"我想念昆明的雨"把拉拉杂杂的内容包裹了起来。

全文的小结构,也就是每个话题或段落的内部,那个真叫"散"!以"缅桂花"这段为例,大致夹着五层内容:(1)直接说到话题是一层:云南雨季的缅桂花。(2)破折号标示的解释语,是一层。(3)括号里的补充解释或点评,是一层。(4)房东的故事,是一层。(5)女房东送的"带着雨珠的缅桂花使我的心软软的",这又是一层,"不是怀人,不是思乡",有点暧昧感。一个段落,容纳这么庞杂的内容,读起来还兴味十足,真是高手!

3. **语言特质**

语言特质也就是汪曾祺语言的独特之味。有典雅的词语,如"味道鲜浓,无可方比"等;有看似粗俗的大白话,如"很好吃""没甚味道""一点都不酸"等。断句也有讲究,分开来看,几乎每一句都是随意的平常语句;合起来读,随意的平常语句连贯起来,却有一种颇耐咀嚼的滋味。比如:

> 我不记得昆明的雨季有多长,从几月到几月,好像是相当长的。但是并不使人厌烦。因为是下下停停、停停下下,不是连绵不断,下起来没完。而且并不使人气闷。我觉得昆明雨季气压不低,人很舒服。

这篇散文的标点,也是可琢磨的地方——又乱又杂,有不少叹号,还有两处问号加叹号,有不少括号,有很多显眼的破折号。恐怕这是在散文中(或许是在所有短文中)标点符号的种类用得最多的一篇,又杂又乱,但传神。

（二）教学活动的建议

散文的教学，自然要归结到"体味散文精准的语言表达，分享作者感悟的独特人生经验"上。但体味的方法，应依据每篇散文的特性而定。如果说《生命，生命》重在理解，那么《昆明的雨》则要重在感受。这篇课文的教学，恐怕只有两个法子。

1. 表演性朗读

像一位老人向年轻人闲聊往事那样，用聊天讲话的口吻语气，读出它的情味，读出它散得"一塌糊涂"的样态——边回忆边讲、边讲边回忆，还不时评点几句，讲着讲着还油然记起来什么有趣的人和事，不时地添加些知识普及性的解释语。

2. 拆拆合合地琢磨

将段落或全文东拉西扯的内容一层一层拆解，如上面举例的"缅桂花"这段；然后再合，看多层内容是如何组装成连贯的段落或全文的。在拆拆合合的过程中，细察作者的用词、断句、标点，体会语言的滋味。

第四节 散文教学课例研究举隅

一、《肥皂泡》

（一）课文简介

《肥皂泡》原名《胰皂泡》，作者冰心。原文在最后一段，交代了写文的缘由和主旨："今天从窗户里看见孩子们奔走游戏，忽然想起这一件事，夜静无事姑记之于此，以志吾过，且警后人。"作者对儿时吹肥皂泡的回忆，落点在易破的"画梦"；所谓"吾过"，其实是作者人生态度的表露——虽知"画梦"易破，但"我"依然愿意做一个不断有"画梦"的人。

下面是某版小学语文教材三年级下册的课文，摘选的是《胰皂泡》原文的前一部分，课文的最后一个自然段对原文有较大幅度的改写。

> **肥 皂 泡**[①]
>
> 小的时候，游戏的种类很多，其中我最爱玩的是吹肥皂泡。
>
> 下雨的时节，不能到山上海边去玩，母亲总教我们在廊子上吹肥皂泡。她

[①] 教材说明：本文作者冰心，选作课文时有改动。

说阴雨时节天气潮湿,肥皂泡不容易破裂。

方法是把用剩的碎肥皂放在一只小木碗里,加上点儿水,和弄和弄,使它溶化,然后用一支竹笔套管,蘸上那黏稠的肥皂水,慢慢地吹起,吹成一个轻圆的网球大小的泡儿,再轻轻地一提,那轻圆的球儿便从管上落了下来,软悠悠地在空中飘游。若用扇子在下面轻轻地扇送,有时能飞得很高很高。

这肥皂泡,吹起来很美丽,五色的浮光,在那轻清透明的球面上乱转。若是扇得好,一个大球会分裂成两三个玲珑娇软的小球,四散分飞。有时吹得太大了,扇得太急了,这脆薄的球,会扯成长圆的形式,颤巍巍的,光影零乱。这时大家都悬着心,仰着头,屏住呼吸,——不久,这光丽的薄球就无声地散裂了,肥皂水落了下来,洒到眼睛里,大家都忽然低了头,揉出了眼泪。

那一个个轻清脆丽的小球,像一串美丽的梦,是我们自己小心地轻轻吹起的,吹了起来,又轻轻地飞起,是那么圆满,那么自由,那么透明,那么美丽。借着扇子的轻风,把她们一个个送上天去送过海去。到天上,轻轻地挨着明月,渡过天河跟着夕阳西去。或者轻悠悠地飘过大海,飞越山巅,又低低地落下,落到一个熟睡中的婴儿的头发上……目送着她们,我心里充满了快乐、骄傲与希望。

教材设计的学习活动,除了学习这一课的生字词外,另有三道题:

(1) 朗读课文。用自己的话说说吹肥皂泡的过程。

(2) 课文中有一些句子不容易读懂,如"五色的浮光,在那轻清透明的球面上乱转"。在课文中找一找,查阅资料,说说这些句子的意思。

(3) 读句子,体会作者丰富的想象,再想一想:这些轻清脆丽的小球,还有哪些美丽的去处呢?(句略)

(二) 听课笔记

以下呈现的是一堂名师工作室活动的公开课实录,任课者是一位很有教学才能的青年教师。

课前活动:

老师问学生:"喜欢玩什么?"准备充分的学生纷纷答:"吹肥皂泡!"

老师为每位同学准备了吹肥皂泡的器具,学生做吹肥皂泡的活动。

上课：生口令

第一环节：学习生字词

出示生字词。谁来读？

1. 读对了吗？一起读一读。

2. 讲"廊子""颤巍巍"。

3. 写"廊"字（广字头，右耳旁）。书空后学生写字。

（10分钟）

第二环节：回答学生预习中的提问

出示课件，回顾预习中的提问。

1. 为什么"阴雨时节天气潮湿，肥皂泡不容易破裂"？

2. 为什么"其中我最爱玩的是吹肥皂泡"？

……

师：为什么她最喜欢吹肥皂泡呢？

生1：因为给她带来了快乐和希望。

师：那我们在课文中找答案吧。（生自己读课文）

……

师：读好了吗？为什么喜欢？

生2读课文第三自然段。（师评"扇"）

师：一个原因。还有吗？

生3读课文第四自然段。（师复述）

师：还有其他原因吗？

生4：找到下一段读。

（下一个问题："阴雨天……"，播放科学教师解释的录像：肥皂泡为什么破裂。明白了吗？生齐答："明白。"师："遇到不懂的句子，就要会请教别人。"）

（10分钟）

第三环节：读课文第三自然段

（一）要求一人读，一人做动作。

1. 同桌两人活动。

2. 选2组展示。

3. 一起玩吧。（师表演读,生做动作）

(二) 出示动词,用自己的话说过程。

师：你自己吹肥皂泡是怎么样的？

生：用课文语句（背书）讲。

师：哇,可以背得这么完整,好！还用上了"首先,然后"！

第四环节：读课文第四自然段

1. 选出"好声音"。

师：选出"好声音"。有两个任务：

(1) 读诵,想画面。

(2) 互诵,朗读给别人听。

2. "诵一诵,赞一赞"活动。

师：仿佛看到的……？

生读句子或复述语句。

师：想象画面是个读懂句子的好方法。

3. 分组读读给同桌听。

师：你喜欢哪个句子？

生读。

师：真好听！

生一边做动作一边念词语："颤巍巍"。

师：原来读不懂的句子,可以猜一猜,想象画面,就读懂了。

4. 生齐读课文第四自然段。

5. 配乐,出示课文第四自然段改为诗句形式的课件。

生读第四自然段。

师：现在心情如何？

生：很舒畅。

师：还有吗？

生：生动。生：还很现实。

师：还有心情吗？

> 生：很紧张。
> 师：回到了"其中我最爱玩的是吹肥皂泡"。
> 明天语文课继续。
> （以上20分钟）

（三）现场评课的概要[①]

老师很有教学才能。课的组织基本按教材的要求，落实识字与写字任务，用课文中的动词说说吹肥皂泡的过程，将重点放在课文第四自然段的想象画面和有感情地朗读。

这篇课文对三年级小朋友来说，有点难度。在教学研究中，我们把学生的疑难处分解为两个方面：（1）"困难"，指学生自己意识到有阅读困难或理解障碍的地方。比如，在预习这节课时，学生提出了两个他们"困惑"的语句。（2）"问题"，指学生自以为读懂，但实际上却没有读懂，或不可能读懂的地方。学生阅读中的"问题"，需要老师依据专业知识去分析和判断。

这篇课文的难点主要在第四自然段，也就是老师这节课所重点教学的那一段。"想象画面和有感情地朗读"，实际上学生目前是做不到的。因为几乎这段中的所有关键词语（画线的词语），单凭学生已有的阅读经验和这节课的教学，学生是不能够理解的，因而他们无法想象画面，也不可能读出作者用这些文字所传递的"作者的"情感——与所有语文课一样，在这节课中，学生似乎"绘声绘色"地朗读了；但这种"绘声绘色"，实际上是对老师朗读的腔调的模仿：读的声音加重一点，把自己的感情（注意：是读者的感情，往往还是生造的感情）灌注进课文语句，表现为加重语气和提升语调的"朗读腔"，有时还加上点夸张的动作。

查看这篇课文的其他课例，也有专家认为第四自然段里的一些词语"精彩"，因而要求学生"积累好词好句"。实际上也是积累不了的。因为学生不能理解这些词语，因而也不可能明白它们为什么好、究竟好在哪里。

> 这肥皂泡，吹起来很<u>美丽</u>，五色的<u>浮光</u>，在那轻清透明的球面上乱转。若是扇得好，一个大球会分裂成两三个<u>玲珑娇软</u>的小球，四散分飞。有时

[①] 根据王荣生现场评课的记录改写。

吹得太大了，扇得急了，这脆薄的球，会扯成长圆的形式，颤巍巍的，光影零乱……

那一个个轻清脆丽的小球，像一串美丽的梦，是我们自己小心地轻轻吹起的，吹了起来，又轻轻地飞起，是那么圆满，那么自由，那么透明，那么美丽……

那么，怎么才能让学生理解这些词语呢？或者说，怎么教，才能使学生对这些词语理解得更好些，进而他们可能自然而然地想象这些词语所营造的画面？

这节课有个很好的创意，那就是上课之前的"吹肥皂泡"活动。可惜只被老师当作课前的预热，在课文教学中没有利用学生可能有的现场经验。我们来试着改造一下，假如这节课这么上，是不是会更有效些。

先带领学生开展"吹肥皂泡"的活动，请他们描述所吹出的肥皂泡，记录描述的词语——相信学生所描述的词语，几乎不可能是课文中的这些词语；如有相似的，那对教学就更有利。引导学生注意：词语是描述自己所看到的景象。

学生读课文第四自然段，在与自己刚才所描述词语的比较中，讨论作者所用的词语，比如"浮光""玲珑娇软""轻清脆丽"，使学生明白：作家用这些词语是要准确地呈现他的感官印象。借助刚才吹肥皂泡的印象，最好让学生再次吹肥皂泡，直观地体验课文这些词语所描述的景象，联系自己的经验理解（想象）课文中的描写语句。

我们知道，散文中的景象并不是客体的再现。因此，应引导学生讨论"美丽""美丽的梦"等词语，让三年级学生或多或少也能明白：散文中的描写语句，渗透着作者的主观情感。如果能这样，那对于下文中的"那么圆满，那么自由，那么透明，那么美丽"，学生或许就不会仅仅在字面意思上理解了。散文阅读的要领是"体味散文精准的语言表达，分享作者感悟的独特人生经验"。从小学起，就应该引导学生意识到散文阅读的这个要领。

如果将课文中"美丽的梦"还原为原文的"画梦"，或许还能使得学生有这样的感觉：散文中对往事的回忆，目的（意图）是述说作者从中感悟的人生经验。当然这一堂课不一定要延伸到这么远。

如果能使学生或多或少地明白，作家所用的词语是要准确地呈现他们的感官印象；能使得学生有意识地联系自己的直观经验，理解（想象、体验）课文中的描写语句。即使是再初步,我认为就是一堂很好的课了。

二、《风筝》

《风筝》(鲁迅),课文略。

(一)课例的教案

运用解读知识"点评"《风筝》

杭州市采荷实验学校　汪湖英

【教学过程】

1. 自由诵读,把握全文大意。

问题一:课文讲了一件什么事?

问题二:你觉得作者是带着什么情感来写这篇文章的?

2. 用点画评注的方式把握作者情感。

请学生阅读下列两则评注的示例,在文中另找出一处或者两处加以评点,揣摩作者情感。评点后学生之间互相交流,并选择重点的几则进行全班交流。

示例一

北京的冬季,地上还有<u>积雪</u>,<u>灰黑色</u>的<u>秃树枝</u>丫叉于晴朗的天空中。

评注:晴朗的有积雪的冬季,是一幅色彩明丽的画面,让人感受到冬之美,但"灰黑色的秃树枝"却使得这幅画面的色彩陡然变得黯淡,这个词语在一开头就为文章添上灰色沉重的一笔,使得晴朗的有积雪的冬季变得寒气四射,作者感受到的不是"冬日暖洋洋"的舒适而是冬季的肃杀和寒威。这种情感作者在后面一句直接点出了,即"在我是一种惊异和悲哀"。正所谓"景为情生",一句景语蕴含着作者沉重悲哀的情感。

示例二

他只是很<u>重</u>很<u>重</u>地<u>堕</u>着,<u>堕</u>着。

评注:"重""堕"用了反复的手法,与前面"心变成了铅块"相照应,可见作者当时心情是多么沉重,这沉重是由于虐杀了弟弟游戏的童心造成的,因为一直无法补过,所以这块铅始终压在心上,"很重很重地堕着,堕着"。"重""堕"是第四声,读起来就有沉重的感觉。

3. 阅读下列几则对鲁迅作品语言风格和人格精神方面的评价资料，请在文中找到与这些评价一致的地方，并加以评注，评注时要学会运用这些资料中的重要信息，参照示例三。

【资料】关于鲁迅作品语言风格和人格精神方面的评论

(1) 鲁迅先生创作态度严肃认真，语言准确精练，逐渐形成了他自己独特的语言风格，有人把它叫作"鲁迅风"。（下略）

(2) 善于通过"白描"和"画眼睛"手法塑造人物形象，展现人物性格，是鲁迅作品语言的一大显著特点。（下略）

(3) 准确地运用动词、形容词也是鲁迅作品比较突出的语言特色之一。（下略）

(4) 鲁迅的散文不仅有独特的话题，更有其独特的话语方式。在他的散文中，虽然时时可以感受到他的深邃、冷峻，但绝无居高临下盛气凌人之态。他总是将自己在探索过程中的矛盾、困惑展示给读者。他的目的是要诱发读者更多地联想、发现、议论与诘难，他对读者的要求是精神的互补而非趋一，是对自我的严厉解剖。鲁迅先生曾说过："我的确时时解剖别人，然而更多的是更无情地解剖我自己。"

(5)《风筝》有一个突出的特点，就是通过联想注入作品生活的情趣，把抒情与叙事紧密地结合在一起。（下略）

示例三

又将风轮掷在地上，踏扁了。

评注：一个短句，两个动词"掷""踏"就把当时我粗暴地毁坏了弟弟的风筝的情景生动地再现出来，让人体验到第一则资料中说到的"鲁迅风"的语言：简洁、明快、直白、洗练。同时，"掷在地上"和"踏扁了"之间用了逗号，这里可以不用逗号，如果比较阅读一下，两个动词之间用了逗号之后，减慢了动作的过程，为什么要减慢动作的过程？我们可以想象作者在毁坏弟弟风筝时是快意解恨的，这两个动作是一气呵成、快速有力的。那么当二十多年后来回忆这一幕时，作者是带着深深的内疚、自责，似乎不愿意相信自己曾有过的事实，于是，记忆在作者痛苦中慢慢展开，回忆这精神虐杀的一幕也恰如第四则资料中鲁迅先生曾说的，"我的确时时解剖别人，然而更多的是更无情地解剖我自己"。

4. 评点后学生之间再互相交流，并选择重点几则进行全班交流。

(二) 课例评议的概要

正如汪湖英在说课时所指出的:"点画评注,不仅仅是阅读方法、教学方法的问题,在哪里点,在哪里画,在哪里评,在哪里注,关乎阅读的内容、教学的内容。"

正如我们所研究的成功课例一样,课文教学,通常要经历呈阶梯状的三个环节。

第一环节:教学的起点。

把握全文的大意,可以分为两个方面,也就是散文中的"客体"与"主体"这两个方面。因此汪老师设计了两个问题:

(1) 课文讲了一件什么事?

(2) 你觉得作者是带着什么情感来写这篇文章的?

特别要注意,汪老师的第二问,问得到位:"你觉得作者是带着什么情感来写这篇文章的?"是"作者的情感"!

第二环节:用点画评注的方法,把握作者情感。

这也是这堂课的重点。指导学生把握作者依附于具体的言词、通过具体的语句所表达出来的思想情感。

先出示一个示例,《风筝》开头一句,有几处划线,并附有评注。

> 示例一:北京的冬季,地上还有积雪,灰黑色的秃树枝丫叉于晴朗的天空中。

散文的开头,定的基调当然是情感的基调。在散文中,写景是为了抒情。那么《风筝》的开头,定的是什么基调呢? 作者的情感存在于什么地方呢?

"灰黑色的秃树枝",让画面陡然变得黯淡,这个词语在一开头就为文章添上了"灰色沉重"的基调。情感不在外面,情感就在词语中。情感存在于"灰黑色的秃树枝"中,存在于"灰色沉重"与"积雪""晴朗"的色彩的强烈反差中。评注中的一句话说得精到:"一句景语蕴含着作者沉重悲哀的情感。"

接着又出示了第二个示例。

> 示例二:他只是很重很重地堕着,堕着。

情感不在外面,就在词语中,就在"重""堕"的反复中。情感不在外面,就在词语的声调里,在"重""堕"这第四声所表达的"沉重"声音里。

学生在汪老师这两个示例的启发下,明白了:噢,原来把握作者的情感是通过这种方式得以把握的!

于是,同学们自主阅读,运用刚才所学的方法(知识)进行点画评注。于是,学生读到了他们原本(课前)读不到的地方,读出了原本(在学习两个示例之前)他们所读不出来的作者的情感,并与同伴进行交流。

在自主阅读、同伴交流的基础上,几位同学在班上交流发言。

这堂课如果只上到这里,就已经很好了。

但汪老师真的很厉害,她认为读鲁迅的散文,必须读到鲁迅的思想情感、鲁迅的语言风采。于是启动第三个环节。

第三环节:借助资料,深入理解鲁迅的思想情感。

汪老师给学生五则资料,都是关于鲁迅的语言风格和人格精神方面的评论。比如:

> 鲁迅的散文不仅有独特的话题,更有其独特的话语方式。在他的散文中,虽然时时可以感受到他的深邃、冷峻,但绝无居高临下盛气凌人之态。他总是将自己在探索过程中的矛盾、困惑展示给读者。他的目的是要诱发读者更多的联想、发现、议论与诘难,他对读者的要求是精神的互补而非趋一,是对自我的严厉解剖。鲁迅先生曾说过:"我的确时时解剖别人,然而更多的是更无情地解剖我自己。"

读鲁迅的作品,必须读出鲁迅"独特的话题""独特的话语方式",即通过反思自己深刻地反省"国民性"。鲁迅的反思在哪里呢?我们是如何读出来的?于是汪老师再出示一个示例。

> 示例三:又将风轮掷在地上,踏扁了。

一个短句,两个动词"掷""踏"就把当时"我"粗暴地毁坏弟弟的风筝的情景生动地再现出来。"掷""踏"都是第四声,在声音上加重了暴力感。我们可以想象,这两个动作本来应该是一气呵成、快速有力的,表达了作者当时在毁坏弟弟风筝的"快意解恨"。

那么,在回忆这一"罪孽"的时候,"掷在地上"与"踏扁了"之间,为什么加了个逗号呢? 当二十多年后来回忆这一幕时,鲁迅带着深深的内疚、自责,似乎不愿意相信自己曾有过的事实。于是,记忆在痛苦中慢慢展开——两个动词之间加上了逗号,回忆这精神虐杀的一幕,也恰如第四则资料中鲁迅先生曾说的,"我的确时时解剖别人,然而更多的是更无情地解剖我自己"。鲁迅的反思在哪里? 就在这个逗号里!

在示例的启发下,在拓展性资料这一新的平台上,学生进行了第二轮的点画评注,联系鲁迅的思想,联系鲁迅的精神,联系鲁迅作品的风格,更深入地感受到了这篇散文的思想情感。

这是一个相当精彩的教学设计,三个环节,聚焦在核心的教学内容上。每一个环节,就是一个台阶:先是学生自主阅读,了解作品所叙的事实,初步感受作者的思想情感;接着在示例的引领下,指导学生揣摩作品的语句,具体地感受作者的思想情感;最后再利用拓展性资源,帮助学生更深入地把握在这篇散文中所体现的鲁迅的思想和情感。

第七章
写作教学摆脱"散文化"泥潭的努力

第一节 现代视野下的写作与写作学习
一、写作是特定语境中的书面表达
二、写作的语境要素
三、写作活动：在特定语境中构造语篇
四、写作过程、步骤与策略

第二节 基于共识学理的写作课程重建
一、辩证处理"写的活动"与"写作教学"
二、真实语境中的"真实写作"
三、"微型化写作课程"形态
四、多种语篇类型的写作课程架构

第三节 "微型化写作课程"单元设计
一、写作单元设计要领
二、写作教学的过程化指导
三、写作单元设计样例

对以散文为主导文类现状的突围,在阅读和写作这两个学习领域,各有攻坚的重难点。在阅读领域,在谋求突破以散文为主导文类格局的同时,重难点是对现有教材课文处理策略的研究。在写作领域,则要摆脱"散文化"写作的泥潭,努力重建基于学理共识的写作课程。

摆脱泥潭的努力一直都有,致力于写作课程建设与写作教学改革的探索,也陆续取得了一些成果[①]。但其中许多探索,往往带有较浓厚的个人化的色彩,要么只在个人所主持的较小范围内实施,要么只有探索者自己在倡导、在实践。

在吸纳前人和一线教师写作课程建设与写作教学改革探索的本土经验和资源的基础上,构建基于学理共识的、为广大中小学语文教师所能理解并实施的写作课程,这是写作课程与教学研究当前最为重要的任务。

而完成这一任务,当前也具备了一定的条件。近年陆续发表了诸多写作课程与教学研究的博士学位论文,如叶黎明《语文科写作教学内容研究》(上海师范大学,2007),魏小娜《语文科真实写作教学研究》(西南大学,2009),荣维东《写作课程范式研究》(华东师范大学,2010),朱建军《中学语文课程"读写结合"研究》(华东师范大学,2010),刘中黎《中国百年日札写作教育与教学研究》(福建师范大学,2010),周子房《写作学习环境的建构》(华东师范大学,2012),邓彤《微型化写作课程研究》(上海师范大学,2014),等等。这些博士学位论文,在各自的选题领域取得了创新成果,并形成合力,为我国中小学写作课程的重建,奠定了良好的学术基础。

---

① 这些探索,为写作课程的重建提供了较扎实的本土经验和资源。如高原、刘朏朏开发的"作文三级训练体系",章熊主持的"中学生言语技能训练"(章熊,张彬福,王本华.中学生言语技能训练[M].北京:人民教育出版社,2005;章熊,徐慧琳,邓虹,白雪峰.和高中老师谈写作教学[M].北京:人民教育出版社,2012.)。一线教师的各种探索和经验,就更多了,举不胜举。

第一节　现代视野下的写作与写作学习①

一、写作是特定语境中的书面表达

写作是在特定语境中,运用语言文字等手段②建构意义、构造语篇、进行书面表达和交流的活动。

理解这一定义,需注意以下三点。

(1) 写作是特定语境中的交流行为。同说话一样,任何写作,都置于特定的交际语境中,面向明确或潜在的阅读者。

(2) 写作是书面表达活动。写作既是一个过程,又是一个产品。写作的产品,称为"语篇";写作的过程,就是书面语篇的构造过程。

(3) 写作既是表达和交流的手段,又是思考和探究的工具。写作,有时是因为有某种见闻、信息、思想、情感、经验,需要向人表达;有时则是通过"写"这种方式,去思考、探究、发现、创造。"写作过程能帮助你把凌乱的思想条理化,使你的想法经过提炼而清晰起来,并且进一步发展你的思想。"③写作不是想好了再表达,写作本身就意味着思考。写作是思想。当学生写作时,实际上进入一个批判、分析和反思的往复循环的过程之中。

二、写作的语境要素

写作是在特定的语境中构造语篇。话题、作者、读者、目的、语言这五个要素,构成写作的语境。④

---

① 本节由王荣生、荣维东、叶黎明、周子房合写。原载王荣生,宋冬生.语文学科知识与教学能力(适用于初级中学教师资格申请者)[M].北京:高等教育出版社,2011:75—78;王荣生,宋冬生.语文学科知识与教学能力(适用于高级中学教师资格申请者)[M].北京:高等教育出版社,2011:75—84.
② 当今的信息时代,除了语言文字之外,各种符号、线条、图表、音频、视频等也成了写作表达手段。
③ [美]威廉·W. 韦斯特.提高写作技能[M].章熊,章学淳,译.福州:福建教育出版社,1984:2.
④ Messenger W, Taylor P. Essentials of Writing[M]. Scarborough, Ontario: Prentice-Hall Canada Inc,1989:1.原图下有这样一句话:"你总是在不同的场合说着不同的话,这取决于听众和场景。同样,写作也是面向特定情境的:你总是关于某个话题、针对特定目的和读者,选择符合那种场景的语言来写作。"

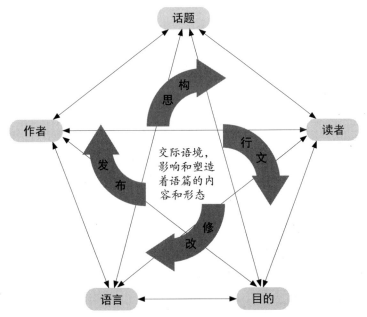

图 7-1 写作：在特定交际语境中构造语篇

(一) 话题

话题即写作的想法或内容，涉及人、事、景、物、情、理等诸方面。话题是写作语境中最显见的要素。对写作者而言，话题可分为自发生成和外在任务两种。自发生成，即写作者基于自身的生活经验，所选择的写作题材和内容；外在任务，即写作者根据特定的写作要求，需要完成的指定的写作任务。

在写作学习中，教师应鼓励学生多写、勤写自发生成的话题。但为锻炼写作能力，往往要布置一些特定的话题，要求学生按指定要求，完成写作任务。如"微波炉烹调的利弊""最喜爱的风景旅游点""参观上海世界博览会"等。

(二) 作者

作者即进入写作状态的人。写作者的思想、修养、知识、阅历以及他的语言表达能力，即他的生活经验和语文经验、情绪状态和表达意愿等，决定着他的写作过程和结果。

学习写作时，作者要有一种"角色意识"，设定真实或模拟的作者身份，比如，用教师、科学家、法官、学生的口吻进行表达。写作者的身份差异，直接地影响着写作内容和行文风格。

(三) 读者

读者即写作所预想的明确或潜在的阅读者。国外的研究发现：专家作者"以读者为中心"，他们比新手作者更加关心读者。专家作者用较长的时间构思，思考读者有什么样的背景知识、与之交流什么、怎样交流和呈现意义等。而新手作者则是"以自我为中心"，往往自顾自地写"与话题有关"的东西。

在写作学习中，往往要通过预想不同的阅读者，比如，老年人、父母、考官、报刊编辑等，培养写作的"读者意识"。预想的读者不同，写作内容和行文方式就需要有相应的变化。

(四) 目的

目的即写作要达到的直接或间接的目的。是传播知识信息，唤起别人的行动？还是给人情绪的感染，产生审美愉悦？抑或是为了生活、工作、学习的需要？每篇文章都有目的——有时还不只一个。

在写作学习中，往往通过对写作目的的限制，培养写作的"目的意识"或"效用意识"。如"争辩矛盾的议题""描述你发现的有趣的事情""告诉你的读者可能会感兴趣的信息""就某些你感受强烈的事情向读者表达"等。

(五) 语言

语言即根据表达需要所选择的文体和表达方式，包括措辞、口吻等。如：是写小说，还是散文？是采用生活口语，还是采用典雅的书面语？是用较多的段落来表达，还是用几层意思、逻辑勾连的长段？是多用轻巧的短句，还是构造严密的长句？等等。

在写作学习中，要鼓励学生发展自身所擅长的语言表达方式。但为锻炼写作能力，往往要布置一些有特定语言要求的写作任务，以培养学生写作的"语言意识"和语言表达能力。

三、写作活动：在特定语境中构造语篇

写作活动，就是在特定语境中构造语篇，即探究和创造意义并赋予其言语形式的过程。在这一过程中，作者要揣摩语境要素，设想读者的需求和已有的知识经验，根据写作目的选择话题，选择语篇的类型及相应的体裁、语体，做出内容详略等一系列安排。

写作者身份、读者对象、写作目的和话题等语境要素，决定着语篇的内容和形

式。正如《写作者的选择》中说:"学好写作的第一步是要明白写作面临着一系列互为联系的选择行为。不妨想想当你进行写作的时候到底做了些什么。有时你的写作意图是要取悦读者,有时则是想与人争辩或说服他人,有时你想要发现想了些什么。你的读者也是多种多样的,他或许是你最亲密的朋友,或许是些不知姓名从未谋面的陌生人。这一切便形成了来自以下各方面的选择:你的经历,你作品中所代表的自我,以及用于传播书面信息并称之为语码的结构和语言。写作就是一种选择行为。"①

依据上述模型中的五个交际语境要素,写作时可以采用"提问策略",选择、生成写作内容并谋划写作样态。理论上说,考虑到的要素越多、越具体——写作内容、形式和风格就越丰富、越明晰地呈现在你的心目中。比如,写作时需要考虑到的一些交际语境要素如下。

作者—话题:对于我要写作的话题,我知道些什么,思考了一些什么,感受到什么?

作者—读者:关于我的读者,我知道些什么,思考了一些什么,感受到什么?我如何选择?

作者—目的:我写这篇文章的主要目的是什么?

话题—读者:我的读者关于这个话题会想些什么?

话题—目的:话题和目的,谁先谁后?谁决定谁?

读者—目的:我的读者会以什么目的读我的文章?他们决定我的写作目的吗?

读者—语言:这些读者会在哪些方面留意我的语言?他们希望何种风格的语言?

读者—作者:我的读者考虑到或者感受到我吗?我想让他们怎么感受到我?

读者—话题:关于我的这个话题,我的读者知道些什么?

目的—语言:在何种程度上,我的目的决定或者影响我所使用的语言和风格?

目的—作者:在这篇文章的情境中,我的目的是怎么影响我扮演的角色的?

写作过程就是分析并确定"话题(写什么)、角色(我是谁)、读者(写给谁)、目的(为什么写)"的过程。美国写作课程专家斯迪芬·克拉森说:"作文时,最关键的是

---

① [美]迪恩·蒙莫里,福克兰·奥哈勒.写作者的选择[M]//刘锡庆.外国写作教学理论辑评.呼和浩特:内蒙古教育出版社,1992:6—7.

明确写什么,表达什么思想感情;当目标明确后,再明确读者对象,即文章是写给什么人看的。这样,写作者只需面对理想中的读者把想说的意思说清楚就够了,文章自然能写好。"①

交际语境要素之间的"交互提问",为写作提供了某种"思维支架"和"会话场域",这个"提问和会话"的过程就是我们构思、撰写、修改文章的心智活动过程。交际语境要素驱动了"构思、行文、修改、发布"的写作过程,而写作过程则促成了"语篇作品"的诞生和赋形。

四、写作过程、步骤与策略

(一)写作过程

写作过程,指写作的心理过程。针对写作过程的早期研究,往往依据写作的外部行为与文稿完成进度,将写作过程分成几个阶段,建立写作的阶段模型,并开发相应的写作策略。目前较为一致的认识,是分成预写、起草、修改、校订、发布五个阶段。

然而,写作过程其实很难被明确地划分成不同阶段。"实际上写作很少呈现出教材描述的那样依照搜集信息、列提纲,然后写作的自动的步骤。相反,写作中的思路总是以一系列非线性的跳跃运动,总是从一个问题和步骤跳到另一个问题和步骤上。""大量优秀作者使用的是一种循环的、非线性的方法。草稿的撰写过程可能被多次地构思和修改打断,伴随着大量的改写以及往复。"②

基于此,1981年,弗劳尔和海斯受电脑信息处理程序的启发,借鉴当时信息加工学派的最新研究成果,提出了著名的写作"认知加工"模型。③

该模型认为:写作是一个复杂的思维过程和问题解决过程。这个过程由"写作任务环境、写作者的长期记忆、写作过程"三大系统构成。写作过程又分"构思(planning)—转译(translating)—回顾(revising/reviewing)"三个阶段。其中,"构思"又由"生成想法""组织想法"和"设定目标"三个子过程组成。鉴于这个模型包含写作的三个系统、写作过程的三个阶段,学界将其称为"三三写作认知"模型。

---

① 张良田. 美国作文教学一瞥[J]. 语文学习,1996(09):31—32.
② Linda S. Flower, John R. Hayes. Problem-Solving Strategies and the Writing Process[J]. College English, 1977, 39(4):449—461.
③ 戴健林,朱晓斌. 写作心理学[M]. 广州:广东高等教育出版社,2003:20.

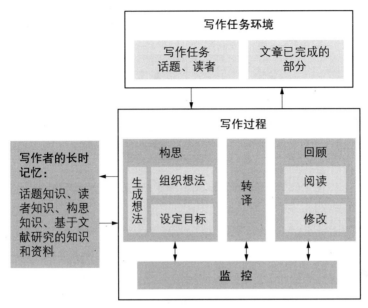

图 7-2　弗劳尔和海斯写作模型

这一模型产生了广泛而深刻的影响。美国英语教师协会（National Council of Teachers of English，简称 NCTE）执行委员会写作研究小组，在 2004 年发布的"写作教学的信念"中指出："作者写作，其实是在思考他们写之前没有仔细思考的东西。写的过程就是一个思考的过程。我们通常认为的写作是把在他们头脑中已有的东西写下来，其实不是这么一回事。写作是一种思考的工具。写作并不像以前认为的，是从预先录制好的磁带中转录的过程，而是一个探索和发现的过程。"

（二）写作步骤

写作步骤指写作的外显行为。对应于写作的心理过程，写作步骤一般也分为预写、起草、修改、校订、发布五个步骤。

正如上文所讲的，写作步骤不是一个线性的操作流程。很多情况下是一个类似"弹球游戏"似的随机触发过程，伴随着作者的不断反思和循环活动。

目前，研究写作的学者们达成的一个基本共识是："写作是一个复杂的智力、心理、社会和技术的过程，修改不仅是这个过程中的一个重要的步骤，而且更准确地说，它贯穿于写作的整个过程"，"可以说，写作就是重写（writing is rewriting）或修改"[①]。

[①] 祁寿华.西方写作理论、教学与实践[M].上海：上海外语教育出版社，2000：172.

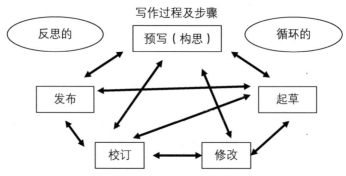

图 7-3　写作过程及步骤图（来源：得克萨斯州教育署）

（三）写作策略

写作学习的重点是写作策略的应用与习得。写作策略指的是为完成写作任务，根据写作情境的要求，所选择和使用的写作方法、程序与技巧等。写作策略属于特殊的程序性知识，其实质是如何审题、如何构思、如何选材、如何剪裁、如何组材、如何遣词造句、如何修改等支配和促进写作的有效方法。具体如表 7-1 所示。

表 7-1　写作策略一览表

步骤	描　述	策　略
预写	写前作者针对话题或题目进行发散性思考，并定向搜集写作素材、大致组织文章的内容和结构	头脑风暴，联想，想象，谈话，画草图（簇形图、环形结构图、鱼骨图、蜘蛛图），研究，列举，实地考察，查阅资料，读写结合，RAFT（角色、读者、文体、话题）策略，列提纲等
起草	把想法写到纸上的过程。重点是内容而不是技巧	快速自由书写，记笔记，画思维图、流程图、维恩图、故事图，范文模仿，段落写作，完成初稿
修改	着眼于文章的内容和结构，再次读草稿，重新认识、重新思考、重新创造，增加新信息，重新调整结构顺序甚至内容	同伴合作，小组会商，教师批改，自改清单
校订	文字、语法、标点、版式等微观方面的修饰完善	自我提问，小组合作，检查量表，校对清单
发布	写作的最后环节，与他人分享自己的作品	大声朗读，小组内朗读，教室内展示，印刷成书籍，网络发布

第二节 基于共识学理的写作课程重建

一、辩证处理"写的活动"与"写作教学"

辩证处理"写的活动"与"写作教学"的关系，涉及语文课程与教学研究的一个老大难问题，需要在"语文活动"与"语文学习"这个更宏大的话题里予以讨论。

语文活动，或称"语文实践""语文实践活动"，也就是听说读写的活动。在语文课堂里，听说读写的活动呈现三种形态。

1. 作为学习活动和学习方式

只要想一想数学、物理、历史等其他科目的教学，就能明白这种形态。比如，在历史课上，学生看教材、看老师的板书，这是读；听老师讲课，回答老师的问题，对讨论的话题发表自己的见解，这是听与说；学生当然也在写，记笔记，做作业，包括做简答题、论述题。人是语言的动物，语文实践中的听说读写活动，其实就是人的活动。语文课也是这样的，学生凭借听说读写的活动进行学习。

2. 作为语文学习的学习活动和学习方式

然而在语文课里，学生凭借听说读写的活动进行语文学习，情形变得有些微妙。就拿课文的阅读教学来说，学习的对象是课文，学生在阅读课文的过程中学习阅读。那么，学生是用什么方式来学习阅读呢？与上文所讲的其他科目一样，当然是凭借听说读写的活动来学习阅读。这样，在语文课上，读和写、读与说、学习阅读和学习写作，就发生了关系。于是就出现了语文教学研究中所说的"读写结合"问题，乃至"听说读写"的结合问题。

"读写结合"有多种形式。根据学习的指向，姑且分为下面两大类。

（1）以写促读。"写"是学习活动和学习方式，"读"是学习目标和学习内容。开展多种写作活动，如点评、情节解说（叙事性作品）、撰写物品说明书（说明类文章改写）、内容提纲、内容提要、读后感等，目的是加深学生对课文的理解和感受。

（2）以读带写。"读"是引子，通过课文引出覆盖多类语篇的写作活动，并使学生从中获取相应的写作经验。以读带写有种种样式，其中较为常见的，就是作为语言表达单项训练的"模仿"(仿写)①。

除了"模仿"(仿写)之外,"以写促读"或"以读带写",其"写"都是"写的活动",而非真正意义上的"写作教学"。

从学生的角度看,"写的活动"中当然有可能发生写作学习行为。然而,在阅读教学中的"写的活动",其实与学生在数学、物理、历史等其他科目学习中的"写的活动"性质是一样的,只是写的内容不同而已。扩展开来说,学生在数学、物理、历史等其他科目的学习中,其所参与的听说读写的实践活动,都有可能发生听说读写的学习行为。

但是,从"有可能发生"到"实际发生",其概率却比人们所想象的要小得多——只有当某一学生在这一次听说读写的语文活动中,领悟到了他以往听说读写所不具有的某个知识元素(听说读写的态度、规则、策略等),从而形成新的语文经验,语文学习才实际地发生了。

也就是说,学生单凭听说读写的实践活动,几乎只有在"撞大运"的情况下,听说读写的学习行为才会实际地发生——研究表明,高层次的阅读策略、写作策略,学生一般都难以自行发现。

显然不能仅靠学生在数学、物理、历史等其他科目中所参与的语文活动来学习语文;同理,也不能仅靠学生在课文阅读教学、在听说等语文综合实践活动中的"写的活动"来学习写作。

所以必须有语文学科,学生必须上语文课;所以在阅读、口语交际、综合性学习这些语文学习领域之外,还要专设写作这一学习领域。换言之,学习写作是需要专门的写作教学的。

3. 作为学习目标和学习内容的语文实践

写作教学是什么意思呢?当然是学生要写。但学生的写,又不仅仅是"写的活动"。

在《首要教学原理》中,被誉为"第二代教学设计之父"的戴维·梅里尔把"学习"——类似于在数学等其他科目中的语文活动所可能发生的语文学习,类似于在

---

① 写作学习是指学习如何根据写作的语境要素,用书面语言贴切地传达出自己的观点、认识、观感、想象、情意等。语言单项训练是对某项语言表达的训练。比如,某种句型的掌握,短句和长句的调整,整句和散句的变化,句群中语句的连贯,等等。章法或语言运用的单项训练,还不能算是真正意义上的"写作"(真实语境中的写作),而只是写作教学中的下位的训练方法之一。

阅读教学中的"写的活动"所可能发生的写作学习——跟"教学"的区别，言简意赅地讲得透彻①：

> 学习总是无所不在的，尽管有时候它也会出现得漫不经心，并且不一定都是目标驱动的。另一方面，教学则是目标导向的活动。教学是精心安排一种学习环境，以助于学生掌握具体的知识或技能。

也就是说，教学是聚焦特定学习元素的。就目前我们所探讨的话题而言，即"写作教学"是聚焦特定的写作学习元素的；或者倒过来说，聚焦于特定写作学习元素的，才叫"写作教学"。

辩证处理"写的活动"与"写作教学"，需要我们全面理解语文课程的"综合性、实践性"的特点。

语文课程的"实践性、综合性"的特点，说白了，就是要在"语文实践活动"中学习语文，或曰"在听说读写中学习听说读写"。

然而，"在听说读写中学习听说读写"，这句话却极易产生误解。因为在这句话里，前边的"听说读写"与后边的"听说读写"，分属于不同形态。

前半句"在听说读写中"的"听说读写"，是"作为语文学习的学习活动和学习方式"的听说读写，即"语文活动"；就目前的话题而言，即"写的活动"。"写的活动"只是途径和手段；"学习写作"才是目的，也就是"学习听说读写"这后半句中的"听说读写"。

后半句"学习听说读写"的"听说读写"，是"作为学习目标和学习内容的语文实践"，聚焦于听说读写的特定学习元素，指向特定的教学目标。

"在听说读写中学习听说读写"，其完整的表述，应该是"在听说读写的活动中学习听说读写的某一特定元素"。就目前的话题而言，即"在听说读写的活动中学习写作的某一特定元素"。

就目前的话题而言，全面理解语文课程的"综合性、实践性"的特点，表现为两方面：一方面，在写作实践中才能学习写作，我们要尽可能地给学生提供覆盖各类语篇的多种写作机会，并尽可能利用多种写作机会以最大可能地促使学习写作行

---

① ［美］M. 戴维·梅里尔. 首要教学原理［M］. 盛群力，等译. 福州：福建教育出版社，2016：3—4.

为的发生。这包括：在阅读教学中适时介入多种写作活动，以写促读，以读带写；在口语交际教学中适度介入写作活动，指导学生拟写正式场合的发言提纲、讨论纪要、汇报稿、演讲稿等；在综合性学习中进行专题写作活动，指导学生写简报、表演脚本、调查报告、小论文等，并尝试与其他学科教师合作，开展跨学科写作活动；充分认识写作在生活、学习和工作中的功能，利用或创设契机，触发学生进行多种媒介、语篇类型多样的实用写作；营造主动写作的氛围，激发学生的写作兴趣和意愿，鼓励学生写日记、随笔、读书笔记，尝试诗歌、童话、故事等创意写作；组织并指导学生编写班报班刊、编制班级网页等；组织并指导学生参与文学社团等课外写作活动；等等。

另一方面，又不能仅仅依赖这些"写的活动"，而要精心设计和组织聚焦于特定写作学习元素的写作课程和写作教学。写作教学并不只是让学生写一篇篇作文；写一篇篇作文，只是一次次"写的活动"，目的是通过这一次次"写的活动"、通过写这一篇篇作文，使学生逐步掌握一系列特定的写作学习元素。

我曾撰文指出"我国中小学几乎没有写作教学"[1]，我的意思是说，我国中小学写作课缺乏聚焦特定学习元素的过程化的写作指导。所谓"写作课"，基本上就是"你写吧"的"写的活动"，而且是对选材立意、结构语言乃至写字文面要求得面面俱到的一次次囫囵吞枣式的"写的活动"，我称之为"一榔头法"。这周来"一榔头"，面面俱到式地要求"你写吧"，隔一周又来"一榔头"，"你写吧"并企望达到面面俱到的要求。写作学习行为的发生，相当随机乃至缥缈。结果是，写作原本较好的同学，每"一榔头"或许都会砸出较好的习作（因为他本来就会了的），而写不好、写不了所以需要学习的大部分同学，每"一榔头"却只能砸出他原来的模样，几乎什么也没学到、学不到。

"一榔头法"的实质，就是用语文活动顶替语文教学、用"写的活动"顶替"写作教学"。

二、真实语境中的"真实写作"

真实语境或称"真实情境"，指在校内外现实生活中实际遭遇或可能发生的情境。真实语境不同于"教学论情境"[2]。"教学论情境"特指在学校教学中为了学习

---

[1] 王荣生.我国的语文课为什么几乎没有写作教学？[J].语文教学通讯,2007(35)：4—7.
[2] [比]易克萨维耶·罗日叶.为了整合学业获得：情景的设计和开发（第二版）[M].汪凌,译.上海：华东师范大学出版社,2010：13.

某个知识或技能而创设的情境,如在写作教学中,教师做一个动作让学生描写、教师端一盆金鱼让学生观察并描写、学生吃一个苹果写苹果的味道等。"教学论情境"本质上对学生不具有真实、实际的意义。

真实语境中的"真实写作",在写作课程与教学中,被设计为真实或拟真的写作任务。真实或拟真的写作任务,将学生放置在对他们具有实际意义的具体的写作语境中,从而使学生自然而然地进入真实的写作状态,在完成写作任务的过程中,学习并掌握他们原本所不具有的特定的写作学习元素。

(一) 真实语境中的写作教学课例

设计、组织基于真实语境的写作课程和教学,始于创设真实或拟真的写作任务。以下是江苏省宝应县实验小学语文特级教师周信东老师的一堂写作教学课的听课记录,"评析"是我现场评课的要点。

第一环节

周信东老师是学校的副校长,上课的班级是本校六年级学生。一上课,周老师明知故问:"同学们是几年级的学生?"同学齐答:"六年级。"老师说:"六年级同学,在学校里(小学)就是大哥哥大姐姐。大哥哥大姐姐应该有怎样的表现?"学生当然知道:"要做学习的表率!"老师问:"除了自己做好表率,我们还可以做什么?"学生当然知道:"要帮助小弟弟小妹妹!"

【评析】这段看似无厘头的师生对话,目的是让学生自觉地意识到自己"大哥哥大姐姐"的身份,即"我是谁"。写作,总是某种身份下的写作。明确写作时的身份是设计真实或拟真写作任务的第一个要素。

老师说:"现在正好有一件事需要你们的帮助。周老师看到一位三年级小朋友的日记,大家看看。"

三年级小朋友的日记,有些字不会写用拼音代替,还有几个错字,但意思表达得很清楚。"怎么办?"老师问。同学们显然知道:"帮助他!""怎么帮助?"这是写作课,同学们当然知道:"写信。"写一封劝说的信帮助他。"还可以给谁写信?"老师启发。同学们纷纷说:"给他家长写信。"说不定家长不知道自己孩子的这种状

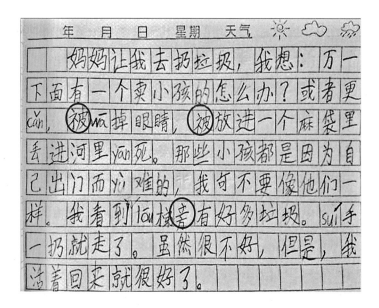

况,写一封告知家长并提出改善建议的信。"给班主任老师写信。"给班主任老师支招的信。还有一位同学提出:"可以给犯罪分子写信。"写一封告诫犯罪分子的公开信。

【评析】从日记引出话题,明确"帮助他"的写作目的、"写给谁看"的读者对象,从而让学生"自主"地决定写作的体式。话题、目的、对象、体式,隐含着语言等表达的内在要求。

第二环节

"同学们写吧。"老师巡回检视。

【评析】这是第一轮的"写的活动",也就是学生基于原有经验和写作能力的写作实践。周老师备课时,一定预估到学生的写作状态。根据学生平时作文的表现,知道他们在写这封信时,会出现哪些问题和不足。

大概七八分钟,可能有部分同学没写完。老师请几位基本完稿的同学上前与大家交流。其中一位同学的作文如下:

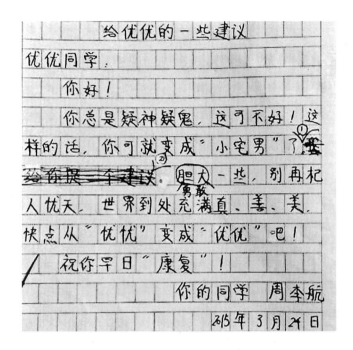

这封信,抬头、署名、日期等要素完整,从某种意义上讲,语言表达也不错。比如,使用了"疑神疑鬼""杞人忧天"的成语,以及"小宅男""忧忧""康复"等修辞用法。但是,很显然有一个大毛病,那就是站在外围讲大道理式地指指点点。其他同学交流的习作大抵也如此,语言看似"丰富""生动",但基本的立场就是在外围讲大道理,大致是两层意思:一是批评"你不应该胆子太小",二是号召"你胆子大一些吧"。老师问:"假如我们就是'优优'(写日记的三年级同学),看了我们写给他的信,能对他有实际帮助吗?"学生似有所思:好像不会有大的帮助啊。

【评析】使学生自己认识到自己习作中的问题,引发改进、改善的动机。

第三环节

老师说:"我这里正好有一封写给'优优'同学的信,大家看跟我们写的信有什么不同。"

同学们一看:噢,明白了,原来大哥哥大姐姐劝说小妹妹的信,不是站在外围指指点点,而是用大哥哥大姐姐"过来人"的经验,与小妹妹分享,通过经验的分享去感染她、鼓励她。

> **给优优的一封信**
>
> 优优：
> 　　看了你的日记，我不禁笑起来。优优呀优优，你真的变成忧忧了，难道天下有那么多坏人吗？千万不要自己吓自己了。
> 　　记得我像你这么大的时候，也很胆小。一次，也是妈妈叫我去倒垃圾，我一看门，就看到一个黑影子一晃，我吓坏了。正想跑，我站住了，因为我想起我家门口不是有一棵树吗？这是不是树枝在晃动呢？我停下来一看，真的是树枝。我看到自己把自己吓成这个样子，嘻嘻笑了。我一点也不怕了，飞快地去垃圾箱倒了垃圾，高高兴兴回家了。你看，我不是到现在一点事也没有吗？
> 　　……

【评析】蕴含着写作知识的写作学习支架，是写作知识的呈现方式和主要教学手段。这里用的是"范文支架"，与中小学"读写结合"惯常使用的侧重在语言表达单项训练的"仿写"有本质的不同。

"好，同学们修改。"同学根据自己对"范文"写作方式和方法的理解，修改自己的习作，对大部分同学来说，其实是"重写"。

【评析】课例研究表明，在写作课上，学生的习作至少要有两轮：一轮是基于原有经验和能力的自主写作实践，呈现学生习作的原有水平；一轮是通过蕴含写作知识的写作学习支架，让学生对习作加以修改或重写。"精心安排"的写作学习活动，发生在学生尝试运用他们所感悟（建构）的新知识而修改或重写的过程中——这就是"在写作实践中学习写作的某个特定学习元素"这句话的真实意思。写作就是重写或修改，这提示我们，语文教师辛辛苦苦"代替"学生"批改""修改"作文，不但实际作用极为有限，而且在很大程度上剥夺了学生学习写作的机会。

同学交流修改后的习作。

【评析】修改后的习作,如果单从语言表达的角度,并不一定比修改之前出色。相反,由于新的学习元素的加入,由于修改聚焦于新的学习元素,跨越了多数同学,尤其是原本被认为(自认为)"写得好"的同学的舒适地带,修改后的习作在语言表达上往往逊色不少,这是写作学习过程中的自然反应。而且,要完成大哥哥大姐姐用"过来人"的经历劝导小弟弟的这封信,在这堂课学习的基础上,学生还需要学习诸如把所熟练的自我陈述式的叙述转为混合在劝导中的叙述等一些新的学习元素,与中小学所习惯的"一榔头法"截然不同,写作教学是"微型化"写作课程单元的形态,它是由若干与完成写作任务密切相关的学习元素组成的,并按完成写作任务的进程依次展开学习。

(二) 真实或拟真的写作任务设计样例

1. 美国 NAEP 四年级写作测试试题

(1) 叙述类写作:

写一个城堡的故事(1998年)

一天早晨,一个孩子发现他的窗外一夜之间出现了一座巨大的城堡。这个孩子立即向城堡奔去,并听见了从城堡中传出的奇怪的声响。这个城堡里有人!

城堡的大门戛然开启,小孩走了进去。

写一则故事来讲讲这个小孩见到了什么人,城堡里发生了什么。

(2) 说服类写作:

说服图书管理员(2002年)

试想下面的这个情况发生了:

学校图书馆中你最喜欢的一本书丢失了。这本书你可能想要反复阅读,或者这本书是你的老师或父母曾读给你听过的,而学校图书馆的管理员并未决定是否要再次购入这本书。

写一封信给学校图书馆的管理员,说服他再购入一本。在你的信中请给出足够多的理由来说明学校图书馆应保存此书。

（3）信息类写作：

写一个你最喜爱的物品(1998年)

我们都会有自己最喜爱的物品，这些物品让我们爱不释手也不愿割舍。想出一个对你非常重要的东西，比如，一本书、一块布、一个游戏，或其他什么你喜爱的。描写这个你最喜爱的物品。请务必说明这个物品为什么对你很重要。

2. 四年级小作文[①]

（1）介绍我玩过的游戏：

莎士比亚说："游戏是小孩子的工作。"喜欢游戏是孩子的天性。在你玩过的游戏中，哪一个给你留下的印象最深刻？请用几句话说说你玩这个游戏时的感受，并向你的同学简要介绍这个游戏的玩法，让更多的人也能享受这个游戏带来的快乐。

① 我玩这个游戏时的感受(50字左右)。

② 介绍这个游戏的玩法(150字左右)。

（2）挑选班徽：

请你先阅读下面的图文材料，然后完成指定的写作任务。

你所在班级的同学准备为本班设计一个"班徽"，这个徽章可以代表本班的主要特征。

最终大家确定了四个徽章作为备选：箭头、奔马、飞鸟和绿叶（图略）。

请你从这四个当中选择一个，并写一篇不少于200字左右的短文，向同学说明

---

① 设计者：王荣生、周子房、邓彤等。"基于真实语境的写作任务"的命题方式，经过大规模实测应用。结果表明，"基于真实语境的写作任务"能够有效地激发学生的写作潜能，能够有效地将作文测试的重心从重"创意"（在考试时恰好有一个"巧妙"的想法）转移到重"书面表达能力"（在作文考试中将自己的思想和感情加以妥帖表达）。开发了相应"基于真实语境的写作任务"的作文评价量表，量表试用显示，根据"语境""任务"的相应证据，能较容易地鉴别出"宿构"作文，从而有效地测试学生的真实写作能力。

你选这个徽章的理由,并努力说服大家同意你的选择。

3. 四年级大作文①

(1) 最_____的我

每人都是冠军!每个人都有自己的独特之处。

你成绩不是最好,但你跑得最快;你长得不是最帅,但你的搞笑功夫第一;你不是最坚强的,但你最善解人意;甚至,你的无名指最长,你的肤色最黑,你的嗓音最沙……这些方方面面的"最",构成了一个个各具特色的你、我、他。

学校要海选"最具特色的学生",请你想一想自己在哪一方面具有与众不同的特色,以"最_____的我"为题写一篇400字以上的文章,向评委展示自己。

(2) 等待的一天

请你先阅读下面的图文材料,然后完成指定的写作任务。

据某网站报道,在我国西部某城市的一家网吧门口,可以看到一只表情忧郁的小狗冻得瑟瑟发抖,却不停地张望着进入网吧内的每一个人。网吧工作人员告诉记者,这只小狗在他们网吧门口已有两年了,来上网的人都认识它,还常买火腿肠等喂它。网吧工作人员说,两年前,有个人来网吧,把狗放在门外,自己却从后门溜走了。这只狗就这么一直在前口等着。对于小狗主人的具体印象,他们也记不清了。

两年来,小狗原地不动地等待着它的主人,日复一日,年复一年。近日,网上帖

小狗苦等主人2年　网友惊叹"最忠诚小狗"

---

① 设计者:王荣生、周子房、邓彤等。

子不断刷新着点击率,众网民无不惊叹小狗的执着精神。更有网民表示,愿意领养这只小狗,如若不能,哪怕平日里去照看它,确保它能有吃有住也可以。

写作任务:发挥你的想象,如果这只狗能向它的主人诉说自己的遭遇,那它会怎样描述自己的一天是如何度过的?请你根据所提供的图文材料,以"等待的一天"为题写出来。字数400字以上。

4. 八年级小作文[①]

(1) 自制父亲节贺卡

我们长大了!父亲节即将到来,同学们决定亲手制作一张特别的贺卡送给自己的父亲。请你用200字左右描述你制作的这张贺卡。

提示:贺卡设计成什么形状?用哪些颜色?贺卡上绘制或粘贴什么样的图案?在贺卡上写哪些话?或者,你突发奇想,要做一个最最特别的贺卡,它是什么样子?

(2) 描述杜甫插图涂鸦

请你先阅读下面的图文材料,然后完成指定的写作任务。

有同学将语文教材中的杜甫插图进行了涂鸦(见下右图),请你准确描述其中一幅涂鸦插图的内容;然后对涂鸦现象作简要评论。字数200字左右。

语文教材中的杜甫插图(原图)

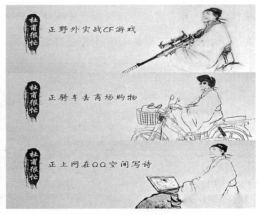

被学生涂鸦后的杜甫插图

---

① 设计者:王荣生、周子房、邓彤、魏小娜等。

5. 八年级大作文[①]

(1) 选班主任：

"要选班主任啦！"同学们吃惊地听到这个消息：学校计划在这个学期，班主任老师由班级学生自主选聘。校长请各班学生提出班主任的任职条件。

请你代表你所在的班级给校长写一封600字左右的信。在信中，你需要结合自己的经历和感受，明确提出你班班主任必须具备的几项具体条件，并逐条阐明自己的理由，以便获得校长的理解和支持。

(2) 勇气：

勇气有很多种，有的令人敬畏，有的却平平常常。当你准备上台发言时，你能勇敢地迈出坚定的步伐，这就是一种挑战自我的勇气；当你有两块糖，你能留下一块到明天吃，这就是一种克制自己欲望的勇气；当你和朋友吵架后，你能主动去讲和，这就是一种克服难以克服的障碍的勇气；当你遇到有大孩子欺负陌生的小弟弟时，你能让他走远点，这就是一种维护正义的勇气……

《初中生之友》是一本服务于初中学生的杂志，这家杂志社宣布要举办一次面向初中学生的写作竞赛，主题是"勇气"。该杂志将会选择50名获胜者的作品，在下个月刊登出来。

写作任务：关于"勇气"的故事。你要为大赛写一篇参赛稿，描述自己一次展现"勇敢"的经历以及这种经历对你生活的重要性。你的文章应有必要的细节，以使读者了解你独特的经历以及它对你的重要性。

从上述设计样例中可以看出，真实或拟真的写作任务[②]，可以叙述描写，可以阐释说明，可以劝说论辩；可以是实用写作或创意写作，可以写实也可以是虚构。

[①] 设计者：王荣生、周子房、邓彤等。
[②] 将"写作任务"或"任务型写作"仅仅当成指向现实的实用写作，看来并不妥当，容易产生这种偏狭的理解。这也启示我们，从"任务型写作"和"创意型写作"这种维度来架构我国中小学写作课程，在实施中可能会出现较大偏差。

在写作教学中，写作任务既可以是被要求的，也可以是学生自发的；完成写作任务，既可以学生个体进行，也可以小组合作推进。

三、"微型化写作课程"形态

实施的写作课程，其基本单位是"微型化写作课程"，类似于阅读教学中原本意义上的"单元"。基于学生校内外生活体验或可获取的材料，设计真实或拟真的写作任务，形成一个写作教学的"单元"。

"微型化写作课程"包含以下两层意思。

（一）写作课程的序列组织

写作课程是按一个个情境中的写作任务来组织架构的。基于情境的一次写作任务，形成一个"单元"的写作微型化课程。

写作"单元"与"单元"之间，当然应注意相对合理的配合关系或连续关系，但在本质上并无"序列""系列"层面的逻辑必然性，或者说，目前的研究我们并不知道其间的道理。比如，这两周写作课完成一份建议书，下两周呢，尝试写一首诗歌。写建议书和写一首诗歌如何关联，我们并不知道，似乎也无须过问。正如阅读教学，前一个单元是诗歌，后一个单元是议论性文章，这只是个相对合理的筹划安排，之间并无可靠的道理可讲，似乎也无须深究为何如此的道理。

一方面，写作课程要有一个相对合理的单元布局和组织序列；另一方面，这种布局和组织序列，只是一种筹划层面的姑且安排，不同的布局和安排有高下之分，但并非"必须如此"。所谓写作课程（教材、教学）的科学的"序列化"或"系列化"，实际上并不存在。比如，流行的小学生主要写记叙文、初中生多写点说明文、高中生主要写议论文；再比如，小学低年级写句、中年级写段、高年级写篇。理论研究和实践都证明[①]，这种所谓的科学"序列"或"系列"，充其量只是在狭隘视野下的虚妄幻觉而已。

（二）单元内部的课程内容及组织

写作是高度综合性的，一个单元，一次情景化的写作任务，要根据写作语境要素，分析写作任务完成的条件和要求，分析学生以往的写作表现，估量学生完成写

---

① 上引的美国 NAEP 写作评定框架，在小学四年级，记叙占 35%、阐释占 35%、劝说占 30%，几乎各占三分之一，且都需要完整的语篇。这一事实，足以证明上述流行的说法只是"散文化"写作的偏狭语境中的偏见而已。

作任务的主要困难或问题,从而提炼、开发相应的写作学习元素,并按完成写作任务的进程组织这些学习元素,形成写作教学单元,借助写作学习支架,开展过程化的写作教学活动。中小学写作课主要是这种样态。

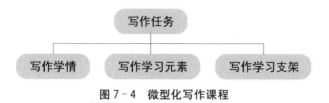

图 7-4　微型化写作课程

也就是说,写作教学不能是"一榔头法",而要根据具体的写作任务和学情,聚焦相应的学习元素,依完成写作任务的进程分步进行过程化的指导,分步解决学生的写作困难或问题。解决一个或一方面的困难或问题,可能需要 1 节课,可能要花 2 节课,也可能只需 10 分钟、15 分钟、20 分钟即可。

比如,为解决上下学时学校门口的交通堵塞问题,要求学生写一份建议书。学生首先碰到的是建议书的构成问题,接着是情况概述的角度和要点,然后是罗列并分析原因、分析主要因素,并且有针对性地向相关人士

图 7-5　微型化写作课程的学习要素

或部门提出建议,考量这些建议的可行性与可接受性。随后是行文,先概述,接着陈述原因并说明为何这是主要原因之一,再是建议的表述语体、建议书的格式、语句的修缮、采用适当的方式发出建议书等。根据学生写作的上述学情,提炼、开发相应的写作学习元素,并按完成写作任务的进程组织这些学习元素,形成微型化写作课程的学习单元。

四、多种语篇类型的写作课程架构

(一) 中小学生写作的语篇类型①

中小学生写作的语篇类型有不同的分类角度。这些分类,从不同侧面揭示了

---

① 本小节由王荣生、荣维东、叶黎明、周子房合写。原载王荣生,宋冬生.语文学科知识与教学能力(适用于初级中学教师资格申请者)[M].北京:高等教育出版社,2011:79—82;王荣生、宋冬生.语文学科知识与教学能力(适用于高级中学教师资格申请者)[M].北京:高等教育出版社,2011:79—82.

写作的学习内容。

1. 按照表达方式

早年的研究,是按照"表达方式"划分。写作的基本体式(modes),分为记叙性的、描写性的、说明性的、劝说性的、抒情性的五种。由此延伸出中小学作文的"文体",如记叙文、说明文、议论文等。

2. 按照语篇的功能目的

近几年的趋势是依据语篇的功能目的划分。写作的语篇类型,分为表达性的、信息传达性的、劝说性的、文学性的等。这些分类,似乎类似于"表达方式",其实是有实质性差别的。

第一,强调写作的功能目的。比如,美国国家教育进展评估委员会(NAEP)写作评定框架,强调"写作即交流"。《2011年NAEP写作说明》依据"为了劝说""为了解释说明""为了传递(真实的或虚构的)经验"这三种交流目的和功能,划定三种写作类型,并在四、八、十二年级设置各自的比例。写作评价也有三种评分细则,分别对应上述的劝说性写作任务、解释性写作任务、传达性写作任务。

表7-2 NAEP写作的语篇类型及在不同年级的比例

写作任务的交流目的	四年级	八年级	十二年级
劝 说	30%	35%	40%
解释说明	35%	35%	40%
传递经验	35%	30%	20%

语篇的功能目的与表达方式有某种对应关系,如:说明文是为了解释事物,使人明白;议论文是为了阐明道理,使人接受;记叙文是为了叙述事情,使人知道;描写文是为了描绘情景,使人感知。[①]

[①] 刘锡庆.外国写作教学理论辑评[M].呼和浩特:内蒙古教育出版社,1992:34.

表7-3 学生写作的功能类型示例

美国国家教育进展评估①	英国作文教学目标②	德国完全中学十年级德语课程标准③
学生应该学会以下三种写作： ● 为了劝说 ● 为了解释说明 ● 为了传递经验	要求学生习作的文体： ● 想象、探究、娱乐类，包括各类故事、诗歌、剧本、自传、日记 ● 阐释描写类，包括备忘录、报道、资料卡、说明书、计划书、摘要 ● 劝说、辩论、建议类文体 ● 分析、回顾、评论类文体	掌握的常用写作样式： ● 信息性的文章，如报道、说明、描述 ● 论理性的文章，如议论、评论 ● 呼吁和号召性的文章，如广告词、演讲 ● 研究性的文章，如阅读分析、作品阐释 ● 塑造性的文章，如记人叙事、创造性写作

第二，具有明确的读者意识。要求"学生在写作时，能够针对不同的对象和目的，运用多种不同的策略和恰当的方式进行书面交流"。

第三，把写作落实到具体的"体式"(体裁)。强调针对不同的读者写作时，能够运用各种不同的作文体裁，重视写作体裁的多样化。

表7-4 美国马萨诸塞州母语课程常用写作形式④

语篇目的	表现形式或体裁	常用呈现形式
传达信息	分析或评论文章，商业信函，书评或电影评论，人物描写或速写，笔录口授内容，指令说明，实验报告，观察记录，会议记录，指南手册，目标描述，摘要，研究报告，梗概	说明、记叙
劝说	广告，辩论笔记，投诉信，社论，读者来信，布道演讲，演讲	辩论、说明
表达	轶事，自传，传记速写，日记，给朋友的信，内心独白，日志，独白，回忆录，祝酒辞	记叙、描写

---

① 魏小娜.美国2011年NAEP写作试题编制研究[J].外国中小学教育,2009(05)：50—55.
② 范金豹.中外作文教学目标取向的比较[J].中学语文教学,2005(02)：47—49.
③ 洪宗礼,柳士镇,倪文锦.母语教材研究(6)[M].南京：江苏教育出版社,2007：223—226.
④ 洪宗礼,柳士镇,倪文锦.母语教材研究(6)[M].南京：江苏教育出版社,2007：120.

续 表

语篇目的	表现形式或体裁	常用呈现形式
文学	传统叙事故事：寓言,民间故事,鬼故事,诙谐故事,传奇,神话,爱情故事,吹牛故事 现代叙事故事：侦探故事,科幻故事,故事场景和景色描写,故事开头和结尾 戏剧形式：对话,对话剧,电影剧本,独幕剧,电台脚本,独白 诗歌形式：民谣,五行诗,自由诗,跳绳歌谣,抒情诗,俳句,流行歌曲,模拟物体形状的诗歌,十四行诗	记叙、描写

3. 按照话题领域

我国 1957 年《中学作文教学初步方案（草稿）》，把作文分为三类：(1) "**阐述课文的**"作文。指的是"能够复述已经读过的一篇作品或一本书的大意，简单地评述作品的思想内容或作品中的人物"，包括复述、摘要、读后感以及评论的一些习作样式。(2) "**表现生活的**"作文。指的是"能够根据生活经验，叙述、描写生活表象的文章"，是"无中生有"类的文字，一般的记叙文、散文、小说、诗歌等，属于这一类。(3) "**处理日常工作和事务方面的**"作文。即"一般简单的应用文，如书信、新闻稿、演讲词，等等"。

美国学者黑尔斯顿，也将写作分为三类：(1) "**日常生活的写作**"，如公文、信函、便条、通知等。(2) "**自我限制的写作**"，指写前已知道需要写作的内容，写作任务是根据写作目的和读者对象，组织观点和材料并加以呈现。(3) "**需要深刻思考的写作**"，指的是写前只是感觉到要写什么，但尚不准确知道观点将如何发展、文章将如何构造。作者将通过写作去探索和发展写作内容和形式①。

4. 按照阅读对象

依据阅读对象，较为通行的做法是把写作的语篇分为以下两类。

第一，"**为自己写作**"。倾向于"自我表达"，即表达学生自己的所做、所见、所闻、所思、所感，包括日记、书信、感想文和生活文类。这类文章以学生自己的生活为基础，要求写出真情实感，以培植学生的个性和创造性思考能力。这类写作似乎较少考虑交际语境，以满足学生自己的学习生活需要为目的(实际上，进入教学系

---
① 倪文锦,欧阳汝颖.语文教育展望[M].上海：华东师范大学出版社,2002:324.

统之后,已经很难有纯粹的"为自己的写作")。

第二,"为不同读者写作"。倾向于"与人交流",即传达社会信息的文章,包括记录、通讯、报告、评论文等。这类文章以沟通思想为目的,要求写得明晰、简洁,起到达意的作用。

(二) 三线并进的写作课程框架

上述对中小学生写作语篇类型不同角度的分类,为架构语篇类型多样的中小学写作课程,提供了可资参考的多种思路。

鉴于我国中小学写作课程偏重"表达方式"这一实际状况,迫于中小学写作教学和测试以散文为主导文类的习惯,我们建议从文类的视角,架构实用写作、创意写作、随笔化写作三线并进的写作课程框架。三线归于一宗:真实语境中的"真实写作"。

1. 具体语境的实用写作

实用写作的语篇类型多样,包括记叙描述、阐释说明、劝说论辩等"普通文章"和"一般的应用文",如书信、新闻稿、演讲词、海报等。实用写作的语境较为具体,具有实际的写作目的,往往有特定的读者对象。

2. 具有自觉的读者意识的创意写作

创意写作包括虚构和非虚构。具有自觉的读者意识,是学习创意写作的抓手;创意写作既可鼓励学生自行尝试,也可通过具体语境的创设,转化为写作任务。与中小学语文教师中流传的说法相反,诗歌、小说、剧本的创作有一系列的"程式"可据,因而是相对容易教学的;近年我国引进了一大批创意写作和创意写作教学的著作,可资学习。

3. 率性而为的随笔化写作

随笔化写作,本属于非虚构的创意写作,考虑课程实施的便利和平稳过渡,为便于合适的教学活动的开展,把它单列为一大类。

随笔,即广义的散文,随意而写,有感而发。好的散文,内容要独特,形式有创新,就其本性而言,是"不可教"的(即所谓的"一讲程式,散文就死"),只能促使、催发学生自我酿造,因而不宜作为中小学写作教学的主要样式。随笔主要由学生在课外自发写作,教师能做的事是创造乐于写作的氛围,鼓励、激发学生的写作热情,并推荐好作品以多种形式发表。

（三）"微型化写作课程"编制的样例

成尚荣、王荣生主编的澳门特区小学《中国语文》教材写作部分的框架（草稿）为①：一至二年级，写作活动与识字教学、综合性学习结合，不单独编写。三至六年级，每册编写6个写作单元，每单元2—3课时，具体内容如表7-5所示。表中的记叙类（描写类、自叙类、故事类），涵盖记叙和描写，包括非虚构和虚构。

表7-5 "微型化写作课程"编制样例

	单元一	单元二	单元三	单元四	单元五	单元六
三上	301 描写类 玩具大搜索	302 自叙类 我们都是"木头人"	303 阐释类 游戏总动员	304 故事类 我是谁的	305 诗歌类 雨中奇遇记	306 研究报告 小昆虫，大世界
三下	307 描写类 猜猜他是谁	308 自叙类 勇气看得见	309 阐释类 我家是个动物园	3010 故事类 小鹅成长记	3011 劝说类 王者争霸	3012 课本剧 童年的那盏灯
四上	401 描写类 蛋挞？蛋挞！	402 自叙类 蒙眼作画	403 阐释类 包子与汉堡	404 故事类 狐狸与乌鸦	405 诗歌类 爱的体验	406 研究报告 走近澳门建筑
四下	407 描写类 给漫画家写信	408 自叙类 爱在我身边	409 阐释类 厕所标志	4010 故事类 愿望	4011 劝说类 最可靠的推荐	4012 课本剧 安徒生的童话世界
五上	501 描写类 帮口袋先生找狗	502 自叙类 我的成功经历	503 阐释类 有创意的自我介绍	504 故事类 我变成了一只猫	505 新闻类 我是"大记者"	506 研究报告 海洋污染
五下	507 描写类 澳门风光	508 自叙类 名字的故事	509 阐释类 我未来的职业	5010 故事类 《西游记》里选同桌	5011 劝说类 我的节日建议	5012 书评 金钱的魔力
六上	601 描写类 移步换景写校园	602 自叙类 分心的故事	603 阐释类 "小眼镜"是怎样炼成的？	604 故事类 我与偶像换灵魂	605 诗歌类 一起来写毕业歌	606 研究报告 身边的科学
六下	607 描写类 封神榜	608 自叙类 照片的回忆	609 阐释类 小桔灯制作	6010 故事类 三顾茅庐	6011 劝说类（演讲稿）童年永不散场	6012 书评 怀李叔同先生

---

① 写作部分系列主编周子房。写作部分的框架设计者：王荣生、周子房等。每一单元格中的上栏标示具体的语篇类型，下栏是该"微型化写作课程"单元的话题。

第三节 "微型化写作课程"单元设计

一、写作单元设计要领

"微型化写作课程"的设计要领如下。

（1）基于学生校内外生活体验或可获取的材料，设计真实或拟真的写作任务。

（2）根据写作的语境要素，分析写作任务完成的条件和要求。

（3）分析学生以往的写作表现，估量学生完成写作任务的主要困难或问题。

（4）按完成写作任务的进程，组织包含若干学习元素的写作教学单元，分步解决学生的写作困难或问题。

（5）利用或研发样例、提示、建议、向导、图表等写作学习支架。

（一）设计真实或拟真的写作任务

基于学生校内外生活体验或可获取的材料，设计真实或拟真的写作任务。关键是学习活动指向真实的生活，对学生具有真实的、实际的意义。

1. 明确任务情境的构成要素

任务情境的构成要素即写作的语境要素：话题，作者（写作时的身份），读者，目的，语言（语篇类型和语言运用）。

2. 将写作情境的类型转化为功能性的语篇类型

如"为自己写作"（自我表达）与"为不同读者写作"（与人交流），传递经验类写作任务、解释说明类写作任务、劝导说服类写作任务。

3. 任务设计的基本路径

利用真实情境，设计拟真情境。可以从一个真实的（对学生有意义的）话题入手，也可以借助语篇的功能设想写作语境，设计话题。

（二）分析完成写作任务的条件和要求

根据写作的语境要素，分析写作任务完成的条件和要求。分为以下两步。

1. 罗列完成写作任务的条件和要求

明确要顺利完成既定的写作任务，学生需有什么（条件）、需要具备什么能力及达到怎样的程度。

比如,为解决上下学时学校门口的交通堵塞问题,要求学生写一份建议书。

(1) 需要将交通堵塞的状况及其带来的后果(条件)联系起来。

(2) 需要明白建议书是正式的文体,建议书通常包括情况(问题)概述、原因分析、向有关人士或部门提出针对性的改善建议(知识)三个部分。

(3) 要会写状况的概述。

(4) 要会分析原因,明白原因有多个方面,涉及多个因素。其中,有客观不能改变的因素,也有经过努力可能改变的因素。

(5) 要明白建议向谁提出(学生、家长、学校、交通管理部门等),以及建议的针对性和可行性等(能力)。

(6) 要按建议书的语体特征表述。

2. 依据语篇类型的特点抽取核心能力要素

(1) 分析完成写作任务的条件和要求,分析语篇类型的特点,抽取若干核心能力要素,将其作为写作教学的主要学习元素。

(2) 其余的则作为辅助性学习支架。比如,提供一个包含"情况概述""原因分析""建议"三栏的表格,小组讨论填写。当学生完成建议书的主体内容之后,提供抬头(向谁建议)、建议书主体内容、落款(署名和日期)的格式等。

(三) 估量学生完成写作任务的主要困难或问题

分析学生以往的写作表现,估量学生完成写作任务的主要困难或问题。

1. 研究学生的既往习作

联系设定的写作任务,研究不同水平学生的既往习作,设想学生完成本次写作任务时的写作状态,估量学生的主要困难或问题(注意困难与问题的差别)。

研究表明,学生的主要问题往往是核心能力要素的缺失或不足,因此可以采用以下办法予以评估:

(1) 这些核心能力要素学生具有吗?如具有,或部分学生具有,证据是什么?如不具有,或多数学生能力不足,有哪些表现?

(2) 除了核心能力要素,学生或部分学生可能还需要哪些帮助?是从既往习作的哪里看出来的?

如能利用前述共同备课所编制的评价量表,这项工作就会容易且可靠些。

2. 按完成任务进程排列主要困难或问题

完成写作任务的进程,即写作的过程。按学生完成写作任务的进程,排列学生所(可能)遇到的主要困难或问题,形成写作过程指导的教学序列。

(四) 组织包含若干学习元素的"微型化写作课程"单元

按完成写作任务的进程,组织包含若干学习元素的写作教学单元,分步解决学生的写作困难或问题。

与阅读一样,学生在写作时也有两个身份:(1) 作者,要完成写作任务。(2) 学生(学习者),在完成任务的过程中学习如何写作,即掌握与写作任务相关的写作知识、技能、策略和态度。

一次特定的写作教学,其学习元素(教学内容)源于两个方面的重合:一是完成写作任务的核心能力要素,一是学生完成写作任务的主要困难或问题。

学生完成写作任务通常涉及若干学习元素,因此需要按完成写作任务的进程组织学习元素,形成教学序列,分步教学。与以单篇或单次课为主的阅读教学不同,写作教学通常是单元性的,一个写作任务通常需要若干课时。

(五) 利用或研发写作学习支架

从应用的角度,写作学习支架可分主支架和辅助性支架:主支架是作用于写作学习元素的支架;辅助性支架是有助于学生完成任务而为其提供帮助的支架,如在写作教学中,针对学生存在的"语言贫乏"问题,由教师或学生提供的可供选择使用的词语表,即是一种辅助性支架。

对所组织的学习元素,分别设计(利用或开发)帮助学生解决困难和问题的写作学习支架(主支架)。对不作为本次写作任务学习元素而学生或部分学生又有困难的,应提供(利用或开发)相应的辅助性支架。

写作学习支架是在学习过程中根据需要为学生提供的针对性帮助,内含特定的写作知识。依据功能,可分为以下几种。

(1) 程序支架:围绕既定写作学习任务展开各种活动的行动指南。

(2) 概念支架:帮助学生识别关键概念。

(3) 策略支架:为完成某一任务或解决某一问题,提供多样化的方法和途径。

(4) 元认知支架:支持个体管理自己的思维和学习过程,引导学习者进行反思。

具体形式有:样例、提示、建议、向导、图表、解释等。比如,滑栏创作法就是一种写作学习支架。

表 7-6　滑栏创作法

人物	地点	目的	障　碍	克服障碍的手段	结　局
医生	商店	医治病人	医生无任何医疗器具	医生高超的医术	医生治好病人
厨师					
……	菜市场				
		博得欢心			
			停电		

滑栏创作法是由美国创造教育专家帕内斯提出的,主要用于故事创造练习。该方法的运用策略如下:

(1) 确定故事的要素。如人物、地点、目的、障碍、克服障碍的手段、结局等。

(2) 列表,分别填上可以提示想象的内容。如在任务一栏,分别填上"医生""厨师"等,在地点一栏,分别填上"商店""菜市场"等。

(3) 用一把尺子放在表格上,上下滑动,滑到哪一格就根据此栏的提示编写故事。如滑到"医生"一栏,就编写一个虚构的医生的故事;滑到"商店"一栏,就编写一个发生在商店的虚构故事。

(六) 一次课的设计

(1) 从学生完成本次写作任务的最关键要素(最主要困难)切入,确定这次课的具体目标。

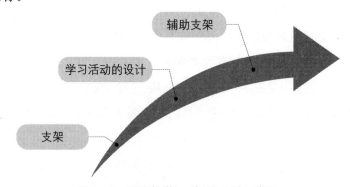

图 7-6　写作教学(一次课)设计示意图

(2) 开发或选择有助于学生达成目标的写作知识,并以支架的方式呈现。

(3) 运用支架设计学习活动,并适时提供其他辅助性支架。

(4) 根据学生的写作状态,及时修正写作教学的单元计划,并进行下一节课的教学设计。

二、写作教学的过程化指导

写作教学应聚焦学习元素,借助写作学习支架开展写作教学活动,关注学生在写作过程中的表现并进行针对性指导。

写作教学的过程化指导包括:

(1) 对完成写作任务所进行的全程指导。

(2) 在完成任务的过程中,学习某个学习元素的教学过程。

这里主要指第二种,即一次写作课中的过程化指导。一般要经历以下步骤:

① 在真实语境中,学生根据写作任务(分解的写作任务)尝试习作(往往不需要完篇)。

② 聚焦学习元素的习作交流和点评。

③ 学生借助写作学习支架明白应该怎么写(即明白"噢,原来要这样啊")。

④ 尝试运用所学的写作知识修改习作(往往是重写,不一定要完篇)。

⑤ 聚焦学习元素的习作交流和点评,总结和交流学习经验。

⑥ (如有必要)学生根据自己的学习体会再次修改(重写)习作。

修改是写作过程的重要组成部分,也是学习写作不可或缺的重要环节,习作修改指导与习作评价是写作教学的重要内容。修改包括内容、结构、语句、字词等不同层面的修改。通过反复修改及在交流中反思习作,学生将逐渐形成、积累写作学习经验,即学会如何写作。为此,在写作教学中语文教师要做好以下工作:

(1) 教给学生多种修改策略,指导学生在内容、结构、语句、字词等不同层面对习作加以修改。

(2) 提供评价量表或评改样例,组织学生互相评阅习作,交流写作学习的体会。

（3）引导学生比较修改前后习作的变化，帮助学生反思、总结写作学习经验。

（4）针对写作任务的学习元素评价习作，围绕写作学习的成效和共性问题进行习作讲评。

（5）重视学生写字与标点使用的规范，指导学生校订及排版，必要时要求学生递交誊写稿或打印稿。

（6）利用墙报、班刊、网络等途径和方式，鼓励并指导学生展示、交流习作。

三、写作单元设计样例

（一）《西游记》里选同桌[①]

《西游记》里选同桌

【情境与任务】

叮铃铃，上课铃响了。第一节课的任课老师刚想上课，班主任敲门带来一位新同学，新同学竟然是《西游记》师徒四人中的_____！你能想象得出教室里此刻的情景吗？这时班主任说："××，你身边有一个空位子，让_____做你的新同桌吧。"接下来会发生什么故事？

同学们，请你选择《西游记》师徒四人中的某一个人，写一个他穿越到现代，成为你同桌后发生的故事，500字左右。

【学习要点】

1. 根据人物性格特点选择并组织事件。

2. 展开事件时做到正侧面描写相结合。

【写作进行时】

第一步 搜集材料

1. 说说看，你最喜欢《西游记》里师徒四人中的哪一个人物？《西游记》里唐僧师徒四人性格鲜明，深受同学们的喜爱。大家可以小组合作，归纳一下《西游记》里唐僧师徒四人的性格特点分别是怎样的？请一个同学记录，讨论结束后大家一起交流。

---

① 设计者：楚彩芳、周子房、王荣生等。

2. 把握四个人物的性格特点,请你大胆地想象一下,如果一天早上,师徒四人中的某一个人穿越来到了我们的学校,成为同班同学,并且恰好成为你的同桌,那又会发生哪些有趣的事呢?快点把想到的事件写下来吧!

3. 整理材料。

(1) 请同学按照下面的表格,和同学们分享一下你写的好玩的事件吧!

主人公	
事件	
性格特点	
时间(具体:例如,英语课上、运动会上)	
地点(具体:例如,操场上、科学实验室)	

(2) 请你按照以下两条标准,给同学的讲述打分,满分为五颗星。

＊说得完整、清楚吗? (　　　　　)

＊说得生动、有趣吗? (　　　　　)

第二步　组织材料

要想把"《西游记》中的一个人物穿越到现代成为你的同桌发生的故事"写清楚,我们要学会运用以下几条策略。

1. 策略一:选择事件,理清写作顺序。

(1) 根据人物的两个或两个以上的性格特点选择事件写故事。不仅要写人物的缺点,也要写他的优点。

(2) 要详写能突出人物主要性格特点的事件,在图表中可用☆标注。

(3) 按照事件发生的先后顺序,请用阿拉伯数字在构思图中标注。

(4) 故事的结局可以是开放性的。

请同学们选择并确定自己的新同桌是哪一位,用简单的词语或是句子填写构思图。

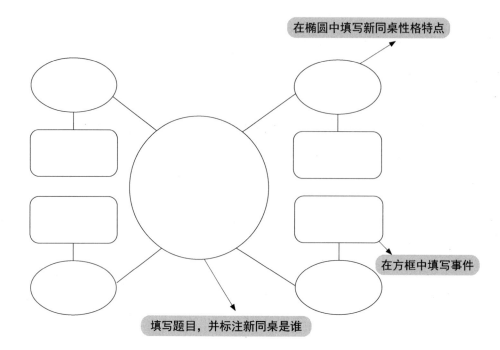

构思图

2. 策略二：事件的选材要考虑主人公与环境的互动。

故事里的主人公会和你这个现代的同桌之间有互动，会和老师及同学有互动，会与学校课程、校园文化、校园活动等有互动。

审视自己设计的事件，互动是否单一，有多方面的互动，故事才好玩。运用这条策略评价并修改自己的构思图。

第三步 写出好故事

穿越到现代的唐僧或孙悟空或八戒或沙僧，性格没有发生变化，起草时选择恰当的写作方法，突出其性格特点。

1. 场面描写做好正侧面描写相结合。

分析例文：

这时诸葛亮摇着他那招牌鹅毛扇走上台来。他掏出了一款手机，这款手机的外壳印有苹果公司的logo，如同被咬了一口的苹果。正当人群中发出一片"啧啧"之声时，诸葛亮高高地举起手机，然后猛一松手，手机居然没有掉到地上，而是静静地悬于半空，大家又发出了惊叹。

诸葛亮伸出手指在手机上点点画画，讲解道："过去的手机由于表面太光滑，常会出现不慎掉落的现象。同时,手机最大的缺陷是束缚了双手,而这款手机利用了磁悬浮原理,可以悬浮在人的面前,从而解放出一只手来。我还在苹果缺口处加设了指纹密码器,手指握到密码器时,密码器会自动核对指纹,方可打开。这样,即使不慎遗失手机,资料也不会外泄,别人捡去的只是一块废铁。"

诸葛亮话音刚落,现场掌声雷动。乔布斯的家人走上前来,紧紧地拥抱诸葛亮,说:"诸葛先生,当年您的空城计和草船借箭就充满了无限的创意和想象力,您果然是智慧的化身!"

选自《诸葛亮求职记》

2. 请你尝试写一段,和同学交流一下,将故事里的情节写精彩,还要注意什么?补充在下面的横线上:

_____

【评改与交流】

1. 请对照下面的评价标准,对自己的作文进行自我评价。

(1) 选择了唐僧师徒四人中的一个人,根据其性格特点选择并组织事件,写了一个精彩的故事。(40分)

(2) 详写的事件与略写的事件中,恰当运用了正侧面描写相结合的方法。(30分)

(3) 细节描写突出了人物的性格特点。(20分)

(4) "八戒""袈裟""紧箍咒""阿弥陀佛"等的写法是正确的。(10分)

2. 请与同桌交换阅读作文,互相给对方各提出两条优点和建议,说清楚理由。如果你认同同桌的建议,请根据建议修改自己的作文。

3. 好文共赏。各小组推选一篇优秀作文分享给全班同学。

(二) 分心的故事[①]

分 心 的 故 事

【情境与任务】

世界上有一种奇怪的虫子——分心虫,它最爱吃的是发生在课堂上的有趣的分心事。你上课时分心过吗?哪一件最有趣?请写下来,喂给分心虫吃,字数在500字左右。

[①] 设计者:刘晓蓓、李玉贵、周子房、王荣生等。

【学习要点】

1. 按照"学习"与"分心"两种状态交替的方式来组织文章。
2. 用恰当的语句过渡。

【写作进行时】

第一步 选择材料

1. 想想看,课堂上哪些行为属于"分心"?一个人分心时,你会做什么?和别人一起分心时,又会做什么?快和同学们想一想,看谁想得又多又快!

2. 分心虫只吃有趣的分心事。刚才你们已经想出了很多分心事,到底该选哪一件写呢?如果那次分心你突发奇想、乐在其中、郁闷生气、尴尬不已、惊吓连连……那么就选它来写吧!

3. 整理材料。

(1) 请对照下面的提示,把你选好的分心事说给同学听一听。

提示:

1. 当时正在上什么课?

2. 是哪位老师上的课,大概讲了什么?

3. 是什么引起了你的分心?

4. 你分心了几次?每次分心时你分别干了什么?

5. 是什么打断了你的分心?

6. 分心引起了什么样的后果?

---

(2) 请你按照以下两条标准,给同学的讲述打分,满分为五颗星。

* 说得完整、清楚吗? (   )

* 说得生动、有趣吗? (   )

第二步 组织材料

要想把分心事写清楚,我们要学会运用以下几条写作策略。

1. 策略一:"学习"与"分心"两种状态交替写作。

> 上课时,我们的注意力时而在学习上,时而在分心的世界里。写作时,为了让读者读得清楚、明白,我们也要把这两种状态交叉起来写。先写一写学习,再写一写分心的状态,然后再写一写学习。

2. 策略二：适宜地切换次数。

以下是一位同学写的构思表。对照该表我们可以看出，学习状态和分心状态的切换以三次左右为宜。如果次数过多，文章就会显得琐碎和凌乱；如果过少，又会使文章缺乏趣味。

构思表(1)

切换 \ 状态	分心的原因	我已经学会了老师讲的知识	
		学 习	分 心
一		同学们在听讲	进行开小差前的思想斗争
二		老师在讲课	偷看书，陷入情节之中
三		老师在画图	跟书中人物对话

3. 运用前面学到的两条策略，构思一下你的文章，用简短的词语填写下表。

构思表(2)

切换 \ 状态	分心的原因		
		学 习	分 心
一			
二			
三			

第三步　写好过渡

过渡是指我们从学习状态进入分心状态，或者从分心状态返回学习状态的中间环节，写好过渡能够自然地连接上下文，帮助读者区分这两种状态，让文章更加清晰、流畅。

1. 过渡的内容。

（1）人物的动作和心理活动。

例1. 我的手像被一块磁石吸引着，不由自主地伸进了桌洞。刚碰到书，又触电般地缩了回来。"不行，不行，我要认真听讲才对！""哎呀，没关系，反正你已经学会了嘛!"

例2."嘿嘿!你偷偷看书呀!我要报告老师!"同桌小唐压低声音威胁我说。我心虚地把书往桌洞里一塞,挺了挺腰,将目光投向了讲台。

(2) 人物的感受和意识状态。

例1.老师洪亮的声音越来越轻,越来越远,好像隔着一层厚厚的墙壁传到耳朵里,模模糊糊。我使劲盯着黑板,可是眼前的一切却变得模模糊糊,好像戴了副毛玻璃眼镜。

例2."哈哈哈……"听了我的回答,同学们哄堂大笑,我好想找个地缝钻进去,一辈子不出来。

(3) 除此以外,还可以用哪些内容过渡呢?能举个例子吗?请和同学讨论后,补充在下面的横线上:

_____

_____

2. 请为你的作文加上合适的过渡。

【评改与交流】

1. 请对照下面的标准,评价自己的作文。

(1) 按照"学习"与"分心"两种状态交替的方式组织文章。　　　　(40分)

(2) 两种状态切换的次数为三次左右。　　　　(20分)

(3) 用恰当的语句过渡。　　　　(40分)

2. 请与同桌交换阅读作文,互相给对方各提出两条优点和建议,说清楚理由。如果你认同同桌的建议,请根据建议修改自己的作文。

3. 好文共赏。各小组推选一篇优秀作文分享给全班同学。

第八章
合理的语文课程内容框架——文类的视角

第一节　本研究的主要结论
　　一、正确认知方能合理筹划
　　二、建立均衡的语文课程内容格局
　　三、阅读三足鼎立：文学作品、实用文章、
　　　　散文
　　四、写作三线并进：实用写作、创意写作、
　　　　随笔化写作
　　五、依据文本体式是课文教学之关键

第二节　本研究的意义及局限
　　一、文类视角研究的现实意义
　　二、关于文类视角的效力

语文课程是一门国家课程,必须体现国家的语文教育政策。语文教育政策,其核心的问题是:我们需要怎样的"语文素养"? 很显然,这样的问题不是单靠语文教育研究者的"语文教育研究"所能够回答的。语文课程研制,是一项关乎现实与未来的社会大工程,它必须呼应国家对国民素质的整体规划和期待,因而属于国家政府行为。

然而,语文课程标准研制不是与"语文教育研究"毫无关系,它同时也是一项严肃的学术工作。语文教育研究者有责任为语文课程研制提供学术支撑,也有必要对语文课程标准、语文教材乃至语文课程的实施、教材的使用,从学理的角度加以审议并提出改善的意见和建议。

本章从后一个角度,即从学理的角度来讨论语文课程内容的合理性问题。本研究从文类的视角,所涉及的主要时段是1963—2017年,也就是从1963年语文教学大纲实施到2018年《普通高中语文课程标准(2017年版)》颁布之前的这一时段。

第一节 本研究的主要结论

一、正确认知方能合理筹划

合理性受认知与筹划的双重制约。语文课程研制是一项牵涉国家、社会、学校、个人等多种复杂因素的系统工程,筹划是其主导的方面。而可行的筹划方案必须建立在正确认知的基础上。正确认知方能合理筹划,这是本研究的基本立场。

本研究从历史机缘和人为选择这两个角度,解答"语文教学的主导文类何以是散文"这一问题。通过对1963年中小学语文教学大纲及其教材的分析,通过对现行中小学语文教材和中高考试题的考察,得出以下结论:

以散文为主导文类,形成了我国中小学所特有的阅读方式和"小文人

"语篇"的写作样式,这在当时只是权宜之计。在"汉语""文学"分科陡然夭折的情况下,这种权宜之计在当时确实起到了重整语文教学的功效;但是由此而产生的知识错误却对语文教学造成了长久的、至今难以愈合的伤害,或者说,我们付出了十分沉重的代价。

而这种伤害和代价,本来或可避免,如果有语文教育研究者踏实的研究并为决策者所采纳的话。

其实,对于语文课程实施、语文教学中的问题,并不非得在实践中出了问题甚至严重问题后,才能有所知觉。如果进行认真严肃的学理审议,有些问题我们在事先是可以预料的,因而是可以采取措施设法规避或预防的。在这方面,我们有深刻的历史教训:1963年是一遭,1956年也是这个状况。1956年"汉语""文学"分科,中学作文教学怎么办?这个问题在当时不能说完全没有考虑:文学课"学生专门读些文学作品,怎么能学会写一般的散文呢?",时任教育部副部长的叶圣陶先生认为这是一个"思想问题",他在报告中辩解①:"文学作品当然是运用语言的最好范例。""写所谓'一般的散文'跟写文学作品不是性质根本不同的两回事,读了文学作品,就能够学会写'一般的散文',而且比仅仅读一些'一般的散文'学得更好。"初中的文学教学,以小说、诗歌为主;高中的文学教学,主要是按文学史线索阅读古典文学作品。课程内容的这种架构,在文学课中如何培养学生"一般的散文"的写作能力,显然是个需要认真对待的课程问题而不仅仅是一个"思想问题"。以想当然的"思想教育"来代替课程内容的研制,没有好结果②应该是在意料之中的事。

我国语文课程标准长期缺失"课程内容",与我国语文课程以散文为主导文类有因果关系。我们认为,语文教育研究应该树立这样一个准则:凡在语文教学中出现大规模、普遍性、长时期的错误和问题,毛病一定不是出在语文教师身上,而是出在语文课程研制上,出在语文课程标准和语文教材上。从这个意义上说,语文课程研制必须严防筹划僭越认知,凡在学理上难说通、道不明的,在实践中通常都会导致不良的后果。名不正,则言不顺;言不顺,则行不果。

---

① 叶圣陶.关于语言文学分科[M]//张鸿苓,等.新中国中学语文教育大典.北京:语文出版社,2001:156—157.
② 尽管后来教育部紧急发布《中学作文教学初步方案(草稿)》,"但为时已晚,已无补于事"。顾振彪.人教版1956年初中、高中文学、汉语分科课本介绍[M]//张鸿苓,等.新中国中学语文教育大典.语文出版社,2001:520.

二、建立均衡的语文课程内容格局

在语文课程的有限空间和时间里,统筹"识字与写字""阅读""写作""口语交际"等语文学习领域,规划小学、初中、高中的学习内容及其衔接,综合考量在阅读领域中的课文教学与整本书阅读、现代文与古典作品,乃至纯文学作品、散文、实用文章,合理布局写作的语篇类型以及口语交际的学习元素,等等,这无疑是个大难题。

但并不是无可作为。一方面要基于我国语文学科的本土实际及其现实制约,另一方面要借鉴国外经验并在此基础上谋求改进、改善语文课程和教学的努力。

本研究在可能的条件下,通过语文教材的编撰实践,在三个方面进行了探索:(1)小学语文凸显儿童文学作品,并努力推动以"整本书阅读"为主要形态的小学语文课程新格局的形成。(2)在语文教材中大幅增加实用文类。(3)实质性地增加"活动教材"分量,努力实现"阅读教材"与"活动教材"实际所占课时接近一半对一半。

当然,受条件的制约,本研究所进行的探索可能站位不够高、视野不够阔。语文教材以单篇课文为基本单位,语文教学以40分钟左右的课时为基本单位设计并实施,阅读和写作的指导囿于语文学科而未能通达到基础教育所有学科的"跨学科"阅读和写作,这既是我国语文课程与教学的现实局限,也是本研究暂时未能逾越的疆界。

三、阅读三足鼎立:文学作品、实用文章、散文

散文的发达,是中国文学的一大特色。中国古代文学,以诗歌、散文为正宗,"唐宋八大家"实乃散文大家。自我国现代语文学科成立以来,语文课程教材与现当代散文,有不解之缘。在这样的情势下,我们建议把传统的文学体裁四分法,理解为"小说、诗歌、戏剧//散文",从而构成从"诗歌、小说、戏剧"到"文学性的散文"再到"新闻、学术文章等"的一个连续性的谱系,大致相当于新文学运动时期朱自清"纯文学、杂文学、非文学"的划分。

纯文学作品、"文学性的散文"、实用性文章,三足鼎立。一方面,有助于在阅读领域形成较为均衡的课程内容;另一方面,也凸显了中国文学的特色,并顾及我国

现代语文教育的传统。

在语文教材和教学中，对语体文做"纯文学、杂文学、非文学"的分界，便于我们把散文阅读跟诗歌、小说、戏剧等纯文学作品的阅读区隔开来，把实用文章跟散文区隔开来，把现当代散文与古代散文（文言文）区隔开来，而采用相对应的解读方式。

"文学性的散文"自成一大类，既不混同纯文学，也不混同实用性文章，有利于我们对"文学性的散文"做专门的研究，包括文本的状况、解读的方式方法乃至适合于中小学生的教学方法。在当前依然以散文为主导文类的格局里，这无疑具有十分重要的现实意义。

四、写作三线并进：实用写作、创意写作、随笔化写作

真实语境中的"真实写作"，是写作课程建设和教学改革的大方向。

基于学理共识的写作课程重建，从文类的视角，我们提出三线并进的课程建构方案，即具体语境的实用写作，具有自觉的读者意识的创意写作，率性而为且主要由学生在课外自发进行的随笔化写作。

三线并进以架构写作课程，似乎是通行的做法。还有两种方案可供选择。

一是借鉴美国 NAEP 写作评定框架，依据"为了劝说""为了解释说明""为了传递（真实的或虚构的）经验"这三种交流目的和功能，划定三种写作类型，并在小学、初中、高中设置各自的比例。

二是《普通高中语文课程标准（2017 年版）》采用的方案。在本研究项目正办理结项手续之际，新一轮高中语文课程标准颁布，该标准提出以"个人情境""社会情境""学科认知情境"三种情境类型，来架构三线并进的写作课程。综合课程标准文本中的相关内容，整理如表 8-1 所示。

表 8-1 以三种情境类型来架构的三线并进写作课程

	个人情境 (指向学生个体独自开展的语文实践活动)	社会情境 (指向校内外具体的社会生活)	学科认知情境 (指向学生探究的语文学科相关的问题)
实用写作	日记、随笔等	时事述评或评论、杂感、杂文等报刊言论文章 见闻报告、访谈录、社会调查报告或分析报告	学习体会和感想 语言札记、语言梳理的短文、语言专题调查报告 读书笔记、作品梗概、内容

续　表

	个人情境 (指向学生个体独自开展的语文实践活动)	社会情境 (指向校内外具体的社会生活)	学科认知情境 (指向学生探究的语文学科相关的问题)
		介绍比较复杂事物或活动、说明比较复杂事理的科普文章 表达和阐发自己观点的劝说文或论辩文 知识型和论辩型的演讲词 说明书、计划书、建议书、邀请函、投诉信、读者来信等应用文体	提要、读后感、作品评介或评论、文学评论 学术性小论文等
创意写作	撰写非虚构文学作品,如轶事、自传、人物传记、回忆录、抒情散文等 创作或续写、改写虚构文学作品,如现代诗歌、儿童故事、微型或短篇小说、短戏剧或戏剧片段等		

上表中的"个人情境"包含实用写作和创意写作,创意写作又分为非虚构和虚构两类,囊括在"个人情境"的实用写作(日记、随笔)和非虚构的创意写作(轶事、抒情散文等)中,大致相当于本研究所说的"随笔化写作"。

上述三种方案,实质相同而角度有异。哪种方案更易于在本土的语文教材中落地,更便于现有条件下语文教学的实施,这有待于实践的检验。

五、 依据文本体式是课文教学之关键

我国语文教学的问题,主要是语文教学内容的问题,这是语文教育研究者的共同判断。中小学语文课,绝大部分课时用于阅读教学;语文教学的问题,主要体现在阅读教学中。在当下,阅读教学普遍还是以单篇课文为基本单位的,即使将来迈进到了单元教学,单篇课文依然是基础。这样,解决中小学语文教学的问题,重任便落在单篇课文上,落在语文教材和语文教师对课文的教学解读上。

课文教学解读的基本原理,是"备课备两头":一头备教材,抓住文本的关键点;一头备学生,判断学生的疑难处。大量的课例研究表明,学生的疑难处往往恰

在文本的关键点。文本关键点和学生疑难处的重合,就是这篇课文的教学点,即阅读教学目标之所在。

确定课文的教学点,既可以从文本关键点入手,也可以从学生疑难处入手,归根结底依赖于教师对文本关键点的把握。阅读是一种文体思维;依据文本体式,是把握文本关键点的不二法门。

本研究所提出的"区隔""分流"和"正面应对"的策略,都是从文类和文本体式的角度着眼的。

"区隔",主要是三个方面:区隔小说与散文,尤其要与第一人称小说相区隔;区隔实用文章与散文,尤其要与带有文学笔调的"好文章"相区隔;区隔古代散文与现当代散文,防止古今错乱。

"分流",是针对"中观"的散文而言的,目的是妥善处理那些由于"跨界"而仍留在"散文"框子里的亚文类,把已经能明确界说的一些亚文类从"文学性的散文"中分流出去而予以专门对待。我们采取的方法是按亚文类的基本面来处理:以报道为基本面的通讯、特写、报告文学,主要按新闻类的实用文章对待;传记、回忆录等,其基本面是历史叙事;尤其要妥善处置以阐释或论辩为基本面的一些亚文类,如科普小品、学术散文(学者散文)、学术札记、序言、文艺随笔、哲理散文、报刊言论文章、杂文、杂感、演讲词等;有些在体裁和文体特征方面有明确界说的,如报告文学、儿童故事、寓言、散文诗、哲理散文、学术散文(学者散文)等,也宜按独立小类予以专门对待。

"正面应对",是对"文学性的散文"的攻坚战,强化文体意识,对不同体式的散文做不同对待。散文阅读教学的要领是:建立学生与"这一篇"课文的链接,体味精准的言语表达,分享作者在日常生活中感悟的人生经验。

上述研究,以期强化文类和文本体式的意识,希望能为语文教材的编写和语文教师的教学,提供有效的学理支撑和帮助。

第二节　本研究的意义及局限

一、文类视角研究的现实意义

推动散文教学方面的研究,切实地提出并解决一些散文教学中的问题,在我看来是一件极富有价值的工作。因为在语文课程和教材以散文为主导文类的格局下,如果能较好地解决散文教学中的问题,也就等于解决了语文教学的大部分问题或主要问题。散文教学所处困境,也就是中小学语文教师几乎每天都要遭遇的困境。为中小学语文教师提供散文教学的抓手和工具,是我们的愿景,也是作为语文教育研究者义不容辞的职责。

破解以散文为主导文类的困境,在阅读和写作这两个学习领域,各有攻坚的重难点。

在阅读领域,在谋求突破以散文为主导文类格局的同时,重难点是对现有教材课文处理策略的研究。中小学阅读教学,所教的课文绝大多数是散文,阅读教学的问题,自然聚焦在散文教学上。面对这种现状,妥善地解决散文阅读教学中普遍存在的"教学内容"问题,无疑是改善语文课堂教学现状、提高语文教学效益的关键。

写作领域的主攻方向是基于共识学理的写作课程重建,在辩证处理"写的活动"与"写作教学"的前提下,着力推进真实语境中的"真实写作",按"微型化写作课程"形态,架构三线并进、语篇类型多样的写作课程,并为"微型化写作课程"的单元设计和写作教学的过程化指导提供实操的经验。

研究表明,我国语文教学的问题和困难,主要出在教学内容上,而不仅仅是教学方法上。长期以来,我们将语文教学改革主要看成是教学方法的改革,语文教学改革的实践很大程度上也被当作用一种"新"方法代替"旧"方法,用一种"好"方法驱逐"坏"方法。这当然有其合理性。但几十年的事实证明,单从教学方法的角度做文章,难以从根本上改变语文教学"少、慢、差、费"的问题。

破解散文教学难题的研究,是在语文课程与教学内容建设这个总话题下展开的。在理论研究的同时,本人主持或推动了下述两项较大规模的教研活动。这两项教研活动,历时多年,有众多专家积极响应,有成千上万名中小学语文教师主动参与,这从一个侧面反映了文类视角研究的重要性及其现实意义。

(一) 长三角语文教育论坛

长三角语文教育论坛由上海、浙江、江苏、安徽四省市的教委(教育厅)教研室共同发起。2008年上海市教委主办第一届。2009年起,由四省市的教委(教育厅)教研室和上海师范大学、杭州师范大学、江苏师范大学、安徽师范大学及《语文学习》杂志合作举办。论坛一年两期,主题聚焦在"语文教学内容的确定"领域,师范大学主办上半年理论研讨,省市的教委(教育厅)教研室主办下半年主题报告和实践展示,《语文学习》组织开展年会主题的征文评选活动。

2009年,第二届论坛先后在上海师范大学和浙江省绍兴市举办,主题是"阅读教学内容的确定"。来自长三角四省市的600多名语文教师参加年会。结集出版《语文课堂教学内容的确定:理论与案例——"长三角语文教育论坛"获奖论文精编》(上海教育出版社2010年版)。

2010年,第三届论坛先后在徐州师范大学和江苏省苏州市举办,主题是"文学教学内容的确定"。来自长三角四省市和其他省市的1 200多名语文教师参加年会。结集出版《文学教学内容的确定:理论与案例——2010年"长三角语文教育论坛"获奖论文精编》(上海教育出版社2011年版)。

2011年,第四届论坛先后在安徽师范大学和安徽省合肥市举办,主题是"散文教学内容的确定"。来自长三角四省市和其他省市的1 700多名语文教师参加年会。结集出版《散文教学内容的确定:理论与案例——2011年"长三角语文教育论坛"获奖论文精编》(上海教育出版社2012年版)。

2012年,第五届论坛先后在杭州师范大学和浙江省金华市召开,主题是"实用文教学内容的确定"。来自长三角四省市和其他省市的1 500多名语文教师参加年会。结集出版《实用文教学内容的确定:理论与案例——2012年"长三角语文教育论坛"获奖论文精编》(上海教育出版社2013年版)。

2013年之后,"长三角语文教育论坛"改由四省市的教委(教育厅)教研室主办,并延续至今。2013年,第六届论坛由上海市教委教研室主办,主题是"文言文教学内容的确定"。2014年,第七届论坛由上海市教委教研室主办,主题是"小说教学内容的确定"。2015年,第八届论坛由安徽省教育科学研究院主办,主题是"诗歌教学内容的确定"。2016年,第九届论坛由浙江省教育厅教研室主办,主题是"语文教学与思维发展"。2017年,第十届论坛由上海市教委教研室主办,主题是"语言理解与建构"。

(二) 语文教学圆桌论坛

2008—2009年,我受香港教育学院(现更名为香港教育大学)邀请,任该校中文学系顾问教授。其间,在与香港同行的交流中,深感语文教学以"散文为主导文类"是海峡两岸暨香港、澳门共有的现象,散文的解读与教学设计事关中小学语文教学的大局,需加以深入研究。这一认识,也获得我国台湾地区一些同行的认同。

大家一致认为,中国的语文教学问题,需要由中国的语文教育研究者协力解决。有鉴于此,上海师范大学、香港教育学院、台湾师范大学等倡议发起了以"散文的文本解读与教学设计"为主题的连续性年会。

该圆桌论坛从 2009 年至 2013 年共举办 5 届。分两个阶段进行：第一阶段是小范围的特邀专家圆桌论坛,来自不同学科背景的特邀专家畅所欲言,交流与散文解读和教学设计相关的学术研究成果；第二阶段是面向中小学语文教师的主题报告大会、散文教学的研究课展示和专家评议研讨。

2009 年,第一届圆桌论坛由香港教育学院中文学系主办,不同学科背景的专家从文献学、结构主义、谱系学等角度对散文解读进行较深入的研究。其间,又在深圳举行报告会暨散文教学研讨会,与会教师 800 余人。

2010 年,第二届圆桌论坛在香港教育学院举行,聚焦在中学语文教学所共有的四篇经典课文上：范仲淹《岳阳楼记》、朱自清《背影》、老舍《想北平》、郁达夫《故都的秋》,不同学科背景的专家深入交流。主题报告会暨散文教学研讨会在广东省佛山市顺德区举行,与会教师 1 000 余人,反响热烈。

2011 年,第三届圆桌论坛在台湾师范大学和台北教育大学召开,与会专家和中小学教师 400 余人,深入探讨了散文解读和散文教学问题,王荣生作《大陆中小学散文教学的问题及改善努力》主题报告。会后出版了《国语文教学理论与实务的多元探索》论文集(台湾五南出版社 2012 年版)。

2012 年,第四届圆桌论坛在上海师范大学召开,与会专家们就"散文文类和文体问题""散文的解读方法问题""散文解读的'人我之分'问题""现当代散文与古代散文(文言文)关系文体""散文教学设计与教学的特殊性问题"等问题展开了富有成效的讨论。主题报告会与会教师近 900 人。

2013 年,第五届圆桌论坛由上海师范大学语文课程研究基地、南京师范大学课程与教学研究所、南京市教育局教研室、南京晓庄学院联合举办。本届论坛有三个议题：(1)对散文作品解读的建议：在中小学语文教学中如何解读(现当代)散文作品？(2)对散文教学设计的建议：在中小学语文教学中如何进行(现当代)散文的教学？(3)对古代散文作品解读和教学设计的建议：文言文(古代散文)作品如何解读和教学？与会中小学语文教师 1 000 余人。

本圆桌论坛是多学科背景的专家致力于解决中国语文教学所独有的以"散文为主导文类"问题所进行的跨界协作,为破解散文难题提供了学术资源,在扩大学术影响力的同时,积极地发挥了学术研究的实际效用。

附:圆桌论坛(2009—2013年)特邀专家名单。

> 梁敏儿,香港教育学院(现香港教育大学)人文学院副教授。
> 白云开,香港教育学院(现香港教育大学)人文学院副教授。
> 郑振伟,澳门大学教育学院教授。
> 郑明娳,台湾东吴大学教授,散文研究专家。
> 王基伦,台湾师范大学教授。
> 许长谟,台湾成功大学中文系教授,修辞学研究专家。
> 仇小屏,台湾成功大学副教授。
> 孙剑秋,台北教育大学语文与创作学系教授。
> 林于弘,台北教育大学语文与创作学系教授。
> 孙绍振,福建师范大学文学院教授,著名学者。
> 王达敏,中国社会科学院文学研究所研究员。
> 申小龙,复旦大学中文系教授。
> 刘大为,复旦大学中文系教授。
> 刘俐俐,南开大学文学院教授。
> 陈剑晖,华南师范大学文学院教授,华南师范大学中国现当代散文研究中心主任。
> 谢飘云,华南师范大学教授。
> 范培松,苏州大学教授,散文史研究专家。
> 陈国安,苏州大学文学院教授。
> 倪文尖,华东师范大学中文系教授。
> 倪文锦,杭州师范大学教授。
> 魏本亚,江苏师范大学文学院教授,语文教育研究所所长。
> 郑桂华,上海师范大学中文系教授,上海市高中语文教材副主编。
> 黄　伟,南京师范大学教育科学学院教授。
> 吴忠豪,上海师范大学教育学院教授。
> 李海林,上海市洋泾中学校长、教授。
> 王荣生,上海师范大学教育学院教授,语文课程研究基地负责人。

二、关于文类视角的效力

本研究兼顾课程内容审议和课程内容建设两种立场,检讨过去、立足当下、迈向未来。

上编"困境:语文课程怎么了"是课程内容审议的立场,主要采用文献研究方法,从文类的视角,对所研究时段(1963—2017 年)内的语文课程、教材和教学加以学理层面的审议,目的是吸取经验和教训。

下编"突围:语文课程可以怎样"是课程内容建设的立场,主要采用行动研究方法,从文类的视角,结合我的语文教材编撰、名师课例研究和共同备课的实践,以期探求合理的语文课程内容。

文类视角的研究,对检讨过去、认识现在、解决当下的语文课程与教学的难题,具有较强的效力,在理论上证据充分,在实践中也有较显著的成效。

那么,面向未来呢?有证据显示,文类视角的研究,对实施新一轮语文课程改革,也是不可或缺的。

以"基于项目的学习""基于问题的学习"为例,至 2018 年已翻译成中文的具有可操作性的相关著作主要有以下五部:

(1) 加依(Gagnon, G. W.)、柯蕾(Collay. M.)著,宋玲译:《建构主义学习设计:标准化教学的关键问题》,中国轻工业出版社 2008 年版。

(2) 托尔普(Torp, L.)、赛奇(Sage, S.)著,刘孝群、李小平译:《基于问题的学习:让学习变得轻松而有趣》,中国轻工业出版社 2004 年版。

(3) 杜翔云、科莫斯(Kolmos, A.)、钟秉林编,杜翔云等译:《基于问题的学习:理论与实践》,高等教育出版社 2013 年版。

(4) 巴克教育研究所著,任伟译,左晓梅校:《项目学习教师指南——21 世纪的中学教学法(第 2 版)》,教育科学出版社 2008 年版。

(5) 伯曼(Berman, S.)著,夏惠贤等译:《多元智能与项目学习——活动设计指导》,中国轻工业出版社 2004 年版。

纵览上述五部著作以及《高效学习:我们所知道的理解性教学》[①]等其他相关

---

① [美]琳达·达林-哈蒙德,等.高效学习:我们所知道的理解性教学[M].冯锐,等,译.上海:华东师范大学出版社,2010.

译著,"基于项目的学习""基于问题的学习"在语文学科中的实践案例①,总共只有四项。

在《多元智能与项目学习——活动设计指导》中有两个"写作"案例:一是采访社区的一位老人并为该老人编写一本传记,一是高年级学生为少儿编写一本"涉及一个知识"的科普读物,相当于带有综合性学习性质的长时写作,该著作中称之为"体裁式项目"②。

在《建构主义学习设计:标准化教学的关键问题》中有两个"阅读"的案例:一个是小学低年级复述诗歌《棕熊,棕熊,你看到了什么》中的故事(两课时),一个是初中的"童话",落脚点在"童话的要素"这一语文知识(两课时)。

国内中小学实践"项目学习"模式,并出版研究著作的,有以下两部:

一是徐锦生主编的《小学项目学习指导策略研究》(浙江教育出版社 2018 年版),所介绍的典型案例,分为单学科、跨学科和超越课堂的探究性项目学习三类。其中语文学科的例子是"遨游汉字王国",与我们目前的话题相关性不大。在跨学科的案例中,语文也主要是辅助的角色。

二是夏雪梅著《项目化学习设计:学习素养视角下的国际与本土实践》(教育科学出版社 2018 年版),这是目前对"基于项目的学习"介绍全面而公允、实施积极而审慎的一本好书。限于我国中小学的学科格局,该项研究的实施案例主要是数学和语文学科。语文学科较完整介绍的案例有两个,其中一个夏雪梅博士自评"有点偏向于道德与法治"③,作为范例详细介绍的一个案例,是"试镜师的私人手册"。该项目"指向语文学科的一个关键概念——情境交融"④,所涉及的语篇类型恰好是散文,课文有《春》《济南的冬天》《雨的四季》和《古代诗歌四首》。

对"试镜师的私人手册"做项目分析后,夏雪梅博士总结道⑤:

---

① 上述著作中的案例涉及社会、政治、法律、科学、生物、地理(环境)、历史等领域,且小学为多。涉及的项目或问题有消灭蚊子、投票、污染、古希腊、落蛋等。案例通常是跨学科的;在多数情况下,语言艺术、文学是"被整合"的辅助角色,主要涉及(小学生)撰写报告时的拼写法等,或从儿童文学作品或历史小说中获取解决问题的资料。

② 该译著把基于项目的学习分为"结构式项目""主题式项目""体裁式项目""模板式项目""开放式项目"五种类型。"体裁式项目"的写作,与本书所说的真实语境中的任务写作,是完全一致的。

③ 夏雪梅. 项目化学习设计:学习素养视角下的国际与本土实践[M]. 北京:教育科学出版社,2018:48.

④ 夏雪梅. 项目化学习设计:学习素养视角下的国际与本土实践[M]. 北京:教育科学出版社,2018:152.

⑤ 夏雪梅. 项目化学习设计:学习素养视角下的国际与本土实践[M]. 北京:教育科学出版社,2018:157.

母语项目化学习对特定问题的界定，让"文体"这个概念变得很重要，也更有实际意义。文体是在不同的语境下使用的语篇，对一类文体的把握和探究都是语文的核心本质，它可以让我们以思维模式为基础构思文章，不同的母语项目化学习的目的不同，所以对应的文体类型也就不同，而不同类型的文体的阅读、写作方式、思维方式都是不一样的。总体而论，可以将母语项目化学习中某一类学习结果的产生过程描述为：从文类的本质概念出发，探索不同类型文本背后的文类和思维模式特点，总结文类的特征，形成思维框架，结合项目主题和个人经验进行写作类的成果输出，根据文类特点评价和修订成果。

当然，文类视角的效力，并不等于只要文类视角。文类视角只是语文教育研究的视角之一，有一些语文课程与教学的重大问题，或因视角之局限，而未能纳入本研究的视野中。比如，在开展"基于项目的学习""基于问题的学习"以及"跨学科主题学习"等的过程中，阅读相关材料都是学习的重要组成部分，学习的成果又以"写作类的成果输出"为主。这样"跨学科的（超越语文学科的）阅读和写作指导"的理论和实践研究，其迫切性，就现实地摆在了我们面前。再比如，当今世界基础教育的潮流和我国基础教育课程改革的动向，是把以课时为基本单位（语文学科的表现是以单篇课文为基本单位）的教学设计，推进到以"核心概念"[①]统领的单元为基本单位的教学设计中，这势必成为我们接下来要攻关的研究课题。

从文类的视角谋求破解我国语文课程与教学难题，萌发动议，到身体力行，至今已十年有余。感谢教育部哲学社会科学研究后期资助项目，使我有机会整合既往的研究材料，并在理论和实践上有新的探索。而今，《语文课程内容的合理性研究——散文为主导文类的困境与突围》杀青，但愿其学术价值不辜负勤劳笔耕的日夜，但愿这本书在30年后还有人看。

[①] 不同的学者对核心概念有不同的表述，如关键概念、基本概念、基本概括、基本问题、大概念、大观念、大理念等。虽然表述不同，但所说的意思，都是指要超越主要通过告知和记忆的"事实性知识"，走向在现实情境中经探究而理解的"可迁移"的"概括性、原理性知识"。

参考文献

1. 张鸿苓，等.新中国中学语文教育大典[M].北京：语文出版社，2001.
2. 课程教材研究所.20世纪中国中小学课程标准·教学大纲汇编：语文卷[M].北京：人民教育出版社，2001.
3. 顾黄初，李杏保.二十世纪后期中国语文教育论集[M].成都：四川教育出版社，2000.
4. 李杏保，顾黄初.中国现代语文教育史[M].成都：四川教育出版社，1997.
5. 袁振国.中国当代教育思潮（1949—1989）[M].上海：生活·读书·新知三联书店上海分店，1991.
6. 中央教育科学研究所.朱自清论语文教育[M].开封：河南教育出版社，1985.
7. 蔡清富，孙可中，朱金顺.朱自清选集（第三卷）·论语文教育[M].石家庄：河北教育出版社，1989.
8. 叶至善，等.叶圣陶集（第13卷）[M].南京：江苏教育出版社，1992.
9. 叶至善，等.叶圣陶集（第14卷）[M].南京：江苏教育出版社，1992.
10. 叶圣陶.叶圣陶教育文集（第5卷）[M].刘国正，主编，北京：人民教育出版社，1994.
11. 中央教育科学研究所.叶圣陶语文教育论集（上册）[M].北京：教育科学出版社，1980.
12. 叶圣陶，等.开明新编国文读本[M].北京：经济日报出版社，2000.
13. 叶圣陶.文章例话[M].北京：生活·读书·新知三联书店，1983.（该书原版于1936年）
14. 夏丏尊，等.文心·文章作法[M].北京：经济日报出版社，2000.（该书原版于1926年）
15. 夏丏尊，叶圣陶.文章讲话[M].杭州：浙江文艺出版社，1983.（该书原版于1936年）
16. 王先霈，王又平.文学批评术语词典[M].上海：上海文艺出版社，1999.

17. 蔡元培,等.中国新文学大系导论集[M].上海：上海书店,1982.
18. 袁鹰.中国新文学大系（1949—1976）·散文卷一[M].上海：上海文艺出版社,1997.
19. 袁鹰.中国新文学大系（1949—1976）·散文卷二[M].上海：上海文艺出版社,1997.
20. 洪子诚.中国当代文学史[M].北京：北京大学出版社,1999.
21. 童庆炳.文学理论教程（第四版）[M].北京：高等教育出版社,2008.
22. 傅道彬,于茀.文学是什么[M].北京：北京大学出版社,2002.
23. 南帆.文学的维度[M].上海：上海三联书店,1998.
24. 蔡毅.创造之秘——文学创作发生论[M].北京：人民文学出版社,2002.
25. 杨文虎.文学：从元素到观念[M].上海：学林出版社,2003.
26. 王凯符,等.古代文章学概论[M].武汉：武汉大学出版社,1983.
27. 郭英德.中国古代文体学论稿[M].北京：北京大学出版社,2005.
28. [清]李扶九.古文笔法百篇[M].长沙：岳麓书社,1984.
29. 鲍善淳.怎样阅读古文[M].上海：上海古籍出版社,1982.
30. 夏绍臣.文章章法与阅读写作[M].北京：人民日报出版社,1985.
31. 林非.中国现代散文史稿[M].北京：中国社会科学出版社,1981.
32. 范培松.中国散文批评史[M].南京：江苏教育出版社,2000.
33. 俞元桂.中国现代散文理论[M].南宁：广西人民出版社,1983.
34. 李晓虹.中国当代散文审美建构[M].深圳：海天出版社,1997.
35. 贵志浩.话语的灵性——现代散文语体风格论[M].杭州：浙江大学出版社,2010.
36. 刘绪源.今文渊源[M].上海：上海文艺出版社,2011.
37. 汪文顶.无声的河流：现代散文论集[M].上海：上海远东出版社,上海三联书店,2003.
38. 贾平凹.关于散文[M].北京：生活·读书·新知三联书店,2015.
39. 钱理群.名作重读[M].上海：上海教育出版社,2006.
40. 钱理群,孙绍振,王富仁.解读语文[M].福州：福建人民出版社,2010.
41. 孙绍振.文学创作论[M].福州：海峡文艺出版社,2009.
42. 孙绍振.名作细读——微观分析个案研究（修订版）[M].上海：上海教育出

版社，2009.

43. 孙绍振，孙彦君.文学文本解读学［M］.北京：北京大学出版社，2015.

44. 李维，等.心理学大辞典（第1卷）［M］.杭州：浙江教育出版社，1995.

45. 郑国民.从文言文教学到白话文教学——我国近现代语文教育的变革历程［M］.北京：北京师范大学出版社，2000.

46. 章熊.中国当代写作与阅读测试［M］.成都：四川教育出版社，2000.

47. 章熊.思索·探索：章熊语文教育论集［M］.北京：人民教育出版社，2002.

48. 倪文锦，欧阳汝颖.语文教育展望［M］.上海：华东师范大学出版社，2002.

49. 蒋成瑀.语文课文读解理论与方法［M］.杭州：杭州大学出版社，1996.

50. 顾晓鸣.阅读的战略［M］.上海：上海人民出版社，1985.

51. 沈德立.学生汉语阅读过程的眼动研究［M］.北京：教育科学出版社，2001.

52. 张承明.中外语文教育比较研究［M］.昆明：云南教育出版社，2005.

53. 王策三.教学论稿［M］.北京：人民教育出版社，1985.

54. 崔允漷.有效教学［M］.上海：华东师范大学出版社，2009.

55. 夏雪梅.项目化学习设计：学习素养视角下的国际与本土实践［M］.北京：教育科学出版社，2018.

56. 钱梦龙.钱梦龙经典课例品读［M］.彭尚炯，选编.上海：华东师范大学出版社，2015.

57. 潘新和.中国现代写作教育史［M］.福州：福建人民出版社，1997.

58. 王鼎钧.作文七巧［M］.北京：国际文化出版公司，2007.

59. 刘锡庆.基础写作学［M］.北京：中央广播电视大学出版社，1985.

60. 祁寿华.西方写作理论、教学与实践［M］.上海：上海外语教育出版社，2000.

61. 张志公.现代汉语（下）［M］.北京：人民教育出版社，1985.

62. 张志公.汉语辞章学论集［M］.王本华，编.北京：人民教育出版社，1996.

63. 洪宗礼，柳士镇，倪文锦.母语教材研究（5）［M］.南京：江苏教育出版社，2007.

64. 洪宗礼，柳士镇，倪文锦.母语教材研究（6）［M］.南京：江苏教育出版社，2007.

65. 洪宗礼，柳士镇，倪文锦.母语教材研究（7）［M］.南京：江苏教育出版社，2007.

66. 丛立新,等.澳大利亚课程标准[M].北京:人民教育出版社,2005.

67. 钟启泉.国际普通高中基础学科解析[M].上海:华东师范大学出版社,2003.

68. [美] M. H. 艾布拉姆斯.文学术语词典(第7版)[M].吴松江,等译.北京:北京大学出版社,2009.

69. [德] 威廉·冯·洪堡特.论人类语言结构的差异及其对人类精神发展的影响[M].姚小平,译.北京:商务印书馆,1999.

70. [荷] 托伊恩·A.梵·迪克.作为话语的新闻[M].曾庆香,译.北京:华夏出版社,2003.

71. [英] Christoph Unger.体裁、关联与整体连贯——语类语用学[M].冉永平,译.北京:世界图书出版公司,2008.

72. [美] 莫蒂默·J.阿德勒,查尔斯·范多伦.如何阅读一本书[M].蔡咏春,周成刚,译.上海:上海译文出版社,1991.

73. [英] 博比·尼特.阅读——阅读技巧指南[M].贺微,等译.重庆:重庆出版社,2004.

74. [加] 佩里·诺德曼,梅维丝·雷默.儿童文学的乐趣[M].陈中美,译.上海:少年儿童出版社,2008.

75. [美] 威廉·W.韦斯特.提高写作技能[M].章熊,章学淳,译.福州:福建教育出版社,1984.

76. [美] M. Neil Browne, Stuart M. Keeley.学会提问——批判性思维指南(第七版)[M].赵玉芳,等译.北京:中国轻工业出版社,2006.

77. [美] 布鲁克·摩尔,理查德·帕克.批判的思考[M].余飞,谢友情,译.北京:东方出版社,2007.

78. [美] S.卢卡斯.演讲的艺术[M].李斯,译.海口:海南出版社,2002.

79. [美] M.戴维·梅里尔.首要教学原理[M].盛群力,等译.福州:福建教育出版社,2016.

80. [比] 易克萨维耶·罗日叶.为了整合学业获得:情景的设计和开发(第二版)[M].汪凌,译.上海:华东师范大学出版社,2010.

81. [美] 琳达·达林-哈蒙德,等.高效学习:我们所知道的理解性教学[M].冯锐,等译.上海:华东师范大学出版社,2010.

后 记

一

终于收到师文编辑的一审电子稿,而我却没有了立刻处理编辑所提问题的兴致。本以为这本书稿付印在即的时候,自己一定会百感交集,没料想到此刻的我却心寂如水,欲说还无语。

这本书稿有太多的周折。书稿的缘起是2012年申报教育部哲学社会科学研究后期资助项目。申报后期资助项目的前提条件是已经完成书稿的60%以上,在项目申报时,本书上编的四章业已成稿,下编的第五、第六章也基本有模样了。2012年12月项目获批,此后因有几件迫切要做的事情,耽搁了书稿的完成。一是国家级精品资源共享课"小学语文课程标准与教材研究"的申报、建设、送审验收,二是教育部"中小学幼儿园教师培训课程标准(义务教育语文学科)"研制项目的投标、研制完稿、送审验收。直到2018年6月,才完成全稿并申请结项。2018年12月,我收到《教育部社科司关于反馈教育部哲学社会科学研究后期资助项目专家鉴定意见及做好后续工作的通知》函件,本项目成果通过了匿名专家鉴定。

按上述通知的要求,我又花了5个月的时间对结项的送审稿进行修改完善,于2019年6月完成修改稿并送达项目管理部门所指定的出版社。然而,因指定出版社的部门人手不足,各类项目的书稿堆积,我所递交的书稿,部门的编辑无暇打理;搁置了大半年之后,被告知"争取列入2022年出版计划","争取"的意思是不太可能。问题是该出版社不肯在列入出版计划之前签订出版合同或出具出版意向书,而没有出版合同或出版意向书,按规定程序我就不能拿到结项的证书。拿不到结项的证书,按规定我就不可以再申报新的项目。而我那时被学校推举为上海地方高校高水平创新团队"教师教育"战略创新团队的带头人,于公于私都必须争取新获国家级项目。于是,与指定出版社商议变更出版单位;而商议很不通畅,变更出版社的手续也较繁难,直到2020年底,才获得教育部社科司主管部门同意变更的准信。

承蒙华东师范大学出版社的接纳,2021年3月签订了出版合同,因而我拿到了该项目的结项证书。可世事难料,遭遇疫情期,各方面工作都受到了较大影响。在交付本书稿的同时,我还交付了另一本书稿《国民语文能力构成研究(阅读篇)》,经师文编辑的百般努力工作,《国民语文能力构成研究(阅读篇)》于2022年9月出版,而这本书稿,则延误到现在才正式进入出版的程序。

从办理结项,到现在有望出版,整整五年;从基本完稿而获得后期资助项目,到现在已十年有余。常言道"十年磨一剑",而我的这一本书,则是被耽搁或延误,消磨掉了十年。

本研究所涉及的主要时段,是从1963年语文教学大纲到《普通高中语文课程标准(2017年版)》颁布之前的这一时段。《普通高中语文课程标准(2017年版)》尤其是《义务教育语文课程标准(2022年版)》的颁布,宣告语文课程进入新一轮改革。那么,这部本该在数年前出版的研究著作,对当今乃至今后还有意义和价值吗?

这取决于对以下三个问题的回答:(1)语文课程内容的合理性问题,是否已得到妥善的解决?(2)以散文为主导文类的困境,是否已经解围?(3)从文类、文体视角的研究,是否仍有较强的效力?

二

在我看来,语文课程内容的问题在当今乃至今后依然是语文课程与教学的主要问题。

《义务教育语文课程标准(2022年版)》除了核心素养内涵的界定、与核心素养相匹配的课程目标体系、课程内容结构化、学业质量的描述这些与各科所共有的突破性进展之外,从语文课程标准编制的角度,还有两个在我看来很重要的突破性举措:一是在语文课程标准中明确设置"课程内容"板块,二是由课程内容板块而引出了"学习主题",尽管在标准文本中出现这个词语的位置(教学提示)和方式(举例)有点出人意料。不过,单独设置"课程内容"板块以及由此引出的对语文课程"学习主题"的关注,为语文课程研究开放了必要的空间。得益于所开放的空间,我撰写了《语文课程"学习主题"辨析——语文课程标准文本中的关键词》一文[①],该文的主要结论如下:

[①] 王荣生.语文课程"学习主题"辨析——语文课程标准文本中的关键词[J].课程·教材·教法,2023,43(03):71—80.

"学习主题"是课程与教学内容范畴的概念。较高层级的较为概括地表述的主要课程内容，称为"学习主题"，学科类课程也称"学科内容主题"。"学习主题"是《义务教育语文课程标准（2022年版）》文本中的关键词之一，但其所指却是"人文主题""活动主题"。"人文主题"作为语文课程"学习主题"须有假设前提，"活动主题"不是语文课程"学习主题"。

换言之，语文课程标准明确设置"课程内容"板块，只是为解决课程内容问题提供了必要条件，并不等于语文课程内容问题就迎刃而解了；而把"人文主题""活动主题"指认为语文课程的"学习主题"，则有指鹿为马之嫌，这从反面佐证了语文课程内容是否合理的问题，确乎是一个必须妥善解决的大问题。

三

以散文为主导文类的现象依然存在，所造成的阅读和写作教学的困境依然如旧，而且当今的阅读教学还陷入了一个新的陷阱。

正如有论者所说，"语文学习任务群"是本次语文课程改革的热点和焦点。《普通高中语文课程标准（2017年版2020年修订）》明确"以语文学科核心素养为纲，以学生的语文实践为主线，设计语文学习任务群"。《义务教育语文课程标准（2022年版）》进一步明确"义务教育语文课程内容主要以学习任务群组织与呈现"，语文课程划定为"语言文字积累与梳理""实用性阅读与交流""文学阅读与创意表达""思辨性阅读与表达""整本书阅读"和"跨学科学习"这六个"学习任务群"，即六个学习领域。

如果按字面意思讲，六个"学习任务群"的划分，尤其是"实用性阅读与交流""文学阅读与创意表达""思辨性阅读与表达"这三个作为"发展型"的主要"学习任务群"三足鼎立，那么以散文为主导文类的现象势必被打破。毕竟散文仅是"文学阅读与创意表达"这一个"学习任务群"中的一个部分。然而实际的情况并非如此：第一，由于文选型语文教材的选文的准则是"文质兼美"，因而名为"实用性阅读与交流""思辨性阅读与表达"的"学习任务群"，其选文必须是"经典文本"——"这些文本在流传过程中，实用性色彩逐渐弱化，却因其意的深刻或言之高妙而慢慢经典化"[1]。换言之，其选文绝大多数还是本书中所界定的"宽泛的散文"，大致等同于

---

[1] 朱于国. "实用性阅读与交流"任务群的内涵、课程价值与实施策略[J]. 语文建设，2020(09)：4—9.

1963年语文教学大纲中所说的"散文"。例如,《苏州园林》《与妻书》《在马克思墓前的讲话》等。第二,由于对"人文主题"的强调以及语文教材的传统,"文学阅读与创意表达"这个学习领域的选文,应该还是以触角灵敏、与社会风潮关系密切直接的散文为主体;而所选的小说,绝大多数应该还是现实主义的小说。第三,尽管中考作文、高考作文在命题等方面有改进,但评价"优秀作文"("小文人语篇")的标准仍一如既往。

这样,本书上编所论述的"散文为主导文类造成的阅读教学困境""'散文化'作文造成的写作教学困境",在当今乃至今后很长一段时间里,将一直较为普遍地存在。因而,在本书下编所探索的"语文课程突破散文格局的努力"——"阻截:逼使散文的比例大幅下降""区隔:凸显不同文类与散文的差异""分流:对有明确界说的亚文类予以专门对待"等,还将是语文课程建设所应该进一步努力的方向。本书中"阅读教学正面应对散文难题的努力"和"写作教学摆脱'散文化'泥潭的努力"这两章论述的内容,在当今乃至今后很长一段时间里依然有较大的参考价值,语文教育研究者和语文教师还需在此基础上继续努力,再加努力。

四

这并不是说以"语文学习任务群"来组织语文课程内容,与以往无所改变。改变在发生,并将持续改变。在《"语文学习任务群"的含义——语文课程标准文本中的关键词》一文中,我写道[①]:

> 世界基础教育教学改革的主要走向,是改革学校课程的课程目标指向,从封闭的"学校情境"转变为指向"与现实世界(real world)相关"的"真实情境"……"语文学习任务群"破土而出,以直击靶心的强冲力,使得"真实的世界"里"使用语文"的课程目标指向,一下子变得显豁、鲜亮而且有了一定的可操作性。按"学习任务群"所划分的语文学习领域、以"系列学习任务"来组织和呈现"课程内容",为在"真实的世界"里"使用语文"的课程目标指向提供了实现的机会和实施的场域。

---

① 王荣生."语文学习任务群"的含义——语文课程标准文本中的关键词[J].中国教育学刊,2022(11):71—77.

以"语文学习任务群"来组织课程和呈现课程内容,标志着语文课程取向的重大转移。在中小学学习的阅读、写作和口语沟通,指向"与现实世界相关"的"真实情境"——指向正常的成年人在学习、工作和生活中,在通常情况下所进行的阅读类型、写作样式以及在真实场景中的口语沟通。这势必要突破以散文为主导文类的现象。

可是,现在的"突破"似乎走迷了路。在语文课程标准的文本中,其实有三个易被混淆的词语:一是"语文学习任务群",简称"学习任务群"或"任务群",这是《普通高中语文课程标准(2017年版 2020年修订)》和《义务教育语文课程标准(2022年版)》所独有的词语,指的是以"语文学习任务群"命名的语文课程的学习领域和被称为"系列学习任务"的课程内容。二是"学习任务",这是教育教学的一个通用术语,如果加上具体的学科,那么可以说"语文学习任务""数学学习任务"等,指的是确定教学目标、选择教学内容①。三是"任务",指"任务驱动",这是一个属于教学论、教学方法范畴的术语。"任务驱动"与"问题驱动"是同一个意思,指的是用一个"任务"或"问题"引发学生的学习内驱力(内在动力),驱动学生在完成"任务"或解决"问题"的过程中学习特定的课程内容。比如,在教室里贴10个形式上都像诗一样的语篇,请同学们分辨哪些是诗歌哪些不是,这就是"任务驱动";而分辨哪些是诗歌哪些不是,实际上是学生探究性地解答"什么是诗歌"这个问题,驱动学生在探究地解答问题的过程中学习诗歌的要素。

迷路发生在这里:有"任务群理念"者把上述三个词语都曲解为"任务驱动"的含义,又把"任务驱动"庸俗化为"做任务""做活动"。由于语文课程标准文本中的用词欠严谨,由于有些"任务群理念"者的误导,"语文学习任务群"似乎变成了"做任务""做活动"——学生拿着一篇课文或一些课文,去完成老师不知怎么想出来的"任务"。

五

前文曾说道,当今的语文课程和教材仍然是以散文为主导文类,因而在语文教学中的"做任务",很大程度上是让学生拿着一篇散文或一些散文,去完成老师在备课时灵光一闪猛想出来的"任务"。

---

① 关于"学习任务"的具体解释参见:王荣生."语文学习任务"的含义——语文课程标准文本中的关键词[J].课程·教材·教法,2022,42(11):4—13.

下面这个《明情知理,重识"斗士"——〈为了忘却的记念〉"情境·任务·活动"教学课例》[①]就较具代表性。该教学课例的引用经作者同意,为了分析的方便,我略去了课件内容和一些交代性的语言,以及任教老师一些话语,学生的话语则全部照录且用阴影显示。

1. 提出"任务"

师联系单元目录引出课文《为了忘却的记念》,提出本堂课的学习要点:一是关于革命作品的"革命";二是关于散文怎么读,尤其是鲁迅特有的"鲁迅风"散文。

师出示投影,展示所设计的"情景"——《新民晚报》曾刊登上海市虹口区专门举办的"为了忘却的记念——鲁迅与左联五烈士"主题展的新闻报道,但当时没有做成"云看展",现在上网查不到相关展览信息。这节课,**我们试着以一个策展人的身份**,设计这个主题展览。我们通过解读这篇文章,办好这个主题展,**具体任务是**:第一,在这些空空的展柜里,根据这篇文章可以放哪些实物;第二,做第一块展板,要进行左联五烈士的事迹简介;第三,第二块展板,对《为了忘却的记念》的"金句"做细览;最后,写门票的主题宣传语。

2. 展柜:实物

师布置"任务":大家看一下课文,你觉得还有哪些实物可以展出?

> 依据课文,数位同学分别提到:柔石的诗集,裴多菲"生命诚可贵"的诗,鲁迅写的《无题》这首诗(手稿),白莽大热天穿的棉袍,《奔流》《拓荒者》这两本杂志,《文艺新闻》上面报道烈士被杀害的文章,珂勒惠支木刻的《牺牲》。

3. 展板一:烈士简介

(1) 总体介绍

师布置"任务":第一个展板,我们总体介绍五位烈士。一般展板的上方是人物像,下方是人物的生卒年等。师投影五位烈士的肖像和课文中的 8 句话,**要求学生"连连看"**。例如:"二十多岁的青年,面貌很端正,颜色是黑黑的。""在上海见过一次面。"学生一句句对应人物,并选出最典型的语句放在虚拟展板的人像下方。

[①] 郑可菜.明情知理,重识"斗士"——《为了忘却的记念》"情境·任务·活动"教学课例[J].语文教学通讯,2022(28):36—40.

(2) 排序

师布置"任务"：根据鲁迅与五人的亲疏程度排序。

师问：比较同单元中的《记念刘和珍君》与本课文。两文在情感表达上有什么不同？

> 生：这篇写起来似乎没有那么集中，拉拉杂杂，细细碎碎，很零杂的感觉。
> 生：相比刘和珍，鲁迅与五烈士尤其是柔石、白莽的关系更紧密，但《记念刘和珍君》反而抒情味更浓一点，用意更重；而《为了忘却的记念》看似很淡。

师问：为什么会有这样的不同呢？（师联系本文末所记的时间"二月七——八日"，要学生在课文中"来画一画支持有关特意这么写的理由的句子，体会一下其中的深意"。）

> 生：文章有两段都特意提到一九三一年的二月七日夜或八日晨，是五个青年作家同时遇害的时候。

师讲：用两年后写纪念文章的日子"二月七——八日"来回应他们牺牲的日期，寄托自己对他们的哀思。可以认为，这是有意为之，寄予深情。我们也可以由此来认识这篇文章的用意曲深到了如此细微之处。基于对这个写作时间的仔细推敲，再来回答刚才的问题——为何两文表达有这样的区别？

> 生：这篇文章，看上去很质朴，很平淡，但是蕴含了很深的情感。

师出示一段评论文章："从个人交谊的角度入手，所以感人；叙事真实，描述如实，善抓细节，所以真切。"

师讲：我们可以这样来概括，以"极淡之笔"写"极至之情"，在文字考究的表达上潜藏深意，越是深情，越不能够喷薄而出，我们把这样的写法称为"由细见情"。

(3) 分展名言

师布置"任务"：我们以柔石为例，下方陈列柔石的《二月》诗集、书信手稿、日记和柔石的评传等。你们觉得根据课文内容，上方的格言展出哪句话最适宜？

生:"只要学起来!"

师讲:这句很典型,质朴却震撼人心,"只要学起来"有他的坚韧不屈,有他的硬气。

4. 展板二:"金句"细览

(1) 示例图①配文

师布置"任务":投影鲁迅的 5 幅画像,要求学生从课文中找出与画像动作和表情相符的语句,并用一句自己的话解说。师示例。

(2) 为图②—图④配文

学生分小组讨论,每组指定一幅图像,**在任务单里完成**每张图所对应的文字以及解说关键词的填写。

生:图②配的句子是"我沉重的感到我失掉了很好的朋友,中国失掉了很好的青年"。语音解说关键词可以是忧愤的、悲痛不已的、愤恨反动派痛下杀手的鲁迅。

生:图③配的句子是"原来如此",解说关键词是一个疾恶如仇的、极端鄙视反动派的鲁迅。

师讲:刚才同学们在讨论的过程中,疑惑图④配文及解说关键词。大家先看一下,鲁迅站在这里似乎在演讲,很多年轻人在翘首聆听。我们知道他是左联的领袖,根据下面投影上的内容,说说应该填哪一句体现他对后生青年的引领?

生:我觉得应该是"选了一幅珂勒惠支夫人的木刻,名曰《牺牲》……算是只有我一个人心里知道的柔石的记念"这句。

生:写跟白莽交往时,"因为他的原书留在我这里了,就将我所藏的两本集子送给他"。

师问:他们牺牲之后,又撰写此文来纪念他们。那么,语音解说词要写什么?

生:一个关怀后辈的鲁迅。
生:一个春风化雨的鲁迅。

师评："春风化雨"这个成语更多的是指老师对学生,用在这里恐怕不是太合适。

（3）为"原来如此"配图

师投影其拍的同学们自己画的两张图。

师问：看来对于"原来如此！……"这句大家有争议。刚才同学是配图③,而这两位同学则是配了掩面很痛苦的鲁迅和怒目圆睁的鲁迅。"原来如此"到底应该是怎样的一种情绪？是愤恨,还是愤恨中有压抑？我们先来研读一下"原来如此！……"一句中的情感内蕴。

师讲：本文含蓄、深沉、节制。《记念刘和珍君》的情感表达是显豁的、炽烈的、直露的、恣肆的。"原来如此！……"中的省略号显然是典型的"言有尽而意无穷",它紧接在"在龙华警备司令部被枪毙了,他的身上中了十弹"之后,这里情感没有喷薄出来,很节制。依照《记念刘和珍君》直接显露的表达方式,你们口头表达试一试。

生：原来如此！他们竟然下这样的毒手！
生：原来如此！他们这样对这些手无寸铁的青年！

师讲：这些话为什么不写出来？我们常说文字表达"情感的节制胜于放纵",这里看上去很平静,但文字背后是奔涌、激荡的情感,是言语简洁而情感丰沛的典型,很有张力。我们把这种情感表达方式称为"似澹实澜"。

（4）为三个典故配图

师布置"任务"：同学们都没有讲到三个典故所在的语句应该配哪张图,我们一起来研读这三个典故。

生：图②与图③都可以。

师问：到底选哪张好,我们要先梳理一下这三个典故的深意。典故表面上看是讲柔石像方孝孺,讲自己不能像高僧坐化,讲自己懂得了向秀用笔的原因,但其实都有深层所指,这个背后指向的是什么？

生：前两个典故指向的是朱棣的残暴统治和秦桧对岳飞的赶尽杀绝,第三个典故指向的是司马氏的黑暗统治。

师讲：但鲁迅都没有明说。显然，图②与图③比较，可能图③更合适，表情凝重，情感内敛，但心里是极其愤怒的。我们把这种写法称为"以曲写愤"。大家再看，还有更深的曲笔在"高僧坐化"这里，这个典故含有更深的用意，需要我们探讨。

师投影并讲解："不过朝华社不久就倒闭了，我也不想说清其中的原因。""印书的合同，是明明白白的，但我不愿意到那些不明不白的地方去辩解。""手上上了铐，可见案情是重的。但怎样的案情，却谁也不明白。"大家先看一下，这里有一个共同的词语"不"——"不明不白""谁也不明白"，其实对应着"高僧坐化"这个典故中没有写出来的文字。

生：秦桧以"莫须有"的罪名杀害了岳飞。

师投影《南腔北调集·题记》并延伸讲解：笔墨曲深至如此，可以说用笔越是隐晦，愤恨越是突出，但他压制着自己的愤恨。那么，用哪张图更合适呢？

生：这样理解后，感觉图③更合适。

师讲：我们需要重识"甘为孺子牛"。我们常说鲁迅以他的杂文作为匕首投枪，无情地揭露，深刻地批判，一生不懈地斗争是他的精神底色。但是他特别讲究战斗的方法和技巧，不是硬碰硬，不逞一时之意气，而是用高明的战斗策略显出进攻的威力和反击的智慧。这还可以从我们之前说过鲁迅一生用过140多个笔名那里找到佐证。

师布置"任务"：大家觉得这样笔墨曲深的原因是什么呢？请大家结合投影上的话语，分列三条原因。

生：（原因一）是写在"两年"之后的纪念文。

师回应：写作时间是两年之后，是痛定思痛的文字，所以情感会相对克制些。

生：（原因二）第二句根据注释看应是反动统治的文化围剿和高压。

师回应：第二个原因是"无写处""禁锢得比罐头还严密"的社会环境。第三个原因是什么？回答这个问题我们就要回到图⑤的配图文字上来。

（5）为图⑤配文

生：图⑤是鲁迅大步流星地在走，可以配上文字"我于是就逃走"，我的同桌说，鲁迅"跑路"了。

师问："逃走"这个词在文章中是什么意思？认真读过课文的同学会发现课本有注释——"柔石被捕后，鲁迅于1931年1月20日携家属避居黄陆路花园庄，2月28日回寓。"

生：干革命。

师回应：好，这个理解非常重要，如何"干革命"，以怎样的方式"干革命"，我们来做深入探究。

师布置"任务"：请同学们根据老师投影上的三句话，理解鲁迅"避"与"逃"的实质，进而来概括其笔墨曲深的第三个原因。

> 鲁迅的"避"与"逃"：_____
> ① 人类的血战前行的历史，正如煤的形成……但请愿是不在其中的，更何况是徒手。（《记念刘和珍君》）
> ② 血的应用，正如金钱一般，吝啬固然是不行的，浪费也大大的失算。（《华盖集续编·空谈》）
> ③ 改革自然常不免于流血，但流血非即等于改革。……这并非吝惜生命，乃是不肯虚掷生命，因为战士的生命是宝贵的。在战士不多的地方，这生命就愈宝贵。（《华盖集续编·空谈》）

师问：这三句表明的其实是鲁迅的革命态度，你们能用自己的话简要概括吗？

生：讲求有实效的革命斗争。
生：革命者不能随便白白地牺牲。

师：基于这样的理解，我们一起审视鲁迅"避"与"逃"的实质是什么。你准备在横线上填什么？

> 生：纪念。
>
> 生：写。

师问：很好，鲁迅选择"逃走"是为了写，为了保存他的实力。那么图⑤的语音解说关键词可以写什么呢？

> 生：讲求革命方式的鲁迅。

师讲：所以，我们就可以概括其笔墨曲深的第三个原因是讲求战斗方式，不能在白色恐怖下直斥反动政府，所以用了曲笔。

师讲：我们概括起来可以看到，作为精英知识分子，鲁迅的"跑路"是以"写"的方式来干革命的，以好好地纪念这些殉难的烈士。从这个意义上讲，我们要重识"甘为孺子牛"，他的"甘为孺子牛"主要是用他的批判、他的启蒙、他的唤醒来对待人民大众、对待青年的，有别于他人的"干革命"是鲁迅作为"思想战士"的独特性之所在。

（6）给图①—图⑤排序

师布置任务：现在的展馆会采用高科技将照片进行动态展示。我们这个展览，也想让照片动态展示，请问这5张图动态展示时顺序应该怎么安排呢？大家迅速想一想，并说明原因。

> 生：图④可以放第一，因为要体现鲁迅对青年的这种深沉的情感；接下来是图②，对烈士的被杀害愤恨不已；但是他不能直接这样表现，于是就表现为图③的压抑自我情感；接着是图⑤的"逃走"；最后是图①，坚信革命必将胜利。

师回应：图④和图⑤的顺序也可以互换，这个排序未必有确切的答案，我们借此是为了了解文中鲁迅先生的情感变化。

5. 撰写门票主题宣传语

师布置"任务"：最后，我们一起来设计免费门票的主题宣传语。请看下面投影的林觉民烈士的主题展门票，主标题是"林觉民：许国与许卿"，下方有三行表现烈士精神的文字。参照这种样式，我们这个主题展的主标题也可以设计为"鲁迅与左联五烈士：_____与_____"的样式，这里的横线上可以填哪两个词语呢？

师问：回答这个问题，同学们要思考，同样是为了革命而死，林觉民式的牺牲，是鲁迅所赞成的吗？鲁迅认可的干革命是什么样子的？

> 生：有意义的牺牲，所以填"牺牲与意义"。
> 生：革命与书写。

师讲：也可以是"苦难与新生"，我们要探讨，苦难是不是真的会迎来了新生？鲁迅比一般人要更加清醒、理性。这就是鲁迅通过这篇文章揭示出来的自己对于"干革命"的独到思考。

师布置"任务"：后面还有个小任务，就是门票上要有三句话，请同学们结合我们刚刚所说的鲁迅对革命的态度，课后去写。下课！

应该肯定，这是一个有很高教学水平的语文老师很用心地设计并执教的一堂课。乍一看，就像有人在微信群里所赞誉的那样："有新意""有深度"。

然而，"有深度"只体现在这个课例描述中的"师讲"上，而且讲得未必对；"有新意"则是个花架子，在我看来，差不多是"皇帝的新装"。

六

先看"有新意"。"有新意"指的是号称"通过设计大情境来带动多个小任务"的教学形式，也就是该任教老师在发表课例的摘要中所自娱的"让阅读教学从传统的'文本分析'模式向新课程的'完成任务'模式转变"。

但"新"未必就好，还可能是"错"。本课例"以一个策展人的身份，设计主题展览"的"任务"，有许多需要澄清和研讨的问题。

其一，谁是"策展人的身份"？谁在"设计主题展览"？本课例在导入时所言的"一个策展人的身份"，确乎只有"一个"，那就是备课时的这一个老师；而备课时的这一个老师，与其说是在"设计主题展览"，不如说是在设计"设计主题展览"一连串"小任务"的新奇教案。不难看出，本课例中的大大小小的所有"任务"，一律都是由老师来"布置"的，学生们则只负责按老师的指令填写（说出）老师扔给他们的一个个"任务"的"答案"——上述课例中的学生的话语（阴影部分）不多，且大多是"答案"式的片言只语。这与以往一些号称"自主、合作、探究"的课例大同小异，教案上写的是"老师带着学生去探究",课堂里做的其实是"学生看着老师在探究"。在本课例中也有一处"探究":为图⑤配文的环节里,一个学生从"逃走"的课文注释,很厉害地答出"干革命"。老师说:"好,这个理解非常重要,如何'干革命',以怎样的方式'干革命',我们来做深入探究。"大家可以研读这一段教学实录,看看是不是老师"讲"学生"听"、老师"问"学生"答"? 所谓"深入探究",是不是"学生看着老师在探究"?

其二,备课时的这个老师为什么非要设计"设计主题展览"这一"任务"? 按该任教师在发表课例的摘要中的说法,是"让学生在完成一系列的语文任务的过程中读懂、读深、读透文本"。关于学生"读懂、读深、读透文本",我们在下面再讨论——事实上,学生在这堂课里几乎没有做过"阅读课文"这件事,老师的大段讲述也很少提到《为了忘却的记念》文本中的语句。设计"设计主题展览"这一"任务",推测其有两个理由:一是灵光一闪。该老师积淀深厚,对上海市虹口区与鲁迅、与左联五烈士的特殊联系也有较多了解,可能网上查询《为了忘却的记念》备课资料时,找到了 2021 年 9 月 25 日《新民晚报》发布的一则消息——中共虹口区委宣传部举办纪念鲁迅诞辰 140 周年、逝世 85 周年的主题活动,活动之一是"木刻讲习所旧址"陈列馆开放,老师受此启发而萌生创意。二是为了践行所谓的"新课程的'完成任务'模式",意图是让学生积极参与"任务",学生在课堂里有较多"活动"。

学生在课堂里有较多的"活动",既是这堂课的优点,也是这堂课的问题所在。我对本课例"通过设计大情境来带动多个小任务"进行了整理,具体如下表所示。

	与主题展览有关的"任务"	与主题展览无直接关系的"任务"	
找到课文中的相关语句	展柜:实物		指向课文理解的关键点
	• 展板一:烈士简介 1. 总体介绍 2. 排序 3. 分展名言 • 展板二:"金句"细览 1. 示例图①配文 2. 为图②—图④配文 5. 为图⑤配文 6. 给图①—图⑤排序	• 比较同单元中的《记念刘和珍君》与本课文。两文在情感表达上有什么不同 • 为什么会有这样的不同呢 3. 为"原来如此"配图 4. 为三个典故配图 • 结合投影上的话语,分列其笔墨曲深的三条原因 • 根据投影的三句话,概括其笔墨曲深的第三个原因	
	撰写门票主题宣传语		

从教学实录中可以看到,学生积极参与"活动"的,是上表左栏里那些与主题展览有关的"任务"。左栏里的"任务"可分成两类:一类是在课文中可以找到明确答案的"任务",包括"展柜:实物""展板一:烈士简介"和"展板二:'金句'细览"中的示例图①配文、为图②—图④配文。学生"完成任务"的"活动",就是找到(扫读)课文中的相关语句(答案),也就是"读懂"课文语句的字面意思。这其实与以往"写了柔石哪些事""写了殷夫哪些事",在课文中角角落落地找一遍,并无实质差别,而且比在课文中角角落落地找一遍更加凌乱,也更耗课时。另一类是"答案"与课文关联不大的"任务",包括为图⑤配文和给图①—图⑤排序。这两个"任务"都是关于鲁迅本身的,与《为了忘却的记念》这篇课文的关联不太紧密。在课例中,为图⑤配文是通过"师讲"完成的;给图①—图⑤排序是通过"大家迅速想一想"完成的,其所排的"序"与理解课文的结构和抒情线索,不是一回事情。

上表右栏里的"任务",与"主题展览"没有直接关系。也就是说,所完成的那些"任务",不会出现在虚拟的"主题展览"上。右栏里的"任务"也可分为两类:一类是被强行纳入"大情境来带动多个小任务"系列的"任务",包括为"原来如此"配图和为三个典故配图。独句构成一个段落的"原来如此"和三个典故,它们既是课文的关键点,也是学生理解的困难处。另一类是在"大情境来带动多个小任务"系列之外,另行提出的"任务"。例如:比较同单元中的《记念刘和珍君》与本课文"两文在情感表达上有什么不同","结合投影上的话语,分列其笔墨曲深的三条原因","根据投影的三句话,概括其笔墨曲深的第三个原因"。很显然,这几个"任务"或"问题",是本篇课文的教学重点。从教学实录中可以看出,右栏里这些"任务",主要是由"师讲"来"完成"的。换言之,学生很少有或没有参与度较高的"活动"。

其三,"设计主题展览"的"任务",有什么教学价值?我把上述讨论总结如下。有什么教学价值,教学价值有多大,大家可自行判断。

	与主题展览有关的"任务"	与主题展览无直接关系的"任务"	
做活动	找到课文中的相关语句(扫读)	课文的关键点和学生的疑难处	老师讲
	与课文关联不大(快速想一想)	课文的教学重点	

以上是对该课例"有新意"的评议,我们再来看它的"有深度"。"深度"指的是

对《为了忘却的记念》这篇散文的理解，包括学生的理解和老师的理解这两个方面。

其一，学生的理解，很没有"深度"。完成与课文关联不大的"任务"，与课文的阅读理解无关；找到课文中相关语句的"完成任务"，其阅读方式和阅读方法是扫读，不涉及"深度"。在本课例中，学生对课文阅读理解的较长的话语，统共三句，都围绕比较同单元中的《记念刘和珍君》与本课文"两文在情感表达上有什么不同"这个问题。

（1）这篇写起来似乎没有那么集中，拉拉杂杂，细细碎碎，很零杂的感觉。

（2）相比刘和珍，鲁迅与五烈士尤其是柔石、白莽的关系更紧密，但《记念刘和珍君》反而抒情味更浓一点，用意更重；而《为了忘却的记念》看似很淡。

（3）这篇文章，看上去很质朴，很平淡，但是蕴含了很深的情感。

前两句是"展板一：烈士简介"这一环节，表达了这两位发言的同学在教学初始阶段对课文的阅读理解——初读课文但未能理解的朦胧感觉。在这两位同学发言之后，老师联系本文末所记的时间"二月七——八日"简略讲述，第三句话是老师简略讲述之后的学生回应，依然是一种朦胧的感觉。

学生对课文的理解只处在朦胧感觉层面，表明学生理解这篇课文遇到了"困难"、出现了"问题"。可能因忙于开展一个接着一个的系列"任务"，对于这样的学情，老师似乎并不在意。老师草草地出示一段评论文章的投影（"从个人交谊的角度入手，所以感人；叙事真实，描述如实，善抓细节，所以真切。"），然后架空课文地讲了一段延伸性的"概括"。

其二，有些"有深度"的学生的话语，令人疑窦丛生。在本课例中，有几处的学生话语，令人惊奇而疑惑。一处在为图⑤配文，一位学生从"逃走"的课文注释，很厉害地答出"干革命"。课文注释是："柔石被捕后，鲁迅于1931年1月20日携家属避居黄陆路花园庄，2月28日回寓。"不知这位学生是怎么看出"干革命"的？另一处是对三个典故的理解，三个典故应该是这篇课文理解的难点，但在课例中老师只讲了这么一句话："典故表面上看是讲柔石像方孝孺，讲自己不能像高僧坐化，讲自己懂得了向秀用笔的原因，但其实都有深层所指，这个背后指向的是什么？"不知一位学生怎么在老师讲这句话之后就能够即刻说出"朱棣的残暴统治和秦桧对岳飞的赶尽杀绝,第三个指向的是司马氏的黑暗统治"这样精练又到位的话语?

其三,老师的理解,是架空课文、脱离文本的"深度"。在本课例中,老师的"深度",主要表现在上文曾提到的"如何'干革命',以怎样的方式'干革命',我们来做深入探究"这一大段。那么,老师是怎么探究的呢?先是投影鲁迅在其他文章里的三句话,牵引出学生对"鲁迅的革命态度"的概括:"讲求有实效的革命斗争","革命者不能随便白白地牺牲"。接着将"逃走"与"写"连在一起,"鲁迅选择'逃走'是为了写,为了保存他的实力"。由此牵引出学生对图⑤(鲁迅逃走)的语音解说关键词"讲求革命方式的鲁迅"。然后,概括出鲁迅(这篇散文)笔墨曲深的第三个原因:"是讲求战斗方式,不能在白色恐怖下直斥反动政府,所以用了曲笔。"最后是一大段激情总结:"作为精英知识分子,鲁迅的'跑路'是以'写'的方式来干革命,以好好地纪念这些殉难的烈士。从这个意义上讲,我们要重识'甘为孺子牛',他的'甘为孺子牛'主要是用他的批判、他的启蒙、他的唤醒来对待人民大众、对待青年的,有别于他人的'干革命'是鲁迅作为'思想战士'的独特性之所在。"

确实,将鲁迅的"逃走"解释为"为了写"(有学生回答"纪念",意思是为了写这篇回忆散文),并把"写"与"干革命"联系起来,进而以"讲求战斗方式"来解释鲁迅(这篇散文)笔墨曲深的原因,这样的认识很有深度,有独特见地,拓展了本单元"革命"人文主题的内涵。但是,这一步步地推导,都没有跟《为了忘却的记念》这篇课文具体语句相联系。前面曾说道,这一段"深入探究",大致是"学生看着老师在探究"。老师的"讲",跟课文具体语句的阅读理解不发生关系,因此很难推断"看着老师在探究"的学生们加深、丰厚了对《为了忘却的记念》的理解和感受。

其四,所谓"大情境来带动多个小任务",不可能带来"有深度"。我再次强调:"深度"指的是对《为了忘却的记念》这篇散文的理解,包括学生的理解和老师的理解这两个方面。先说学生,如上文陈述,学生在本节课对课文的阅读理解是三种情况:一是全体学生找到课文中的相关语句(扫读),二是大部分学生对课文的关键点停留在初始阶段的朦胧感觉,三是个别学生不知怎么读的竟然说出了"有深度"话语。再看老师,这位老师有很高的教学水平,本课例的几个教学点都抓准了,抓到文末所记的时间"二月七——八日",抓到了"原来如此",将三个典故与笔墨曲深相联系,等等;我待会儿会讲到,鲁迅的"干革命"也是可以从文本中解读出来的。但是,抓到了的教学点(文本关键点和学生疑难处的重合),却没有"抓住",因而没有能够以这些教学点来帮助学生加深课文理解、提高阅读能力。

以"二月七——八日"为例,"二月七——八日"可以说是这篇散文最为重要的关键点,它是这篇散文的抒情线索,是作者在文本中提供的解开这篇散文的钥匙。第一部分的第一段是解题,"为了忘却"而写这篇"记念"文章;第二段起写"记念",第一句"两年前的此时,即一九三一年的二月七日夜或八日晨,是我们的五个青年作家同时遇害的时候";前四个部分的写人叙事(主要写白莽和柔石),都以"两年前的此时"为时间节点,大致依时序的先后由远及近,并按事件的关联,交替记述白莽或柔石的言行举止;第四部分由写人记事转向抒情议论的关键语句"原来如此!……",其"如此"的"此"就是两年前的此时此事;第五部分从"前年的今日"说到"去年的今日"再到"今年的今日",回应本文的开头段,于"二月七——八日"所写的这篇"记念"文,是"为了忘却"。

我相信,凭我跟本课例执教老师的熟识,该老师在备课时一定会关注到"七——八日"这条抒情线索。所以,当学生说这篇课文有"很零杂的感觉(指写人叙事)""看似很淡(指抒发情感)"时,老师就及时提出了"二月七——八日"这个教学点。但是,她却没有能够抓住,这个环节处理得相当潦草:要学生在课文中"来画一画支持有关(文末)特意这么写的理由的句子,体会一下其中的深意",也就是说,找到"二月七——八日"的相关语句。于是学生自然就用"扫读"的读法,在文中跳跃着快速地把相关语句找出来,而在文中跳跃着快速地找,是不可能梳理出这篇散文的这个抒情线索的。因而,画过相关语句的同学们对课文的理解和感受,依然是"很零杂的感觉""看似很淡"的初始状态。

为什么老师没有能够抓住这个教学点呢?原因可能有两个:一是文本分析所下的功夫不够,因为备课的主要精力(兴奋点)在"设计大情境来带动多个小任务"的系列"活动"上,文本分析的功夫不够,所以可能真没有梳理出这篇散文的这个抒情线索。二是不愿意,因为老师被人误导,以为"让阅读教学从传统的'文本分析'模式向新课程的'完成任务'模式转变"是"新课程理念"。

这就陷入了一个陷阱:如果要引导学生"自主、合作、探究"地梳理出这篇散文的抒情线索,就没有必要去设计"设计主题展览"这样所谓的"大情境来带动多个小任务"系列"活动";反之,如果要设计所谓的"大情境来带动多个小任务"系列"活动",比如本课例"设计主题展览",那就无须做细致的文本分析,甚至要革"文本分析"的"命"。

而所谓的"大情境来带动多个小任务"系列"活动",至少在这个课例中(我以为这个课例是该类型课例中的上乘之作),就像我们在上文的课例分析的总结表中所显示的,是不可能达到学生对课文"有深度"理解和感受的目标的。

<h2 style="text-align:center">七</h2>

语文教学研究中有一种恶劣风气,那就是"污名化":当倡导一种"新教学"的时候,把以往的教学污名为"旧模式",所用的方法是将"新教学"的上乘之作与"旧模式"的低劣产品做不对等的比较,从而证明"新的"多么好,"旧的"何等坏。疾风劲吹,由"旧的"向"新的"转变,犹如律令,凡不趋之若鹜者,有风险,需顾虑。

我国语文教学的主要问题是课程与教学内容的问题,而不仅仅是教学方法的问题。语文课程与教学内容的问题,也就是"教什么""学什么"的问题;就课文教学而言,也就是课文的教学点的问题。确定教学点,前提是能够抓住文本的关键点。而不能够抓到、抓住教学点,我以为这是中小学语文教师在备课中的主要问题,因而也是中小学语文教师专业发展的主要着力点。然而,"污名化"恶劣风气,愈演愈烈。原来就难以把握课文教学点的教师们,现在更不"文本分析"了,因为现在要求"新教学";本来能够抓到、抓住文本关键点的老师,现在不愿意做"文本分析"了,因为这是"旧模式"。

仍以《为了忘却的记念》为例。这篇散文有两个很重要的教学点,一个是"为了忘却",课文第一段,课文最后一部分,重点在这里,课文中间始终贯穿这条线,不断地出现与此相关的语句;一个是"记念"。"记念"在本课文中共出现五处,除了标题一处,课文中还有四处:(1)开头"我早已想写一点文字,来记念几个青年的作家";(2)只得选了一幅珂勒惠支夫人的木刻,"算是只有我一个人心里知道的柔石的记念";(3)"他的心情并未改变,想学德文,更加努力;也仍在记念我,像在马路上行走时候一般";(4)"不是年青的为年老的写记念……"。课文中第一、第二和第四处中出现的"记念"含义相同,指"用事物或行动对人和事的怀念",一般写成"纪念"。第三处中出现的"记念"含义明显不同,是"惦记""记挂""时时想到"等意思——"像在马路上行走时候一般",所指的是"但他和我一同走路的时候,可就走得近了,简直是扶住我,因为怕我被汽车或电车撞死"。因此,标题"为了忘却的记念"之"记念",兼有上述两个含义:一是"纪念"含义,指向课文中的人和事;二是"惦记""记挂""时时想到"等义,指向写这篇纪念文的作者自己的思绪情感。学生朦胧感觉到的"这篇文章(其实是课文的前三个部分以及第四部分中写人记事的内容)看上去很质朴,很平淡,但是蕴含了很深的情感",就跟"记念"——"惦记""记挂""时时想到"等含义有很大的关系。

如果我的感觉是对的,那么标题中"为了忘记"和"时时想到"就构成一种张力。如果应用孙绍振老师的文本解读"矛盾分析法",那么这篇课文的教学重点,就是在课文阅读中去理解感受"为了忘记"和"时时想到"矛盾的双方,并在阅读理解中去感受文本中所表达的综合、超越矛盾双方的作者的情感。

这就回到了本书第六章"阅读教学正面应对散文难题的努力"中所讲述的"散文阅读教学的要领"。对文中写人记事的内容,不仅仅是知道写了这些人、这些事,而且要关注写这些人、这些事的那个鲁迅,从写人记事的文字的背后,去体会文中的作者对这些人、这些事的思绪和情感。

而现在这个"情境·任务·活动"教学课例,都没有提及上述这两个教学点。这是为了避嫌"旧模式"因而不愿意呢?还是文本解读所下的功夫不够,因而找不到这两个教学点呢?

我的判断是:"设计主题展览"这种所谓的"通过大情境来带动多个小任务"的教学,压根儿就容不下这两个教学点。换句话说,老师为了设计"设计主题展览"的系列"任务",只得舍弃对《为了忘却的记念》这篇散文乃至所有散文最为重要的教学点——对标题的理解、对散文抒情基调的感受。

大家想一想,这是不是舍本逐末了呢?该发表课例在摘要中说"让学生在完成一系列的语文任务的过程中读懂、读深、读透文本",大家看一看,这像不像缘木求鱼了呢?

我并不反对"任务驱动",在这堂课里,"给人物排序"就很好,如果排序之后老师能让学生回到课文阅读理解的话——学生把按亲疏关系的排序与课文写人叙事的次序安排做比照,在比照中理解和感受这篇散文"全文严谨有序、笔法洒脱,记叙、议论、抒情相结合,含蓄而不晦涩,委婉而富有情致"的特点和风格。

老师设计"任务"或"活动",本来的最主要目的,是使学生能够加深、丰厚阅读理解,提高阅读能力。也就是说,帮助学生解决教学点的问题,指导学生在加深、丰厚阅读理解的过程中,学习阅读方法和策略。因此,不管是什么样的"任务"或"活动",凡是能达到这个最主要目的的,凡是在"活动"过程中或者"完成任务"之后老师能让学生回到课文阅读理解的,我都赞成、支持。如果单独做一个"活动",本课例的"展柜：实物"或许也是好的，如果在展柜之后老师能让学生回到课文阅读理解的话——学生把展柜里的实物与课文写人叙事联系起来，学生带着"实物"的实感，去理解感受课文中的"看上去很质朴，很平淡，但是蕴含了很深的情感"。

对于"通过大情境来带动多个小任务"的一连串"活动"，像课例中这样的"展柜：实物"接着"连连看"接着"给人物排序"等，我是坚决反对的。理由如下：

第一，这几个"任务"都是一种学生参与度较高而阅读质量很低（扫读——对字面意思的"知道"）的"活动"，没有必要接连去做。

第二，老师设计一系列貌似学生参与度较高的"任务"，在备课时往往为了"几个小任务"的连贯，不得不"砍掉"一些"任务"容纳不了却对课文理解至关重要的教学点。比如在本课例中，老师砍掉了这篇散文的两个教学点"为了忘却"和"记念"。

第三，更糟糕的事情在这节课中也展现着，那就是彻底的本末倒置。在这节课，学生一直忙着一个个"活动"（扫读课文，快速找到答案），但是整节课自始至终，学生都没有连贯地读过课文，无论是"活动"之前、之中还是之后，学生没有朗读或细致地默读，哪怕是课文中的一个部分、一个段落。一堂学生不做"阅读理解"这件事情的阅读教学课，是阅读教学课吗？

老师也是不用管课文的，就如上文所说的对鲁迅"干革命"做"深入探究"的那一场，老师的"讲"，脱离文本，架空课文。我猜想，老师在"讲"这一大段话语时，眼睛就没有瞄到课文过。一堂老师无须触及课文语句却能侃侃而谈的课，是阅读教学课吗？

建议大家再扫读一次这个课例中老师讲话较长的段落，然后"快速地想一想"，在老师讲这些话语的时候，学生们在干什么呢？我猜想，在老师"讲"这些话语的时候，很少有学生去看（阅读理解）课文中与这些话语可能有些关联的段落语句。

一堂课，学生不做"阅读理解"这件事情，老师无须触及课文语句却能侃侃而谈，这样的阅读教学、这样的语文教学，彻底地本末倒置了。

阅读教学的原则之一，是要相信"凡是作者要表达的，作者在文中一定表达了"，尤其是名家名篇。我认为本课例中老师发现的"干革命"的鲁迅，是一大亮点，因为鲁迅"干革命"是可以从文中读出来的。

这篇课文有一个"漏洞"：如果按"朋友"的通常词义，从私人关系上说，左联五烈士中只有柔石可被鲁迅称为"朋友"。白莽，即殷夫，是"较熟的"；从个人的角度而言，鲁迅对冯铿好像没有好感，"她的体质是弱的，也并不美丽"；"胡也频在上海也只见过一次面,谈了几句天","李伟森我没有会见过"。但是,鲁迅在文中两次感叹,"我沉重的感到我失掉了很好的朋友,中国失掉了很好的青年","我又沉重的感到我失掉了很好的朋友,中国失掉了很好的青年"。"我的朋友"和"中国的青年"在这里是互文复指,都包括左联五烈士,这怎么理解?

如果我们从这个貌似"漏洞"出发,引导学生去理解这篇文中的鲁迅——鲁迅的纪念之心、愤懑之情,那么学生就能够在文中看出:鲁迅的思想情感不是私人的站位,而是国家、民族的高度。从文中看,柔石从未向鲁迅透露自己"革命者"的身份,但白莽当面说过自己是"革命者"的,公开宣称"革命者"白莽等五位左联青年是"我很好的朋友""中国很好的青年",在文中表现的"革命家"鲁迅、在文中表现的"思想的战士"鲁迅形象,我想,学生们是可以有所感悟的。

要是我的上述分析有道理的话,那么在本课例中老师把鲁迅"干革命"跟这篇散文的笔墨曲深牵连在一起,就有点生拉硬扯了。

八

如果从 2003 年发表《语文科课程论基础》起算,我研究语文课程与教学至今整 20 年。在 20 年间,我研习过数十位中小学语文名师的课例——于漪、钱梦龙、于永正、欧阳代娜、宁鸿彬、黄玉峰、曹勇军、黄厚江、郑桂华、支玉恒、王崧舟、薛法根、周益民,等等;我现场观摩的课堂教学、公开展示课,成百上千。

通过研习和观摩,我得出结论:从文类、文体的视角把握文本的关键点,凭借所把握的文本关键点推测学生阅读理解这一篇、这一类课文的疑难处,从而确定课文的教学点,即教学目标和教学内容,这是阅读教学的不二法门。凡是优秀的课例,都能够从文类、文体的视角把握文本的关键点;凡是不那么好或者很不好的课例,都是因为缺乏或歪曲文类、文体的视角,违背了把散文当散文读、把诗歌当诗歌读、把小说当小说读这样的常理——上述的这一课例又增添了一个新例证。

从文类、文体视角的研究,对阅读和写作教学至关重要。这一立场和观点,如今又得到学习科学的强有力的支撑。

教育科学出版社于 2021 年 5 月出版了译著《剑桥学习科学手册(第 2 版)》,该著描绘了自 2006 年第 1 版发行以来学习科学领域的新进展,全书 36 章中有 23 章是新增内容,其中新增的第 30 章"学会读与写"介绍了阅读和写作方面的研究进展。该著论述了三种类型的读写知识:

(1)"读写学习的一般性知识",涉及至小学三四年级需达到的流畅阅读,为理解而阅读的基本方法和策略,关于构思、转写、修改的写作知识和技能等。

(2)"阅读和写作中的任务特殊性知识",即按文类、文体的阅读和写作知识、技能、方法、策略等。"不同体裁或任务所需的写作知识和阅读知识具有差异性",目前研究和学校教育的趋势,是进一步强化并细分文体:"任务特殊性知识取向则进一步认为,不同类型的诗歌——十四行诗、自由体诗歌、五行打油诗或任何其他诗歌类型——也需要各自独特的知识。"

(3)"阅读和写作的共同体特殊知识",即共同体成员在阅读和写作中使用的更特定的知识。特定的群体构成"共同体成员","共同体成员"有阅读和写作的"特殊惯例",例如,论述类中的法律短文有其独特的写作技巧。

在分别介绍上述三种类型知识的新近研究之后,《剑桥学习科学手册(第2版)》在"结论"中指出:"这三类知识遵循着课程发展的路径。"一般说,"读写学习的一般性知识"主要在小学阶段学习,"阅读和写作中的任务特殊性知识"主要在初中和高中时进行,"阅读和写作的共同体特殊知识"则在"更多地把精力放在不同专业和学科领域之时"进行学习。

如果上述所介绍的学习科学新进展及其结论是可靠的,那么研究小学三年级之后的、初中的、高中的语文课程内容,针对"阅读和写作中的任务特殊性知识"的文类、文体视角,无疑就是十分必要的。

那么,我这部从文类、文体视角来研究语文课程内容的著作,这部本该在数年前出版的研究著作,对当今乃至今后还有意义和价值吗?我相信读者会做出实事求是的评判。

2023年6月22日端午节